Paul Wendland

Die hellenistisch-römische Kultur in ihren Beziehungen zu Judentum und Christentum

Verlag
der
Wissenschaften

Paul Wendland

Die hellenistisch-römische Kultur in ihren Beziehungen zu Judentum und Christentum

ISBN/EAN: 9783957005304

Auflage: 1

Erscheinungsjahr: 2015

Erscheinungsort: Norderstedt, Deutschland

Hergestellt in Europa, USA, Kanada, Australien, Japan
Verlag der Wissenschaften in Hansebooks GmbH, Norderstedt

DIE

HELLENISTISCH-RÖMISCHE KULTUR

IN IHREN BEZIEHUNGEN ZU

JUDENTUM UND CHRISTENTUM

VON

DR. PAUL WENDLAND
O. PROFESSOR IN BRESLAU

MIT 5 ABBILDUNGEN IM TEXT UND 12 TAFELN

(HANDBUCH ZUM NEUEN TESTAMENT I, 2)

TÜBINGEN
VERLAG VON J. C. B. MOHR (PAUL SIEBECK)
1907

INHALTSÜBERSICHT

DIE HELLENISTISCH-RÖMISCHE KULTUR

JGDroysen, Geschichte des Hellenismus², 3 Bde, Gotha 1877 hat zuerst das Verständnis des hellenistischen Zeitalters eröffnet. — BNiese, Geschichte der griechischen und makedonischen Staaten seit der Schlacht bei Chaeronea, 3 Bde, Gotha 1893. 1899. 1903. — JBeloch, Griechische Geschichte III 1. 2 Strassburg 1904 gibt die beste Einführung. — JKaerst, Geschichte des hellenistischen Zeitalters I Leipzig 1901 behandelt bis jetzt nur die Grundlegung des Hellenismus in Philipps und Alexanders Zeit mit besonderem Eingehen auf die vorbereitenden Gedanken der Aufklärung des sophistischen Zeitalters und der philosophischen Spekulation. — Auf dem Grunde einer tief eindringenden Charakteristik der gesamten Kultur zeichnet UvWilamowitz die Geschichte der griechischen Literatur in der Kultur der Gegenwart I 8 S. 1—236, Berlin und Leipzig 1905. — FSusemihl, Geschichte der griechischen Literatur in der Alexandrinerzeit, 2 Bde, Leipzig 1891. 1892 (Nachschlagewerk). — Weite kulturgeschichtliche Gesichtspunkte eröffnet ERohdes Griechischer Roman², Leipzig 1900. — Von EZeller, Die Philosophie der Griechen, kommen Bd. III 1³ und III 2⁴, Leipzig 1880 und 1903 in Betracht. — JPMahaffy, The silver age of the Greek world, Chicago 1906. — Für die römische Entwickelung ist ThMommsens Römische Geschichte und daneben sein römisches Staatsrecht vor allem zu befragen. Die kulturgeschichtlichen Kapitel der Römischen Geschichte sind immer noch in der Art, wie sie alle Aeusserungen des römischen Lebens in ihrer Einheit begreifen, unübertroffen. Bd. V, der die Geschichte der Provinzen in der Kaiserzeit behandelt, ist für den Theologen der wichtigste. — LFriedländer, Darstellungen aus der Sittengeschichte Roms in der Zeit von Augustus bis zum Ausgang der Antonine⁶, 3 Bde, Leipzig 1888—1890. — FLeo, Die römische Literatur des Altertums, in dem schon erwähnten Bande der Kultur der Gegenwart S. 313—373. — ESchwartz, Charakterköpfe aus der antiken Literatur², Leipzig 1906 (s. besonders IV Polybios und Poseidonios, V Cicero). — Pöhlmanns und Nieses Abriss der griechischen und der römischen Geschichte in IvMüllers Handbuch der klassischen Altertumswissenschaft III 4. 5. — Gerade noch hinweisen kann ich auf das bedeutende und gedankenreiche Werk von LHahn, Rom und Romanismus im griechisch-römischen Osten. Mit besonderer Berücksichtigung der Sprache. Bis auf die Zeit Hadrians, Leipzig 1906. Es gibt eine ausgezeichnete Ergänzung meiner Darstellung, besonders auf politischem Gebiete. Verwerten konnte ich es nur für Kap. VIII. IX. Den Theologen kann diese genussreiche Lektüre nur dringend empfohlen werden. — UvWilamowitz, Griechisches Lesebuch, je 2 Halbbände Text und Erläuterungen, Berlin 1902 ist mit seinen Textproben und den ihnen vorausgehenden Einleitungen am besten geeignet, den Anfänger in die hellenistische Literatur einzuführen und ihm eine lebensvolle Anschauung zu vermitteln. — Am Ende von Teil III wird ein gemeinsames Register für Teil II und III beigegeben werden.

I

DIE WELTGESCHICHTLICHE BEDEUTUNG DES HELLENISMUS

Die Zeit liegt noch nicht lange zurück, da das Zeitalter des Hellenismus, d. h. die Geschichte des Weltreiches Alexanders, der aus ihm hervorgegangenen hellenistischen Reiche, ihres Aufgehens ins römische Weltreich bis zur Einverleibung Aegyptens (30), dem Bewusstsein der Gebildeten fast ebenso entschwunden war wie die jüdische Geschichte und Literatur zwischen Esra und Jesus. Wenige Ausnahmen abgerechnet — die Geschichte der Philosophie dieser Zeit ist am weitesten gefördert, weil man sie stets im geschichtlichen Zusammenhange behandelt hat —, beruhte auch das Interesse der Philologen an der hellenistischen Literatur nicht auf einer unbefangenen geschichlichen Schätzung ihres eigenen Wertes, sondern auf der Bedeutung, welche die gelehrte Forschung dieser Zeit für Tradition, Textgestaltung, Erklärung der klassischen Literatur besitzt. Diese klassizistischen Vorurteile, die ein Verständnis des Hellenismus auch der modernen Forschung lange Zeit unmöglich gemacht haben, gehen in letzter Linie zurück auf die attizistische Reaktion, die zu Augustus' Zeit siegreich durchgedrungen ist (s. Teil I). Sie bedeutete zunächst ein Zurückschrauben der natürlichen geschichtlichen Entwickelung auf sprachlichem und literarischem Gebiete um 3—4 Jahrhunderte; sie eroberte sich aber bald weitere Gebiete als die der Sprache und des Stiles. Sie ist nur der Vorläufer einer allgemeineren reaktionär romantischen Strömung, die, ein deutliches Zeichen des Epigonentums, in der griechisch-römischen Kultur des II Jahrhunderts n. Chr. besonders erstarkend, die Wiederbelebung des Altertums nicht nur in Sprache und Literatur, sondern auch in Religion und Kunst, öffentlichen Einrichtungen und Formen des Lebens erstrebt. Unfähig, die Aufgaben der Gegenwart tatkräftig zu erfassen, orientiert sie sich an den Idealen, die sie in einer fernen Vergangenheit sucht. Diese rückläufige Bewegung stigmatisiert den Hellenismus als eine im Grunde unerlaubte Episode der Geschichte; es ist, als wenn die geschichtliche Bewegung in den Jahrhunderten des Hellenismus stille gestanden hätte. So wurde die hellenistische Literatur durch den Sieg des Attizismus dem Untergange geweiht; nur einem Teile der Poesie ist es besser ergangen, weil sie sich nicht in der Sprache des Lebens, sondern in den konventionellen Formen der historisch gewordenen Gattung bewegte, und weil zur Zeit des Attizismus die hellenistischen Dichter bereits für die Römer von Catull bis Ovid Stilmuster geworden waren, die nicht mehr entbehrt und verdrängt werden konnten. Aus den versprengten Trümmern und zerstreuten Resten der hellenistischen Literatur, durch Rückschlüsse aus römischen Nachahmungen und späteren Umarbeitungen auf die Originale ein lebensvolles Gesamtbild der literarischen und geistigen Entwickelung zu gewinnen, ist eine der schwierigsten Aufgaben der Wissenschaft. Es ist begreiflich, dass es des Fortschrittes der Methoden im Zeitalter der historischen Wissenschaft und auch des starken Anstosses durch neue Funde bedurft hat, um auch nur die Aufgaben richtig zu stellen.

So stammt der Begriff der klassischen Literatur und des klassischen Altertums aus der Spätantike. Damals hat man nach subjektivem Geschmack aus der Literatur einen Ausschnitt gewählt, dem man aus formal ästhetischen Gründen eine kanonische und normative Bedeutung zuschrieb, wie die Kirche der Bibel aus religiösen Gründen. Die klassische Literatur allein erschien, wie als passende Lektüre zur formalen Bildung der Jugend, so als einzig würdiges Muster der stilistischen Nachahmung und Objekt der Forschung. Die beschränkte Auswahl, die vorwiegend stilistische Schätzung, der entfernte Standpunkt des Betrachters erleichterten es, in der Antike die Einheit und das Ideal zu sehen. Diese idealisierende und nivellierende Betrachtung hat auf die Renaissance und auf den modernen Klassizismus stark eingewirkt, so mannigfach das Ideal abgewandelt war, das man im Altertum ausgeprägt fand, und so wenig man sich vielfach dieses im Grunde schon durch die kanonische Auslese der Literatur gegebenen Einflusses bewusst war. Winkelmanns Offenbarung der absoluten Griechenschönheit, sein Begriff der stillen Einfalt und edlen Grösse der griechischen Kunst wurden der Gesichtspunkt, unter dem der Klassizismus auch die griechische Literatur und das Griechentum überhaupt als Menschheitsideal zu verstehen strebte. Sie haben stärker gewirkt als die bedeutenden Ansätze zu einer Erkenntnis der geschichtlichen Entwickelung.

J. G. Droysen ist seiner Zeit weit vorangeeilt, indem er in seiner Geschichte des Hellenismus (1. Aufl. 1836 und 1843) die Entwickelung und die treibenden Kräfte, die Bedeutung des Hellenismus für die Kontinuität der geschichtlichen Entwickelung und für die Kultur der Menschheit wirkungsvoll dargelegt hat. Die Arbeit des Spatens, die Ausgrabung hellenistischer Städte (Pergamon, Magnesia, Priene), die Fülle neu entdeckter Inschriften und Papyri hat die Forschung mächtig gefördert und ihr gebieterisch neue Aufgaben und Ziele gestellt, die durch den Widerspruch ästhetisierender Feinschmecker, denen die grossen geschichtlichen Probleme fern liegen, nicht aus der Welt geschafft werden können. Die gründliche Erforschung des Urchristentums weist fort und fort auf die Notwendigkeit hin, wie das spätere Judentum, so überhaupt die Geschichte der Kultur in ihren Wurzeln zu erforschen, welche die Welt zur Zeit der Ausbreitung des Christentums beherrschte.

Kein moderner Philologe leugnet, dass die Kultur des V und IV Jahrhunderts nach dem Reichtum originaler und wahrhaft schöpferischer Gedanken, nach der Grösse ihrer geistigen Heroen einzig dasteht, dass sie in der typischen Ausprägung der Weltanschauungen und Lebensauffassungen, in der Ausbildung der künstlerischen Formen das Grösste geschaffen hat, dass antiker und moderner Klassizismus sich ein Verdienst erworben haben, indem sie das wertvollste Erbe des Altertums bewahrten und die Menschheit seinen ewigen Gehalt schätzen lehrten. Aber durch diese Schätzung darf der Hellenismus nicht um seine Rechte verkürzt werden. Er hat eine neue Kultur hervorgebracht, deren Formen und Anschauungen zum Teil bis in die Gegenwart herrschen oder nachwirken. Er hat neue Literaturgattungen geschaffen und alte auf die Höhe ihrer Entwickelung geführt. Er hat die Fachwissenschaften zur höchsten Blüte gebracht. Und auch wer die selbständige Bedeutung des Hellenismus, die Schaffung neuer geistiger Werte, die ihm verdankt wird, verkennen wollte, der müsste ihm doch das Verdienst zuschreiben, dass das Griechentum neben dem Christentum die Grundlage unserer Kultur geworden ist. Es ist eine geschichtliche Erfahrung, die auch an der Religion Jesu sich bewährt, dass neue geistige Schöpfungen nicht in ihren originalen Formen, in der ursprünglichen Fassung und Verbindung der Ideen sich weitere Kreise erobern. Sie müssen erst, so zu sagen, auf ein niederes Niveau geführt, in starrere und leichter fassliche Formen ausgeprägt werden, um allgemeinere Anerkennung und Geltung zu finden. So hat der Hellenismus den Ertrag der älteren griechischen, vor allem attischen Geistesarbeit und Kulturentwickelung in die Formen gegossen, die ein Gemeinbesitz der Kulturvölker geworden sind. Und in gewissem Sinne erreicht die griechische Geschichte ihre Höhe in der Periode, wo das Griechentum seine grosse Bestimmung der geistigen Eroberung und Erziehung der Völker erreicht.

Der Hellenismus hat, um nur seine grössten Wirkungen zu erwähnen, erstens an den Römern eine grosse Erziehungsaufgabe erfüllt. Die römische Kulturentwickelung, namentlich seit dem zweiten punischen Kriege, erscheint als ein fortschreitender Hellenisierungsprozess, der Religion und Sitte, Sprache und Literatur, schliesslich auch zum grossen Teil die originalste römische Schöpfung, das Recht, durchdringt und eine Kultur erzeugt, die man einem Palimpseste mit unterer römischer und oberer griechischer Schrift vergleichen könnte. Mag für den antiquarischen Forscher dieser Prozess, der das Verständnis des echten Römertums so sehr erschwert hat, einen beklagenswerten Verlust bedeuten, für die Geschichte der Menschheit ist er ein unendlicher Gewinn und Segen gewesen. Denn er hat dem römischen Volke erst die Kraft gegeben, Träger einer grossen Kulturmission unter den Völkern des westlichen Mittelmeers zu werden. Der Hellenismus hat den Römern die vorbildlichen griechischen Literaturformen vermittelt, hat die römische Sprache geschmeidig gemacht und noch in der Kaiserzeit einen neuen Stil gezeitigt, dessen originalste Ausgestaltung wir in Tacitus bewundern; das feine Gefühl der romanischen Nationen für Wohlklang und Gesetzmässigkeit der Sprache ist hellenistisch-römisches Erbteil. Der Hellenismus hat den Römern und damit allen Völkern einen wesentlichen Beitrag zur grammatischen, logischen, rhetorischen Terminologie beigesteuert. Die mittlere Stoa hat den gebildeten Römern ihre höchsten sittlichen Ideale zum Bewusstsein gebracht und wirkungsvoll gepredigt, hat den Anstoss zur Vergeistigung und Verinnerlichung der Religion gegeben. Begriff und Formen des hellenistischen Königtums haben allmählich den römischen Prinzipat zur absoluten Monarchie umgestalten geholfen und in staatlicher und kirchlicher Organisation bis auf die Gegenwart nachgewirkt. Wenn Ihering die Ueberwindung des Nationalitätsprinzips durch den Gedanken der Universalität als die welthistorische Aufgabe Roms bezeichnet, die zuerst durch Verbindung der Völker zur Einheit des Staates, dann durch die Einheit der Kirche, endlich durch die Rezeption des römischen Rechtes erfüllt sei, so ist nicht zu vergessen, welchen Anteil der Hellenismus an der Bewältigung dieser Aufgabe hat.

Weiter, wir haben gelernt, die alte Kirche, wie sie in Glauben und Lehre, Sitten und Kultformen, Literatur und Kunst geworden ist, als das Produkt eines Kompromisses zwischen Urchristentum und griechisch-römischer Kultur zu begreifen. Aber das Griechentum, mit dem die Kirche vor allem sich auseinanderzusetzen hatte, von dem sie kämpfend so viel gelernt und übernommen hat, ist das hellenistische. Dämonenglauben, Jenseitshoffnungen, Volksglauben, Aberglauben und Kultformen des Hellenismus haben einen starken Einfluss ausgeübt. Die κοινή ist das Organ der christlichen Propaganda und der ältesten christlichen Schriften gewesen. Die Kirche fand das Bewusstsein der Gebildeten von stoischer Religiosität und Moral beherrscht vor. Sie fand den stoischen Pantheismus vor, an den die Areopagrede anknüpft, und die Ausdeutung der Volksgötter als Teilkräfte der einen Gottheit, und sie hatte einen starken Anhalt an der monotheistischen Tendenz und an der Zersetzung des Polytheismus, die beide von der Philosophie mächtig gefördert waren. Sie setzte die Polemik der Philosophie gegen den Polytheismus fort, und sie entlehnte von der Stoa die allegorische Auslegungsmethode, mit der sie das Anstössige und Paradoxe ihrer heiligen Schriften dem Geschmacke der Zeit anziehend machen konnte. Sie sah auch Plato wesentlich durch das Medium des späteren Platonismus und des Neuplatonismus, d. h. sie verstand ihn im Sinne einer mystischen, einseitig auf das letzte Ziel einer Erkenntnis, die jenseits aller verstandesmässiger Tätigkeit liegt, gerichteten Frömmigkeit. Sie ist von der asketischen Moral der Stoa und des Neuplatonismus beeinflusst worden. Sie hat die Theodicee der Stoa und des Neuplatonismus übernommen, und der Neuplatonismus hat sehr wesentlich zur Ausgestaltung ihrer himmlischen Hierarchie beigetragen. Sie hat eine Reihe hellenistischer Literaturformen sich angeeignet und lebendig erhalten.

Auf dem Prozesse der Hellenisierung des römischen Volkes und der Kirche beruht die Kontinuität der Kultur, welche die antike und die moderne Welt verbindet. Durch die grosse Mittlerrolle, die Römertum und Kirche gespielt haben, ist gewiss auch viel von den geistigen Errungenschaften der klassischen Zeit in das moderne Bewusstsein übergegangen, aber es ist zunächst übergeleitet worden in der eigentümlichen Anpassung und Umformung der Ideen, in der Ausprägung der Formen, die der Hellenismus geschaffen hat. Wo er die massgebenden Anschauungen nicht aus den neuen Kulturbedingungen selbständig geschaffen hat, hat er doch die Nuancen und Begriffsformen gefunden, die gedauert haben.

Gewiss hat die Kirche die wertvollsten Ideen und geistigen Kräfte des Griechentums wie des Christentums nur durch mancherlei Trübungen und Brechungen aufgefasst und vermittelt; sie hat den Kern mit immer mehr deckenden Hüllen umkleidet und unkenntlich gemacht; sie hat den Ertrag der überkommenen Bildung in immer starrere, das ursprüngliche Leben bannende und den Geist tötende Formen gefasst. Aber sie musste es; denn sie hatte eine harte Arbeit der Erziehung an rohen Völkern zu verrichten. Aber sie hat doch die latenten Kräfte des Christentums und Griechentums bewahrt, die nur in ihren ursprünglichen Wirkungen wieder ergriffen und neu belebt zu werden brauchten, um in der Reformation und im Pietismus, in der Renaissance und im Klassizismus eine innere Wiedergeburt, ein frisches, die alten Formen und Hüllen sprengendes Leben zu erzeugen. Sie hat die Verbindung mit den grossen Zeugen vergangener Welten aufrecht erhalten und damit den Zugang zu den reinen Quellen ermöglicht, aus denen die Völker in den Zeiten ihres geistigen Aufschwunges ihren Lebensinhalt und ihre Ideale bereichern konnten. Als die Renaissance diesen Zugang suchte, waren die Römer die Führer. Die Renaissance hat das Griechentum wesentlich in römischer Auffassung und Färbung gesehen, und es waren die durch römische Literatur vermittelten besten Gedanken des Hellenismus, in denen sie ihr Ideal fand. Auch der Klassizismus, der die Ueberlegenheit und Originalität des Griechentums erkannte, hat an ihm nur die Seiten gesehen, die seinem Menschheitsideale entsprachen. Das klassizistische Dogma vom harmonischen Griechentum als Einheit und als Ideal ist dann durch die historische Forschung für immer vernichtet. Statt dessen erhebt sich die grosse Aufgabe, die kontinuierliche Entwickelung der griechisch-römischen Kultur mit den mannigfaltigen sich kreuzenden und ablösenden Strömungen zu zeichnen und uns damit das Verständnis für die Grundlagen unserer Kultur zu eröffnen. Das für die allgemeine Kultur der Menschheit wichtigste Glied dieser Entwickelung ist der Hellenismus, wichtig besonders auch für das Verständnis der Geschichte der christlichen Kirche. Denn das Christentum hat sich zuerst die hellenistische und die hellenisierte römische Welt erobert. Es hat nicht gesiegt, indem es nach dem Bankerott des Heidentums als ganz neue Grösse in die freie Lücke eintrat, wie man es sich etwa früher vorstellte. Es hat auch nicht um den Preis der Vernichtung der heidnischen Kultur den Sieg gewonnen. Die vielfach konvergierende und parallel laufende profane und christliche Entwickelung führt zu einer Annäherung und Ausgleichung, in der das Christentum alle assimilationsfähigen Kräfte der heidnischen Kultur absorbiert und so den Uebergang vom Alten zum Neuen erleichtert. Mit gewissem Recht könnte man auch über diese Entwickelung als Motto das Wort des Horaz setzen, in dem er den Einfluss des griechischen Geistes auf das Römertum formuliert: Griechenland besiegte seinen Sieger.

Eine vollständige Kulturgeschichte in den Grundlinien zu zeichnen, übersteigt nicht nur die Grenzen des mir zur Verfügung stehenden Raumes, sondern auch das Mass meiner Kräfte. Selbst ein Kenner wird es noch nicht wagen, eine Geschichte des griechischen Wirtschaftslebens oder des griechischen Rechtes in hellenistischer Zeit zu schreiben, trotzdem wir den letzten Jahren höchst fruchtbare Anregungen und wertvolle Spezialarbeiten verdanken; durch die Arbeiten von Beloch, Mitteis, Wilcken, Bücher, E. Meyer sind die Fragen eben erst in Fluss gekommen [1]. Mit dem Zweck des Handbuches war die Beschränkung auf die Strömungen der geistigen Kultur gegeben. Wo liegen die Grundlagen und Wurzeln der Kultur, mit der das Christentum sich auseinandergesetzt hat? Welche Stimmungen und Dispositionen fand es in der Welt vor, in der es eine so grosse Umwälzung hervorgerufen hat? Unter welchen fördernden und hemmenden Momenten hat es sich verbreitet und entwickelt? Welche Erscheinungen der Kultur haben es positiv oder negativ beeinflusst? Diese Fragen fasst meine Skizze ins Auge. Sie möchte die vielen wertvollen Arbeiten neuerer Theologen — ich nenne vor allen Harnack und Hatch — ergänzen, indem sie ein zusammenhängendes Bild der Hauptströmungen der kulturgeschichtlichen Entwickelung gibt und darum ihren Standpunkt nicht erst in der Zeit nimmt, wo die energische Auseinandersetzung des Christentums mit dem Hellenismus beginnt; nur zur Vervollständigung des Bildes wird die nach dem II Jahrh. n. Chr. liegende Entwickelung berücksichtigt. Der lebendige Kontakt theologischer und philologischer Forschung auf den beide angehenden Gebieten, den auch diese Arbeit zu fördern bestimmt ist, wird der Vervollkommnung dieses Versuches zugute kommen, welcher der Nachsicht und der anregenden Kritik in gleicher Weise bedarf.

II

POLIS UND MONARCHIE

1 Die Gegensätze der Verfassung

Für das politische Bewusstsein des Griechen ist es charakteristisch, dass er den Staat sich wesentlich im Sinne der πόλις, des beschränkten Stadtstaates, vorstellte. Die politische Spekulation des Plato und des Aristoteles ist in den Voraussetzungen dieses Begriffes befangen. Der Niedergang Athens ist auch dadurch bedingt, dass es über diesen zugleich durch die religiösen Institutionen festgelegten Umfang nicht hinauskommen und für sein Reich die Verfassung nicht finden konnte.

[1]) S. auch Riezler, Die Finanzen und Monopole im alten Griechenland, Berlin 1907.

Die Last der Pflichten und Leistungen, die der antike Stadtstaat seinen Bürgern auferlegte, ist dem modernen Menschen schwer vorstellbar. Der Staat ist der höchste Lebensinhalt des Bürgers, und das hohe Mass der Teilnahme des einzelnen am öffentlichen Leben ist nur dadurch ermöglicht, dass die Klasse der bevorrechteten Bürger sich erhebt über den breiten Unterbau des rechtlosen, den wirtschaftlichen Bedürfnissen dienenden Sklaventums. Nach modernem Massstabe muss, wer diese dienende Bevölkerung in Anschlag bringt, den antiken Demokratien eine aristokratische Verfassung zuschreiben. Wieder spiegeln die Voraussetzungen der politischen Theorien die Macht des das Leben des Individuums umspannenden und mit den festesten, religiös sanktionierten Banden umschlingenden Staatsgedankens. Sie offenbart sich in der platonischen Ueberspannung des Staatsbegriffes und in der aristotelischen Auffassung des Staates als eines Organismus, dem sich die einzelnen als Glieder einzuordnen haben, als des höchsten Zweckes, durch den die sittlichen Aufgaben und Pflichten des Individuums bestimmt werden. Es ist, als solle die äusserste Anspannung aller Kräfte den Mangel der räumlichen Beschränkung des antiken Staates ersetzen.

So sehr die politische Zerrissenheit die Entwickelung der geistigen Kultur gefördert hat. hat sie doch die staatenbildenden Kräfte gehemmt. Seit dem peloponnesischen Kriege hatten die verderblichen Kämpfe der auseinanderstrebenden Stadtstaaten, die sich verzehrenden Gegensätze der inneren Parteien, die Verdrängung des nationalen Gedankens durch partikularistische und egoistische Interessen bewiesen, dass die Zeit der antiken πόλεις abgelaufen war. Auf diesem zerklüfteten Boden war die Verwirklichung des Gedankens nationaler Einheit, der in den gemeinsamen Festen seinen Ausdruck gefunden hatte, der durch Berührung mit den fremden Völkern und die Mehrung des gemeinsamen geistigen Besitzes gestärkt war, der die treibende Kraft in den Befreiungskämpfen gewesen war und von den Rhetoren fort und fort wirkungsvoll gepredigt wurde, unmöglich. Der Widerstreit der kleinstaatlichen Interessen hatte die zur Einigung drängenden Kräfte lahm gelegt. Philipp und Alexander wurden die Träger der Idee nationaler Einheit, die den Griechen des Festlandes von aussen aufgezwungen werden musste und von ihrer Majorität bald als Erlösung vom Fluche der Kleinstaaterei freudig begrüsst wurde; sie stellten die panhellenischen Tendenzen und den volkstümlichen Gedanken eines Feldzuges nach Asien in den Dienst ihrer Politik.

Die Griechen haben sich zum Teil schnell in die neuen Formen der monarchischen Regierung gefunden. Dass die Griechen Kleinasiens, die in ihrer exponierten Stellung im Festland längst keinen sicheren Rückhalt mehr fanden, Alexander freudig zufielen und von ihm die Wiederkehr geordneter und gesicherter Verhältnisse erwarteten, war natürlich. In der hellenistischen Propaganda sind die Ionier ein bedeutender Faktor. Im Grunde neigte überhaupt die Stimmung der Zeit der monarchischen Form zu, und die zerrüttete Demokratie hatte schon in mancher Gemeinde die Tyrannis aufkommen lassen. Die geistige Entwickelung hatte in weiten Kreisen dem monarchischen Gedanken den Boden bereitet. In wiederholten Versuchen stellt Xenophon, der kein schöpferischer Geist, aber für die seine Zeit beherrschenden Stimmungen höchst empfänglich ist, Ideal und Grundsätze der monarchischen Herrschaft theoretisch und im Beispiele dar. Die Idealphilosophie gestaltet das Bild des wahren Herrschers, dessen überlegener Genius Kraft und Recht zur Umbildung der Gesellschaft und zur Organisation des lebensfähigen Staates nach den Gesetzen der Vernunft in sich trägt; und durch die syrakusische Monarchie hofft Plato sein Staatsideal verwirklichen zu können. Derselbe Isokrates, der noch im Jahre 380 sein Athen zur Verwirklichung des nationalen Einheitsgedankens und des Kreuzzuges gegen die Perser auffordert, gibt bald seinen Gedanken und Hoffnungen die Richtung auf die Monarchie. An Iason von Pherä, Dionysios, Archidamos, endlich an Philippos richtet er abwechselnd sein in den Grundgedanken gleiches Programm der Vereinigung aller hellenischen Kräfte, welche die Griechen von der Zerrüttung der Kleinstaaterei erlösen und zur Besinnung auf ihre wahren Aufgaben und höchsten gemeinsamen Interessen führen soll. Selbst Demosthenes muss widerwillig die Ueberlegenheit der Monarchie in der planvollen Verwertung der Kräfte und in der energischen Durchführung einer zielbewussten Politik anerkennen. Die richtige Ueberzeugung, dass nur die Monarchie grosse politische Aufgaben zu lösen vermöge, und die Sehnsucht nach einer starken, Ordnung und Sicherheit verbürgenden Staatsgewalt erklärt es, dass in der hellenistischen Welt trotz der wilden Kämpfe um Alexanders Erbe das monarchische Bewusstsein sich erstaunlich schnell verbreitet hat und die politische Theorie bald beherrscht. Philipps starke Hand hat nicht gewaltsam das Ende der griechischen Geschichte herbeigeführt, sondern sie rascher zu dem Ziele geleitet, dem die natürliche Entwickelung zustrebte, das für die Westgriechen die syrakusische Monarchie zu verwirklichen suchte.

Die πόλεις Griechenlands, die grösseren und kleineren, werden jetzt dem Reiche eingegliedert. Ihre Freiheit und Autonomie werden scheinbar bewahrt, tatsächlich durch die Leistungen für Heer und Flotte und durch die Verlegung des politischen Schwergewichtes nach aussen bedeutend eingeschränkt; sie sind gegen früher zu einem kümmerlichen Scheindasein verurteilt. So stehen sie zuerst seitab von dem grossen Gange der neueren Geschichte, in den sie sich nur langsam finden. An Reaktionen, die über das Neue wie eine Episode meinten hinwegkommen zu können, hat es nicht gefehlt. Der Widerstreit der Grossmächte gibt auch den Kleinen die Möglichkeit, eine politische Rolle zu spielen. Der in romantischen Träumen Vergangenheit und Gegenwart vertauschende Grossmachtsdünkel verleitet Athen wiederholt zu unerlaubten Aspirationen und bringt es an den Rand des Verderbens. Der Abglanz der alten Herrlichkeit und die Höhe seiner geistigen Kultur sichern ihm immer wieder eine unverdiente Schonung und bewahren es vor dem Schicksal, das Korinth 146 durch die Römer gefunden hat. Bedeutende Kräfte entfalten neben Sparta der ätolische und der achäische Bund. Indem bei den inneren Fehden und angesichts der von Makedonien drohenden Gefahr die Hilfe der Römer angerufen wird, beschleunigt sich das Schicksal Griechenlands und des Ostens. Zwar herrscht eitel Freude und lauter Jubel über die Uneigennützigkeit der Römer, als an dem Isthmien des J. 197 der Philhellene T. Quinctius Flamininus die bisher den Makedonen untertänigen griechischen Staaten für frei erklärte. Aber das Ende des dritten makedonischen Krieges lehrte, was Rom unter Freiheit verstand, und die Zerstörung Korinths brachte den Griechen zum Bewusstsein, dass es ihnen ergangen war wie dem Pferd in der Fabel, das den Menschen freiwillig als Reiter aufnimmt.

Griechenland und die östlichen Provinzen haben dann das Mißregiment der römischen Oligarchie und die Leiden des mithradatischen und der Bürgerkriege so gründlich durchgekostet, dass sie in dem Uebergang zur Monarchie eine Erlösung sahen. Das kaiserliche Regiment brachte eine geordnete Verwaltung, sicheren Rechtsstand, grössere Selbständigkeit der Gemeinden. Um die Bedeutung des neuen Regimentes richtig einzuschätzen, muss man zur Ergänzung und Berichtigung der den Hofklatsch bevorzugenden stadtrömischen Literatur die inschriftlichen Zeugnisse und die vielen Stimmen der in der griechischen Reichshälfte lebenden Schriftsteller heranziehen, die laut von den Segnungen der neuen Ordnung, von aufblühendem Leben, von der sich hebenden materiellen und geistigen Kultur zeugen. Der Osten lebte sich schnell in den neuen Stand der Dinge ein. Das monarchische Bewusstsein war hier auch nie erloschen. Die römischen Grossen hatten hier vielfach als Despoten gehaust, und der Servilismus hatte ihnen pomphafte Dekrete, göttliche Ehren, Statuen, Tempel geweiht, kurz sie mit allen Auszeichnungen überhäuft, die man früher den Fürsten darzubringen gewöhnt war.

Unter sehr viel grösseren Schwierigkeiten, die man im Osten gar nicht empfinden konnte, vollzog sich in Rom der seit Sulla mit unvermeidlicher Notwendigkeit sich vorbereitende Uebergang der römischen Republik zur Monarchie. Die rechtlichen Formen für die Stellung des Herrschers waren schwer zu finden. Das Königtum, dessen Name im Osten einen guten Klang hatte[1], war hier sakral verpönt. An dem Versuche, die Formen des hellenistischen Königtums zu übertragen, war Cäsar zu Grunde gegangen. Auch die rechtlichen Formen der Reichsangehörigkeit zu finden war schwierig. Rechtlich war der römische Staat immer noch Stadtstaat, und das Bürgerrecht war trotz seiner Ausdehnung auf Italien auf die fiktive Zugehörigkeit zur Stadt Rom gegründet. Diese unnatürliche Zwischenstellung zwischen Stadt und Staat trat dadurch, dass Cäsar das Bürgerrecht an ganze Provinzen verlieh, noch schärfer hervor. Diese Verleihung war eine natürliche Folge seines Reichsgedankens, aber sie widerstrebte dem römischen Empfinden. Im Gegensatz zu Cäsar schlug Augustus' Politik nationale Bahnen ein und suchte möglichsten Anschluss an die verfassungsmässigen Formen. Er verzichtete darauf, der faktischen Stellung des princeps einen unzweideutigen rechtlichen Ausdruck zu geben und begnügte sich mit einem Umfang der Kompetenzen, in denen die überragende Bedeutung der Persönlichkeit sich Geltung verschaffen konnte. Es war ihm mehr um die Sache als um die Form zu tun, und er ging mit der ihm eigenen jeden Schritt sorgfältig erwägenden Behutsamkeit vor. Ob er die spätere Entwickelung vorausgeschaut und wie er sie sich gedacht, oder ob er gemeint hat, der Prinzipat werde auf die Dauer der klaren staatsrechtlichen Begründung entbehren können, wissen wir nicht. Allmählich ist dann die Grundlage der wirklichen Monarchie geschaffen, die Dyarchie der augustischen Zeit in das absolute Regiment übergeführt worden. Wesentlich hat der wachsende Einfluss der östlichen Reichshälfte dahin gewirkt, dass die im Osten herrschende Auffassung des Principates sich durchsetzt und die dreihundertjährige Entwicklung in dem Absolutismus endet, dem schon Cäsar so nahe war. Im Grunde ist es derselbe Prozess der Auflösung des nationalen Bewusstseins, der, wie er zum Absolutismus führt, so die civitas in die Reichsangehörigkeit aufgehen lässt und auf religiösem Gebiet zur Anerkennung aller im Reiche vertretenen Religionen, wie vorher aller italischen, führte. Begonnen hat diese Entwickelung eigentlich schon im II Jahrh. v. Ch. damit, dass die römische Politik unter dem Eindruck der Ueberlegenheit der griechischen Kultur auf eine Romanisierung des Ostens verzichtete. Es war natürlich, dass die hellenistische Kultur der östlichen Reichshälfte, je stärker ihr Einfluss auf allen Gebieten hervortrat, um so mehr die Kultur des latinisierten Westens mit fremdartigen hellenistischen und vom Hellenismus rezipierten und gemilderten orientalischen Elementen zersetzen musste.

---

[1]) Cicero De imperio 24, Sallust Fragm. V 3 Maurenbrecher. Im Osten wird schon Augustus der Titel βασιλεύς beigelegt.

2 Die neuen Mittelpunkte der Kultur

Auch die individuellen Lebensbedingungen sind mit dem Aufkommen der neuen hellenistischen Reiche völlig geändert. Der einzelne ist aus dem festen Verbande des Stadtstaates, der seinem Leben Ziel und Richtung gab, gelöst. Eine Fülle von Kräften, die früher im Dienste der πόλις verbraucht wurden, wird frei. So weit sie nicht im idyllischen Kleinleben aufgehen, suchen sie ein anderes Feld der Betätigung. Die kommunalen Aufgaben können die besten Kräfte nicht mehr locken und den Ehrgeiz nicht befriedigen. Das Leben gravitiert jetzt nach aussen, besonders nach den Höfen und den neuen Zentren der Kultur. Es ist charakteristisch, dass die meisten bedeutenden Persönlichkeiten, politische und literarische Grössen, ihre Heimat verlassen und sich einen neuen Wirkungskreis suchen. Wen politischer Ehrgeiz lockt, der findet als Söldnerführer, höherer Beamter, Diplomat seine Rechnung; die Beamtenhierarchie braucht grosse und kleine Talente. Die Eroberung des Ostens führt einen Aufschwung des wirtschaftlichen Lebens herbei und öffnet auf dem Gebiete der Industrie und des Handels unternehmenden Geistern neue Wege. Ein starker Strom von Auswanderern ergiesst sich jetzt nach dem Osten, besonders in die neuen Griechenstädte. Abenteurer und Parvenüs sind jetzt beliebte Typen der Literatur.

Mit dem II Jahrh. v. Chr. beginnt dann Rom in den Mittelpunkt des Völkerlebens zu treten. Die literarische Produktion der Griechen ist vielfach berechnet auf das römische Publikum, auf seine Interessen und Bedürfnisse. Philosophischer und rhetorischer Lehrbetrieb erfährt, wie wir sehen werden, eine Umgestaltung, die durch den Zweck der Propaganda in der römischen Gesellschaft bestimmt ist. Griechische Rhetoren, Philosophen, Literaten[1] finden in Rom ein fruchtbares Feld ihrer Tätigkeit. Aber diese Richtung des geistigen Lebens nach Rom hin ist nur das Symptom einer allgemeinen dorthin flutenden Bewegung, die ihre Höhe in der Kaiserzeit erreicht. Die aufstrebenden Kräfte, aber auch bedenkliches Gesindel aller Art, drängt Ehrgeiz und Abenteuerlust in das bunte Getriebe der Weltstadt, und die patriotische Klage wird immer wieder laut, dass Rom eine griechische oder orientalische Stadt geworden sei. Die beständige Aufnahme von Sklaven aus aller Herren Länder, das Aufstreben vieler durch Betriebsamkeit und Fleiss dem freigeborenen Proletariate überlegener Elemente des Sklavenstandes in die oberen Klassen, der gleichzeitige Rückgang der vornehmen Geschlechter und die Barbarisierung des Heeres haben auch dazu beigetragen, der römischen Gesellschaft ein ganz anderes Aussehen zu geben.

3 Neue Stellung der Literatur und Wissenschaft

Die Hebung des allgemeinen Bildungsniveaus, die Verbreitung der Bildung über weitere Kreise ist für die Kultur der hellenistischen Zeit charakteristisch. Die literarische Produktion schwillt zu einem früher nicht geahn-

[1] Polybios (XXXII 10) sagt bald nach 168 zum jüngeren Scipio, wenn er sich die griechische Bildung, um die sich jetzt die Römer so eifrig bemühten, aneignen wolle, könne es ihm an Lehrern nicht fehlen: πολὺ γὰρ δή τι φῦλον ἀπὸ τῆς Ἑλλάδος ἐπιρρέον ὁρῶ τῶν τοιούτων ἀνθρώπων. Vgl. Hillscher, Hominum literatorum Graecorum ante Tiberii mortem in urbe Roma commoratorum historia critica, Fleckeisens Jahrb. Suppl. XVIII S. 353—444.

ten Umfange an. Die grosse politische Umwandlung wirkt in dieser Richtung ähnlich wie zur Zeit des Ueberganges der römischen Republik ins Kaiserreich. Die Fülle der frei gewordenen Kräfte wird jetzt mehr als früher durch literarische Aufgaben und schriftstellerischen Ruhm gelockt. Wie der Pomp der Höfe der Kunst und dem Kunstgewerbe ein neues Feld der Betätigung gibt, so findet auch das geistige Leben seinen Mittelpunkt an den Höfen; es ist bewusst und unbewusst von politischen und höfischen Interessen beeinflusst. Die Literatur ist eine Macht, mit der auch die Fürsten rechnen und durch die sie die öffentliche Meinung beeinflussen. Das Schreibwerk spielt besonders in der wohlgeordneten Verwaltung Aegyptens und seinem Beamtenapparate eine grosse Rolle. In Hof- und Geschäftsjournalen, Beamtenprotokollen, Briefen wird seit Alexander in den Archiven ein ungeheures, auch für den Historiker nutzbares Rohmaterial aufgespeichert[1]. Auf die Initiative der Fürsten wird es vielfach von Literaten bearbeitet zu umfassenden Geschichtswerken oder zu ephemeren Berichten über Tagesereignisse und Hoffeste, die dem Publikum die Tagespresse ersetzen. Ptolemaios I verschmäht es nicht, einen schmucklosen, auf das Material der Archive gegründeten Bericht über Alexanders Feldzüge zu veröffentlichen. Pyrrhos, Arat und andere haben ihre Memoiren geschrieben. Die Fürsten teilen die literarischen Interessen ihrer Zeit, geben der Literatur, in der sie zum Teil dilettieren, eine Fülle von Anregung und Förderung. Fürsten und Fürstinnen nehmen die Widmung von Schriften entgegen und werden von den Hofdichtern gefeiert.

Für die rege Förderung der Wissenschaft durch das Königtum hat der grosse Zögling des Aristoteles das für die hellenistischen Herrscher vorbildliche Beispiel gegeben. Wir wissen, dass in seinem Generalstab die wissenschaftliche Abteilung nicht fehlte. Sorgfältige Beobachtungen der ethnographischen, geographischen, botanischen, zoologischen Tatsachen wurden aufgenommen, die wissenschaftlichen Berichte im Reichsarchive zu Babylon gesammelt. Die Bearbeitung wenigstens des botanischen Materials liegt uns in der ganz neue Bahnen der Forschung eröffnenden „Pflanzengeographie“ Theophrasts, des Schülers des Aristoteles, vor[2].

Plato und Aristoteles hatten einen Gelehrtenverein in sakralen Formen, mit einem Schullokal und Schulvermögen, Bibliothek und Studienapparat, geschaffen und so der wissenschaftlichen Arbeit eine Organisation gegeben, durch welche die verschiedenartigsten Kräfte nach dem Plane und nach den beherrschenden Gesichtspunkten des Meisters zu einem grossen Gesamtbau der Wissenschaften zusammenwirkten. Nach diesem Muster, das noch auf die Organisation der christlichen Gelehrtenschulen des Altertums und damit bis auf die Gegenwart fortgewirkt hat, und wohl auf Anregung des Peripatetikers Demetrios von Phaleron wurden in Alexandria die ersten staatlichen Institute zur Pflege der Wissenschaft durch königliche Stiftung gegründet, die beiden Bibliotheken und das mit reichen Mitteln ausgestattete Museion, in dem die angesehensten Gelehrten zu gemeinsamer Arbeit und stetiger Fortpflanzung der Wissenschaft vereinigt waren. Die Forderung der idealistischen Philosophie, dass der Staat in der Bildung seiner Bürger die wichtigste Aufgabe zu sehen habe, ist nicht ganz wirkungslos verhallt. Alexandria wird durch die neuen Schöpfungen das Zentrum literarischer und wissenschaftlicher Produktion und eines gegen frühere Zeiten schwunghaft betriebenen Buchhandels. In einen fruchtbaren Wettbewerb mit dem wissen-

[1]) Wilcken, Philologus LIII S. 102 ff. [2]) Bretzl, Botanische Forschungen des Alexanderzuges. Strassburg 1903.

schaftlichen Leben Alexandrias ist nur Pergamon seit dem II Jahrhundert eingetreten, das, die klassischen Traditionen aufnehmend und fortbildend, eine bedeutende und eigenartige Kultur erzeugt und als Stütze seiner Herrschaft dem Barbarentum gegenübergestellt hat. Antiochia am Orontes, das schon Seleukos und Antiochos zu einer hellenischen Stadt ausgebaut hatten, hat trotz der Höhe der äusseren Zivilisation und seiner Bedeutung für die hellenistische Propaganda nie konkurrieren können. Zu einem tieferen geistigen Leben ist es in Antiochia erst in der späteren christlichen Zeit gekommen. Syrische und griechische Kultur gingen hier neben einander her; aber orientalische Ueppigkeit und Sinnlichkeit hat den Grundzug des Lebens dieser blasierten Grossstadt gebildet. Athen bleibt nach wie vor der Mittelpunkt der philosophischen Entwicklung, obgleich die bedeutendsten Vertreter der Philosophie aus dem Osten zuwanderten. Neben der Akademie und dem Peripatos setzten sich die Schulen des Zenon und des Epikur dort fort. Auf den Philosophenschulen beruht in hellenistischer Zeit die geistige Bedeutung und die Kultur Athens, das sonst nur vom Erbe der Vergangenheit zehrt. Mit den philosophischen Koryphäen Athens pflegen die Fürsten die lebhaftesten Beziehungen; an den Höfen selbst konnte die Philosophie, wie es scheint, nicht recht gedeihen. Von den hellenistischen Freistaaten hat sonst nur Rhodos für das geistige Leben der Zeit Bedeutendes geleistet und im Beginn der römischen Herrschaft durch seine philosophischen und rhetorischen Schulen Athen fast in Schatten gestellt.

Die literarischen und philhellenischen Neigungen der hellenistischen Fürsten haben die römischen Grossen aufgenommen und fortgesetzt. Es ist ein Beweis des Aufschwunges des literarischen Lebens, dass seit dem II Jahrhundert in Rom vielfach die politische Rede als literarisches Erzeugnis veröffentlicht wird. Man beginnt die Bedeutung der Literatur fürs öffentliche Leben zu schätzen. Die Vornehmen lassen sich gerne griechische Schriften widmen, haben griechische Literaten in ihrer Umgebung oder sammeln literarische Zirkel um sich und tragen dafür Sorge, dass ihre Taten der Nachwelt in der Beleuchtung, die sie selbst wünschenswert finden, überliefert werden. Viele von ihnen schreiben selbst ihre Memoiren oder Autobiographien, die von parteipolitischen und apologetischen Interessen beherrscht sind. Im Zeitalter der niedergehenden Republik spielt die Literatur der Flugschriften eine grosse Rolle. Von politischen Zwecken ist Cäsars Bericht über seine gallischen Kriege und seine Darstellung des Bürgerkrieges eingegeben und beherrscht. Auch Augustus schreibt seine Memoiren, wie auch später viele Kaiser und Angehörige des kaiserlichen Hauses. Die Sitte der orientalischen Herrscher, ihre Taten auf Inschriften zu verherrlichen und selbst der Nachwelt zu überliefern, pflanzt sich in hellenistischen Reichen fort und lebt in erfreulicheren Formen im Rechenschaftsberichte des Augustus wieder auf[1]. Zu Ciceros Zeit gibt es in Rom schon einen lebhaften buchhändlerischen Betrieb. Die erste öffentliche Bibliothek gründet Asinius Pollio; Augustus fügt zwei weitere hinzu[2], und ihre Zahl mehrt sich dann rasch. Die Sitte öffentlicher Recitationen trägt dazu bei, neue Erzeugnisse der Literatur rasch bekannt zu machen und literarisches Interesse zu verbreiten; auch sie begegnet uns schon in der hellenistischen Welt und wird von dort

[1]) Wie Augustus verstanden hat, die zeitgenössische Literatur seinen Zwecken dienstbar zu machen, wird später gezeigt werden. [2]) Ueber die Verwaltung der Bibliotheken s. O. Hirschfeld, Die kaiserlichen Verwaltungsbeamten² S. 298 ff.

Ueber die Ausgestaltung der Archive und der kaiserlichen Kanzleien s. Peter, Die geschichtliche Literatur über die römische Kaiserzeit I S. 223, 329 ff.

nach Rom übertragen sein. Seit Vespasian wird der höhere Unterricht immer mehr in staatlichen Betrieb genommen oder von den Gemeinden organisiert, öffentliche Professuren und Bildungsinstitute werden geschaffen. Seit Cäsars Konsulat (59) versorgt die offiziöse Staatszeitung, die nach Art unserer Tagesblätter angelegt ist, die Welt mit allen wissenswerten Nachrichten aus dem öffentlichen Leben und bald auch mit amüsantem Stadtklatsch.

III

KOSMOPOLITISMUS UND INDIVIDUALISMUS

1 Kosmopolitische Stimmung der neuen Zeit

Als Träger des panhellenischen Gedankens und der griechischen Kultur schafft Alexander sein Weltreich, in dem Asiaten mit Makedonen und Griechen zu einem Ganzen verschmolzen werden sollen. Die Annahme des persischen Hofzeremoniells, die Gründung neuer Militärkolonien mit ihrer Völkermischung, die Begünstigung der Ehen zwischen Griechen und persischen Frauen, die Anpassung der Verwaltung an die überlieferten Formen, die Anerkennung der Kulte der eroberten Länder fördern die Verschmelzung und führen der neuen Kultur ungriechische Elemente zu. Aber als die treibende Kraft der neuen Kulturentwicklung ist doch von vornherein der griechische Geist gedacht, der die ὕλη der ungriechischen Völker sich unterwerfen und ihr seine Formen aufprägen soll. Und der optimistische Glaube an die überlegene Macht des griechischen Geistes und die grosse Mission, die er in der Erziehung der barbarischen Völker erfüllen müsse, hat nicht getäuscht. Trotzdem das Reich Alexanders zerfällt, geht doch die Saat, die er ausgestreut hat, auf; eine einheitliche Weltkultur, die in der Einheit der griechischen Sprache und Denkweise begründet ist, umspannt die hellenistischen Reiche [1]. Dass der langsam fortschreitende Hellenisierungsprozess sich nur die Städte und die oberen Schichten unterwerfen, nicht das ganze Hinterland und das Volkstum bewältigen konnte, dass dann überall eine starke nationale Reaktion ihm Einhalt gebietet, Altägyptisches und Koptisches, Syrisches und Persisches mächtig vordringt, ist wesentlich in dem Verfall und der sinkenden Kraft zuerst der hellenistischen Reiche, dann des Römerreiches begründet. Die nie ausgestorbenen altorientalischen Traditionen dringen, wie man besonders auf dem Gebiet der Kunst und der Religion, aber auch des Rechts, beobachten kann, gegenüber der sinkenden Kraft der hellenistisch-römischen Kultur in der Spätantike mit wachsend siegreicher Gewalt erobernd vor [2]. Dass die Hellenisierung des Ostens nicht zum gleichen Ziele gelangt ist wie die Romanisierung des Westens, offenbart sich

[1]) Ueber das Mass der Hellenisierung der verschiedenen Landschaften (in Kleinasien ging sie sehr viel weiter als in Syrien) vgl. Mitteis, Reichsrecht und Volksrecht S. 17 ff. [2]) Ueber die freilich hier erst in den Anfängen steckende kunstgeschichtliche Forschung können, ausser Strzygowskis grösseren Werken, seine Aufsätze in der Beilage zur Allg. Zt. 1902 Nr. 40. 41 und Neue Jahrb. XV S. 19 ff. orientieren.

auch in der Spaltung der östlichen Kirchen nach Nationen und Sprachen, verglichen mit der Einheit der Organisation und Sprache der römischen Kirche.

Alexanders Glaube an die Kulturfähigkeit der barbarischen Völker, an die Möglichkeit ihrer Verschmelzung mit den griechischen Eroberern war etwas Neues, was den griechischen nationalen Vorurteilen widersprach und sie zur Opposition herausforderte. Dem griechischen Nationalempfinden ist der in Sprache, Sitte, politischen Formen und Religion begründete Rassenunterschied zwischen Griechen und Barbaren unüberwindlich und unüberbrückbar[1]. Dem Herrenvolk der Griechen stehen die von Natur zum Dienen bestimmten Barbaren gegenüber. Sucht doch selbst Aristoteles die Sklaverei durch den Unterschied der Rassen als von der Natur gewollt zu begründen! Die Politik seines Zöglings verstand er nicht, wenn er Alexander riet (Fragm. 658 Rose), über die Griechen nur Hegemonie, über die Barbaren Despotie zu üben, für jene als Freunde und Verwandte zu sorgen, diese wie Tiere oder Pflanzen zu nutzen. Diese Zweiteilung in Herren und Knechte verwirft ein Jahrhundert später Eratosthenes (bei Strabo I p. 66, 67, vgl. Cicero De republ. I 58); nach Tugend und Schlechtigkeit allein solle man die Menschen beurteilen und scheiden, und die seien keineswegs an den Unterschied der Rassen gebunden. Dies Wort spiegelt deutlich den Fortschritt der Zeiten und das erweiterte Menscheitsbewusstsein wieder. Die Menschen, denen sich durch Alexanders Eroberungen ganz neue Welten und unendliche Weiten eröffnen, können nicht mehr Hellenen im alten Sinne des Wortes bleiben. Die neue Kulturentwicklung wirkt nivellierend. Die dialektischen Unterschiede werden abgeschliffen, und auf der Grundlage des Attischen erhebt sich die einheitliche Weltsprache, die κοινή. Eine fortschreitende Ausgleichung der Rechtsbräuche und Ansätze zu einem internationalen Rechte sind zu beobachten. Ein Durchschnittsniveau der allgemeinen Bildung, die mehr in die Breite als in die Tiefe geht, wird geschaffen, dem gegenüber die früher stark differenzierten Sonderheiten der Sitte und der Bildung zurücktreten. Ueber den Grenzen der Stämme und Nationen erhebt sich die Schöpfung des neuen Weltreiches, und der Begriff der οἰκουμένη fordert als Komplement den Begriff des allgemeinen, aus den nationalen Schranken gelösten Menschentums. Die grossen politischen Katastrophen, die neuen Formen der Gesellschaft, der Zug nach dem Osten, die Steigerung des Verkehrs werfen die alten Schichten der Gesellschaft gewaltsam durcheinander, verwischen die alten Standesunterschiede und gleichen die sozialen Gegensätze aus. Die rationalistische Aufklärung Athens hatte schon den Menschen und die menschlichen Verhältnisse zum Objekt der Forschung erhoben, hatte alle natürlichen und religiös sanktionierten Formen des menschlichen Daseins und die Grundlagen der Gesellschaft, das Verhältnis der Geschlechter und Stände, Staatsverfassung, Eigentum, Moral, Religion in Frage gezogen und als Problem gefasst; sie hatte mit konsequentem Radikalismus den Menschen herausgehoben aus den konventionellen Schranken und Vorurteilen. Sie hatte damit der neuen Entwicklung vorgearbeitet; aber alle diese kühnen Fragstellungen und schnellfertigen Antworten gewannen jetzt einen grösseren Ernst und eine vertiefte Bedeutung, wo die alten Formen der Gesellschaft durch die geschichtliche Entwicklung gelockert oder gelöst und neue in der Bildung begriffen waren. Und wenn der griechische Geist die treibende Kraft und der beherrschende Faktor der neuen Kulturentwicklung wurde, so konnte er doch die neue Kulturmission nur erfüllen, indem er über die nationalen, religiösen, sittlichen Schranken, in denen er befangen

[1]) Eichhorn, βάρβαρος quid significaverit, Leipziger Diss. 1904.

war, hinauswuchs und den Ausdruck für das umfassendere Welt- und Menschheitsbewusstsein der neuen Zeit fand.

Der erweiterte politische und geographische Horizont führt zu einer neuen Bestimmung des Verhältnisses von Griechen und Barbaren. Man lernt die uralten Kulturen der orientalischen Völker kennen, und die historische Forschung unterzieht sich bald der Aufgabe, den Griechen diese Kulturen bekannt und verständlich zu machen. Der babylonische Belspriester Berossos erschliesst in seinem Antiochos I Soter (281—261) gewidmeten Werke den Griechen die babylonische, der ägyptische Priester Manethos die ägyptische Kultur. Vor diesen ernsthaften Werken bevorzugte leider der Geschmack der Griechen romanhafte Darstellungen, die von stark aktuellen Tendenzen beherrscht waren. Berossos und Megasthenes' Ἰνδικά übten nicht den Einfluss wie das phantastische ältere Werk des Ktesias, das über den ganzen Reiz ionischer Erzählungskunst verfügte. Und die Kenntnis des Aegyptischen bezog man lieber aus dem leicht lesbaren Werke des Abderiten Hekataios, der Ideale seiner Zeit, den aufgeklärten Despotismus, die rationalistische Religion, Grundsätze der Ptolemäerpolitik in die Pharaonengeschichte projiziert. So ist die Erforschung der Literatur fremder Völker in den ersten Anfängen stecken geblieben und von den Griechen überhaupt nie als wissenschaftliche Aufgabe ernstlich in Angriff genommen. Wir hören von der Aufnahme einer Fülle zoroastrischer, wohl gefälschter Schriften in die alexandrinische Bibliothek [1], und die Septuaginta-Legende knüpft an das Interesse für die Literatur fremder Völker an. Vorschnelle Konstruktionen und willkürliche Vorstellungen vom Verhältnis der griechischen Kultur zu der orientalischen ersetzen den Mangel solider Forschung. Man leitet griechische Götter und Kulte aus Aegypten ab, lässt die griechischen Denker von dort ihre Weisheit holen; wo die Kultur eine so lange und alte Geschichte hat, soll der Ursitz der Weisheit sein.

Die Schätzung der Barbaren hat sich gewandelt. Einst hatten ionische Forscher mit offenem und vorurteilsfreiem Blick, mit ausgesprochenem Interesse für alles Neue und Fremdartige eine Fülle von Beobachtungen über die barbarischen Völker niedergelegt; Herodot hatte durch das Alter der ägyptischen Kultur sich gewaltig imponieren lassen und in vorschneller Konstruktion die Griechen zu Schülern der Aegypter gemacht. Dann hat die Sophistik den Völkersitten ein lebhaftes Studium zugewandt, aber mit dem einseitig rationalistischen Interesse, aus dem Widerspruch der Sitten die Unmöglichkeit einer absoluten Sittlichkeit zu deduzieren, und die skeptische Philosophie hat diese unfruchtbare Betrachtung durch Jahrhunderte fortgesetzt. Der Historiker Ephoros und Aristoteles und seine Schule haben dann ein ungeheures Material zusammengebracht und nach historischen Gesichtspunkten zu bearbeiten begonnen. Dies Material ist in hellenistischer Zeit weit über die Grenzen des griechischen Sprachgebietes hinaus erweitert. Mit gesteigertem Interesse betrachtet man Leben und Sitten der fremden Völker. Poseidonios hat mit schärfstem Blick die Sitten und Lebensformen der Kelten gezeichnet [2] und mit den aus Homer bekannten primitiven Lebensformen der Griechen verglichen. Und neben die vorurteilslose Beobachtung tritt bald sentimentale und idealisierende Betrachtung der Naturvölker und Barbaren [3]. Eine kulturmüde, von den künstlichen Lebensformen unbefriedigte Welt sucht gern ihre Ideale in fernen Zeiten oder Gegenden. Die

[1]) Cumont, Textes et mon. fig. rel. aux myst. de Mithras I S. 23. 32, Z. f. neutest. Wiss. I S. 268. [2]) Wilamowitz, Lesebuch II 217. [3]) E. Rohde, Griech. Roman² S. 215 ff.

Vorstellungen eines glückseligen und eines rohen und elenden Naturzustandes, Kulturfreudigkeit und Kulturüberdruss gehen in hellenistischer Zeit nebeneinander und kreuzen sich. Selbst die peripatetische und epikureische Darstellung der stufenweisen Entwickelung der Kultur hat sich von sentimentalischen Zügen und von dem Gefühl, dass der Fortschritt der Kultur nur mit Opfern und notwendigen Uebeln erkauft wird, nicht frei halten können[1]. Es überwiegt aber später die kulturfeindliche Betrachtung. Bald sucht man das Ideal der Sittlichkeit und Unverdorbenheit in den primitiven Zuständen der Naturvölker, bei Aethiopen oder Juden, Skythen oder Mysen; bald verlegt man es in phantastischer Dichtung in weltferne und unbekannte Gegenden; bald projiziert man es in das goldene Zeitalter. Kynismus und Stoa stellen gern das Barbarenleben als Muster der von ihnen geforderten einfachen und naturgemässen Lebensweise der Entartung der Kultur entgegen. Aehnliche Tendenzen treten beim Philosophen Seneca stark hervor, und diese sentimentale und moralisierende Betrachtung durchdringt Tacitus' Germania, in der Auswahl und Gestaltung des Stoffes ganz auf die Antithese: Natur und Kultur gestellt ist. Die Spätantike leitet dann endlich ihre Ideale, die ihr noch geblieben sind, und die ganze griechische Geistesarbeit aus orientalischen Quellen ab und sucht im Osten ihre tiefsten Offenbarungen. Sie bezeugt damit, dass die Quellen des griechischen Geisteslebens versiegt sind. Es ist, als fühle sie sich ihres besten Erbes unwürdig und verkaufe es an den Barbaren.

2 Die Stoa

Den adäquaten Ausdruck für die Weltanschauung des neuen Zeitalters findet die Stoa. Die Mehrzahl der älteren Stoiker stammt aus dem Osten, aus einem Gebiete der Völker- und Kulturmischung. So verbinden von vornherein keine engen Fäden sie mit den national hellenischen Anschauungen und historischen Traditionen, und diese historische Voraussetzungslosigkeit macht die Stoa vorzüglich geeignet, die neuen Grundlagen des Daseins theoretisch festzulegen. Rationalismus und Dogmatismus ist die Signatur dieser Philosophie. Dieselbe göttliche Urkraft, physisch und geistig gefasst, durchdringt, den Dingen Form und Wesen gebend, das All und ist zugleich das Gesetz, dem der Mensch sich unterzuordnen hat. Denn auch des Menschen Wesen ist λόγος wie jene göttliche Kraft, deren Absenker der menschliche λόγος ist; es wird von der Stoa, die in den Affekten Irrtümer des Verstandes sieht, rein intellektualistisch gefasst. Der λόγος, durch den der Mensch ein ζῷον κοινωνικόν ist (so Chrysipp Bd. III S. 43. 76 ff. von Arnim), ist auch das die Gesellschaft bildende Prinzip. Auf ihm beruht die Verbindung aller vernunftbegabten Wesen, Götter und Menschen, zu einer grossen Gemeinschaft.

Programmatisch steht am Beginn der hellenistischen Zeit eine der ersten Schriften Zenons, die πολιτεία[2]. In ihr trat noch der Einfluss des ungemilderten Kynismus hervor, der das Naturgesetz an Stelle aller Menschensatzungen stellte und sich das Ziel setzte, die giltige Moral umzuwerten. An ihn hat Zenon bezeichnenderweise Anschluss gesucht. Der wahre Staat

[1] Bernays, Theophrastos' Schrift über Frömmigkeit, Berlin 1866. Norden, Fleckeisens Jahrb. Suppl. XIX S. 411 ff. Dyroff, Zur Quellenfrage bei Lucretius, Bonn 1904. [2] S. das Verzeichnis der Fragmente bei von Arnim, Stoicorum fr. I S. 72 und Crönert in Wesselys Studien VI, Leipzig 1906 S. 53 ff.

ist der Kosmos, in den die einzelnen beschränkten menschlichen πόλεις aufzugehen bestimmt sind, seine Bürger sollen alle Menschen sein, gleichmässig von dem einen göttlichen Gesetze beherrscht. Bürger, Freunde, Verwandte, Freie sind nur die Guten; nicht die Bande des Blutes, sondern Tugend und Gleichheit der sittlichen Interessen bestimmen die Zugehörigkeit zu dieser Gemeinschaft. Dieser Staat bedarf nicht der Tempel und Götterbilder, die als das Werk menschlicher Hände der Götter unwürdig sind[1], nicht der Gerichte und Gymnasien, nicht der Ehe und des Familienlebens, auch nicht des Geldes und der üblichen ἐγκύκλιος παιδεία. Und wenn Zenon Männern und Frauen die gleiche Tracht vorschreibt, so sehen wir, dass vor der in der Vernunft begründeten Gemeinschaft alle Unterschiede nicht nur des Standes, sondern auch des Geschlechtes als nichtig betrachtet werden.

Zenon selbst und noch mehr seine Nachfolger haben diese Grundsätze gemildert und die extremen Konsequenzen abgeschnitten. Aber die Grundgedanken des Kosmopolitismus und der Humanität, einer allgemeinen Verbrüderung und Versöhnung der Menschheit, eines göttlichen, ins Herz gelegten Naturgesetzes, das über die geschriebenen und beschränkten Menschengesetze erhaben ist, haben doch einen sittigenden und erziehenden Einfluss ausgeübt, wie die unendlichen Variationen, in denen sie wiederholt werden[2], beweisen. Durch das läuternde Medium der mittleren Stoa, durch Cicero, Seneca und die Fülle der uns bekannten und der verschollenen Moralisten haben sie auf die weitesten Kreise und bis auf die Gegenwart gewirkt. Mann und Weib, Grieche und Barbar, Freier und Sklave werden unter den allgemeinen Begriff der Menschheit gefasst, und die stoische Predigt der freilich einseitig intellektualistisch gefassten Menschenwürde hat zur Nivellierung und Ausgleichung der sozialen Gegensätze, hat auch zur Hebung der Lage der Frauen beigetragen. Der Unterschied von Herr und Sklave vergeht vor dem höheren Unterschiede der wahren inneren Freiheit, die sich in jeder Lebenslage bewähren lässt, und der Knechtung durch die Leidenschaften, vor der freie Geburt und auch der Purpur nicht bewahren. Das schwere Problem der Sklavenfrage, die der antiken Gesellschaft oft als das furchtbarste Gespenst erschien, wird theoretisch wie im Spiele gelöst, und die praktische Lösung erübrigt sich auf der Höhe eines Standpunktes, der an das äussere Glück keine Forderungen stellt und sich in alle gottgegebenen Schickungen fügt. Aber der lahme und als Sklave geborene Epiktet hat die Wahrheit der Lehre innerlich erlebt, und die begeisterten Worte, die ihm und seiner Predigt der wahren Freiheit in dankbarer Verehrung ein Sklave auf einer Steinschrift in Pisidien[3] geweiht hat, beweisen, dass manchem der Mühseligen und Beladenen die stoische Lehre wirklich Erhebung und Frieden der Seele gegeben hat. Und was wichtiger ist, die stoische Moral, zu der sich die Gebildeten bekannten, hat stark eingewirkt auf die Milderung der Sitten und die Erweichung der antiken Vorurteile im Verhalten zum Sklaven. Nicht nur Cicero, Seneca, der jüngere Plinius bezeugen es. „Die Milderungen der Sklaverei durch das Kaiserrecht gehen wesentlich zurück auf den Einfluss der griechischen Anschauungen zum Beispiel bei Kaiser Marcus, der zu jenem nikopolitanischen Sklaven wie zu seinem Meister und Muster emporsah (Mommsen, R. G. V S. 250)“[4].

Jene extreme zenonische Forderung gleicher Tracht der Frauen wird

[1]) Vgl. auch Fr. 266: Die Tugenden der Bürger sind das beste Weihgeschenk.
[2]) Auf Philon (v. Arnim III S. 79. 80) und auf die Christen haben sie stark eingewirkt. [3]) Hermes XXIII S. 542 ff. [4]) Material bei A. Schneider, Zur Geschichte der Sklaverei im alten Rom, Zürich 1892.

nicht wiederholt. Aber die Gleichberechtigung der Frau wird fort und fort von der Stoa gefordert, und nicht nur wie von Plato im staatlichen Interesse. Zahlreiche uns noch erhaltene Traktate fordern für das weibliche Geschlecht die gleiche Bildung, behandeln die Ehe in dem Sinn einer innigen Lebens- und Interessengemeinschaft. Auch hier hat die Stoa einer gerechteren Gesetzgebung vorgearbeitet und ihr den Boden bereitet, und die von späteren römischen Juristen vertretene Auffassung der Ehe[1] ist die stoische. In der geistigen und sittlichen Lebensgemeinschaft finden sie ihren Zweck, während die antike Anschauung ihren Zweck einseitig in der Fortpflanzung des Geschlechtes und der Versorgung des Staates mit Bürgern gesucht hatte.

Zenons Staatslehre vertritt zwar im Gegensatz zum ethischen Atomismus Epikurs energisch die organische Auffassung der Gesellschaft und betont den Gemeinschaftstrieb. Aber es ist doch nicht Zufall, dass er vom ζῷον κοινωνικόν im Gegensatz zum aristotelischen πολιτικόν redet. Die Formen des Idealstaates sind so abstrakt gefasst, und das Ideal schwebt in so weiter Ferne von dieser Welt, dass die Lehre, in ihrem ursprünglichen Sinne verstanden, eher den politischen Trieb zu ersticken als zu stärken und die praktisch politische Tätigkeit auszuschliessen schien, wie sich die stoischen Schulhäupter auch in der Praxis wirklich von ihr fern gehalten haben. Aber die abstrakte Fassung gestattete eine Füllung mit konkreterem Inhalt, die Zweideutigkeit mancher Sätze (z. B. des Satzes πολιτεύσεται ὁ σοφός, der politische Tätigkeit forderte, aber auch von der philosophischen Arbeit des Weisen verstanden werden durfte) bot wie auf religiösem Gebiet die Möglichkeit weiterer Akkommodationen. So konnte auf der einen Seite die mittlere Stoa, die politischen Theorien des Plato und Aristoteles aufnehmend und fortbildend und vom Bilde des römischen Staates beeinflusst, ein positives Verhältnis zum Staate gewinnen und das politische Denken eines Polybios, Scipio, Cicero aufs fruchtbarste anregen; auf der andern Seite konnte in der Kaiserzeit, wo wieder die kynischen, weltabgewandten Tendenzen hervordringen, die stoische Lehre die Unterlage für einen unfruchtbaren oppositionellen Doktrinarismus hergeben[2].

Wir wissen zu wenig von Zenons πολιτεία, um die interessante Frage nach ihrer psychologischen Genesis erklären zu können, wenn auch einzelne Beziehungen auf Plato nachweisbar sind. Ist es ein Zufall, dass die radikale Theorie die schöne griechische Welt noch unbarmherziger in Trümmer schlägt als die politischen Katastrophen, deren Augenzeuge Zenon gewesen ist? Ist ihm die Weltweite seines Kosmopolitismus und seine ideale μεγαλόπολις aufgegangen unter dem Eindruck des Weltreiches Alexanders, das er entstehen und doch bald wieder in Stücke gehen sah? Ist seine Polemik gegen alle Formen und Voraussetzungen der antiken πόλις vielleicht bedingt durch die Katastrophe, die sie in ein grösseres Ganze verschlungen hat? Und ist ihm die Perspektive des Aufgehens aller Staaten und Nationen in seinen Idealstaat eröffnet durch den ähnlichen Prozess, den er erlebt hatte? Wer den ungeheuren Abstand dieser Theorie von Plato und Aristoteles zu ermessen

[1]) So z. B. Modestinus (III Jahrh.) Digesten 23, 2: *nuptiae sunt coniunctio maris et feminae et consortium omnis vitae, divini et humani iuris communicatio* (vgl. Ihering, Geist des röm. Rechtes II 1⁵ S. 208. Es genügt z. B. die Stoiker Musonius S. 67 Hense (s. Beilage 4 zu I Cor) oder Hierokles S. 54, 19 von Arnim (beide heben auch das religiöse Moment hervor) zu vergleichen, um die Annahme, Modestinus stehe schon unter christlichem Einflusse, als ganz unbegründet abzuweisen.

[2]) Doch fehlt es auch unter den späteren Stoikern nicht an solchen, die ein positives Verhältnis zum Staat vertreten; s. Prächter, Hierokles S. 38 ff.

weiss, wird einen solchen Zusammenhang sehr wahrscheinlich und es begreiflich finden, dass Alexanders Taten die Phantasie des Philosophen ebenso wie die der Historiker angeregt haben. Die Parallele zwischen Alexanders Weltreich und stoischem Idealstaat ziehen schon die hier sicher von alter Quelle abhängigen plutarchischen Reden De fortuna Alexandri in geistvoller Weise. Alexanders Bedeutung wird hier auf seine philosophische Bildung zurückgeführt; aber mit seinen Leistungen hat er alle Philosophen in Schatten gestellt. Er ist der grosse Erzieher der Völker zu hellenischer Sitte und Bildung und dadurch der grosse Wohltäter der Menschheit. Als der gottgesandte Mittler und Versöhner vereinte er, wo es die Macht des λόγος nicht vermochte, Waffengewalt brauchend, alles zu einem grossen Ganzen, wie in einem festlichen Krater Leben, Gesinnung, Ehe, Lebensweise der Völker mischend und sie lehrend, die οἰκουμένη für ihr Vaterland, die Guten für Verwandte, die Schlechten für Fremde zu halten[1], den Unterschied von Hellenen und Barbaren künftig nur nach Tugend und Schlechtigkeit zu messen[2]. So kann das Vermählungsfest in Susa als Symbol der Vereinigung der beiden Welten Europas und Asiens gefeiert werden.

3 Individualismus

Der Individualismus ist für die hellenistische Zeit ebenso charakteristisch wie der Kosmopolitismus, der ihn nicht ausschliesst, vielmehr der geeignetste Boden ist, auf dem er gedeihen kann. Die Schranken, die bisher durch Staat, Gesellschaft, Religion dem einzelnen gesteckt waren, haben sich gelockert und gelöst. Das Individuum gewinnt jetzt die Freiheit, sich selbst zu leben. Der Abstand der alten Komödie mit ihrem aktuell politischen Inhalt vom Milieu der neueren Komödie beweist, wie sich der Lebensinhalt geändert, die Interessensphäre durch das Zurücktreten der öffentlichen Pflichten des Bürgers verengert hat. In der Fülle privater Vereine sucht jetzt das Gemeinschaftsbedürfnis einen Ersatz; dass sich z. B. die Künstlervereine verschiedener Städte zu umfassenden Verbänden zusammentun, ist eine Neuerung, die bei der Zersplitterung des Städtelebens in älterer Zeit nicht denkbar gewesen wäre[3]. Seit die Interessen am öffentlichen Leben zurücktreten, gewinnt das häusliche Leben für den Mann eine grössere Bedeutung, und das kommt auch der Frau zugute. So verschieden die Stellung der Frau sich hier und dort durch Sitte und Tradition gestaltet hatte — in Sparta und in Rom war sie stets viel freier als in Athen — beobachten wir doch in hellenistischer Zeit im allgemeinen eine fortschreitende Emanzipation von den beengenden Schranken altväterischer Sitte, und die höfische Mode hat die freiere Entwickelung begünstigt. Die immer tiefere und individuellere Töne findende erotische Poesie scheint das intensivere und innigere Gefühlsleben im Verhältnis der Geschlechter wiederzuspiegeln.

Wenn es gewiss zum Teil die besten und gesundesten Elemente waren, die, der Heimat treu, fern vom Weltgetriebe in idyllischem Dasein, wie es später Plutarch so anziehend schildert, ihr Genüge fanden,

---

[1]) I c. 6. Die zenonischen Farben schimmern hier ebenso durch wie 8 p. 330 DE ἑνὸς ὑπήκοα λόγου τὰ ἐπὶ γῆς καὶ μιᾶς πολιτείας, ἕνα δῆμον ἀνθρώπους ἅπαντας ἀποφῆναι βουλόμενος . . . . εἷς ἂν νόμος ἅπαντας ἀνθρώπους ἐπέβλεπε καὶ πρὸς ἓν δίκαιον ὡς πρὸς κοινὸν διῳκοῦντο φῶς. — Auch der Anklang von I 6 an Onesikritos bei Strabo p. 715. 716 spricht für eine alte Quelle. [2]) Anklang an Eratosthenes (s. S. 14), der 330 A zitiert wird. [3]) Ziebarth, Das griechische Vereinswesen S. 192 ff. 71.

den Talenten und den ehrgeizigen Naturen öffneten sich jetzt neue Bahnen und Aufgaben, die den gesteigerten Wettbewerb der Kräfte herausforderten. Die Zeit der grossen politischen Umwälzungen und Erschütterungen, welche die Völker ergriffen und die Grundfesten der Gesellschaft wankend machten, brachte auch in die trägen Massen eine gewaltsame Erregung und trieb alle, die in den Wirbel der grossen Bewegungen gezogen wurden, zur Anspannung aller Kräfte. Es ist die Zeit eines gesteigerten und gehobenen Daseins, einer fieberhaften Spannung, wo die Menschen mit Einsetzung des ganzen Wesens um Behauptung und Durchsetzung der Persönlichkeit ringen und im Kampfe die eminent persönlichen Eigenschaften, klare Berechnung des Zieles und energischer Wille, rasche Entschlussfähigkeit und der das Leben leicht aufs Spiel setzende Wagemut, aufs äusserste entfaltet werden, eine Zeit, die mit ihrem Reichtum an grossen und glänzenden Persönlichkeiten, freilich auch an Gewaltmenschen und Verbrechern grossen Stiles an die Renaissance erinnert: Antipatros und Kassandros, Antigonos und Demetrios Poliorketes, Agathokles und Pyrrhos, die beiden ersten Ptolemäer seien genannt als einige der scharf ausgeprägten und individuell reich entwickelten Persönlichkeiten dieser Zeit, wie sie uns ähnlich nicht in der älteren griechischen Geschichte, wohl aber in den Zeiten der untergehenden römischen Republik begegnen. Und daneben eine Reihe bedeutender Frauen, die durch fein gesponnene Intriguen und durch das kokette Spiel ihrer Reize politischen Einfluss gewinnen oder selbst in führender Rolle an unbeugsamem Stolz, rücksichtsloser Energie, brutaler Gewalttätigkeit den Männern ihrer Zeit nichts nachgeben: Olympias, Kynane und ihre Tochter Eurydike, die alle drei gelegentlich die Zügel der Regierung ergreifen oder an der Spitze von Truppen marschieren und alle ein gewaltsames Ende finden, Alexanders viel umworbene, von Antigonos beseitigte Schwester Kleopatra, Berenike, Arsinoe und Demetrios' Gattin Phila, eine Reihe gewalttätiger Frauen des Seleukidenhauses. Vereinzelt treten jetzt Frauen auch in der Literatur hervor.

Aber diese freie Entfaltung und starke Ausprägung der Persönlichkeit in den obersten Schichten der Gesellschaft ist doch nur das Symptom der allgemeinen stark individualistischen Richtung der Zeit. Das Gefühl der Einheit des Individuums mit Umgebung und Welt ist dem Bewusstsein des Gegensatzes, der Unabhängigkeit und Selbständigkeit gewichen. Es ist die Zeit der befreiten Individualität, in der die Konsequenzen der mit der Sophistik beginnenden individualistischen Strömung gezogen werden; denn die traditionellen Mächte, die früher der Entfesselung der Subjektivität entgegen standen, sind jetzt beseitigt oder erschüttert. Von dieser neuen Stimmung, der Ueberzeugung vom Recht und der Bedeutung der Persönlichkeit ist auch die hellenistische Philosophie beherrscht. In den Philosophien dieser Zeit überwiegt das praktisch ethische Interesse, und die Ethik ist individualistisch. Sie offenbart den Zug zur Isolierung und freien Entwickelung des Individuums gerade so deutlich, wie die frühere Verbindung von Politik und Ethik, die Bestimmung des sittlichen Lebensinhaltes durch die Zwecke des Staates die Gebundenheit des Individuums und seine Abhängigkeit vom Gemeinwesen. Die stoische Apathie, die epikurische Gemütsruhe, die skeptische Ataraxie haben alle das gemeinsame Prinzip, dass sie der sittlichen Tätigkeit die Richtung von der Aussenwelt aufs Innere geben und das sittliche Ideal in der Unabhängigkeit und Loslösung des Individuums von allen äusseren Lebensbedingungen, in der Isolierung von der Gemeinschaft suchen. Am einseitigsten hat diese Individualisierung der Ethik Epikur durchgeführt und das persönliche Wohlbefinden als höchste Norm aufgestellt. Staat und Religion,

Wissenschaft, Kunst, Poesie fällt im Grunde der Konsequenz dieses Prinzips zum Opfer. ἐκλυτέον ἑαυτοὺς ἐκ τοῦ περὶ τὰ ἐγκύκλια καὶ πολιτικὰ δεσμωτηρίου sagt Epikur[1]. Und wir sahen schon, dass die Stoa das Gemeinschaftsleben in so abstrakte Sätze fasste und die Forderung der Beteiligung am Staatsleben durch solche Fülle von Ausnahmen und Klauseln einschränkte, dass in ihrer Entwickelung die individualistische Tendenz der sozialen die Wage hielt. Aber indem von ihr der Mensch ganz auf sich selbst gewiesen und gelehrt wird, nur in seinem Innern den festen Halt und die Bedingungen des Glückes zu finden, wird eine der Naivetät des antiken Menschen ganz fremde Vertiefung des Innenlebens erzeugt, die in der Sorge für die Seele und in der Beschäftigung mit dem besseren Ich die höchste Lebensaufgabe sieht, in der peinlichen Beobachtung und Regelung aller Seelenregungen, in einer methodischen Selbsterziehung aufgeht, die die fortschreitende Annäherung an das sittliche Ideal sich zum Ziele setzt. Diese Richtung auf sittliche Erziehung und Selbsterziehung geht schon von der Paränetik der alten Stoa aus und ist von stoischen Moralisten auf dem Wege der Predigt, Erbauungsliteratur, persönlicher Seelsorge stets gepflegt worden (s. Kap. V). Sie tritt uns, bereichert durch starke von Plato und Poseidonios ausgehende religiöse Motive in der seelsorgerischen Korrespondenz des Seneca und seinen drei an Serenus gerichteten Schriften, in der Pädagogik des Epiktet und in den Selbstbetrachtungen des Kaisers Marcus — und das sind nur einzelne hervorragende Repräsentanten der Gattung — als ein starker Strom entgegen, der sich mit dem mächtigeren Strom der parallelen christlichen Entwickelung, die in Augustins Selbstbekenntnissen ihre Höhe erreicht, vielfach berührt.

Die individualistische Richtung der hellenistischen Philosophie äussert sich auch darin, dass die stoische, epikurische, skeptische Ethik in der Ausmalung des Ideales des Weisen gipfelt. Das Ideal soll gewissermassen personifiziert geschaut werden. Auf einsamer gottähnlicher Höhe steht, unberührt von allen äusseren Verhältnissen, von Liebe und Hass der Menschen, auch von den schwersten Schicksalsschlägen gar nicht in seinem Innern getroffen, in unerschütterlichem Gleichmut der stoische Weise da, als gehöre er zu einer ganz anderen Welt (Seneca Dial. II 15 2). Und weil die recht schematische Zeichnung des stoischen Bildes des Weisen nicht wirksam genug war, beschäftigt man sich mit besonderer Liebe mit den wenigen Exemplaren, in denen das Ideal verwirklicht war, zeichnet Persönlichkeit und Leben des Sokrates, Antisthenes, Diogenes nach diesem Muster und stellt sogar in Herakles und Odysseus, indem man die ethische Umdeutung ihrer Mythenkreise im Sinne einer in allen Mühen sich bewährenden, die Lust bekämpfenden Tugend durchführt, die ältesten Repräsentanten des Ideals dar[2]. Noch stärker tritt das persönliche Moment hervor in Epikurs Schule. In der Person des Meisters sieht die Pietät der Schule schon zu seinen Lebzeiten das Ideal verkörpert, und derselbe Trieb zum Kultus der grossen Menschen, der zur Vergötterung der Herrscher führt, offenbart sich hier in der religiösen Verehrung des Schulgründers, dessen Auftreten als göttliche Epiphanie betrachtet, dem das göttliche Attribut des σωτήρ beigelegt wird.

Der individualistische Zug, der in der Wissenschaft zur Spaltung der Berufszweige führt, tritt auch in der literarischen Komposition bedeutsam hervor. Die Biographie ist erst in dieser Zeit geschaffen. Die grossen

[1]) Spruchsammlung Nr. 58, Wiener Studien X S. 196. [2]) Ueber die Entwickelung der stoischen Lehre vom Weisen s. Hirzel, Untersuchungen zu Ciceros philosophischen Schriften II S. 273 ff.

Persönlichkeiten treten jetzt auch in den Mittelpunkt der Historie. Polybios bekennt sich prinzipiell zu der Ueberzeugung von der Bedeutung der Persönlichkeiten für den Lauf der Geschichte. Bei Sallust, Tacitus und in der späteren Kaisergeschichte sehen wir die Persönlichkeiten in die beherrschende Stellung vordringen, Institutionen und Verwaltungsgeschichte, die Bewegungen der Massen darüber immer mehr vernachlässigt. An scharfe Zeichnung der Charaktere, psychologische Analyse und Motivierung der Handlungen stellt man jetzt hohe Anforderungen. Alexanders Persönlichkeit forderte besonders die schon in der Literatur des IV Jahrhunders ausgebildete Kunst der Charakterisierung heraus; freilich schuf auch die Rhetorik frühzeitig ein äusserliches Schema psychologischer Entwicklung, nach dem der Stoff willkürlich gruppiert und umgestaltet wurde. Die indirekte Art der Charakteristik, wie sie z. B. Thukydides geübt hatte, die aus den Taten und besonders den Reden der Helden das Ethos hervorleuchten, aber das absichtlich zurückgehaltene Urteil des Autors nur erraten und erschliessen lässt, wird durch direkte Beurteilung und Charakteristik der handelnden Personen durch den Historiker verdrängt[1]. Und im Gegensatz zu der künstlerischen Art des Thukydides und Plato, zu der die vornehme und keusche Zurückhaltung alles Persönlichen gehört, stellt sich die eigene Person des Autors jetzt ohne jede Scheu dar. Er begleitet die agierenden Personen mit Liebe und Hass; er durchsetzt sein Werk mit Urteilen und Reflexionen und lässt uns in die Werkstatt seines Schaffens blicken; er äussert sich, besonders in der Vorrede, auch in Exkursen, über Zweck und Methoden der Geschichtschreibung im allgemeinen und über seine besonderen Tendenzen, verteidigt seinen Standpunkt gegen Vorläufer und Rivalen.

4 Realismus

Individualismus und Realismus sind eng verbunden. So einseitig es war, das Verhältnis des klassischen Griechentums zur modernen Bildung unter den Gegensatz von Idealismus und Realismus zu fassen, so stark der gesunde Wirklichkeitssinn der Griechen auch in klassischer Literatur und Kunst, sogar mitunter in einer für modernes Fühlen fremdartigen Weise sich äussert, so ist es doch gerade für den Hellenismus charakteristisch, dass die typischen und konventionellen Formen der Richtung auf treue und lebensvolle Nachbildung der Wirklichkeit weichen. Im Porträt und im Genre hat die hellenistische Kunst Grosses geleistet, und die Porträtkunst erlebt noch in den beiden ersten Jahrhunderten der Kaiserzeit eine erfreuliche römische Nachblüte[2]. Es scheint, dass in der verschiedenen Art, wie die Künstler die Aufgabe, Alexanders Persönlichkeit darzustellen, fassen, die alte idealisierende und die neue charakterisierende Richtung der Porträtkunst in einen bezeichnenden Gegensatz treten. Die neue Richtung, die dem Individuellen den Vorrang vor dem Typischen gibt, dringt dann siegreich durch; sie findet in der jetzt glücklich ergänzten Demosthenesstatue vom Jahre 280 einen vollendeten Ausdruck. Wie lebendig stellen uns die Silbermünzen die ersten Ptolemäer vor Augen! Und mit welcher Anschaulichkeit und Lebenswahrheit weiss die hellenistische Kunst Menschen fremder Rasse in ihrer Eigenart vorzuführen! Dasselbe Streben nach Naturwahrheit beherrscht die genre-

[1]) I. Bruns, Die Persönlichkeit in der Geschichtschreibung der Alten, Berlin 1898. [2]) Vgl. Michaelis in Springers Handbuch d. Kunstgeschichte I⁷ (1904) S. 332 ff. 397 ff. Wickhoff, Die Wiener Genesis S. 20 ff.

haften Darstellungen. Dass Naturtreue, Wahrheit, sprechende Aehnlichkeit die Forderungen waren, die man an diese Art der Kunst vor allem stellt, bezeugen auch die literarischen. in manchen Anekdoten typisch ausgeprägten Kunsturteile; es sei an Herodas' Frauen im Asklepiostempel erinnert. Feine genrehafte Züge geben mythologischen Darstellungen der Kunst und der Dichtung einen indivualisierenden Charakter.

Am Beginne dieser Periode stehen als Muster einer dann weit verbreiteten Gattung die aus den ethischen Studien des Peripatos herausgewachsenen Charaktere Theophrasts[1], Darstellungen von Charaktertypen, wie Schmeichler, Prahler, Abergläubischer u. s. w. Der Mensch wird als einheitliche Persönlichkeit gefasst, aus deren Ethos wie mit innerer Notwendigkeit Lebensformen, Redewendungen, die ganze Art, sich zu geben und darzustellen, hervorgehen. Eine Fülle von Einzelbeobachtungen werden mit wunderbarer Schärfe als Aeusserungen desselben Charakters unter einen Begriff gefasst. Diese Richtung, den Menschen und die Einheit seines Wesens in der ganzen Fülle seiner Betätigungen und Einzelzüge zu fassen und darzustellen, hat die peripatetische Biographie beherrscht, und mit dieser Methode hat Antigonos von Karystos, zugleich Künstler und Kunstschriftsteller, seine fesselnden Philosophenporträts gezeichnet. Und in derselben Art hat auch Aristoteles gelehrt, das Völkerleben in allen seinen Aeusserungen als Einheit aufzufassen. Charakterismen von Typen und Individuen spielen in der moralisierenden Philosophie, in der Historie und in der Rhetorik, die bald Rezepte dafür aufstellt, eine grosse Rolle. Die Manier artet dann immer mehr in äusserliche Schablone, öde und mechanische Aufzählung aus. Die nachchristliche Historie gibt, sogar von homerischen Helden, pedantische, meist aufs Körperliche beschränkte Personalbeschreibungen, die nach dem Vorbilde der polizeilichen Steckbriefe abgefasst sind, und derselbe abgeschmackte Typus begegnet auch in apokryphen Apostelgeschichten.

Eine hohe Kunst individualisierender Charakteristik entfaltet die neuere Komödie, besonders Menander, in der feinen Zeichnung der Charaktertypen der kleinbürgerlichen athenischen Gesellschaft. Dieselbe, der Karrikatur sich nähernde Fähigkeit der Charakterisierung zeigt das stark realistische Possenspiel des Mimus, der freilich stets die Welt des Gemeinen und Niedrigen bevorzugt hat, die höher stilisierten Mimiamben des Herondas mit der Fülle ihrer lebenswahren Gestalten des Kupplers und der Kupplerin, des Schulmeisters und des Schusters, der launischen Dame und der faulen Magd; es ist derselbe auch den Schmutz und die Gemeinheit suchende Naturalismus, der die Charaktertypen der Kleinkunst auszeichnet. Und dass auch solche Stoffe künstlerisch geadelt werden konnten, wenn mit dem gesunden Wirklichkeitssinn, mit der Schärfe der Beobachtung und mit der Freude der Wiedergabe Beherrschung der Kunstformen, tieferes und verfeinertes Gefühlsleben, ein weiterer geistiger Horizont sich verbanden und den Künstler über das Niveau der Wirklichkeit erhoben, die er schildert. beweist Theokrit.

Aber der Reichtum des geistigen Lebens und der Kultur des Hellenismus lässt sich nicht in einigen Formeln erschöpfen, die immer nur besonders hervorstechende Richtungen und Stimmungen betonen können. Gerade die reichere und freiere Ausgestaltung der Lebensformen und Kulturbedingungen, die Fülle geistiger Interessen, neben einander gehender oder wechselnder Strömungen, die komplizierte Undurchsichtigkeit des Gefühlslebens unterscheiden ihn von der früheren Zeit und nähern ihn der modernen an. „Die hellenistische Zeit ist ganz und gar anders, kompliziert im Aussen- und

[1]) Proben in Wilamowitz' Lesebuch II 302.

Innenleben. Ihre Seele ist überaus sensitiv, gleich empfänglich für die weichste Sentimentalität und den harten Egoismus, für romantische Schwärmerei und das Trotzgefühl einer neuen Welt. Sie ist mit einem Worte modern". „In dem geistigen Antlitz des Hellenismus sind zwei Hauptzüge, die miteinander unvereinbar scheinen. Das eine ist die Freude an der Repräsentation, dem Pomp und Schmuck, der erhabenen Pose: darin liegt das, was wir an ihm barock nennen dürfen. Daneben aber steht die intimste Freude an der weltverlorenen Stille, dem Frieden des engen natürlichen Kreises, am Feinen, Kleinen. Die Marmorhallen des alexandrinischen Palastes, der Riesentempel von Didyma und der rhodische Koloss haben den Freundschaftsgarten des Epikuros, die koischen Landhäuser, in denen Theokrit verkehrt, die Studierzimmer, in denen Kallimachos dichtet und Archimedes forscht, neben sich. Dem entspricht im literarischen Leben der rauschende Stil, der am liebsten über die ganze Welt hintönen will, und die Schlichtheit, die von der Wahrheit, um die sie ringt, einem empfänglichen Freunde, man kann auch sagen dem unbekannten nacharbeitenden Kollegen, berichtet, und das Raffinement des ganz intimen Kunstwerkes. In Wahrheit wurzelt beides in der befreiten Individualität, die sich je nach den Lebenszielen sehr verschieden äussert" [1].

IV

GESCHICHTE DER BILDUNGSIDEALE

1 Die hellenistische Entwickelung

Die sophistische Aufklärung hatte einst in Athen ein enzyklopädisches Bildungsideal geschaffen. Schon um im Konkurrenzstreite der Schulen bestehen zu können, hatte jeder Lehrer den Anspruch gestellt, in wenigen Jahren oder gar Kursen seinen Schülern die ganze Bildung, so verschieden ihr Begriff und ihre Faktoren, unter denen Rhetorik und Eristik vorherrschten, gefasst wurden, zu vermitteln. Im Gegensatz zu dem dürftigen Elementarunterricht war seitdem das Bedürfnis einer höheren Bildung allgemein anerkannt. Aber der sophistische Unterricht war zugeschnitten auf die Aufgaben des praktischen Lebens und wollte eine Erziehung zur πολιτικὴ ἀρετή sein. Dass Plato und Aristoteles trotz der unendlichen Vertiefung ihrer Forschung erst in Wahrheit ein allumfassendes Bildungsideal aufstellen und festhalten konnten, war nur möglich, weil sie die Wissenschaft nicht als eine in begrenzter Zeit zu bewältigende Summe von Kenntnissen fassten, sondern als eine Aufgabe, der das ganze Leben zu widmen war, weil sie durch ihren Unterricht vor allem Forscher bildeten, deren Lebensberuf die Wissenschaft war, und weil die Gesamtarbeit der Schule die Verwirklichung des Ideales zu ermöglichen schien, das die Kräfte des einzelnen überstieg. Aber schon in dieser Periode bereitet der wissenschaftliche Fortschritt die Emanzipierung der einzelnen Disziplinen von der Philosophie und ihre selbständige Entwickelung vor, und die Schüler des Plato und Aristoteles mit ihren sehr verschiedenartigen Neigungen zeigen deutlich die wachsende Tendenz zur Differenzierung und Spaltung der Wissenschaften. Der Zusammenhalt und

[1]) Wilamowitz, Neue Jahrb. III S. 526 und Kultur der Gegenwart S. 92.

das einigende Band der Wissenschaften geht in hellenistischer Zeit immer mehr verloren, und mit der Zurücksetzung der Philosophie in Alexandria fehlt der Mittelpunkt, in dem sie ihre natürliche Einigung hätten finden können. Umgekehrt verliert die Philosophie die lebendige Fühlung mit den Fachwissenschaften, besonders mit der Naturwissenschaft, verliert damit die beste Quelle ihrer Bereicherung und Erneuerung und verzichtet auf die wichtige Aufgabe, die Summe der Erkenntnisse ihrer Zeit zu ziehen. Es sind meist bedenkliche und recht fragwürdige Gebiete, wo die Stoa einen lebhaften Kontakt mit den Fachwissenschaften behält, Astrologie, allegorische Homererklärung, später auch Zahlensymbolik. In der Erneuerung älterer Spekulationen sucht man eine befriedigende Erklärung der Welträtsel. Wie die Stoa auf Heraklits Lehre vom Logos und vom Uebergange der Elemente ineinander zurückgreift, so erneuert Epikur Demokrits Atomistik, und der Aufbau der Metaphysik ist wesentlich bestimmt durch die praktische Abzweckung des Systems auf die Ethik. Die Akademie entwickelt sich zu einer Skepsis, welche die Grundlagen aller Wissenschaften mit scharfer Dialektik in Frage stellt und damit das Interesse an ihrer Fortbildung verliert. Der dogmatische Materialismus Epikurs ist wissenschaftlich so unproduktiv und unfruchtbar, wie er es zu allen Zeiten gewesen ist. Er ist einseitig auf den Zweck gerichtet, die natürliche Erklärung der Phänomene sicherzustellen, und er erreicht den Zweck, indem er die physikalischen Lösungsversuche von den älteren Forschern übernimmt und zur Wahl stellt. Das wissenschaftliche Interesse beschränkt sich darauf, die Probabilität der mechanischen Erklärung, welcher Art sie auch sei, festzustellen. Das wahre Leben der Philosophie pulsiert in der Ethik, und in der Wirkung auf die breiten Massen erfüllt sie eine grosse Kulturmission (s. Kap. V).

Der Reichtum der sich differenzierenden Lebensformen offenbart sich, wie auf anderen Gebieten, so in der Wissenschaft in der Teilung der Berufszweige und Fachwissenschaften. Auch darin gleicht der Hellenismus der modernen Zeit. Der Komplex und die Sonderung der artes liberales ist ein Erzeugnis dieser Epoche. Auch im Unterricht zeigt sich die Teilung der Aufgaben. Der Grammatiker, der Rhetor, der Philosoph lösen sich in der Heranbildung der Jugend ab; wer nicht Gelehrter werden will, kostet nur eben von den Fachwissenschaften. Wenigstens das ist eine Errungenschaft der grossen philosophischen Entwickelung in Athen, dass man in der Philosophie die Krone und den Gipfel der höheren Bildung sieht.

Die von der Philosophie emanzipierten mathematischen und empirischen Wissenschaften gehen jetzt ihre eigenen Wege und erreichen eine früher nicht geahnte Vertiefung und Vervollkommnung ihrer Methoden. Mathematik (Euklid, Archimedes, Apollonios der Bearbeiter der Kegelschnitte) und Astronomie (Aristarchos' von Samos heliozentrisches System, Hipparch), die mit mathematisch astronomischen Mitteln ganz neu geschaffene Geographie (Eratosthenes und Hipparch), Mechanik, Optik, Medizin nehmen einen ungeheuren Aufschwung. Im III Jahrh. stehen die exakten Wissenschaften in Alexandria auf der Höhe ihrer Entwickelung. Was alles später das Mittelalter durch arabische Uebersetzungen und die Renaissance durch die neu entdeckten griechischen Originale an Anregungen von der exakten Wissenschaft des Altertums erfahren hat, geht im wesentlichen auf die Errungenschaften dieser Epoche zurück.

Sprachliche und literarhistorische Fragen und Probleme hatten besonders seit der Zeit der Sophistik lebhafte Erörterung und in den Philosophenschulen eifrige Pflege gefunden. Eine selbständige Wissenschaft wird die Philologie erst in Alexandria. Diese von Alexander ins Leben gerufene griechische Stadt stand zunächst ausserhalb der Kontinuität historischer Traditionen. Keine geschichtlichen Beziehungen verbanden sie direkt mit der älteren griechischen Geschichte und Kultur. Sollte auf dem hoffnungsvollen Neulande eine eigene Kultur erwachsen, so mussten die Fäden mit der Vergangenheit geknüpft werden. In dieser neuen Welt sah man die ältere griechische Literatur als einen kostbaren Schatz an, der aber erst gehoben werden musste. Sie erschloss sich nicht wie die zeitgenössische Literatur ohne weiteres dem Verständnis. Dialekte und die konventionellen Formen der Kunstsprache, allgemeine Kulturbedingungen und besondere Lebensverhältnisse, aus denen die Produktionen herausgewachsen waren, mussten erforscht und das als fremdartig Empfundene verständlich gemacht werden. In zweihundertjähriger eindringender Arbeit hat sich die alexandrinische Grammatik bemüht, die Schätze der klassischen Literatur zu ordnen, das zum Verständnis der Texte nötige sprachliche, antiquarische, literarhistorische Material zusammenzubringen, die Texte aus den zuverlässigsten Quellen zu konstituieren, durch neue Ausgaben die stark verwilderten und verwahrlosten Vulgärtexte zu verdrängen.

Gelehrte Forschung und schöne Literatur gehen vielfach Hand in Hand. Die Forschung hat freilich mitunter die Poesie auf gelehrte Abwege und in Künsteleien getrieben, hat die Geltung konventioneller und angelernter Formen über den natürlichen Ausdruck des lebendigen Gefühls gestellt. Aber sie hat auch die Poesie aus dem griechischen Legendenschatze mit tiefen Motiven und romantischen Stimmungen bereichert. Und wo echte dichterische Begabung sich paart mit der strengen Schulung durch das Studium der alten Kunstformen, entstehen wie in der Elegie und in der Epigrammdichtung mit ihrer Fülle persönlicher und momentaner Stimmungsbilder, überhaupt in den kleinern Gattungen der Poesie wahre Kabinettstücke feiner Kunst; an aktuellen Produktionen, die nur aus dem frisch pulsierenden Leben zu begreifen, aber durch die Kunst geadelt sind, fehlt es nicht.

Die alexandrinische Exegese hat Methoden, Technik, Kommentarformen geschaffen, die in mannigfachen Abwandlungen und Ausartungen sich auf immer weitere Gebiete ausbreiten. Es ist eine Kontinuität der Buchformen und Technik, zum Teil auch der Methode, die sich in der seit dem I Jahrh. aufblühenden und bald üppig wuchernden Exegese der Schriften der grossen Philosophen und in der Behandlung der heiligen Schrift durch Philo und Origenes bis in späte Zeiten fortsetzt.

Es zeugt von dem Ernst, mit dem die wissenschaftlichen Aufgaben erfasst wurden, dass erst spät aus der Exegese die Grammatik, wie wir sie verstehen, als System herauswuchs. Wir besitzen in nicht ganz originaler Gestalt und in vielen Ueberarbeitungen verschiedener Sprachen die griechische Techne des Dionysios Thrax (um 100 v. Chr.), die in mannigfachen Vermittelungen bei den Römern, bei denen schon in der ersten Hälfte des II Jahrh. die griechische Grammatik Eingang fand, fortlebte und von allen Kulturvölkern rezipiert worden ist.

2 Rhetorik und Philosophie im Kampfe um Rom

von Arnim, Leben und Werke des Dio von Prusa, Berlin 1898 S. 4—115. — Norden, Die antike Kunstprosa, 2 Bde, Leipzig 1898. — Kroll, Cicero und die Rhetorik, Neue Jahrb. XI S. 681—689 (vgl. Rh. M. LVIII S. 552 ff.).

Die Grenzen zwischen Philosophie und Rhetorik sind jetzt anerkannt, eine reinliche Scheidung zwischen beiden hat sich vollzogen. Einst hatte auch die sophistische παιδεία, eine Mischung von formaler Redegewandtheit mit trivialer Ethik und Politik, wenn wir von den speziellen Liebhabereien einzelner Sophisten absehen, sich als φιλοσοφία geben und dafür gelten können. Platos einschneidende Kritik hat für immer die sophistische Rhetorik und Eristik von der wahren Wissenschaft geschieden, die selbständigen Aufgaben der Philosophie festgestellt und den neuen Begriff dieser über die praktischen Aufgaben des Lebens sich hoch erhebenden Wissenschaft zur Anerkennung gebracht. Auch Aristoteles trennt die Rhetorik (wie die Dialektik) als formale Disziplin von der Philosophie; aber sein scharfer Blick für die Forderungen des praktischen Lebens weiss ihre Bedeutung zu schätzen. Er bearbeitet, den Anregungen des platonischen Phaidros folgend, den rhetorischen Stoff nach systematischen und logischen Gesichtspunkten und nimmt die Rhetorik als Nebenfach in seinen Unterricht auf. Aber diese zufällige Personalunion konnte nicht hindern, dass die Wege der Philosophie und der praktischen Rhetorik geschieden blieben und in der weiteren Entwicklung immer mehr auseinander gingen. Wohl wurden im Peripatos und auch in der gänzlich der Skepsis verfallenden Akademie rhetorisch gehaltene Disputierübungen fort und fort gepflegt und nahmen beim Herabsinken des wissenschaftlichen Niveaus der Schulen einen breiteren Raum ein. Wohl erhob die Stoa die Rhetorik sogar zu einem integrierenden Bestandteil ihrer Philosophie, wenn auch ihre abstrakte, in Definitionen und Distinktionen auslaufende Behandlung des Faches praktisch unfruchtbar war und nur das vom Rhetor Hermagoras im II Jahrhundert geschaffene neue System der Rhetorik mit einigem terminologischen Ballast beschwert hat. Im Grunde entspricht doch nur die Haltung der epikurischen Schule, welche die Rhetorik von ihrem Unterrichte ausschliesst und ihre eigenen Wege gehen lässt, dem wirklich bestehenden Verhältnis von Philosophie und Rhetorik. Denn diese hat in der Tat jetzt ihre eigene, von der Philosophie nicht beeinflusste Entwicklung. Die praktische Bedeutung der Beredsamkeit ist freilich durch die neue politische Entwicklung ebenso gesunken wie beim Uebergange der römischen Republik ins Kaiserreich; sie wird durch die Schulrhetorik abgelöst. In dem kommunalen Scheinleben der Zeit konnte der Rhetor keine grossen Triumphe feiern. Von parlamentarischen Leistungen hören wir nichts. Die Gerichtsrede, die im Athen des IV Jahrhunderts zu einer unnatürlichen Bedeutung aufgebauscht war, tritt jetzt wieder in ihre bescheidenen Grenzen zurück und gilt dem Rhetor selbst als inferior und plebejisch. Der Advokat erscheint in der Komödie öfter als komische Figur. Die pompösen Inschriften der hellenistischen Zeit zeigen, besonders in den Huldigungen vor den Herrschern, stark rhetorische Mache und konventionelle Formen, die einen Einfluss der Rhetorik auf die Kanzleien erschliessen lassen. Praxis und Theorie des späteren βασιλικὸς λόγος muss auf hellenistische Tradition zurückgehen[1]. Aber hellenistische Eukomien haben wir nicht, oder doch nur in Trümmern, und der Versuch einer Rekonstruktion ihrer Formensprache aus den Inschriften könnte diesen Verlust nicht decken. Einen Ersatz für den Untergang der lebendigen Beredsamkeit findet der Rhetor in den Deklamationen. In prunkvollen, alle Reizmittel des Klanges aufbietenden Vorträgen feiert er seine höchsten Triumphe, berauscht er sich und seine Hörer. Deklamatorische Schulübungen, deren meist fiktive Themata uns wenig geniessbar scheinen, sind auch das Lieblingsmittel zur formalen Bildung der Jugend, die das Hauptfeld der rhetorischen Tätigkeit bildet. Und für die Ausbildung des Stiles leistet die Rhetorik, indem sie die fein-

[1]) S. Wendland, Σωτήρ, Zeitschr. für neutest. Wissensch. V S. 343 Anm. 7.

sinnigen Beobachtungen des Aristoteles und des Theophrast über die verschiedenen Stilcharaktere der Prosa, Wortwahl und Periodenbau, Kunstmittel der Prosa fortführt, Bedeutendes und bildet ein heilsames Gegengewicht gegen die Ausartung des wissenschaftlichen Stiles in Formlosigkeit und Verunstaltung der Sprache durch terminologische Künsteleien. Und die Bedeutung der Rhetorik tritt darin hervor, dass der historische Stil immer mehr ihrem verhängnisvollen Einfluss verfällt, und die mittlere Stoa, die steifen Formen der alten Schulsprache verlassend, die höheren Ansprüche des rhetorisch verfeinerten Stiles befriedigt. Als im II Jahrhundert die griechische Propaganda wie eine gewaltige Flutwelle sich über Rom ergiesst, tritt in dem Konkurrenzstreite der Bildungsinteressen die Rhetorik als ebenbürtige Rivalin der Philosophie gegenüber. Nur einige Hauptdaten mögen die raschen Vorstösse der hellenistischen Bewegung erläutern, die in der Doppelsprachigkeit der besseren römischen Gesellschaft zu dieser Zeit ihre Voraussetzung hat. 173 werden die Epikureer Alkaios und Philiskos aus Rom ausgewiesen. (167 kommen nach dem Kriege mit Perseus 1000 griechische Geisseln, unter ihnen Polybios, nach Rom). 165 erscheint der Pergamener Krates als Gesandter in der Stadt und hält dort grammatische Vorlesungen. 161 werden die griechischen Rhetoren und Philosophen ausgewiesen. Ins Jahr 155 fällt die Gesandtschaft der drei Philosophen, des Skeptikers Karneades, des Peripatetikers Kritolaos, des Stoikers Diogenes, deren Vorträge den einen die ungeheure Kulturbedeutung, den andern die Gefahr des Griechentums zum Bewusstsein bringen. Es verschlug wenig, dass der patriotische Hass des alten Cato gegen das Gift des Griechentums dem Aufenthalte der Philosophen in Rom ein vorschnelles Ende bereitete. Man suchte jetzt die griechische Weisheit an deren Quelle, und die vornehme Jugend eignete sich die höhere Bildung an den griechischen Studiensitzen in Athen und Rhodos an. Und wenn die Staatsmänner nach dem Osten gingen, hielten sie es für Pflicht der Höflichkeit, den Professoren ihre Reverenz zu machen und ihre Vorträge zu hören. Und bald setzt auf römischem Boden die Propaganda durch Uebersetzung philosophischer Schriften ein, die in Ciceros Leistungen ihre Höhe erreicht. „Die Anziehungskraft des griechischen Wesens ward von den römischen Bürgern wahrscheinlich nachhaltiger und tiefer empfunden als von den Staatsmännern Makedoniens, eben weil jene ihm ferner standen als diese. Das Begehren, sich wenigstens innerlich zu hellenisieren, der Sitte und der Bildung, der Kunst und der Wissenschaft von Hellas teilhaftig zu werden, auf den Spuren des grossen Makedoniers Schild und Schwert der Griechen des Ostens sein und diesen Osten nicht italisch, sondern hellenisch weiter zivilisieren zu dürfen, dieses Verlangen durchdringt die späteren Jahrhunderte der römischen Republik und die bessere Kaiserzeit mit einer Macht und einer Idealität, welche fast nicht minder tragisch ist als jenes nicht zum Ziel gelangende politische Mühen der Hellenen. Denn auf beiden Seiten wird Unmögliches erstrebt: dem hellenischen Panhellenismus ist die Dauer versagt und dem römischen Hellenismus der Vollgehalt“ (Mommsen, RG V S. 231). Der Hellenisierungsprozess, der früher mehr zufällig an einzelnen Punkten eingesetzt hatte und von Literaten besonders gefördert worden war, ergreift im II Jahrhundert das ganze römische Volkstum. Und indem sich der Hellenisierung ein hoffnungsvolles Arbeitsfeld erschliesst, wird von neuem der alte Streit um die Bildungsideale, der Gegensatz der Rhetorik und der Philosophie, der der formalen Praxis des Lebens dienenden und der höheren geistigen Bildung, mit einer Heftigkeit ausgefochten, als wären die Streiter sich bewusst gewesen, dass die Herren der Welt auch über die Zukunft ihres Bildungsideals zu entscheiden hätten. Wir wissen, dass die drei Philosophen jener Gesandschaft Wortführer im Streite gegen die Rhetoren gewesen sind, und wir kennen noch zum Teil die Argumente, mit denen sie gekämpft haben. Aber der praktisch gerichtete Sinn des Römers, der die Gewalt der Rede als mächtige Waffe in den politischen Kämpfen längst schätzen gelernt hatte, bekannte sich zu der die staatsmännischen und rednerischen Bedürfnisse befriedigenden Bildungsweise. Der Dilettantismus siegt über die tiefere Wissenschaft. *Paucis philosophari* blieb römischer Grundsatz, und nur auf wenige erlesene Geister hat die Philosophie einen tieferen Einfluss ausgeübt. Die Rhetorik, die jetzt auch philosophische Gemeinplätze gern behandelt, nimmt einen frischen Aufschwung, und mit ihrer neuen Zielen zustrebenden Entwicklung wird auch schon die Ausbildung des für alle künftige Schuldoktrin massgebenden Systems des Hermagoras zusammenhängen, das bezeichnender Weise die Gerichtsrede wieder in den Vordergrund rückt. Auch Philosophen folgen dem neuen Zuge der Zeit und nehmen die Rhetorik wieder in ihren Unterricht auf. Und aus dem lebhaften Streite der Schulen geht als reifste Frucht das vielseitige Bildungsideal Ciceros hervor, das er, wohl Anregungen eines akademischen Lehrers (Antiochos?) folgend, in seinen Büchern De oratore und im Orator wirkungsvoll dargestellt hat. Eine die Fachwissenschaften beherrschende und in der Philosophie gipfelnde Bildung soll der Grund sein, auf dem allein die Beherrschung der Technik der Rede gewonnen werden und eine Virtuosität der Rede gedeihen kann, die durch historische Schulung und juristische Schärfe, Berechnung aller psychologischen Wirkungen und Beherrschung aller logischen und künstlerischen Mittel die höchste Vollendung, die Harmonie von Gedanken und Form, erreicht. Auch die Römer, welche dies Ideal stark auf sich haben wirken lassen, wie Tacitus und Quintilian, haben diese für den Römer einzige Vielseitigkeit der Bildung nicht mehr erreichen können; sie haben das Ideal nur aus der Ferne bewundert, ohne es erreichen zu können.

3 Römische Vorherrschaft

Ausser Norden (S. 26) s. Wilamowitz, Asianismus und Atticismus, Hermes XXXV S. 1—52.

Seit der Mitte des II Jahrhunderts schon gravitiert das geistige Leben und die literarische Entwicklung auch auf griechischem Gebiete ganz nach Rom. Die letzte grosse Schöpfung echt griechischen Geistes ist das System des Stoikers Poseidonios (um 100 v. Chr., vgl. Kap. VI 1), in dem tiefer historischer Sinn und Fähigkeit für exakte Forschung, spekulativer Trieb und religiöses Gefühl wunderbar vereinigt sind. So schafft er einen in Philosophie und religiöser Mystik gipfelnden architektonischen Aufbau der Wissenschaften und fasst noch einmal den ganzen Ertrag des griechischen Geisteslebens in einen weiten systematischen Zusammenhang. Nur Origenes hat später ähnliches versucht, ohne ihn erreichen zu können. Poseidonios ist, in der Spätantike vom Neuplatonismus und von Aristoteles abgelöst, der die nächsten Jahrhunderte eigentlich beherrschende Geist. Nicht nur die fachwissenschaftliche Literatur schliesst sich zum grossen Teil an seine Schriften an und lebt von seinen Gedanken. Er hat die Entwicklung der Stoa in neue Bahnen geleitet, Neupythagorismus und Platonismus hat er aufs stärkste beeinflusst und, von Plato stark ergriffen, der religiösen Stimmung einen gewaltigen Ausdruck gegeben, die, in Seneca und Plutarch, im Platonismus und Neuplatonismus in wachsender Stärke hervortretend, der Spätantike ihren eigenen Charakter gibt, wie er auch direkt und indirekt, z. B. durch Vermittelung Philos, die christliche Literatur stark beeinflusst hat. Man kann den Rhodier Poseidonios den letzten grossen, dem Römertum unabhängig, aber verständnisvoll gegenüberstehenden Griechen nennen. Schon vorher hatte Polybios seinen griechischen Landsleuten Roms Grösse und ihre Ursachen verkündet, nachdem er im Scipionenkreise mit dem Gedanken der grossen Kulturmission, die es zu erfüllen hatte, vertraut geworden war. Gleichzeitig bildet der aus dem rhodischen Freistaat stammende Stoiker Panaitios die strenge Schulmoral in weltmännischem Sinne zu einer für die Nobilität bestimmten, wirklich lebensfähigen edlen Sittenlehre um, die vom Gedanken der Humanität getragen ist. In ferne Zeiten hat sein Werk durch das ciceronische Medium (De officiis) und dessen Christianisierung durch Ambrosius gewirkt. Auch die Fachwissenschaften werden jetzt von den Griechen für die Bedürfnisse der Römer bearbeitet; die Forschung tritt immer mehr hinter der Popularisierung der Wissenschaft zurück; Breite der Propaganda und Sinken des wissenschaftlichen Niveaus, rhetorischer Flitter und wissenschaftliche Ignoranz gehen Hand in Hand. Wir beobachten einen fortgesetzten Prozess der Verdünnung, Exzerpierung, Trivialisierung, der sich von der echten, meist alexandrinischen Forschung zu den uns erhaltenen Handbüchern vollzieht. Wir beobachten den Prozess in den doxographischen und mythographischen Handbüchern, in den Kommentaren, in den lexikalischen und literarhistorischen Hilfsmitteln. Grosse Sammelwerke (wie Diodors historische Bibliothek zur Zeit des Augustus) entstehen, die ein Surrogat für den Reichtum der früheren Literatur geben und auch wirklich deren Untergang herbeiführen, weil sie der geringer gewordenen Bildung des grossen Publikums besser entsprechen.

Das Bildungsniveau des griechischen Sprachgebietes sinkt, auch die allgemeine Kultur erfährt im Osten einen Niedergang durch den schon von Polybios für Griechenland beobachteten Rückgang der Bevölkerung, durch die römischen Annexionen und die ihnen voraufgehenden Kriege, durch die Misswirtschaft der römischen Oligarchie und die schweren Verwüstungen der mithradatischen und der Bürgerkriege. So erklärt es sich, dass Rom, nachdem es sich hellenisiert hat, in der schönen Literatur die Führung übernimmt und dem Griechentum den Vorrang abläuft. Der Kompromiss zwischen Hellenismus und römischem Wesen hat zu einer inneren Einigung, zu einer neuen geschlossenen Kultur geführt, die es der Persönlichkeit ermöglicht, sich selbständiger darzustellen und freier zu bewegen. Catull und Cicero, Horaz und Vergil, Tacitus haben in der gleichzeitigen griechischen Literatur nicht ihresgleichen. Mit dämonischer Kraft gibt Augustus seiner Zeit auch geistig ein einheitliches Gepräge (vgl. VII 2); alle die Welt beherrschenden Stimmungen und Strömungen gehen von Rom aus. Schon in jenem erneuerten Kampf um die Bildungsideale hatte Rom den Ausschlag gegeben und der den praktischen Bedürfnissen des Lebens dienenden rhetorischen Bildungsweise zum Siege verholfen. Und wenn auch die folgenreiche attizistische Bewegung ihre griechischen Vorläufer gehabt haben muss, für uns wird sie erst kenntlich und zur Macht ist sie erst geworden in den literarischen Kontroversen und Stilerörterungen der letzten Jahre Ciceros, wo der um Cäsar sich sammelnde Kreis die Forderung der Nachahmung attischer Muster, speziell des schlichten Stiles, als dessen Hauptrepräsentant Lysias erscheint, erhebt, Cicero dieser Bewegung sein vielseitiges und überlegenes Ideal einer alle Nüancen des Stiles beherrschenden Redekunst entgegenstellt (Orator, Brutus). Griechische Repräsentanten der attizistischen Bewegung lernen wir erst unter Augustus in Dionysios von Halikarnass und Cäcilius kennen, und sie schreiben den Sieg ihrer auch von Augustus begünstigten Richtung dem Einfluss des weltbeherrschenden Rom zu. Aber dieser scheinbare Sieg konnte nicht hindern, dass schon unter Augustus durch den Einfluss hellenistischer Rhetorik ein neuer Modestil aufkam, der im Gegensatz zu ciceronischem Periodenbau sich in kurzen, zerhackten Gliedern bewegte, durch scharf pointierte, epigrammatische Sentenzen und abgezirkelte Antithesen, durch alle Reizmittel des sprachlichen Klanges und sangartigen Vortrages zu wirken suchte. Die Zuwanderung hellenistischer Rhetoren, das Ueberwuchern deklamatorischer Uebungen (vgl. S. 27), die mit ihren gesuchten, abenteuerlichen Themata die Unnatur des Stiles herausforderten, die Konkurrenz der Rhetoren, die sich durch Steigerung der Mittel zu überbieten und auszustechen suchten, haben diesen forcierten und manierierten Stil gefördert, von dem uns die rhetorischen Memoiren des älteren Seneca reichliche und unerquickliche Proben mitteilen, und der durch den Philosophen Seneca seine künstlerische Ausgestaltung gewonnen hat. Folgenschwer lastet jetzt auf der römischen Geistesentwicklung die Einseitigkeit formal rhetorischer Bildung, die den Rückhalt, den sie in Cicero an einer umfassenden Geisteskultur besessen hatte, verliert. Die Rhetorik wird die herrschende Macht im geistigen Leben und in der literarischen Produktion. Sie unterwirft sich die Geschichtsschreibung, die als ein opus oratorium gilt und dem Zwecke dienen soll, alle Mittel rhetorischer Virtuosität zu entfalten; beschränkte sich doch die historische Bildung, die man beim Rhetor aufnahm, darauf, dass man die Geschichte als Exempelsammlung seinen Zwecken fügsam zu machen wusste. Sie schafft eine Popularphilosophie, die aus philosophischen Problemen rhetorische Prunkstücke gestaltet. Sie durchdringt, nachdem sie selbst stark in die Sphäre der poetischen Sprache eingegriffen und das früher so feine Gefühl für die Grenzen der Stilgattungen erstickt hat, alle Gebiete der Poesie. Alle Mittel der Rhetorik hat Ovid in die Poesie eingeführt, Persius und Juvenal haben dann die Satire, Lucan das Epos rhetorisiert.

Aber eine Reaktion gegen diesen sich erschöpfenden Modestil war unausbleiblich. Deutlich tritt sie, wohl die nie ganz ausgestorbenen attizistischen und klassizistischen Tendenzen aufnehmend, uns unter den Flaviern in dem erfreulichen Buche des nüchternen Quintilian entgegen, der den zerrissenen, effektvollen Stil des Seneca verwirft und die Rückkehr zu Cicero, d. h. zu einer natürlichern Sprache und zum kunstvollen Periodenbau predigt. Aus der klassizistischen Richtung ging dann, auch durch antiquarische Forschung schon länger vorbereitet, seit Hadrian eine ausgesprochen archaistische Strömung hervor. Sie sucht ihre Muster in der vor Cicero liegenden Literatur und produziert einen aus allen möglichen Redefloskeln, Reminiszenzen, Altertümeleien zusammengesetzten buntscheckigen Stil, dessen abschreckendstes Muster uns der Rhetor Fronto, Marc Aurels Lehrer und Freund, gibt. Diese rückwärts gewandte Entwicklung, in der sich das in dieser Zeit oft ausgesprochene Bewusstsein des Epigonentums und der Dekadence ausdrückt, erweitert die Kluft zwischen lebender und literarischer Sprache. Die auf ein künstliches Sprachniveau gehobene Literatur ist den befruchtenden Berührungen mit der volkstümlichen Sprache entzogen, ihrer Wirkung auf weitere Kreise beraubt. Das Berufsliteratentum hat es dahin gebracht, dass die Literatur, die in der Republik das natürliche Erzeugnis und der Widerschein des wirklichen, öffentlichen und privaten Lebens war, jetzt eine Welt für sich bildet, ein gesondertes, von der Wirklichkeit entferntes Leben führt. Seit der Mitte des III Jahrhunderts versiegt sogar die schöpferische Produktion der Jurisprudenz. Nur die Christen bringen in die stockende literarische Produktion neue Bewegung und frisches Leben.

4 Zweite Sophistik

S. die Literatur S. 29 und Rohde, Griechischer Roman S. 311 ff., Kleine Schriften II 75 ff. — Hatch, Griechentum und Christentum, deutsch von Preuschen, Freiburg 1892.

Die griechische Entwicklung läuft nicht völlig parallel, aber sie führt doch zu einem ähnlichen Ziele. Wohl leben freiere hellenistische Stilrichtungen fort und wirken in dem tiefen Ethos und der Sprachfülle des Autors Περὶ ὕψους und des Plutarch, auch des Juden Philo erfreulich nach. Hellenistische Wörter, Formen und Wendungen mischen auch unbewusst und unfreiwillig diejenigen ein, die reines Attisch zu schreiben sich vorsetzen. Aber der Modestil Roms hat keine griechische Parallele. Die griechische Entwicklung ist gradliniger und gravitiert entschieden nach dem Attizismus, und Dionysios (S. 31) hat mit seinen triumphierenden Worten über dessen Sieg Recht behalten. Das neue, an der Vergangenheit orientierte Stilideal, das die literarische Sprache um mehrere Jahrhunderte zurückschraubt, dringt wirklich durch. Es schafft den bis in die Gegenwart fortdauernden verhängnisvollen Dualismus zwischen der Sprache der Literatur und der des Umganges, die tiefe, unüberbrückbare Kluft zwischen Bildung und Volkstum. Die Sprache der Bücher ist jetzt nichts weniger als der natürliche Ausdruck des Gedankens. Sie ist das Produkt künstlicher μίμησις, archaisierender Studien, zusammengelesen aus literarischen Reminiszenzen, bald auch mit Hilfe von Sprachreinigern geflickt und gestoppelt. Dabei entwickelt sich auch hier der Attizismus zum Teil zum geschmacklosen Archaismus, indem die Grenzen der Stilgattungen überschritten und ohne Scheu auch poetische Ausdrücke und Wendungen, weil sie attisch sind und in den Lexika standen, von manchen Autoren reichlich eingestreut werden. So trägt die ganze Literatur dieser Richtung den Stempel des Gemachten und Künstlichen; der Attizismus hat alles getan, über sie eine unerträgliche Oede und Langeweile zu breiten. Und diese Literatur ist uns in breiten Massen erhalten, während der Attizismus den Untergang der hellenistischen Literatur herbeigeführt hat, die vor seinen einseitig stilistischen Masstäben nicht bestehen konnte.

Die Rhetorik ist die grosse Beherrscherin auch der griechischen Literatur. Sie verwüstet die Prosagattungen, die sie annektiert hat; sie infiziert nicht nur die Poesie, sondern im Grunde rottet sie sie aus — Nonnos und seine Schule schaffen erst wieder Beachtenswertes —; denn sie proklamiert, wie einst Gorgias und Isokrates getan hatten, mit vollem Bewusstsein den Konkurrenzkampf mit der Poesie, welche sie durch die Vielseitigkeit ihrer Produktionen in Schatten stellen und überflüssig machen will.

Etwa seit Vespasian wird die literarische Produktion der Griechen wieder lebendiger und vielseitiger, um schliesslich der versiegenden römischen Literatur den Rang abzulaufen. Das Schwergewicht des römischen Reiches neigt seit Hadrian nach dem Osten, und der Gegensatz der beiden Reichshälften verschärft sich auch in der Sprache und Bildung. Unter dem vielgepriesenen Frieden der Kaiserzeit und den straffen Formen der Verwaltung erholt sich der Osten langsam von den Leiden und Verwüstungen der republikanischen Zeit (S. S. 30), von den bitteren Enttäuschungen, die das republikanische Regime ihm gebracht hatte. Die Ausbildung der Gemeindeverfassung unter kaiserlichem Regimente ermöglicht den Städten freiere Bewegung, der

Sinn für die kommunalen Interessen belebt sich. Das Selbstbewusstsein der Griechen steigt; sie fühlen sich wieder als Träger der Kultur, als geistige Herren der Welt und meinen gar, überlegen auf römische Barbaren, ihre Sprache und Kultur herabsehen zu dürfen[1]. Die Rhetorik steht im Mittelpunkt der geistigen Interessen. Man pflegt diese neue mit Vespasian beginnende rhetorische Entwicklung mit dem Namen „Zweite Sophistik" zu belegen nach dem Vorgange ihres Geschichtsschreibers Philostrat, der sie willkürlich an die erste Sophistik anknüpft. Smyrna und Athen, seit dem IV Jahrhundert Antiochia und Konstantinopel, treten in dem rhetorischen Treiben als Führerinnen hervor, an dem aber jedes Städtchen, das Anspruch auf Bildung erhebt, sich irgendwie beteiligt. Ausser der aufsteigenden Entwicklung der Kultur und den Antrieben der attizistischen Bewegung wirken noch besondere Ursachen zur Förderung dieses Bildungsstrebens mit. Die Gunst der Kaiser, besonders der Athen mit Wohltaten überhäufende Philhellenismus Hadrians, schafft dotierte Professuren der Rhetorik. Die Kommunen und reiche Private folgen dem von oben gegebenen Beispiele. Die Hebung des öffentlichen Schulwesens und Vermehrung der Anstalten für höheren Jugendunterricht bedeuten vor allem Hebung des rhetorischen Betriebes. Die Teilnahme der Vornehmen und aller, die gebildet heissen wollen, an rhetorischen Vorlesungen und Schaustellungen wird Modesache. Den Intelligenzen öffnet sich ein hoffnungsvolles Arbeitsfeld. Die Konkurrenz der rhetorischen Schaustellungen und Produktionen, der Brotneid und Streit der Meister und ihres Gefolges führen zu einer Agonistik, die das Publikum vielfach mit derselben Leidenschaft wie die Zirkusspiele erfüllt. Das Feld der Betätigung der rhetorischen Kräfte ist ein recht mannigfaltiges. Die Gerichtsrede und der Knabenunterricht fällt den Unbedeutenderen zu. Die Grösseren pflanzen als Lehrer ihre Zunft fort. In öffentlichen gefeilten Prunkreden oder in extemporierten Stegreifreden, deren Thema sie aus dem Publikum sich stellen lassen, feiern sie ihre Triumphe. Der äussere Pomp des Auftretens und der stark modulierte Vortrag unterstützt alle die längst erprobten Kunstmittel der Rede, mit denen sie das Ohr ihrer Hörer bezaubern. Einem Volke, das über gar keine rhetorische Tradition verfügt, ist es recht schwer, die Wirkung dieser Kunstmittel, die alle auf den lebendigen Vortrag berechnet sind und die man an der Beredsamkeit der romanischen Völker noch heute studieren kann, sich lebendig zu machen. Es ist keine blosse Phrase, wenn diese Rhetoren, wo sie von dem Seelenzustande dieser Produktion uns Rechenschaft ablegen, wie G. d'Annunzio in die Sprachsphäre des Enthusiasmus, der Inspiration und Ekstase greifen müssen.

Je mehr dieses rhetorische Treiben in den Mittelpunkt des geistigen Lebens tritt und alle höheren Interessen in unnatürlicher Weise absorbiert, um so höher steigt die soziale Stellung der rhetorischen Professoren und ihr massloses Selbstgefühl, von um so hellerem Glanze sind die Koryphäen umstrahlt. Die Sophisten haben die führende Rolle im kommunalen Leben, oft zum Heile ihrer Vaterstadt — denn der alte Bürgersinn lebt wieder auf und äussert sich in hochherziger Liberalität —, öfter zur Befriedigung ihrer eigenen Eitelkeit. Mit Vorliebe werden sie wie früher die Philosophen zu diplomatischen Missionen verwendet und haben die ehrenvolle Aufgabe, Kaiser und Vornehme in pomphaften Reden zu begrüssen. Es ist ein ebenso

[1]) Zeugnisse bei Peter, Die geschichtliche Literatur über die römische Kaiserzeit I S. 26. 6, Heinze De Horatio Bionis imitatore, Bonn 1889 S. 10 ff. Sehr charakteristisch ist Apollonios' Aerger über die römischen Namen bei Philostrat, vita Apollonii IV 5 (L. Hahn, Rom und Romanismus S. 157. 158).

bewegtes rhetorisches Treiben wie im Athen des IV Jahrhunderts v. Chr., und dennoch ist der Abstand ein gewaltiger. Dort die aus dem Leben herausgewachsene Beredsamkeit der Volksversammlungen und Gerichte, hier eine künstlich gezüchtete Rhetorik, die sich in der Scheinwelt fingierter Deklamationen bewegt und alle Akte des Lebens mit dem unnötigen Pompe der Phrase und mit lärmendem Pathos umkleidet; wir haben nur zu viel von Theorie und Praxis jeder Art von Gelegenheitsreden.

Was war nun der Ertrag dieser fieberhaft gesteigerten rhetorischen Produktion? Man hat es wirklich in der künstlerischen Gestaltung der Rede, in der Reinheit des Stils und in der μίμησις erstaunlich weit gebracht, und die stilistischen Leistungen eines Aristides von Smyrna (II Jahrh.) und die unendliche Mühe und Arbeit, die sie voraussetzen, müssen wir bewundern. Als zweiter Demosthenes wird er gepriesen und ist auch in der Stiltheorie der würdige Vorläufer des für die folgenden rhetorischen Lehrbücher massgebenden Hermogenes gewesen. Es gibt sogar Virtuosen des Stiles, die mit chamäleonartiger Wandlungsfähigkeit in verschiedenen Stilgattungen und Dialekten schreiben. Aber der wesentliche Erfolg der Bewegung ist, dass das Bildungsideal sich verengert zum Stilideal. Das dem Griechen angeborene Gefallen an der schönen Form überwuchert das Interesse am Gedanken. Nicht um der Sache ist es dieser Schönrednerei zu tun, sondern der Stoff, auch der höchste, ist nur das Mittel, an ihm die Formkünste zu entfalten. Phrasenreichtum und Gedankenleere gehen Hand in Hand. Dass man sich bewusst ist, in der klassischen Literatur das köstlichste Erbe einer grossen Vergangenheit zu besitzen, ist von den heilsamsten Folgen gewesen. Aber man beraubt sich ihrer besten Wirkungen und ihres reichsten Ertrages, indem man an sie die einseitig stilistischen Masstäbe des „reinen Attisch" anlegt, das ein Phantom der Studierstube ist. Dionysios hat weder die poesievolle Einleitung des Phaidros noch den dithyrambisch schwungvollen Stil seiner zweiten Sokratesrede geniessen und in ihrer künstlerischen Vollendung begreifen können. Er übt an Plato eine völlig schulmeisterliche Kritik, und die Rezepte, nach denen er sein verunglücktes Geschichtswerk komponiert hat, hält er dem Thukydides mit nörgelnder Kritik als die Normen vor, nach denen er Besseres hätte leisten können. Und so geschickt und merkwürdig die ausgedehnte Polemik des Aristides gegen Plato und seine Verteidigung der Rhetorik ist, sie beweist doch seine Unfähigkeit, in die Gedankenwelt des reichsten Geistes des Altertums einzudringen und Ideale zu begreifen, die diese Welt und die Scheinwelt der Phrase hinter sich lassen. Die schöne Form und die stilvolle Gestaltung und Ausbildung der Rede ist jetzt Inbegriff und Grundlage der Bildung. Diese formale Bildung ist die Vorbereitung für jede öffentliche Tätigkeit[1], und die Jugend der besseren Familien geht durch die Schulen, die diesem Bildungsideale huldigen. Petronius hat schon in seinem Sittenroman (c. 1) an diesem Lehrbetriebe die schneidendste Kritik geübt. Die pathetischen Deklamationen, sagt er, „wären erträglich, wenn sie nur denen, die zur Beredsamkeit gelangen sollen, den Weg weisen wollten. Nun bringen sie's mit dem Schwulst der Dinge und dem ganz leeren Phrasengeklingel nur dahin, dass sie, wenn sie aufs Forum kommen, sich in eine ganz andere Welt versetzt fühlen. Und darum, glaube ich, werden die Jünglinge in der Schule verdummt, weil sie nichts von dem hören und sehen, was in dieser Welt vorgeht, sondern von Seeräubern, die mit Ketten am Ufer bereit stehen, von Tyrannen, die durch Edikte den Söhnen befehlen, ihren Vätern die Köpfe

[1]) Vgl. Mitteis, Reichsrecht und Volksrecht S. 189 ff.

abzuschneiden, von Orakelsprüchen für die Pestilenz, dass drei oder mehr Jungfrauen geopfert werden sollen, honigsüsse Reden, Worte und Sachen wie verzuckert und geölt. Die damit gross gezogen werden. können so wenig klug sein, wie die gut riechen können, die in der Garküche wohnen. Nehmts mir nicht übel, ihr vor allem habt die Beredsamkeit zugrunde gerichtet. Denn indem ihr mit leerem und eitlem Wortschwall euer Spiel treibt, habt ihr bewirkt, dass der Leib der Rede entkräftet wurde und verfiel. . . . . Die erhabene und so zu sagen keusche Rede ist nicht buntscheckig und nicht geschwollen, sondern erhebt sich in natürlicher Schönheit. Kürzlich erst ist die aufgeblasene und abgeschmackte Geschwätzigkeit aus Asien nach Athen gewandert und hat den auf das Hohe gerichteten Sinn der Jugend gewissermassen mit verderblicher Ansteckung erfüllt, und nachdem einmal das Ideal verdorben war, hat die (wahre) Beredsamkeit aufgehört und ist verstummt. Und wer hat schliesslich den Ruhm eines Thukydides und Hypereides erreicht? Nicht einmal ein vernünftiges Gedicht ist hervorgetreten, und nichts konnte zur rechten Reife kommen, da alles von derselben Nahrung wie übersättigt war." Gilt auch diese Kritik, soweit sie stilistisch ist, dem S. 31 gezeichneten Stile, so trifft sie doch, was sittliche Hohlheit, eitle Anmassung und Unterdrückung der andern Bildungsinteressen angeht, auch auf die zweite Sophistik völlig zu[1].

Es wäre freilich ungerecht, zu verkennen, dass die Interessen der zweiten Sophistik nicht auf den Stil beschränkt sind. Aber alle ihre Bestrebungen ordnen sich jenem höchsten Interesse unter und werden dadurch in falsche Bahnen gelenkt. Die archaisierende Richtung geht über die attizistische Stilbewegung hinaus und ergreift und erobert sich weitere Gebiete. Sie schafft ein an der Vergangenheit orientiertes romantisches Ideal. Sie erstrebt auf allen Kulturgebieten, in Sprache und Literatur, Religion und Kunst, Sitte und Lebensformen die Wiederbelebung der Vergangenheit, in der sie ihre Ideale verwirklicht sieht. Sie fördert vor allem die seit dem II Jahrh. deutlich wahrnehmbare Steigerung und Vertiefung des religiösen Lebens. Aber auch diese Religiosität ist künstlich gemacht; sie wurzelt nicht im Leben, sondern in der Vergangenheit. Sie steht dem Volkstum fremd gegenüber, weil sie stark ästhetisch und literarisch ist, das Glied einer wesentlich aus Bücherstudien gewonnenen Weltanschauung, deren Ziel die Repristination der Religion und die künstliche Belebung alter Glaubens- und Kultformen ist. Sie gleicht auch darin der modernen Romantik, dass sie sich in stark stilisierten, oft fast theatralischen Formen äussert (Aristides' Ἱεροὶ λόγοι). Und selbst die neuplatonische Philosophie und Religion, die schönste und reinste Blüte, welche die reaktionär religiöse Entwickelung schliesslich hervorgebracht hat, ist zu sehr ästhetisch orientiert, zu sehr belastet mit dem ganzen Erbe der griechischen Literatur- und Kulturentwickelung, zu einseitig berechnet auf diejenigen, die spekulieren und philosophischen Exerzitien sich widmen können, um im Volkstum Boden gewinnen und im Kampfe mit der jugendfrischen, in ungebrochener Kraft aufstrebenden christlichen Religion bestehen zu können. Die tote Last der Vergangenheit drückt auf diesem Geschlechte, erstickt jede vorwärts strebende Entwickelung und ruft das Gefühl des Niederganges[2] hervor.

Mit Recht hat man gesagt, dass das Griechentum zum Teil am Kultus der schönen Form zugrunde gegangen ist. Mit viel Liebe und erstaunlichem

---

[1]) Vgl. die Kritik Plut. De ratione audiendi 7 p. 41 D. 9. [2]) S. z. B. Seneca, Columellas Vorrede, Gellius III 10, 11, Cyprian Ad Demetrianum 3 und die von Hirzel bei Gardthausen, Kaiser Augustus II 3 S. 882 angeführten Stellen.

Fleiss hat man die Form gepflegt und verschönt, gedrechselt und gefeilt; darüber hat man endlich den Gehalt verloren und den Geist vergessen. An Reaktionen hat es freilich so wenig gefehlt wie an Nebenströmungen. Dass das formalistische Bildungsideal sich die Welt erobern konnte, ist wesentlich darin begründet, dass es an dem heilsamen Gegengewichte der Fachwissenschaften und der Philosophie fehlte; beide Momente hängen übrigens auch mit einander zusammen. Von Poseidonios zu Seneca und dem älteren Plinius, dessen Nachfolgern und Excerptoren, vollends zu Isidor ist über viele Etappen ein fortgesetztes Sinken der naturwissenschaftlichen Kenntnisse und des Sinnes für exakte Forschung selbst bei denen, die für Kenner gelten, zu beobachten; Kuriositätensammlungen nehmen den Platz der fachwissenschaftlichen Literatur ein. Und wenn Ptolemaios (II Jahrh. n. Chr.) uns gross erscheint und seine Zeit wirklich überragt, so wissen wir jetzt, dass seine Bedeutung wesentlich auf der verständnisvollen Benutzung alexandrinischer Forschung beruht und sein System eigentlich gar nicht seinen Namen verdient; und dass er dem astrologischen Wahnglauben gehuldigt hat, steht durch den sicher erbrachten Nachweis der Echtheit der Tetrabiblos fest. Wir dürfen ihm das nicht einmal zum Vorwurf machen; denn der Glaube ist damals allgemein, und seine einzigen Gegner, die Skeptiker, sind alles andere eher als Kulturträger und Vertreter des wissenschaftlichen Geistes. Für sie ist die Polemik gegen die Astrologie nur ein Glied in der Kette der Auflösung aller Wissenschaften und der Bestreitung ihrer Möglichkeit. Auch Galen ist uns nicht mehr der bahnbrechende Forscher, als den ihn das Mittelalter gepriesen hat; wesentlich auf der zuverlässigen Darstellung des Wissensstandes seiner Zeit und der verständigen Verarbeitung der älteren Forschungen beruht sein Verdienst; an Traumorakel und Wunderheilungen des Asklepios glaubt er, und sein Reklamebedürfnis verschmäht nicht den Nimbus des Wundermannes. Die Mathematik wendet sich in bedenklicher Weise der Zahlensymbolik zu. Die Verbreitung der Skepsis im II Jahrh. n. Chr., für die Lucian und die für ihre Zeit glänzenden Schriften des Sextus Empeirikos zeugen, ist auch ein Symptom der Unfruchtbarkeit und Verödung des tieferen geistigen Lebens.

Proteste gegen die einseitige Ueberschätzung der Form sind besonders von den Philosophen erhoben worden (Norden S. 376 ff.). Aber viel hatte die Philosophie ihrer Zeit nicht zu sagen, und wenn wir vom Neuplatonismus absehen, Neues nicht zu bieten. Die fruchtbare Berührung mit den Fachwissenschaften hatte sie verloren, und sie laborierte teils am einseitigen Zuge zur philologischen Forschung, teils am Moralisieren. Seit der Erneuerung der aristotelischen Lehrschriften durch Andronikos (I Jahrh. v. Chr.) ging die in der Berliner akademischen Ausgabe der Commentaria in Aristotelem uns so anschaulich vor Augen tretende Betriebsamkeit der peripatetischen Schule in sachlicher und sprachlicher Exegese der Schriften des Meisters auf. Die Erkenntnis dessen, was der Meister gemeint hat, die sie wirklich, auch für uns, auf mannigfache Weise gefördert haben, interessierte diese Epigonen viel mehr als die Erkenntnis der Wahrheit überhaupt. Auch die Produktion der platonischen Schule bewegt sich, selbst nach dem Aufschwunge der Spekulation durch Plotin, überwiegend in Interpretation der Schriften des Meisters, und der neue Kommentar zum Theätet (Berliner Klassikertexte II 1905) offenbart ihre auffallend frühe Ausartung in traurigen Scholastizismus. Für Peripatos und Akademie gilt, was Seneca (Epist. 108, 23) sagt: *quae philosophia fuit, facta philologia est.* Der seit dem II Jahrh. v. Chr. in allen Schulen wahrnehmbare Eklektizismus ruft diese Reaktion der philologischen Richtung und Quellenforschung hervor. Und ähnlich lauten selbst für die

Stoa Epiktets Klagen (Handbuch 49, vgl. die in Schenkls Ausgabe angeführten Parallelen): „Wenn einer prahlt, dass er Chrysipps Bücher verstehe und erklären könne, so sage bei dir selbst: Wenn Chrysipp nicht unklar geschrieben hätte, so hätte der Mensch nicht, wessen er sich rühmen könnte. Ich aber, was will ich? Die Natur erkennen und ihr folgen. So frage ich nun: Wer ist ihr Exeget? Und wenn ich höre: Chrysipp, gehe ich zu ihm. Aber ich verstehe seine Worte nicht; so suche ich dafür einen Exegeten. Und bis dahin habe ich noch nichts Bewunderuswertes geleistet. Finde ich aber den, der mir die Worte klar macht, so bleibt mir noch übrig, die Lehren zu befolgen. Das ist das einzig Bewundernswerte. Eifere ich aber nur der Vollkommenheit des Exegeten nach, was bin ich dann anderes als Grammatiker geworden, nicht Philosoph? Der einzige Unterschied ist, dass ich statt Homer Chrysipp erkläre." Durch Marc Aurels Gründung staatlicher Lehrstühle für die vier Philosophenschulen in Athen und die Nachfolge, die das Beispiel bei andern Kaisern und Gemeinden fand, scheint diese antiquarische Richtung der Philosophie nur gefördert zu sein. Dass sie mit der Rhetorik nicht konkurrieren konnte, ist klar. Sie blieb dem Markte des Lebens fern, auf die Schule beschränkt. Die Vorlesungen wurden von den Studierenden belegt und gehört. Sie waren ein Mittel der Geisteszucht neben andern. Den geistigen Lebensinhalt konnten sie der Seele nicht geben.

Aber konnte das nicht die philosophische, besonders die stoische Moral? War sie nicht ein bedeutendes Gegengewicht gegen die Macht der Phrase? War die Stoa nicht durch ihre Massenpropaganda, wie sie von Strassen- und Wanderpredigern, durch Traktate und Volksbücher ausgeübt wurde, einer heilsamen Gegenwirkung gegen die Herrschaft der Rhetorik fähig? Wer Epiktet und Marc Aurel zu seiner Erbauung zu lesen gewöhnt ist und sie auf sich hat einwirken lassen, wird solchen Einfluss nicht ableugnen. Gewiss hat die Stoa Grosses geleistet für die Erziehung der Menschheit, die Verbreitung der Gedanken der Humanität und allgemeinen Menschenwürde, für die Hebung des allgemeinen sittlichen Niveaus (s. S. 16 ff.). Aber nicht alle Moralisten stehen auf der reinen Höhe eines Epiktet, der was er sagt auch innerlich durchlebt hat und darum die ans Herz greifenden Töne findet, und dabei äussert er sich doch über den Erfolg seiner Unterweisung recht pessimistisch. Die Schriften nicht nur des Lucian und der Satiriker sind erfüllt von Klagen über Philosophen, die ihren Beruf als Gewerbe treiben, durch äusserlich auffallendes Gebahren, kynische Manieren, kapuzinerhafte Tiraden Aufsehen erregen und Hörer finden wollen. Die Sippe der Salonphilosophen und Schürzenjäger, Schmarotzer und Bettelphilosophen, Schreier und Goëten diskreditiert auch die wenigen, die des hohen Namens würdig sind. Und auch aus einem anderen Grunde konnte eine wirkliche Erneuerung und Vertiefung der Sittlichkeit von der stoischen Predigt nicht ausgehen, wie wir ja auch sehen, dass der Neuplatonismus die Stoa völlig in Schatten stellt. Die Mittel rein moralisierender Predigt sind bald aufgebraucht, und nachdem man sie fünf Jahrhunderte angewendet hatte, waren sie erschöpft und vernutzt. Eine Moral, die sich zu speziellster Kasuistik entwickelt und die Philosophie zur „Lebenskunst", den Philosophen zum Erzieher herabgedrückt hat, zeugt damit selbst von dem Mangel tiefer sittlicher Motive und auf das Innerste des Menschen wirkender Kräfte. Geflissentlich betonen diese Philosophen, wie gering und leicht fassbar doch die Quintessenz der Philosophie sei[1].

[1]) Seneca, Ep. 38, 1; Epiktet I 20, 14; Bonhöffer, Epiktet und die Stoa, Stuttgart 1890 S. 6 ff.

Vollends gegen die Macht der Rhetorik konnte diese Predigt nicht aufkommen. Sie war selbst meist stark infiziert von der Rhetorik. Wohl ging der Streit zwischen Philosophen und sophistischen Rhetoren hin und her; aber die Grenzen beider Gattungen waren doch fliessend, und wir wissen nicht, wo wir einen Dio Chrysostomos oder Maximus Tyrius passender einordnen. Was die philosophischen Schönredner an Moralplätzen zu geben hatten — die Wiederkehr fester Formen und Schemata zeigt, wie äusserlich es oft angelernt war —, hatten die Sophisten ihnen auch abgelernt, und sie meinten, es besser machen zu können. So ist denn wirklich der Wohlklang der Rede und die schöne Phrase das Erbteil des Griechentums, das am längsten gedauert hat, das die Spätantike eigentlich beherrscht, ja ihren Untergang überlebt hat.

5 Schulwesen

Die Masse der literarischen Produktion und die Ausbreitung der Bildung in hellenistischer Zeit liessen von selbst voraussetzen, dass der starke Bildungstrieb der Zeit eine Verbesserung auch des Elementarunterrichtes und des Schulwesens herbeigeführt haben müssen, wie sich ja der höhere Unterricht seit der Zeit der Sophistik neue Formen geschaffen hatte und später der Staat die Pflege und Förderung der Wissenschaft als seine Aufgabe erkannt hatte. Erziehungs- und Unterrichtsprobleme stehen in der Tat, seit Plato und Aristoteles ihre fundamentale Bedeutung erkannt und ihnen in ihrer Staatslehre einen so breiten Raum gegönnt haben, im Vordergrunde des Interesses. Die Literatur, die diese Fragen behandelte, muss sehr ausgedehnt gewesen sein. Und wenn wir auch nicht viel mehr als Titel[1] haben, so können uns doch auch hier die auf ältere Quellen zurückgehenden Schriften der römischen Zeit einen Ersatz geben[2]. Plutarchs Schrift über Kindererziehung und Quintilian, auch Tacitus' Dialogus und die Reste des varronischen Loghistoricus Catus de liberis educandis erfreuen durch den sittlichen Ernst und den Reichtum fruchtbarer Gedanken, die uns vielfach ganz modern anmuten und auch wirklich heutzutage oft als neueste Weisheit gepriesen werden. Der Grundstock dieser Gedanken über Erziehung ist durch neuere Quellenuntersuchungen[3] auf eine Schrift des Chrysipp zurückgeführt worden.

Aber auch in der Praxis des Erziehungs- und Unterrichtswesens fehlt es nicht an Fortschritten. Die 338 beginnende Restaurationspolitik Athens führt zu einer Reform des Ephebeninstitutes, die uns jetzt durch Aristoteles' Athenerstaat genauer bekannt ist, und viele hellenistische Inschriften zeugen für das Interesse an der Organisation der Ephebenerziehung. Nach einigen Zeugnissen der Inschriften aus verschiedenen Jahrhunderten zu schliessen, scheint öffentliche Organisation oder Ueberwachung des Schulwesens in hellenistischer Zeit die Regel gewesen zu sein[4]. Polybios[5] muss Grund

[1]) S. Grasberger, Erziehung und Unterricht im klassischen Altertum II S. 10 ff. [2]) Vgl. Prächter, Die griechisch-römische Popularphilosophie und die Erziehung, Progr. Bruchsal 1886. [3]) Zu dem Resultate sind unabhängig von einander Gudeman, Taciti dialogus, Boston 1894 S. XCIX—CIII und Dyroff, Die Ethik der alten Stoa, Berlin 1897 gelangt; vgl. von Arnim, Stoicorum fragmenta III S. 183. 184. [4]) S. z. B. Dittenberger, Sylloge 306. 523 (vgl. Mommsen R. G. V S. 349). 552, 30. 60. 619, 43, Inschriften von Priene 112, 74. 113, 28. 114, 21 und Ziebarth in der Zeitschrift für vergleichende Rechtswissenschaft XIX S. 307. [5]) Bezeugt von Cicero De republica IV 3.

gehabt haben, der Regellosigkeit des römischen Jugendunterrichtes gegenüber an die besseren griechischen Ordnungen zu erinnern. In Rom kümmerte sich der Staat um die Schulen nicht. Sie waren im Westen ganz der privaten Betriebsamkeit überlassen und wurden vielfach von Sklaven oder Freigelassenen versehen. Auch an Hauslehrern, besonders griechischen, fehlte es nicht, während die alte Sitte, dass die Söhne den Elementarunterricht vom Väter empfangen, immer mehr schwindet. Der Staat hat in der Kaiserzeit nur für die Organisation des höheren Unterrichtes Bedeutendes geleistet, und die grösseren Gemeinden sorgten später für Lehrer der Beredsamkeit[1]. Aber das allgemeine Interesse für die Fragen der Erziehung und Bildung ist ein sehr lebendiges, das Bewusstsein ihrer Bedeutung wird oft sehr lebhaft ausgesprochen. Die Notwendigkeit einer sorgfältigen Erziehung und eines gründlichen Unterrichtes auch des Weibes wird oft ausführlich begründet (Prächter S. 6), Erlernen des Lesens und Schreibens wiederholt für alle Menschen gefordert[2].

V

DIE PHILOSOPHISCHE PROPAGANDA UND DIE DIATRIBE

Teletis reliquiae ed. Hense, Freiburg 1889. — Wilamowitz, Der kynische Prediger Teles, Philol. Unt. IV, Berlin 1881 S. 292—319. — Heinze, De Horatio Bionis imitatore, Bonner Diss. 1889 (s. auch Heinze, Rh. M. XLV S. 197 ff. und Gercke, Rh. M. XLVIII S. 41 ff.). — Eichenberg, De Persii satirarum natura atque indole, Breslauer Diss. 1905. — Schuetze, Iuvenalis ethicus, Greifswalder Diss. 1905. — Weber, De Senecae philosophi dicendi genere Bioneo, Marburger Diss. 1895. — Norden, In Varronis saturas Menippeas, Jahrb. Suppl. XVIII (s. auch Hense, Rh. M. LXI S. 1 ff.). — Musonii reliquiae ed. Hense, Leipzig 1905. — Wendland, Quaestiones Musonianae, Berlin 1886. — Ders., Philo und die kynisch-stoische Diatribe (= We. und O. Kern, Beiträge zur Geschichte der griechischen Philosophie und Religion), Berlin 1895. — Prächter, Hierokles der Stoiker, Leipzig 1901. — Einen Teil von Hierokles' ethischer Prinzipienlehre (Berliner Pap. 9780) und seine bei Stobäus erhaltenen Traktate hat von Arnim ediert, Berliner Klassikertexte IV 1906. — Bernays, Lukian und die Kyniker, Berlin 1879. — Martha, Les moralistes sous l'empire romain[3], Paris 1872. — Hirzel, Der Dialog, 2 Bde, Leipzig 1895. — Helm, Lucian und Menipp, Leipzig 1906.

1 Geschichte der Diatribe

Einst hatten Plato und Aristoteles einen aristokratischen Zirkel auserlesener Jünger in ihre Philosophie eingeweiht und auch in den Schriften, die für ein weiteres Publikum bestimmt waren, sich doch wesentlich an die Kreise der höchsten Intelligenz gewendet. In der hellenistischen Zeit nimmt die Philosophie vielfach ein demokratisches Gepräge an. Neben der stillen

---

[1]) S. o. S. 33. 37, Friedländer Sittengesch. I 315 ff. und Ausgabe des Petron, Leipzig 1891 S. 50 ff. [2]) S. z. B. Sextus Emp. p. 610, 6 B.

Arbeit der Schulen geht, besonders in der Stoa, eine Propaganda her, die sich an die Massen wendet. Die Nivellierung der Gesellschaft, das steigende Bildungsbedürfnis, die Richtung der Philosophie auf die ethischen Grundwahrheiten und die praktischen Lebensfragen, die hohe Vorstellung der Stoa von ihrem erzieherischen Berufe, der in dem Begriffe der allgemeinen Menschenwürde und in der Betonung der sozialen Pflichten begründet war, erklären die Ausdehnung der Propaganda. Schon Sokrates hatte auf dem Markte im lebhaften Verkehr mit schlichten Bürgern und Handwerkern seine Erfahrung bereichert, hatte jede Begegnung zum Anlass einer das Nachdenken über sittliche Fragen anregenden Gesprächführung genommen und es als seine Mission aufgefasst, jedermann zur Selbstprüfung und Besinnung auf den tieferen Sinn seines Lebens und Treibens zu nötigen. Diese Seite der sokratischen Traditionen pflanzt sich durch die Vermittelung des Kynismus in die hellenistische Welt fort und findet dort die eifrigste Pflege. An breiter Oeffentlichkeit vollzieht sich die Wirksamkeit des Kynikers Diogenes, des ersten der Bettelphilosophen. Er wirkt vor allem durch das Beispiel und stellt dem Menschen das Ideal der Bedürfnislosigkeit und Abhärtung, des naturgemässen Lebens leibhaftig vor Augen. Die äussere Erscheinung schon ist ein lauter Protest gegen alle Formen der herrschenden Sitte, sie will dem Verständnis der Masse in eindrücklicher Form die Richtung der Gedanken andeuten, in der sich die neue Lehre bewegt. Der Inhalt dieser Lehre, die Verwerfung aller äusseren Güter, in denen die Menschen, vom Scheine getäuscht, die Bedingungen des Glückes sehen, die Anerkennung der Tugend und der aus ihr fliessenden unerschütterlichen Seelenruhe als des einen Gutes, die Nichtigkeit der Ziele, denen die Menschen nachjagen, vor dem einzig würdigen Lebensziele, der Sorge um das Seelenheil, die Zurückführung der komplizierten Lebensformen einer von Traditionen und Konventionen belasteten Kultur auf die Einfachheit des Naturzustandes, dieser Inhalt ist so einfach und leicht fasslich, wie die Formen und Anwendungen, in denen er zum Ausdruck kommt, mannigfaltig sind. Denn alles Tun und Treiben der Menschen, die ihnen selbstverständlichen und zur zweiten Natur gewordenen Gewohnheiten und Sitten geben dem Kyniker beständigen Anlass, die falschen Werte in ihrer Sinnlosigkeit und Vernunftwidrigkeit aufzudecken und ihnen die wahren Werte gegenüberzustellen. Volkstümlich ist die Art, wie die Aeusserungen herauswachsen aus der Beobachtung des Nächstliegenden und aus ganz aktuellen Anlässen, volkstümlich die dem Gedächtnis sich leicht einprägende, scharf pointierte Fassung des Apophthegma mit ihren durch den Grundsatz der Umwertung der Werte von selbst sich aufdrängenden Antithesen und Wortspielen, volkstümlich die Vorliebe für plebejische Sprache und derbe Vergleiche. Diese Bonmots sind hervorgegangen aus dem die ganze Lebendigkeit des griechischen Temperamentes widerspiegelnden Verkehr von Person zu Person, im Augenblicke improvisiert und nur auf Augenblickswirkung berechnet. Aber diese Wirkung war eine so zündende, dass frühzeitig dieser mündliche Verkehr sein Abbild in der Literatur fand. Die Schüler sammelten, was sie selbst von den Meistern gehört und was die Tradition ihnen bot, immer neue Bearbeitungen bereicherten den Stoff und führten ihn weiter aus. Die lose aneinandergefügten Worte wurden zum Teil geordnet nach sachlichen Rubriken oder auch nach Szenen: Diogenes bei den Räubern, Diogenes auf dem Sklavenmarkt, Diogenes und Alexander, Diogenes in Olympia. Neuer Stoff wuchs zu, indem die berühmtesten Namen die sich mehrende Fülle kursierender Kernworte anzogen[1]. Das Bonmot wurde dann nur noch zum Ausgangs-

[1]) Unsere Hauptquellen sind die meist aus solchen Apophthegmensammlungen

punkte oder zur Illustration einer breiteren Ausführung der Situationen und Gedanken benutzt, wie sie für die Diogenestraditionen z. B. Dio Chrysostomos gibt. Die Entwickelung und das Wachstum dieser Literaturgattung aus ihrer ursprünglich gar nicht literarischen Grundlage hat die schlagendsten Parallelen an der Ueberlieferung des Evangelienstoffes, nur dass hier die religiöse Pietät die Traditionen früh konsolidiert und vor weiteren Entstellungen durch üppig wuchernde Fortbildung und Umbildung bewahrt hat.

Philosophen anderer Schulen bewegen sich bald in denselben volkstümlichen und in ihrer Wirkung erprobten Formen. Bion von Borysthenes (um 280) bildet sie fort zu einem höchst effektvollen Vortrage, indem er den Kynismus mildert, durch Berührung mit andern Philosophenschulen den Gesichtskreis erweitert, die Kunstmittel der hellenistischen Moderhetorik wirkungsvoll verwertet. Die grösste Lebendigkeit, sich überstürzende Fragen, fingierte Einwürfe der Gegner und Antworten, Einführung personifizierter Abstraktionen, Bevorzugung lose aneinander gefügter Glieder vor periodischem Satzbau, alle jene volkstümlichen Mittel und rhetorischen Pointen kennzeichnen den Stil der neuen Gattung, der Diatribe. Sie ist das stilisierte Abbild der Formen, in denen die philosophische Propaganda auf die Massen wirkt, wie der platonische Dialog den Schuldialog und seine erzieherischen Wirkungen idealisierend darstellt. Sie ist die Abart und Ausartung des Dialoges, der in ihr nur noch rudimentär fortlebt, weil der zu der ungebildeten Menge redende Prediger bei ihr nicht die Fähigkeit zu lebendiger Teilnahme am Gespräche findet, wie der Philosoph im engen Kreise seiner Jünger, und darum selbst den Gedanken, Vorurteilen, Einwendungen der Laien Ausdruck geben und sie ihnen gewissermassen vom Gesicht ablesen muss.

Wir kennen Bion nur aus späteren Zitaten, die die Eigenart seines starke Effekte suchenden Stiles deutlich widerspiegeln. Eine Vorstellung von der Anlage seiner Diatriben ermöglichen uns sechs noch erhaltene Verträge des Kynikers Teles (um 250), die als moralphilosophische Traktate publiziert sind. Sie sind unter dem starken Eindrucke des bionischen Vorbildes entstanden, und für die glücklichsten Pointen und Vergleiche wird Bion wiederholt als Quelle zitiert. Der unbedeutende und unselbständige Nachahmer ist für uns wichtig als Vertreter der Gattung, als einer der vielen in der Reihe dieser ephemeren, ebenso schnell vergehenden wie sich immer wieder erneuernden Produktionen.

Die Kette der griechischen Ueberlieferung, aus der uns zufällig das eine Glied erhalten ist, reisst dann für uns ab, bis die römischen Nachbildungen uns die griechischen Originale zu ersetzen beginnen. Der zufällige Bestand des uns Erhaltenen darf über die zusammenhängende Kontinuität und das ununterbrochene Fortleben der Formen nicht hinwegtäuschen. Ausdrücklich bezeugt Cicero die Existenz zahlreicher popularphilosophischer Traktate, und wir wissen auch, dass solche Themata in den Rhetorenschulen zur Uebung behandelt wurden; Horaz setzt den Typus des Moralpredigers und seiner Schriftstellerei als bekannt voraus und polemisiert gegen mehrere Repräsentanten der Gattung (Wendland, Beiträge S. 6. 63. 64). Er selbst führt in den bunt gemischten Inhalt der römischen Satura auch philosophische Themata ein und behandelt sie zum Teil in engem Anschluss an griechische Vorlagen, wie manche uns erhaltene griechische Paralleltexte beweisen.

kontaminierten Kynikerbriefe (I Jahrh. n. Chr.) und Diogenes Laert. VI. Erheblich höher hinauf führen die Diogenes-Anekdoten eines Pap. des I Jahrh. v. Chr.; s. Crönert in Wesselys Studien VI S. 49 ff.

Der leichte Gesprächston, welcher der Diatribe und der Satire gemeinsam war, knüpfte dies ganz natürliche Band, das auch die weitere Entwickelung der Diatribe wesentlich bestimmt hat. Denn nach Form und Gehalt hängen auch die Satiren des Persius (um 60 n. Chr.) und des Juvenal (um 100) aufs engste mit der Diatribe zusammen. Die Art der Vermittelung zwischen beiden Gattungen ist eine gar mannigfaltige. Die Geschichte der einzelnen Themata und Motive lässt sich oft durch Jahrhunderte verfolgen, aber Quellenuntersuchungen, die auf bestimmte Namen auslaufen, führen hier nicht zum Ziele, weil sie nicht mit unzähligen uns verlorenen Mittelgliedern rechnen. Der Typus der horazischen Satire hat auf Persius und Juvenal stark gewirkt. Von beiden wissen wir, dass sie durch die Schule der Moderhetorik (S. 31. 35) durchgegangen sind, die ein später römischer Sprössling jener hellenistischen Rhetorik war, die schon den Bion beeinflusst hatte. Auch diese Moderhetorik, die jene Stilmittel, die wir schon bei Bion und Teles beobachteten, lebendig erhalten hatte, behandelte popularphilosophische Themata. Und Persius selbst schildert in der schönsten seiner Satiren (V), was er der engen Lebensgemeinschaft und der Innigkeit des Verkehres mit dem Stoiker Cornutus, seinem Lehrer, zu verdanken habe. — Wenn Horaz selbst Epist. II 2, 60 die Diatriben des Bion als sein Vorbild nennt, so will er nur einen besonders berühmten und typischen Repräsentanten der Gattung nennen. Uebernommen hat er nachweislich auch manche Gedanken des Aristipp und des Ariston, die der Art des Bion verwandt sind; und bestimmt hat ihn zu dieser Bereicherung der Satire mit Diatribenstoffen gewiss vor allem das dauernde Fortleben dieser Gattung, deren Bedeutung ihm die Aufgabe nahe legte, sie durch dichterische Verklärung in eine höhere Sphäre zu heben. Die mancherlei Kanäle, durch die ihm die alten und immer wieder neu ausgeprägten Gedanken der Diatribe zugeführt sind, aufzufinden, müssen wir verzichten, zumal die Wirkung des lebendigen Wortes auf diesem Gebiete nicht zu unterschätzen ist.

Der Grundton und die hervorstechende Farbe der gesamten Schriftstellerei des Philosophen Seneca ist der Diatribenstil. In das sittliche Pathos dieses Stiles lässt Seneca mit Vorliebe auch die physikalischen Erörterungen der Naturales quaestiones auslaufen, den Brief hat er fast ganz der Herrschaft dieses Stiles unterworfen. Auch hier hilft uns Teles wesentlich, die Genesis des Stiles Senecas bis in die hellenistische Rhetorik zurückverfolgen zu können. Aber auch hier ist keine direkte Verbindung anzuknüpfen, sondern es sind mannigfache Vermittelungen durch die jüngere Diatribe und durch die den Weg der Philosophie so vielfach kreuzende und an den alten Stoffen sich versuchende Schulrhetorik, welche die stilistische Entwickelung Senecas in ihrer Richtung bestimmt hat, anzunehmen.

Die Diatribe ist in ihrer anfänglichen kynischen Gestalt eine eigenartige Mischung von Ernst und Scherz, ein echter Repräsentant der kynischen Gattung des σπουδαιογέλοιον, das skurrile Element tritt ursprünglich stark in ihr hervor. Von diesem Zuge war beherrscht die seit Diogenes üppig wuchernde und in verschiedenen Gattungen sich versuchende parodische Poesie der Kyniker, auch sie ein Erzeugnis jener Kontrastwirkungen gegen die geltenden Grössen, die der Kynismus auf allen Gebieten suchte, und mit der Diatribe in Stimmung und Motiven nah verwandt. Wir haben noch interessante Reste solcher Parodien und παίγνια[1]. Und auch hier gibt uns wieder eine römische Nachbildung, Varros mit der Diatribe sich vielfach berührenden Saturae Menippeae, und daneben Lucian eine Vorstellung einer

[1]) Wachsmuth, Sillographi² S. 68 ff.

Art dieser kynischen Dichtung, der aus Versen und Prosa gemischten Satiren des Menippos von Gadara (um 280).

Die Stilformen der alten Diatribe treten später nur in den von Arrian mit so musterhafter Treue wiedergegebenen Gesprächen Epiktets und auch bei Plutarch stärker hervor. Philo und Musonius in seinen von Lucius aufgezeichneten Gesprächen vertreten zuerst einen neuen Typus des populären Traktates, der sich trotz aller Abhängigkeit von der älteren Entwickelung stilistisch scharf von der alten Diatribe scheidet. Uebersichtliche Disposition, systematische Ordnung der Gedanken, breite und doktrinäre Darlegung, gerundeter Periodenbau, Entfernung oder Milderung jener grellen Lichter und starken Effekte, Zurücktreten des dialogischen Elementes sind die unterscheidenden Merkmale. Wie die alte Diatribe die lebhaft bewegte, temperamentvolle, prickelnde Beredsamkeit der hellenistischen Zeit, so zeigt die junge den gleichmässigen Fluss der attizistischen Rhetorik. Dieser Uebergang der Diatribe in die zusammenhängende Predigt oder Abhandlung wird es auch erklären, dass διατριβή, διάλεξις, διάλογος, ὁμιλία immer mehr den ursprünglichen Sinn der Wechselrede verlieren und die allgemeine Bedeutung des Vortrages oder der Abhandlung annehmen. Durch die ruhige Haltung des lehrhaften Vortrages verliert die Diatribe den besonderen Reiz jenes Stiles, der auch trivialen Gedanken durch originelle Fassung und konkrete Einkleidung ihre Wirkung sicherte. Die wiederholte Behandlung immer gleicher Themata führt zur Ausbildung konventioneller Formen und stereotyper Gemeinplätze, zu bestimmten Gedankengruppierungen, welche die Produktion auf diesem Gebiete vielfach recht eintönig gestalten. Sehr lehrreich ist in dieser Hinsicht die weitgehende Uebereinstimmung zwischen Philo und Musonius, die sich nur aus der Kontinuität der Tradition erklären lässt.

Durch Wärme und Wahrheit des Gefühls, Reichtum der Erfahrung, Originalität der Formen überragt die grosse Schar der Moralisten Dion Chrysostomos, der als echter Wanderprediger die Grundsätze der kynisch-stoischen Ethik in Städtereden, bei den Barbaren, am Hofe verkündet hat. Die weitere Entwickelung, in der Maximus (II Jahrh.), Themistios, auch Libanios und Julian (alle IV Jahrh.) besonders hervortreten, ist durch den wachsenden Einfluss des Platonismus und die Herrschaft der Rhetorik bestimmt. Die theologische Predigt sehen wir bei Aristides und Julian neben die ethische treten.

2 Bedeutung der philosophischen Propaganda

Für den Fortschritt des philosophischen Denkens hat die Diatribe nichts zu bedeuten, und so bringen ihr denn auch die Historiker der Philosophie, deren Zweck wesentlich auf die Darstellung des Gedankenzusammenhanges der Systeme gerichtet ist, ein geringes Interesse entgegen. Um so grösser ist die kulturgeschichtliche Bedeutung der Diatribe und der philosophischen Massenpropaganda, aus der diese Literaturgattung herausgewachsen ist. Weit mehr durch das lebendige Wort als durch die Schrift hat diese Propaganda Grosses geleistet für die Volksaufklärung, die sittliche Erziehung der Menschheit, die Anerkennung fester sittlicher Grundbegriffe. Es ist nur ein Symptom der mehr in die Breite als in die Tiefe gehenden Entwickelung der Philosophie, dass die Historiker Polybios, Diodor, Tacitus, der Geograph Strabo, Dichter wie Vergil und Horaz einen philosophischen Untergrund für ihre Stimmungen suchen — auf ein System darf man sie darum nicht festlegen —, dass Lukrez Epikurs Lehre und Manilius Astrologie und stoische Schicksalslehre in Verse fassen, dass philosophische Floskeln in Grabschriften und im Alltagsgekritzel sich breit machen. Ein gewisses Gemeingut philosophischer Gedanken bestimmt das Durchschnittsniveau der Bildung. So unerfreulich manche Begleiterscheinungen dieser philosophischen Aufklärung sind, so sehr die in diese Richtung geleitete Propaganda die Philosophie ihren höchsten Aufgaben entfremdet, ihre Interessen verengert und ihre Entwickelung gehemmt hat, so gross ist doch die moralische Wirkung der Bewegung zu veranschlagen. Lange ehe die christlichen Prediger die neue Botschaft durch die Welt trugen, sind heidnische Prediger im derben Tribon, mit Stock und Ranzen ausgerüstet, barfuss und mittellos dieselben Wege gewandelt, der Menschheit eine neue Botschaft zu bringen[1]. In den Gräueln und Wirren der ersten hellenistischen Zeit, in einer aus den Trümmern der Vergangenheit zu neuem Leben sich emporringenden, von allen Erschütterungen der Uebergangszeit und der Ungewissheit der Zukunft gequälten Gesellschaft fanden die kynischen Prediger zuerst den fruchtbaren Boden für ihre Mission und die Formen der volkstümlichen Predigt, die dann, von den anfänglich rohen Mitteln und skurrilen Formen befreit, das bessere Gewissen und die höheren Ideale einer in banausisches Genussleben und sittliche Entartung versinkenden Menschheit darstellen konnte. Diese Prediger fühlen sich als Träger einer höheren Mission und göttliche Sendboten, welche die Menschheit zu beobachten und zu beaufsichtigen haben, als Aerzte, die sich der kranken Menschheit annehmen müssen[2].

Die ethische Massenpropaganda nimmt dann einen neuen Aufschwung und erreicht ihre höchste Blüte in der römischen Kaiserzeit. Aehnliche Bedingungen wie im Anfang der hellenistischen Periode erklären den Umfang der über alle Grossstädte sich ausbreitenden und die weitesten Kreise ergreifenden Bewegung. Der sinnlose Luxus und die Orgien des Lasters, der wachsende Druck des Despotismus und der sich ihm fügende Servilismus sind schon im I Jahrh. n. Chr. deutliche Vorzeichen der bei aller Höhe der materiellen Kultur verfallenden Zivilisation und der sittlichen Entartung. Freilich verdanken wir ja wesentlich den Moralisten und Schriftstellern, die von ihrer strengen Richtung beeinflusst sind, die grösste Fülle der Zeugnisse für die sittlichen und gesellschaftlichen Zustände der Zeit, und gewiss hat das Pathos moralisierender Deklamation sich von Uebertreibungen und Verallgemeinerungen nicht frei gehalten. Und wir dürfen diese Sittenschilderungen nur für das Leben der Hauptstädte verwerten. Aber wer da meinen möchte, dass die Klagen ernster und patriotischer Schriftsteller mehr in überstrenger Moral als in dem wirklichen Zustande der höheren Gesellschaft begründet seien[3], den wird besonders die Lektüre Martials, der wie früher Ovid die Durchschnittsmoral der römischen Gesellschaft repräsentiert, eines Besseren

[1]) κατάσκοπος und ἐπίσκοπος: Reiche Stellensammlung bei Norden, Jahrb. Suppl. XIX S. 377 ff. Aus dem Vorwurf des *aliena negotia curare*, der dem Kyniker öfter gemacht wird (Horaz Sat. II 3, 19, Epiktet III 22, 97) erklärt Zeller (Sitzungsbericht Akad. Berlin 1893) den I Petr 4 $_{15}$ gebrauchten Ausdruck ἀλλοτριοεπίσκοπος. [2]) Auf den Vorwurf schlechten Umganges erwidert Antisthenes bei Diog. Laert. VI 6 καὶ οἱ ἰατροὶ μετὰ τῶν νοσούντων εἰσίν, ἀλλ' οὐ πυρέττουσιν. Diogenes in Stobäus' Florileg. III S. 462, 14 Hense: οὐδὲ γὰρ ἰατρὸς ὑγιείας ὢν ποιητικὸς ἐν τοῖς ὑγιαίνουσι τὴν διατριβὴν ποιεῖται, vgl. Dio Chrys. Rede VIII § 5 (Sternbach, Wiener Studien IX S. 191). Aehnlich Matth 9 $_{11.12}$ (vgl. dazu H. Grotius). Epiktet III 23, 30 ἰατρεῖόν ἐστιν, ἄνδρες, τὸ τοῦ φιλοσόφου σχολεῖον. [3]) Ich selbst habe Beiträge S. 65. 66 falsch geurteilt.

belehren. Das Bild der römischen Gesellschaft, das dieser formgewandte Dichter uns vor Augen stellt, ist ein höchst unerfreuliches. Mit kynischer Offenheit enthüllt er die Geheimnisse der widernatürlichen Laster und sieht an den ärgsten Auswüchsen nur die lächerliche Seite. Zwischen Reichtum und Proletariat fehlt der starke Mittelstand. Die Existenz des nicht besitzenden Bürgertums ist zum grossen Teil auf öffentliche Spenden und auf Klientenbettel bei den Reichen gegründet, und den höchsten Ton sittlicher Entrüstung findet der Dichter, wenn er über das Knausern der Wohlhabenden mit den Sporteln klagt. Und, was diese Gesellschaft am meisten von der moderner Grossstädte zu ihren Ungunsten unterscheidet, die Arbeit fehlt im Tageslauf der Freien oder nimmt den geringsten Platz ein[1]. Die ethische Predigt ist die berechtigte Reaktion gegen die Verkommenheit der Gesellschaft, die Antwort auf die Propaganda des Lasters, und es ist natürlich, dass sie den schweren Uebeln scharfe Heilmittel entgegensetzt. Seit dem I Jahrh. v. Chr. hat die neupythagoreische Sekte mit ihrer reinen Ethik, asketischen Lebensweise, strengen Diät erfolgreich Anhänger geworben. Seit dem I Jahrh. n. Chr. ersteht der Kynismus zu neuem Leben und nimmt den Kampf gegen die verderbte Welt energisch wieder auf. Die Stoiker selbst erinnern sich wieder ihres Ursprunges und greifen vielfach auf die strengeren Lebensformen und Grundsätze der Kyniker zurück; es ist oft nur eine schmale Grenzscheide, die Kyniker und Stoiker trennt[2]. Die starke Annäherung und Ausgleichung der Moral der verschiedenen Philosophenschulen ist überhaupt für die Zeit charakteristisch. Was wir von stoischen, kynischen, neupythagoreischen Moraltraktaten haben, ist in der Wahl der Themata, Tendenz, Haltung gleichartig, nur in Ton und Nüance verschieden. Aber die Literatur ist eine mehr zufällige Begleiterscheinung einer ausgebreiteten, auf das lebendige Wort und persönliche Einwirkung gestellten Propaganda, die seit der hellenistischen Zeit der sozialen Stellung der Philosophen ganz neue Formen geschaffen hat. Als Berater und Seelsorger nehmen sie in den vornehmen Häusern und auch bei Hofe eine ähnliche Stellung ein wie später die Schlosskapläne[3]. Bei Unglücksfällen spenden sie in wohlgesetzter Rede Trost und werden ans Bett der Sterbenden gerufen[4]. Als Hofmeister überwachen sie den Lebenswandel vornehmer Zöglinge, die sie oft auf Universitäten begleiten. Seneca hat solche erzieherische Tätigkeit bei Nero erfüllt, ohne ihn dauernd in bessere Bahnen leiten zu können; er hat dann im kleinen Kreise der ihm Nächststehenden eine eminent seelsorgerische und individuell gestaltete Wirksamkeit entfaltet (o. S. 21). Einen kleinen Kreis eng verbundener Jünger sammeln Cornutus in Rom, Epiktet in Nikopolis, sein Lehrer Musonius sogar in seiner Verbannung auf Gyara zu regelmässigem Unterrichte um sich, in dem es in erster Linie auf sittliche Erziehung und Seelenleitung abgesehen ist[5], wenn auch daneben die theoretische Unterweisung nicht fehlt. Dass Musonius und Epiktet nichts geschrieben haben, zeigt schon allein, wo sie den Schwerpunkt ihrer Tätigkeit suchten. Die zündende Wirkung der Vorträge eines Fabianus und De-

[1]) Für *varii labores* setzt Martial IV 8 in seiner Beschreibung des Tageslaufes des Römers zwei volle Stunden an; vgl. Plinius Epist. I 9. [2]) Wendland, Quaest. Musonianae S. 16; Norden, Jahrb. Suppl. XIX S. 392 ff. [3]) Beispiele bei Diels, Doxographi S. 82. 83. [4]) Dio Chrys. R. XXVII § 9. [5]) Ueber Cornutus s. Persius Sat. V, wo er 63 als *cultor iuvenum* bezeichnet wird. Er hatte also einen ähnlichen Kreis um sich wie einst Teles (Wilamowitz S. 301. 306). Ueber Musonius s. Henses Ausgabe S. XIV 41, 13 ff., über Epiktet Bruns, De schola Epicteti, Kiel 1897.

metrius in Rom bezeugt der Philosoph Seneca. Ungeheuer muss nach der häufigen Erwähnung in der Literatur die Zahl derer gewesen sein, die als Volksprediger und Missionare der Sittlichkeit ihr Leben der ganzen Menschheit widmen wollten. Auf dem Markt und auf den Strassen, im Alltagsgetriebe und bei den Festversammlungen treten sie wie in England die Apostel der Heilsarmee auf, wo sie nur andächtige oder neugierige Hörer finden, und suchen, wenn sie ihren Samen ausgestreut haben, eine neue Stätte der Wirksamkeit.

Diese Moralisten äussern sich oft über den Zweck ihrer Mission. Sie wollen nicht neue Gedanken finden und stellen nicht den Anspruch, die Philosophie zu bereichern. Es gilt deren längst gefundene Grundwahrheiten aus der grossen Masse des toten Wissens, der unfruchtbaren dialektischen Subtilitäten, der überflüssigen Probleme herauszustellen, richtig anzuwenden und wirkungsvoll als die Heilmittel gegen die sittliche Verderbtheit der Menschen zu verkünden[1]. Es gilt die Menschen aus ihrem vielgeschäftigen, nichtige Ziele verfolgenden Treiben zurückzuführen auf die eine allein wichtige Sorge um ihre Seele und um ihr wahres Heil. So treten denn in den Vordergrund dieser erzieherischen Einwirkung die eindringlichen Fragen, die den Menschen zur Selbstbesinnung, zur Erkenntnis seines wahren Wesens und seiner Bestimmung führen, ihm den Anstoss zu einer neuen sittlichen Entwickelung geben sollen. Wer bist du, wozu bist du bestimmt und berufen[2]? Worin suchst du dein Glück, und was ist dein wahres Gut? Die Betonung des Wertes der Seele und eines ihr tiefstes Sehnen befriedigenden Innenlebens gegenüber der sinnlich fleischlichen Natur und den zerstreuenden Einflüssen der Welt, die Schätzung der das Glück im Innern suchenden geistigen Unabhängigkeit gegenüber allen es dem Schwanken der äusseren Lebensbedingungen und der Unsicherheit der äusseren Güter unterwerfenden Lebensauffassungen, die energische Antithese der wahren Werte und der Scheinwerte setzt sich zum Ziel, eine innere Wiedergeburt[3], die Herrschaft des besseren Ich, eine Entscheidung herbeizuführen, die oft als Wahl zwischen zwei Wegen[4] dargestellt wird. Aber diese Bekehrung ist nur der Beginn eines fortgesetzten Prozesses der Erziehung und Selbsterziehung, der oft in durchgeführtem Vergleiche mit der Genesung des Kranken[5], mit einem zu immer entscheidenderen Siegen führenden Kampfe[6] verglichen wird. Für die Methode dieser Seelenerziehung und für die Vertiefung des Innenlebens, die sie fordert, charakteristisch ist die oft eingeschärfte Forderung, am Abend jeden Tages dessen sittlichen Gewinn durch genaue Prüfung festzustellen[7].

Die Popularphilosophie beschränkt sich nicht darauf, in einem unerschöpflichen Reichtum wirkungsvoller Formen die Grundsätze der sittlichen

[1]) Seneca Ep. 64, 8, Dio Chrys. R. XVII Anfang. [2]) Epiktet II 10 behandelt das Thema σκέψαι τίς εἶ, vgl. I 6, 25. III 1, 22. 23. M. Aurel VIII 52, Seneca Ep. 41, 7 ff. 82, 6, Persius III 67. Ich zitiere hier und im folgenden von vielen Belegen nur einige besonders charakteristische. [3]) Seneca Ep. 6, der davon den Ausdruck *transfigurari* gebraucht, 53, 8. 94, 48. [4]) O. Jahn zu Pers. III 56, Norden, Kunstprosa S. 467. 477. Diogenes' Brief 30 und 12, Heinrici, Beiträge III, Leipzig 1905, S. 89. [5]) Wendland, Quaest. Musonianae S. 12, Zeller III 1 S. 740. [6]) Vgl. Literaturformen II 4, Seneca Ep. 59, 7; E. Weber, Leipziger Studien X S. 136 ff. 178. [7]) Goldenes Gedicht 40 ff., Seneca, De ira III 36, 1 (vgl. De vita beata 2, 2. 3), Epiktet III 10, 3. Marc Aurels Selbstgespräche stellen solche fortgesetzte Selbstprüfung dar. Zurückziehung auf sich selbst, Beschäftigung mit seinem Innern empfiehlt Seneca oft. Dio Chrys. behandelt R. XX das Thema.

Erneuerung zu predigen; sie wendet sie auch auf alle einzelnen Gebiete des Lebens regelnd und vorschreibend an und schafft in ihrer späteren Entwickelung in eingehender Kasuistik eine Art Pflichtenkodex. Der Reihe nach behandelt Hierokles in den Exzerpten des Stobäus die Pflichten gegen Vaterland, Eltern, Blutsverwandte, die Ehe, in einem verlorenen Teile auch den Haushalt; und wir haben nur einen Ausschnitt dieses Werkes[1]. Die Grundsätze des naturgemässen Lebens führt Musonius (und ähnlich Philo) auf den Gebieten der Kleidung, Wohnung, Ernährung bis ins einzelne, ja ins Kleinliche durch mit einer Lehrhaftigkeit, die das Gebiet der Adiaphora aufs äusserste einschränkt. Ebenso behandelt er eingehend das Verhältnis der Geschlechter zueinander und bekämpft mit reinen und strengen Grundsätzen die schlimmsten Laster der antiken Welt und die Lässigkeit ihres moralischen Bewusstseins[2].

Dazu kommt eine ungeheure Fülle in Predigt- und Traktatform behandelter Gemeinplätze, von denen ich nur einige Lieblingsthemata hervorhebe: Ermunterungsschriften zur Beschäftigung mit der Philosophie (προτρεπτικοί) und Trostschriften[3], beide bis in die Sophistik zurückreichend und in der christlichen Literatur sich fortsetzend. Oft wird das zeitgemässe Thema behandelt, dass die Verbannung kein Uebel sei[4]. Kynisch-stoisch sind die Themata, dass der Weise allein frei[5], allein adlig sei[6]. Alter und Freundschaft[7] geben ergiebigen Stoff. Wie lebhaft und ernsthaft die Fragen der Erziehung behandelt werden, ist schon S. 38 erwähnt worden. Der sittlichen Erziehung dienten auch die Florilegien, die, seit hellenistischer Zeit beliebt, immer mehr nach einseitig moralischen Gesichtspunkten redigiert einen Schatz von Kernsprüchen und erbaulichen Gedanken vermittelten. Das wertvollste der uns erhaltenen, die Anthologie des Johannes von Stobi, die aber nur den späten Niederschlag einer reichen ihr voraufliegenden Literatur darstellt, hat viel von den Traktaten der Popularphilosophie vor dem Untergange gerettet.

Auch das religiöse Element, in den Anfängen der kynischen Diatribe wesentlich durch die Negation der herrschenden Religionsformen und durch Polemik gegen Aberglauben vertreten, gewinnt im Zusammenhang mit der später zu zeichnenden religiösen Strömung eine grössere positive Bedeutung. Den anthropomorphen Göttervorstellungen und dem naiven Bilderdienst wird ein geistiger Gottesbegriff, den äusseren Zeremonien und den törichten Gebeten und Gelübden wird die Reinheit des Herzens als das beste Opfer, die Ergebung in den göttlichen Willen als das wahre Gebet gegenübergestellt[8].

Dass viele unlautere Elemente in den Formen der philosophischen Propaganda sich breit machten und den Namen des Philosophen in Verruf

[1]) Eine ähnliche Aufzählung der Pflichtenkreise bei Plut. De liberis educ. 10, Persius III 67 ff. und Epiktet II 10 (Diog. Laert. VII 108. 109. 119. 120). [2]) Reiches Material aus der antiken Literatur über diese Fragen hat Prächter a. a. O. gesammelt. [3]) Das Material aufgearbeitet von Hartlich und Buresch, Leipziger Studien XI. IX. [4]) Giesecke, De philosophorum veterum quae ad exilium spectant sententiis, Leipzig 1891. [5]) Archiv f. Gesch. der Philosophie I S. 509 ff. [6]) Wendland, Beiträge S. 49 ff., Schütze S. 64 ff. [7]) Bohnenblust, Beiträge zum Topos Περὶ φιλίας, Berner Diss., Berlin 1905. [8]) Speziell den Gebeten der Menschen ist Persius 2. Satire (s. O. Jahns Kommentar und Houck, De ratione stoica in Persii satiris conspicua, Daventriae 1894 S. 24 ff.) und Juvenals 10. gewidmet. Reiches Material für die Gedanken der religiösen Aufklärung geben Schütze und die moderne Literatur über Seneca, Helm a. a. O. S. 91 ff. 121 ff. 350.

brachten, ist schon S. 37 erwähnt worden[1]. Aber es fehlt auch nicht an Zeugnissen tiefen sittlichen Ernstes und aufopfernder Gesinnung, mit denen die besten Vertreter der philosophischen Mission und ethischen Reformation ihren Beruf auffassten und erfüllten. Musonius führte nach dem Berichte des Gellius[2] aus, wenn dem Vortrage des Philosophen wie dem des Rhetors in der üblichen überschwänglichen Weise Beifall gespendet werde, sei dies das sicherste Zeichen, dass Redner und Hörer keinen Gewinn hätten. Dann rede gar kein Philosoph, sondern ein Musikant blase. „Der Geist dessen, der einen Philosophen hört, findet, wenn die Worte nützlich und förderlich sind und Heilmittel gegen Irrtümer und Laster beibringen, gar keine freie Zeit zu überströmenden Lobsprüchen. Jeder Hörer des Philosophen muss, wenn er nicht ganz verdorben ist, während seiner Rede Schauer und heimliche Scham und Reue, muss Freude und Bewunderung empfinden, Aussehen und Empfindung wechseln, je nachdem die Behandlung des Philosophen durch Berührung der gesunden oder der kranken Seiten seines Innern auf sein Gewissen wirkt." Schweigen sei das Zeichen innerer Ergriffenheit und Bewunderung. — Höchst wirkungsvoll zeichnet Epiktet III 22[3] das Bild des kynischen Philosophen einem Schüler, der die Philosophie zu seinem Berufe machen wollte: Wer ohne Gott eine so grosse Aufgabe übernimmt, ist gottverhasst und unternimmt nichts anderes, als sich öffentlich lächerlich zu machen. Meinst du, Mantel und langes Haar, Ranzen und Stock und die polternden Scheltreden tun es, so irrst du. Stellst du dir die Sache so vor, so bleib' fern davon. Geh' nicht heran, es ist nichts für dich. — Der Philosoph darf den gewöhnlichen Menschen nicht gleichen. Er muss frei sein von Begierden und Leidenschaften, nichts kennen, das er zu verstecken oder dessen er sich zu schämen hätte. Seine Seele muss rein sein, und er muss auf dem Standpunkt stehen: Jetzt ist meine Seele der Stoff, den ich zu gestalten habe, wie der Zimmermann das Holz, der Schuster das Leder. Meine Aufgabe ist rechter Gebrauch der Vorstellungen. Der elende Leib geht mich nichts an, seine Teile gehen mich nichts an. Tod? Komme er, wann er will, über's Ganze oder einen Teil. Verbannung? Kann mich denn jemand aus der Welt vertreiben? Er kann es nicht. Wohin ich auch gehe, da ist die Sonne, da ist der Mond, da sind die Sterne, Träume, Götterzeichen, Verkehr mit den Göttern. — Aber damit nicht genug, der wahre Kyniker muss sich bewusst sein, dass er von Zeus her zu den Menschen geschickt ist als Bote (ἄγγελος), sie über Güter und Uebel zu lehren, ihnen zu zeigen, dass sie in die Irre gehen und das Wesen des Gutes und des Uebels da suchen, wo es nicht ist, und nicht bemerken, wo es wirklich ist, und als Kundschafter (κατάσκοπος), zu erkunden, was den Menschen freund und was ihnen feind ist. — Er muss wie auf eine tragische Bühne treten und mit Sokrates[4] rufen können: Weh, ihr Menschen, wohin treibt ihr, was tut ihr, ihr Unseligen! Wie Blinde werdet ihr auf und ab getrieben. Den rechten Weg habt ihr verlassen und geht einen andern, sucht Zufriedenheit und Glück, wo es nicht ist. Es folgt der eindringende Nachweis, dass das Glück in den äusseren Gütern nicht zu finden sei, dann § 38 der Uebergang zum positiven Teile: Wo ihr es nicht glaubt und wo ihr es nicht suchen wollt, da ist das Gut. Denn wolltet ihr, so würdet ihr es in euerm Innern

[1]) Zeller III 1 S. 765, Schütze S. 6, Dio Chrys. R. XXXII § 9–11. [2]) Noctes atticae V 1 (bei Hense S. 130), ähnlich Seneca, Ep. 52, 11 ff., Epiktet I 23, 37. [3]) Lehrreich ist der Vergleich mit Dio Chrys. R. LXXVIII § 35—45. [4]) Gemeint ist der pseudoplatonische Kleitophon p. 407 A. Solcher Eingang der Diatribe ist sehr beliebt; s. Weber, Leipziger Studien S. 203.

finden und nicht draussen umherschweifen und nicht das Fremde suchen, als gehöre es euch. Kehrt in euer Inneres ein, macht euch klar, welche Vorstellungen ihr von dem Gut habt. Ihr werdet finden, dass es seinen Sitz nicht haben kann im Leibe, dem so vielen Leiden unterworfenen Teile eures Wesens, sondern in der freien Seele. Die bildet aus, für die sorget, da suchet das Gut. Doch wie kann man ohne Besitz und Kleidung, ohne Bedienung, obdach- und heimatlos, zufrieden leben? Seht mich an, ich bin ohne Obdach und Heimat, ohne Besitz und Bedienung. Ich schlafe auf blossem Boden. Ich habe nicht Weib, Kind, Palast, ich habe nur Erde, Himmel und einen schäbigen Mantel. Und was fehlt mir? Bin ich nicht heiter, bin ich nicht sorglos, bin ich nicht frei? Wann habe ich Gott oder Menschen getadelt? Wann einem Vorwürfe gemacht? Hat mich einer von euch verdriesslich gesehen? Wie begegne ich denen, die ihr fürchtet und die ihr bewundert? Nicht wie Sklaven? Wer meint nicht, wenn er mich sieht, seinen König und Herrn zu sehen? — Das sind Worte, Charakter, Haltung des echten Kynikers. Das äussere Gebahren tuts nicht. Darum prüfe dich, ob du die Kraft zu dem Berufe besitzest und ob Gott dir dazu rät. Der Beruf führt auf eine grosse Höhe, aber auch durch harte Schläge. Denn auch die gehören merkwürdiger Weise zum Berufe des Kynikers. Er muss Schläge empfangen wie ein Esel und dabei noch die ihn schlagen lieben, als wäre er aller Vater oder Bruder. Du aber, wenn dich einer schlägt, schreie vor allen Menschen: „O Cäsar, was tut man mir in deinem Frieden an! Geh'n wir vor den Prokonsul!“ Aber wer ist dem Kyniker sonst Cäsar oder Prokonsul als Zeus, der ihn vom Himmel gesandt hat und dem er dient? Ist er nicht überzeugt, dass er ihn prüft, was er auch alles zu leiden hat? Es wird dann ausgeführt, dass es für diesen Standpunkt Krankheit und Tod, Armut und Leiden nicht gibt, dass auch die gewöhnlichen Bande der Freundschaft und Ehe ein Hindernis für den höchsten Beruf sind, ausser in dem seltenen Falle, dass Freund oder Gattin gleichfalls das kynische Ideal darzustellen vermögen. — Wie kann er dann aber, sagst du (§ 77), die Pflichten gegen die Gemeinschaft erfüllen? Bei Gott, sind die grössere Wohltäter der Menschheit, die zwei oder drei rotzige Kinder in die Welt setzen, oder die alle Menschen nach Vermögen beaufsichtigen[1], was sie treiben, wie sie leben, wofür sie sorgen, was sie pflichtwidrig vernachlässigen? Haben den Thebanern die, welche Kinder hinterliessen, mehr genützt als Epaminondas, der kinderlos starb? Oder hat Priamos, der fünfzig Taugenichtse erzeugte, oder Danaos oder Aeolus mehr für die Gesamtheit geleistet, als Homer? Das Königtum des Kynikers ist es wert, um seinetwillen auf Weib und Kinder zu verzichten. Mensch, alle Menschen sieht er als Kinder an, die Männer als Söhne, die Weiber als Töchter. — Gewiss fragst du mich auch, ob er sich am politischen Leben beteiligen wird[2]. Du Narr, kann's eine grössere politische Aufgabe geben, als die er erfüllt? Soll einer etwa vor den Athenern über Steuern und Einkünfte Reden halten, wenn er verpflichtet ist, sich mit allen Menschen zu unterreden, gleichviel, ob's Athener, Korinther oder Römer sind, und zwar nicht über Steuern und Einkünfte, nicht über Krieg und Frieden, sondern über Seligkeit und Unseligkeit, Glück und Unglück, Knechtschaft und Freiheit? Während er diese grosse politische Aufgabe erfüllt, fragst du mich, ob er sich am politischen Leben beteiligen wird? So frag' mich auch, ob er ein Amt bekleiden wird. Und ich antworte dir: du Tor, gibt's ein höheres Amt, als das er ausübt? — Auch der Körper muss für den Beruf geeignet sein und die Wahrheit

[1]) § 77 οἱ ἐπισκοποῦντες, s. o. S. 44 A. 1. [2]) S. o. S. 18, Seneca, De otio 3 ff.

beweisen, dass das schlichte, einfache, obdachlose Leben dem Körper nicht schadet. „Siehe, auch dessen bin ich und mein Leib dir Zeuge.“ — Nachdem dann Witz und Sarkasmus vom Kyniker gefordert ist, wird nochmals eingeschärft, dass seine Seele reiner sein muss als die Sonne. Nur das reine Gewissen und das Bewusstsein der Gottesgemeinschaft gibt ihm die Kraft, zu seinen Brüdern, Kindern, Verwandten frei herauszureden. Und damit mischt er sich nicht in müssiger Vielgeschäftigkeit in fremde Angelegenheiten [1], sondern erfüllt seine eigenste Aufgabe. — Geduld muss der Kyniker so reichlich besitzen, dass er den meisten gefühllos und wie ein Stein erscheint. Niemand lästert, niemand schlägt, niemand beschimpft ihn. Denn all das trifft nur die Seiten seines Wesens, die er gar nicht als ihm zugehörig betrachtet. — Solches Unternehmen setzest du dir vor. Darum, bei Gott, verschieb' es und denke erst an deine Ausrüstung. Denke, was Hektor zu Andromache sagt: Geh' lieber ins Haus und webe. „Der Krieg ist Sache der Männer, aller, doch meine besonders.“ So kannte er seine eigene Bestimmung und die Schwäche seines Weibes.

Der tiefe Ernst der Berufsauffassung zeigt sich auch in den bewegten Klagen, die diese Erzieher über die sittliche Trägheit der Jugend, über den Abstand der Wirklichkeit vom Ideal einer durchschlagenden erzieherischen Wirksamkeit laut werden lassen [2].

4 Das Verhältnis der philosophisch-ethischen Propaganda zum Christentum

Die sittliche Reformation, welche die philosophische Predigt zu wirken suchte, hat die von ihr berührten Seelen für das Christentum prädisponiert, den Boden für die Aufnahme der neuen Predigt bereitet, in der Bekämpfung des Polytheismus und in der Verkündigung einer geläuterten Religion und einer die individuelle Verantwortung scharf betonenden reinen Sittenlehre Gedanken und Formen gefunden, die das Christentum vielfach sich zu eigen gemacht oder sich angepasst hat. Die Verwandtschaft der Stimmungen wird schon dem Leser des soeben rekapitulierten Vortrages Epiktets auffallen. In Kap. IX wird zu zeigen sein, wie weit, trotzdem starke prinzipielle Gegensätze nicht zu verkennen sind, die Stimmungen dieser reaktionären Richtung des Heidentums dem Christentum entgegenkommen. Es empfiehlt sich, schon hier die in der Literatur noch nachweisbaren direkten Beziehungen und Einflüsse hervorzuheben und damit das Bild der Geschichte jener Propaganda zu vervollständigen.

Es ist natürlich, dass das Christentum, als es in die hellenistische Kulturwelt einging, von dieser heidnischen Predigt, die ihm am Markte des Lebens entgegentrat, und von der für weite Kreise bestimmten ethisch-religiösen Literatur berührt wurde. Ueberhaupt hat ja das Christentum, ehe die Höhen der antiken Literatur in seinen Gesichtskreis traten, von den volkstümlichen Strömungen und von der unserer Kenntnis sich nur zu sehr entziehenden populären und ephemeren Literatur der Zeit mannigfache Einwirkungen erfahren, und der von den niederen Regionen des Geisteslebens ausgehende Einfluss kommt für den Durchschnitt auch später stärker in Betracht als die Koryphäen der Bildung. In Teil III wird gezeigt werden, dass die Motive und Formen der Diatribe auf die neutestamentliche Briefliteratur gewirkt haben; es ist Heinricis Verdienst, in seinen Kommentaren

[1] § 97, s. S. 44 Anm. 1. [2] Epiktet I 9, Persius III, auch Philo, De congressu erud. gratia § 64 ff., p. 528 M.

zu Cor diese Beziehungen zuerst genauer verfolgt zu haben. Die Haltung der ältesten christlichen Predigt ist teils durch das jüdische Vorbild des Synagogenvortrages, teils durch die enthusiastischen Formen einer neuen Prophetie bestimmt. Der später in ruhigere Bahnen lenkende, aus Lehre und Ermahnung gemischte Vortrag hat dann dauernd den Einfluss der heidnischen Predigt erfahren und ist den Stadien ihrer Entwicklung gefolgt. Es war ja natürlich, dass die Missionspredigt in dem bekannten Gedankenschatze der Diatribe einen gemeinsamen Boden der Verständigung und Anknüpfung suchte, wie es schon Lukas Paulus in der Areopagrede tun lässt. In II Clem, in der Predigt des Alexandriners Clemens[1], in denen des Origenes[2] sehen wir besonders in paränetischen Partien Gedanken und Formen der heidnischen Diatribe benutzt. Im IV Jahrhundert ist dann die christliche Predigt ganz von den Kunstformen der Rhetorik beherrscht; Basilius, Gregor von Nazianz, Johannes Chrysostomos haben bei heidnischen Professoren der Rhetorik studiert. Der Einfluss der Philosophie hat sich verstärkt. Zum Teil hängt das damit zusammen, dass als Gegengewicht gegen die Weltförmigkeit der Kirche die asketische Lebensweise als Ideal anerkannt ist. Für das „philosophische“ Leben der Mönche sucht man eine theoretische Begründung, und man entnimmt sie der asketischen Moral der Stoa und des Platonismus. Weite Partien bei jenen Schriftstellern und noch bei Isidor und Nilus erscheinen als letzte Ausläufer der Diatribe.

Die Act schon schildern (K. 17) Paulus' Auftreten in Athen nach Art der Wirksamkeit jener Volksprediger. Auf dem Markte redet er täglich zu denen, die sich gerade einfinden; die epikureischen und stoischen Philosophen sind bald auf den Schwätzer, der ihnen mit einer neuen Lehre Konkurrenz macht, erbost. Wirksamkeit, Lebensart, Auftreten der freien christlichen Prediger der alten Kirche, die von Gemeinde zu Gemeinde wanderten, glich äusserlich dem Treiben der heidnischen Volksprediger, und es war natürlich, dass die Formen und Gewohnheiten der heidnischen Propaganda in den Dienst der christlichen Mission gestellt wurden und ihr zugute kamen[3]. In den clementinischen Homilien z. B. wird der christliche Prediger oft wie der kynische als Gottes Herold bezeichnet und beginnt wie dieser auf offener Strasse seine Rede mit vernehmlicher Stimme (βοᾶν)[4]. Der Bischof wird dort als Seelenarzt bezeichnet[5]. Auf den Vorwurf des Celsus, dass die Christen sich an die untersten Schichten des Volkes gleich Marktschreiern wenden, erwidert Origenes (III 50) mit einem Vergleich der christlichen Prediger mit den kynischen, die sich ja auch öffentlich, wie es heisst aus Menschenliebe, mit ihrer Rede an die ihnen gerade Entgegenkommenden[6] und an die Ungebildeten wenden. Und auch von heidnischer Seite scheint die Parallele gezogen worden zu sein. Galen[7] vergleicht die Christen mit

[1]) S. E. Schwartz, Hermes XXXVIII S. 90 ff. Die in der Diatribe beliebte Parataxe z. B. quis dives salvetur S. 11, 14. 18, 31 ff. Barnard. [2]) S. z. B. die Jeremiashomilieen S. 94, 16. 81, 25 ff. 149, 15. 16 Klost. Dass auch in anderen Gattungen, z. B. in den Apologien, Einflüsse der Diatribe nachweisbar sind, sei nebenbei bemerkt. [3]) Vgl. auch Act 19_{9} Paulus' Auftreten in der Schule des Tyrannos. [4]) K. 7 δημοσίᾳ στὰς ἐβόα λέγων. Aehnliche Wendungen und besonders das Schreien (Juvenal II 37) oft vom kynischen Prediger gebraucht. [5]) K. 2. 64 ὡς ἰατρὸς ἐπισκεπτόμενος (o. S. 44). [6]) δημοσίᾳ πρὸς τοὺς παρατυγχάνοντας διαλεγόμενοι, vgl. Act 17_{17}, oben S. 40. 48. Man vergleiche, um sich die Analogieen klar zu machen, Harnacks Behandlung der christlichen Lehrer, Mission[2] I, besonders S. 291. [7]) Norden, Antike Kunstprosa S. 518, Kalbfleisch in der Festschrift für Gomperz, Wien 1902 S. 96 ff.

den Philosophen, besonders wegen ihrer mutigen Todesverachtung und wegen ihrer Askese. Dagegen ist es zweifelhaft, ob Aristides[1], wenn er seine kynischen Gegner mit den „Gottlosen in Palästina“ vergleicht, die auch an die höheren Mächte nicht glauben, dabei neben den Juden auch an die Christen denkt.

Peregrinus Proteus tritt nach Lucians Darstellung (K. 15ff.) zuerst als kynischer Philosoph auf, schliesst sich dann der Christengemeinde an und geht nach einem Konflikt mit dieser wieder zum Beruf des kynischen Volkspredigers über. Und später schleicht sich Maximus dadurch, dass er im Kostüm des kynischen Philosophen das Christentum verkündigt, in das Vertrauen des Gregor von Nazianz ein, der ihn dann als einen Heuchler bekämpft hat[2].

Das Wort Augustins (De civ. dei XIX 19), dass die Kirche die zu ihr übertretenden Philosophen nicht nötige, Tracht und Lebensweise zu ändern, gilt auch für die früheren Zeiten. Athenagoras wird im Titel seiner Apologie als athenischer Philosoph bezeichnet und soll im Tribon das Christentum verkündet haben. Der Uebergang des Justin von der Philosophie zum Christentum hat die Bedeutung eines typischen Falles; und so sehr er seine Bekehrungsgeschichte stilisiert haben mag, dürfen wir mindestens sein früheres Verhältnis zum Platonismus als Tatsache hinnehmen, weil es die Genesis seiner Theologie erklärt. Ein ähnlicher Uebergang wird für Pantänus bezeugt (Eus. K. G. V 10, 1), und Heraklas wie Tertullian tragen den Philosophenmantel[3]. Origenes erscheint den Heiden als Philosoph, und seine Lebensschicksale und die Formen seiner Wirksamkeit erinnern vielfach an Plotin. Philosophen, die zum Christentum übertraten, bot das freie Lehramt der älteren Kirche die Möglichkeit einer den Formen ihres früheren Berufes verwandten Tätigkeit, und auch einen Teil ihres geistigen Besitzes konnten sie hinübernehmen. Die Anpassung des Christentums an die verwandten Gedanken heidnischer Aufklärung und Philosophie, seine Darstellung als die Religion der Vernunft und als eine Philosophie musste sich im Bewusstsein solcher Männer unwillkürlich vollziehen.

Das Christentum selbst hat seine Verwandtschaft mit Lehren und Grundsätzen der heidnischen Moralisten empfunden, ja der Uebereinstimmung der christlichen Offenbarung und der Philosophie oft einen übertriebenen Ausdruck gegeben[4], der, so leicht er sich aus der notwendigen Mischung des antiken Erbes mit dem neuen christlichen Besitze erklärt, unbefangener Prüfung nicht standhält. Die Rezeption von Schriften und Gedanken heidnischer Moralisten wie die Reklamation der Personen für das Christentum ist für das Verhältnis zur heidnisch philosophischen Aufklärung besonders charakteristisch. Tertullian sagt, Seneca sei oft christlich; die lateinischen Apologeten haben viel von seiner Moral und Religiosität übernommen. Das Gefühl für Senecas Verwandtschaft mit der christlichen Lehre hat zu der Fälschung seines Briefwechsels mit Paulus[5] den Anlass gegeben und Hieronymus bestimmt, ihm

[1]) S. Norden, Jahrb. Suppl. XIX S. 404 ff., nach dem Harnack, Mission I² S. 410 zu berichtigen sein wird. Das fortdauernde Schwanken in der Frage, ob Aristides in seinen Gegnern Kyniker oder Christen schildere, zeigt, wie Norden bemerkt, wie nah sich beide Richtungen berührten. — Dass auch die christliche Askese neben der Steigerung des Schamgefühls Ausartungen kynischer Schamlosigkeit hervorgebracht hat, hat Reitzenstein, Hellenistische Wundererzählungen S. 65 ff. gezeigt. [2]) Norden a. a. O. S. 403. 404. [3]) Eus. VI 19, 14, Tert. De pallio. [4]) Beispiele bei Hatch, Griechentum und Christentum S. 91; Harnack, Mission² I S. 246. 307. [5]) Zuletzt hat über ihn Bickel, Rh. M. LX

einen Platz unter den christlichen Schriftstellern einzuräumen. Auch für Musonius und Epiktet haben wir gleich günstige christliche Urteile[1] und können es daher begreifen, dass Clemens die Grundzüge seines bis ins einzelne ausgeführten Idealbildes christlicher Lebensweise zum Teil wörtlich den Vorträgen des Musonius entlehnte, dass die beiden christlichen Ueberarbeitungen des Handbuches Epiktets ein wirkliches Bedürfnis befriedigten. Die heidnischen Florilegien bilden eine Fundgrube ethischer und religiöser Weisheit und werden zu grösserer Beweiskräftigkeit auch christlich interpoliert[2].

Immer wieder und wieder treten Versuche auf, die Bekanntschaft des Seneca, Epiktet[3], Marc Aurel mit der christlichen Lehre zu beweisen und die Richtung ihrer Weltanschauung und Lebensauffassung aus christlichem Einflusse zu erklären. Die Uebereinstimmung betrifft aber fast durchweg Gedanken, die im Zusammenhange des stoischen Systemes wurzeln und zum Teil im älteren Stoizismus nachweisbar sind. Auch die vorchristliche Diatribe zeigt schon ähnliche Berührungen mit christlichen Gedanken, und der Bestand unserer trümmerhaften Ueberlieferung nötigt zu der Annahme, dass vieles, was man als christlich in Anspruch nehmen möchte, nur zufällig in der älteren Literatur nicht vertreten ist. Genaueres Zusehen lehrt, dass die Uebereinstimmung in einzelnen Lehren grösser ist als in den Grundsätzen und dass öfter verwandte Sätze aus recht verschiedenen Prinzipien abgeleitet sind. Aber das Material, das jene im Resultat verfehlten Untersuchungen zusammengebracht haben, ist zum Teil geeignet, die Tatsache zu bestätigen, dass die popularphilosophische Propaganda in weiten Kreisen eine geistige Atmosphäre geschaffen hat, die zur Erklärung der raschen Fortschritte des Christentums und seines Verhältnisses zur Philosophie berücksichtigt sein will. Ich komme darauf bei der Frage nach dem Einfluss der jüdischen Diaspora zurück.

S. 505 ff. gehandelt.

1) S. Henses Musonius S. XXIX, Schenkls Epiktet S. XVIII ff.

2) S. Elter, De gnomologiorum historia (Bonner Univ.-Programme seit 1892) und meinen Bericht Byzant. Zeitschr. VII 445 ff. (Usener, Rhein. Museum LV S. 337). Die Sprüche des Sextus scheinen die christliche Ueberarbeitung einer heidnischen Grundlage zu sein, s. Theol. Lit. Zeit. 1893 Sp. 492 ff.

3) Vgl. meine Rezension von Zahns Schrift, Der Stoiker Epiktet und sein Verhältnis zum Christentum, Leipzig 1895, Theol. Lit.Zeit. 1895 Sp. 493 ff. Ich hebe noch einige interessante Berührungen hervor: Epiktet I 9, 7 πόθεν φάγω, φησί, 19 ὅταν χορτασθῆτε σήμερον, κάθησθε κλάοντες περὶ τῆς αὔριον, πόθεν φάγητε, vgl. Mat 6 25 ff. Epiktet I 29, 31 Vergleich mit den Kindern (Mat 11 16), II 18, 15 und M. Aurel III 2 (Seneca Dial. II 7, 4) Verwerfung des lüsternen Blickes (Mat 5 28). Anderes bespricht Bonhöffer, Die Ethik des Stoikers Epiktet, Stuttgart 1894 S. 18. 72. 113. 114. 101. 105. 140. — Seneca, De remediis fortuitorum (die ganze Schrift ist charakteristisch für die Bevorzugung der Parataxe und kleiner Kola) 10: *„pauper sum“. nihil deest avibus, pecora in diem vivunt.* Minucius Felix 36, 5 *aves sine patrimonio vivunt et in diem pascuntur* benutzt Seneca, nicht, wie man früher glaubte, Mat 6 26. Parallelen zu Mat 7 12 πᾶν οὖν ὅσα ἐὰν θέλητε ἵνα ποιῶσιν ὑμῖν οἱ ἄνθρωποι, οὕτως καὶ ὑμεῖς ποιεῖτε αὐτοῖς hat zuletzt Heinrici, Beiträge III S. 86 gesammelt. Lc 6 39 (und Parallelen), vgl. Sextus Emp. S. 605, 23 Becker ὡς οὐδὲ ὁ τυφλὸς τὸν τυφλὸν ὁδηγεῖν (δύναται).

VI

HELLENISTISCHE RELIGIONSGESCHICHTE

O. Gruppe, Griechische Mythologie und Religionsgeschichte, München 1906 (Handbuch der klassischen Altertumswissenschaft V 2), 1923 S. Diese neueste Darstellung ist als erster Versuch und überaus reiche Materialsammlung für den Forscher ebenso unentbehrlich, wie für den Zweck und Leserkreis, dem sie bestimmt ist, ungeeignet. Die Unübersichtlichkeit der Anordnung zeigt, dass der Verfasser zur rechten Herrschaft über den Stoff nicht gelangt ist. Die prinzipiellen Anschauungen sind, obgleich gegen früher gemildert, durchaus anfechtbar. Die theogonischen Spekulationen des Orients denkt sich Gruppe recht äusserlich von den Griechen übernommen (z. B. S. 423. 1016), ebenso die Mystik von Anfang an stark orientalisch beeinflusst (1036). In hellenistischer Zeit soll dann die orientalische Grundlage der griechischen Kultur durch die Berührung mit den orientalischen Völkern wieder hervorbrechen und so das Griechentum auf eine niedrigere Stufe sinken (1458 ff. 1479). Aber dieser Prozess der Barbarisierung vollzieht sich erst in nachchristlicher Zeit. Was die Griechen in ältester Zeit von dem Orient übernahmen, haben sie sich so völlig assimiliert, dass der hellenistische Kontakt mit dem Osten sich unmöglich jener ältesten Entlehnungen als eines Vehikels bedienen konnte. Denn sogar die damalige Wissenschaft war weit entfernt, jene orientalischen Elemente altgriechischer Kultur zu erkennen. Merkwürdig, dass der Rationalist, dem Uebertragung der Religion wahrscheinlicher dünkt als spontane Zeugung und organisches Wachstum, hier eine Geschichtskonstruktion einführt, die mystisch anmutet. — Zur Orientierung ist zu empfehlen Wilamowitz, Geschichte der griechischen Religion, Jahrbuch des freien deutschen Hochstifts zu Frankfurt a. M. 1904, 30 S. und E Rohde, Die Religion der Griechen, Kleine Schriften II 314—339. — Roscher, Lexikon der griechischen und römischen Mythologie, Leipzig 1884 ff. — Die Geschichte der griechischen Vorstellungen von dem Leben der Seele nach dem Tode stellt Rohdes Meisterwerk Psyche (3. A. Tübingen und Leipzig 1903) dar, das weite Gebiete der griechischen Religionsgeschichte aufhellt. — Usener, Götternamen, Bonn 1896, gibt besonders wertvolle Gesichtspunkte für die Geschichte des religiösen Synkretismus und die Wirksamkeit monotheistischer Tendenzen. Vgl. die ausführliche Inhaltsangabe in Christl. Welt 1899 Nr. 32. 33. — Welcker, Griech. Götterlehre, 3 Bde, Göttingen 1857—1863. — Lobeck, Aglaophamus sive de theologiae mysticae Graecorum causis, Königsberg 1829. — Wissowa, Religion und Kultus der Römer, München 1902 (Handbuch der klass. Altertumswiss. V 4) gibt, unter Verzicht auf vergleichende Religionsbetrachtung, eine sehr klare und sorgfältige Geschichtsdarstellung und eine sichere Rekonstruktion des Gebäudes der römischen Religion. Leider fehlt es für die griechische Religion an einer gleich lesbaren, vorsichtigen und zuverlässigen Gesamtdarstellung. Die Aufgabe der Religionsgeschichte ist hier auch sehr verschiedenartig und viel komplizierter, weil die Schichten mehr in einander gewachsen als lose auf einander gelagert sind. — Es können hier nur die vorherrschenden Strömungen gezeichnet werden, wie sie in den Mittelpunkten der Kultur hervortreten. Die entlegenen Landschaften werden natürlich oft erst spät oder gar nicht von diesen Strömungen berührt, und die Inschriften geben ein sehr viel mannigfaltigeres Bild und bezeugen vor allem neben einer Fülle von Singularitäten das unveränderliche Fortleben der alten Religionsformen im volkstümlichen Glauben.

1 Ältere Entwickelung

Die bei den Griechen selbst herrschende Vorstellung, als wenn Homer der Zeuge der ältesten griechischen Religion sei, ist nur geeignet, das wahre Verständnis und die Geschichte der griechischen Religion zu verdunkeln. Eine lange religiöse Entwickelung liegt vor Homer, aber ihre Geschichte lässt sich nicht schreiben. Denn spärlich zerstreut liegen die Reste zum Aufbau solcher Geschichte. Rückschlüsse aus den später fortwirkenden Kräften auf die ursprünglichen Wurzeln der Religion, psychologische Konstruktion, Benutzung der Analogien anderer primitiver Religionen müssen schliesslich das meiste tun, um einen Prozess vorstellbar zu machen, der sich nicht im Lichte der Geschichte vollzogen hat. Sicher hat der Einfluss älterer Kulturen und fremder Religionen eine Rolle gespielt; aber bei der griechischen Fähigkeit, das Fremde sich zu assimilieren und innerlich anzueignen, ist er nur in seltenen Fällen sicher zu fassen. Als gewisse Erkenntnis darf man heute bezeichnen, dass am Beginne der Entwickelung auch bei den Griechen nicht etwa, wie man früher annahm, ein ursprünglicher Monotheismus stand. Monotheistische Tendenzen können sich erst auf Grund einer langen religiösen Entwickelung herausbilden und durchsetzen, und sogar der griechische Polytheismus der homerischen Dichtungen hat sich erst auf der breiten Grundlage niederer Glaubensformen, roherer Vorstellungen von Geistern und Dämonen erhoben, die auch als Unterschicht des Glaubens sich vielfach lebendig erhalten haben. Wo der primitive Mensch Wirkungen beobachtet und erlebt, die er nicht erklären kann, in der Gewalt des Feuers, im Blitz und Donner, Regen und Sturm, im fliessenden Wasser und im wogenden Meer, empfindet er eine rätselhafte Macht, die stärker sein muss als der Mensch, weil sie sich nicht fassen und greifen lässt. Er stellt sich als Träger der Kraft ein Wesen vor, das er nach Analogie des eigenen Wesens mit Bewusstsein und Wille begabt denken muss. Eine Fülle von Seelenwesen, die hinter den Phänomenen stehen, projiziert er in die Natur. Die gestaltende Phantasie fasst die Götterpersonen in immer schärfere Umrisse. Je nach den Wirkungen und natürlichen Bedingungen ihrer Erscheinung gibt sie ihnen menschliche, tierische oder abenteuerliche Mischgestalt, gibt ihnen den Eigennamen und sichert sich durch eine ihr bequeme Wohnstätte ihre Gegenwart und Hilfe, ersinnt eine Fülle von Mitteln, sich die Gottheit willfährig zu machen. Erfahrungen, die vom Seelenleben ausgehen, bereichern die religiöse Vorstellungswelt. Die Rätsel des Entstehens und Vergehens des einzelnen Menschenlebens, das Gefühl dauernder Nähe auch des Verstorbenen führte zu dem Glauben, dass hinter dem sichtbaren Wesen des Menschen ein den Tod überdauerndes höheres Doppelwesen stehe — Traumleben und Erfahrungen des Heraustretens dieses Wesens in den ekstatischen Zuständen bekräftigen ihn —, zur Annahme des Göttlichen im Menschen und zum Kult der Verstorbenen. Es ist ein langer und keineswegs geradliniger Prozess fortschreitender Differenzierung und Ausgestaltung, festerer Bestimmung und Erweiterung der Wirkungssphären, lokaler Ausbreitung und Ausgleichung, Zurückdrängung der physischen Potenzen durch geistige und sittliche, der die Religion der historischen Zeit geschaffen hat. Die Beobachtung des regelmässigen Wechsels von Tag und Nacht, der Wiederkehr der Jahreszeiten, der gleichartigen Bewegung der Himmelslichter hat der Entwickelung der religiösen Vorstellungen die Richtung vom Einzelnen und Zufälligen auf das Gleichartige und Allgemeine, von den beschränkten zu universaleren Göttern gegeben. Wie jener Prozess unbewusst den Fortschritt der gesellschaftlichen Formen, des Gemeinbewusstseins, der Sittlichkeit in sich aufnimmt, so verhüllt er dem späteren Glauben wie der modernen Forschung den ursprünglichen Gehalt und Wert der Götter. Die Religion der klassischen Zeit, die für uns allein in betracht kommt, ist wesentlich durch zwei Momente bestimmt. Einmal finden in der staatlich anerkannten Religion die Formen des Staates und der Gesellschaft ihre Sanktion und ihren höchsten Ausdruck. Ferner hat die Schätzung der homerischen Dichtungen als des höchsten geistigen Besitzes der Nation zu einer Ausgleichung der religiösen Vorstellungen, zum Aufgehen lokaler Gottheiten in die gleichartigen panhellenischen geführt und der Entwickelung die Richtung auf eine wesentlich durch Homer repräsentierte Einheit gegeben.

Dennoch ist die homerische Götterwelt ursprünglich nichts weniger als das treue Abbild wirklich geltenden Glaubens. Sie ist das Erzeugnis einer mit den Traditionen frei schaltenden und sie künstlerisch gestaltenden Dichtung, die im Spiele der Phantasie auch auf religiösem Gebiete eine Gesellschaft voraussetzt, die selbst nicht mehr sich religiös gebunden fühlt. So haben die Rhapsoden die Götter mit allem Zauber der Poesie und Glanz der Schönheit umkleidet, aber sie haben sie in die menschliche Sphäre herabgezogen und entheiligt. Diese Götterwelt befriedigte weder das überall in den Tiefen des Volksbewusstseins lebendige religiöse Bedürfnis, noch konnte sie vor der erwachenden Reflexion bestehen. Die Mystik wie die rationalistische Kritik treten in Gegensatz zu ihr. In der enthusiastischen Dionysosreligion findet der Mensch ein tieferes persönliches Verhältnis zu dem Gott, der den Herzen der Armen und Elenden näher steht als die aristokratischen Olympier, der in den Wonnen der Ekstase ihn zu sich erhebt und ihn in den Momenten des gesteigerten Daseins, der Einigung mit der Gottheit die Nöte des Lebens vergessen lässt. Das Erlösungsbedürfnis des Menschen und eine ungeheure Steigerung des Innenlebens hebt damit an. Die mystische Theologie der Orphiker fasst seit dem VI Jahrh. das religiöse Erlebnis in feste Formen und verkündet die Lehre von den Schicksalen der Seele, die, durch eigene Schuld in den Kerker des Leibes gebannt, zu leidvollem Dasein verurteilt ist, aber, durch Reinigungen von den irdischen Schlacken befreit, im Tode die Erlösung und Erhebung zu einem seligen Dasein erreichen kann. Die jenseitige Vergeltung, die nach gerechtem Gericht geübt wird, ist der Ausgleich der auf Erden herrschenden Ungerechtigkeit. Diese innerliche Frömmigkeit, die aus den rohen und elementaren Formen der ekstatischen Religion hervorgegangen ist, aber von den unreinen Schlacken sich befreit hat, ist seitdem eine mächtige Strömung, wie ihr verschiedenartiger Einfluss auf Pythagoras, Pindar, Empedokles zeigt. Ihre höchste Vollendung und abgeklärteste Gestalt erlangt sie in Platos grandioser Dichtung von den Schicksalen der Menschenseele. Die Fortsetzung dieser Strömung und ihr Anschwellen in der nachchristlichen Zeit werden wir später zu verfolgen haben.

Während die mystische Frömmigkeit auf ganz neuen Wegen die Befriedigung tieferer religiöser Bedürfnisse sucht, tritt die Spekulation der ionischen Denker in bewussten Gegensatz zum herrschenden Polytheismus und zur homerischen Dichtung. Freilich geben im Grunde dieselben Rätsel des menschlichen Daseins und des Kosmos, die in den primitiven Formen des mythischen Denkens und in den systematisierenden Versuchen theologischer Dichter zuerst ihre Erklärung fanden, auch den Anstoss zum Erwachen der wissenschaftlichen Spekulation. Der Uebergang der religiösen in die wissenschaftliche Welterklärung ist ein fliessender und allmählicher. Beide Strömungen durchkreuzen sich vielfach und laufen einander parallel. Und wenn die Spekulation in Ionien, wo die persische Invasion den Prozess der Befreiung des Individuums aus den Schranken der traditionellen Gebundenheit vollendet hatte, die Lösung der Probleme auf ganz neuen Wegen und vielfach in ausgesprochenem Gegensatz zur religiösen Tradition sucht, so ist sie doch in der Fassung der Fragen, der Formulierung der Sätze, dem Ziele einheitlicher Welterklärung und dem kühnen Fluge der das Weltall umspannenden Phantasie trotz alles Gegensatzes von der mythischen Richtung des Denkens beeinflusst, auch wo sie sich dessen nicht bewusst ist. Es ist kein Zufall, dass auf die freie, öfter an Frivolität streifende Behandlung der Göttermythen durch die ionischen Rhapsoden die energische Kritik der ionischen Wissenschaft folgt. Beide Erscheinungen sind aus derselben Geistesrichtung hervorgewachsen und Symptome der fortschreitenden Emanzipation des Geistes von der religiösen Gebundenheit. Xenophanes[1] stellt dem Polytheismus seine eine vollkommene Gottheit gegenüber, den Sterblichen an Gestalt und Gedanken nicht vergleichbar. Er erweist drastisch den Widersinn anthropomorpher Götter. Er bekämpft den verhängnisvollen Einfluss, den die Autorität Homers und Hesiods ausübt, die den Göttern alles angehängt haben, was bei den Menschen für Schimpf und Schande gilt, stehlen und ehebrechen und sich gegenseitig betrügen. Und dieselbe Richtung verfolgt Heraklit[2], wenn er Homer aus den Preiswettkämpfen ausgeschlossen wissen will und die Autorität der Sänger bekämpft. Im V Jahrh. suchen dann erfinderische Köpfe den Widerspruch homerischer Religion zur fortgeschrittenen Sittlichkeit und Frömmigkeit durch allegorische Umdeutung zu lösen. Wir sehen deutlich: Homer wird zum Problem, weil seine Verteidiger wie seine Gegner die Poesie nicht mehr naiv zu geniessen wissen, weil die Schätzung der Poesie den Dichter auch mit dem Nimbus religiöser Autorität umgeben hat. Wir beobachten hier die ersten, freilich noch schwachen, Ansätze zu einer Art Buchreligion, und sofort tauchen auch die Schwierigkeiten auf, mit denen eine solche stets zu kämpfen hat. Das Buch findet nur den Ausdruck der Sittlichkeit und Frömmigkeit seiner Zeit und seiner Umgebung und widerspricht leicht dem Bewusstsein späterer Zeiten. Der Widerspruch führt auf der einen Seite zur Bekämpfung und Verwerfung der Autorität, auf der andern zur Verteidigung mit den Mitteln der Anpassung und Umdeutung.

Die athenische Aufklärung des V Jahrh. (vgl. S. 14) setzt die Gedankenarbeit der ionischen Wissenschaft fort und trägt sie in weitere Kreise. Die Kritik der überlieferten Traditionen schreitet fort zu einer allgemeinen Fassung des Problems der Religion, und die Antworten auf die Frage nach dem Recht und der Wahrheit der Religion drücken die verschiedensten zwischen zurückhaltender Skepsis und offen ausgesprochenem Unglauben liegenden Auffassungen aus. An Stelle der absoluten Normen treten die relativen Schätzungen. Man erkennt, wie viel von den väterlichen Traditionen und Institutionen historisch geworden, durch menschlichen Willen geschaffen ist. Kann das alles also noch als absolut giltig, naturnotwendig, als göttliches Gebot erscheinen? Spricht nicht der Widerstreit der Sitten und Einrichtungen verschiedener Völker und Stämme dafür, dass es auf dem Gebiete des Konventionellen überhaupt keine Wahrheit gibt? Auch auf religiösem Gebiete ist diese Betrachtung mit dem dieser Zeit eigenen, keine Konsequenzen scheuenden Radikalismus durchgeführt worden. Zu allen Zeiten ist Menschen, denen einseitig verstandesmässige Bildung und Kritik die Fähigkeit religiösen Fühlens und Nachfühlens erstickt hat, die Religion als ein

[1]) Diels, Die Fragmente der Vorsokratiker I² Berlin 1906. Fr. 23. 10—16.
[2]) Ebenda Fr. 42. 104 (40. 57).

so seltsames und überflüssiges Erzeugnis erschienen, dass sie den eigenen Defekt als den ursprünglichen und normalen Zustand voraussetzen und eine einmalige Genesis der Religion als menschliche Erfindung, ihre Ausgestaltung und Verbreitung als mechanischen Prozess der Entwickelung und Uebertragung vorstellen zu müssen glaubten. Die rationalistischen Theorien der Entstehung von Staat und Religion sind im Grunde alle schon zur Zeit der Sophistik aufgestellt worden. Während die Ausbildung des politischen Denkens und des historischen Sinnes auf politischem Gebiet sie überwunden hat, wirken sie auf religiösem Gebiet selbst in der Wissenschaft immer noch nach. Demokrit [1] sieht in der Furcht, welche die Wettererscheinungen, Blitz und Donner, Kometen. Sonnen- und Mondfinsternis, im primitiven Menschen erregen. ein Motiv des Götterglaubens. Nach Prodikos hätten die Menschen alles, was ihnen den grössten Nutzen brachte, Sonne, Mond, Flüsse, Brod, Wein, Feuer vergöttlicht [2]. Besonders verbreitet aber war eine von Plato öfter bekämpfte Theorie, die in der Religion ein von den Mächtigen zur Beherrschung der Massen erfundenes Mittel sieht. Kritias lässt Sisyphos in einem uns erhaltenen Bruchstücke des gleichnamigen Satyrdramas eine solche Theorie entwickeln [3]: Den rechtlosen Naturzustand, in dem die Gewalt herrschte, haben einst die Menschen durch Gesetze mit ihren Strafbestimmungen beseitigt. Als sich dann aber herausstellte, dass auch die Gesetze geheime Vergehungen nicht verhüten konnten, kam ein besonders kluger Mann auf den Gedanken, die Götterfurcht zu erfinden, um die Menschen vom geheimen Bösen in Werken, Worten, Gedanken abzuschrecken. So verbreitet er den Glauben an die alles sehende und hörende Gottheit. Und sehr glaubhaft weist er den Göttern den Himmel zum Wohnsitz an; denn von dort kommen ja dem Menschen die Schrecken des Donners und Blitzes, von dort erscheinen ihm die Wunder des Sternenhimmels und die Sonne mit ihrem Glanz, von dort strömt der Regen herab. — Die Stimmungen der neuen Zeit, die Zerrissenheit des innersten Lebens, die Fülle der Zweifel und Probleme bringt auch hier Euripides wirkungsvoll zum Ausdruck, und der Spott der Komödie wie die Massregeln der reaktionären Demokratie beweisen, dass weitere Kreise von dem Kampfe des Alten und Neuen erregt wurden.

Aber es ist nicht zu vergessen, dass gerade die mit Sokrates anhebende philosophische Entwickelung ihren Standpunkt über diesem Streit der Tagesmeinungen nimmt. Sie gewinnt, während die athenische Aufklärung mit ihrer oberflächlich radikalen Erledigung dieser Probleme als Fortsetzung ionischer Kulturentwickelung erscheint, eine sehr viel tiefere und ernstere Stellung zur Religion. Die Gründe dafür sind mannigfaltig. Vor allem steht die echt athenische Philosophie einer lebenskräftigen, von einem mächtigen Staatswesen und einer hohen geistigen Kultur getragenen und künstlerisch verklärten Religion gegenüber. Die Pietät für die väterlichen Traditionen, das Verständnis für den Wert des Symbolischen in der Religion, der künstlerische Sinn für die Schönheit der Form, die Schätzung der historischen Kontinuität, auch die Berührung mit jenem mächtigen Strome individuell mystischer Frömmigkeit wirken je nach der Verschiedenheit der Individualitäten in Sokrates, Plato, Aristoteles zusammen, um trotz mancher kritischer Aeusserungen gegen die religiösen Traditionen die ursprüngliche Verbindung

[1]) Diels S. 365, die ähnliche Ausführung bei Lucrez V 1218—1240 wird durch Vermittelung Epikurs mit Demokrit zusammenhängen; vgl. Kleanthes (S. 67) und Seneca, Naturales Quaest. II 42, 3. [2]) Diels, Vorsokratiker (1. Auflage) S. 540, vgl. Persaios (S. 67). [3]) Diels S. 571, vgl. Cicero De nat. deor. I 77. 118.

von Philosophie und Religion wieder enger zu knüpfen und die Ethik durch Aufnahme geläuterter religiöser Motive zu bereichern. Freilich gipfelt die Weltanschauung des Plato und Aristoteles [1], für die eine Trennung des Wissens und Glaubens noch undenkbar ist, in einer individuellen, bei jenem mystisch, bei diesem mehr ästhetisch gerichteten Frömmigkeit, die ihren Bekennern einen vollen Ersatz für die Volksreligion geben wollte und musste. Und insofern untergräbt auch diese positiv gerichtete Philosophie den Volksglauben, indem sie sich selbst an dessen Stelle setzt.

2 Uebersicht über die hellenistische Zeit

Den Prozess der religiösen Zersetzung, den die fortschreitende Wissenschaft und Kritik eingeleitet hat, beschleunigt und vollendet die grosse Umwandlung der politischen Verhältnisse durch Alexander. So weit die Religion im politischen Leben begründet und der ideale Ausdruck der höchsten sittlichen Güter des Gemeinwesens war, wurde sie im innersten erschüttert. Wenn die Wurzel des stadt-staatlichen Lebens verdorrte, musste auch die Blüte der in alle öffentlichen Institutionen verflochtenen Religion verwelken. In dem Masse, wie die Städte zur Bedeutungslosigkeit herabsanken, sank auch das Ansehen und der Kult der Götter, die ihnen vorstanden. Die Zeit des Glanzes des attischen Reiches ist auch die Zeit, wo die nationale Kraft und Bürgertugend im Bilde der Athena ihren idealen Ausdruck und in ihrem Kult die glänzendste Darstellung findet. National beschränkte Götter teilen die Geschicke ihrer Völker, erleben mit ihnen die Zeiten der Blüte und des Niederganges. So erscheinen die lokalen Stadtgötter in hellenistischer Zeit durch den grossen Verlauf der Geschichte in ihrer Wirkungssphäre beschränkt, der alten bodenständigen Kraft beraubt, verflüchtigt und bedeutungslos, wenn auch die berühmtesten hellenischen Heiligtümer durch den Philhellenismus der Könige mit neuem Glanze umkleidet werden. Der Hellenismus ist zunächst eine Zeit des Verfalles der griechischen Volksreligion. Das zeigt sich besonders in dem Geschick der alten frommen Sitte des Weihgeschenkes [2]. Sie dient jetzt der Befriedigung der Eitelkeit und des persönlichen Ehrgeizes, wird des religiösen Gehaltes beraubt, veräusserlicht und verweltlicht. Und die tiefere Seele echten religiösen Lebens vermisst man ebenso bei den neuen Kulten und Festen der Höfe wie bei den mit viel Reklame in Szene gesetzten festlichen Veranstaltungen der Städte. Das Sakrale wird auch hier immer mehr zur äusseren Etikette und leeren Form, zum Deckmantel politischer Berechnung und kommunalen Ehrgeizes.

Die rasch auf einander folgenden Staatsumwälzungen und grossen Katastrophen der hellenistischen Zeit rufen bei der Menschheit ein Gefühl vollständiger Unsicherheit und Unbeständigkeit aller Verhältnisse hervor, er-

[1]) Aristoteles bezeichnet den Eindruck der meteorologischen Erscheinungen und der Pracht des Sternenhimmels, der Gesetzmässigkeit der siderischen Bewegungen einerseits, die in Ahnungen der Träume und im Enthusiasmus sich offenbarende göttliche Kraft der Seele andrerseits als die beiden Quellen des Götterglaubens; s. Fr. 10—12 Rose, Zeller II 2 S. 793 ff. — Im Grunde sind der Sternenhimmel über uns und das Göttliche in uns (vgl. die Apotheose Platos in der Elegie an Eudemos und die Theorie des gottgleichen Herrschers) auch die wesentlichen Faktoren seiner Religiosität. Herakles fasst er als εὐεργέτης βροτῶν, s. Wilamowitz, Euripides' Herakles I[1] S. 331 Anm. 121 (334).

[2]) Reisch, Griech. Weihgeschenk 1890 S. 3.

schüttern das Vertrauen auf die Zulänglichkeit der eigenen Kraft und auf das Regiment der alten Götter. Dieser Weltenlauf scheint von der Τύχη[1] beherrscht, die nach Laune und Willkür Reiche zerstört und neue schafft, das Hohe erniedrigt und das Niedrige erhöht, die ihre Macht in ruhe- und regellosem Wechsel, am liebsten in ganz unerwarteten Schickungen offenbart. Die Menschheit ist ein Spielball ihrer Launen. Die Tempel, Statuen, Weihgeschenke, die ihr gestiftet werden, mehren sich seit der hellenistischen Zeit, und kaum eine der göttlichen Mächte spielt in der Literatur, besonders der historischen und rhetorischen, eine grössere Rolle. Die mannigfach differenzierten und persönlich ausgestalteten Glücksgöttinnen gehen in die abstrakt gefasste allgemeine Tyche über. Was Plinius Nat. hist. II 22 von ihrem Ansehen sagt, trifft auf die ganze hellenistisch-römische Zeit zu: *toto quippe mundo et omnibus locis omnibusque horis omnium vocibus Fortuna sola invocatur ac nominatur, una accusatur, una agitur rea, una cogitatur, sola laudatur, sola arguitur. et cum conviciis colitur, volubilis, a plerisque vero et caeca existimata, vaga, inconstans, incerta, varia indignorumque fautrix. huic omnia expensa, huic omnia feruntur accepta, et in tota ratione mortalium sola utramque paginam facit, adeoque obnoxii sumus sortis, ut sors ipsa pro deo sit.* Und mit Recht hebt Plinius hervor, dass sich in der Stärke dieses Glaubens die ganze Unsicherheit der Vorstellungen von den Göttern verrate. In allem Ernste wird ausführlich die Frage hin und her erörtert, ob Alexander, ob die Römer ihre Erfolge der Tyche oder der eigenen Tüchtigkeit verdanken.

Neben der Tyche wird die Εἱμαρμένη (oder Ἀνάγκη) als alles beherrschende Macht gefeiert; denn unter dem Einfluss der stoischen Lehre und des immer weitere Kreise erfassenden Sternenglaubens gewinnt der Determinismus an Boden. Aber auch von den religiösen Bezeichnungen der höheren Mächte werden jetzt die unpersönlichen und unbestimmten bevorzugt[2], und der bunte Wechsel, in dem sich die Benennungen ablösen, beweist, dass nur die Erfahrung des störenden Eingreifens unberechenbarer Faktoren in das Bereich menschlicher Handlungen zugrunde liegt, dass man auf klare Vorstellung des Wesens dieser Mächte verzichtet. In diesen vagen Fassungen verrät sich die ganze Unsicherheit und Inhaltlosigkeit des religiösen Gefühles, eine Ratlosigkeit, die sich in der Welt nicht zurechtzufinden weiss. Mit der Verflüchtigung der persönlichen Götter und ihrer Zurückdrängung durch die allgemeinen Gattungsnamen muss die persönliche Frömmigkeit an Gehalt und Innigkeit Einbusse leiden. Wohl äussert sich in diesen abstrakten Fassungen der monotheistische Trieb oder richtiger die Entwicklung zum persönlichen Göttlichen. Aber eine Vertiefung des religiösen Gefühles (Beloch III 1 S. 444) kann darin nur erkennen, wer den monotheistischen Formen an und für sich, abgesehen von dem Inhalt, den sie fassen, den Vorzug vor dem Polytheismus gibt. Die monotheistische

[1]) E. Rohde, Griech. Roman[2] S. 296—304, Lorenz' Pseudolus-Ausgabe S. 21—23, Deubner, Roschers Lexikon III Sp. 2142 ff., von Scala, Studien des Polybios I 159 ff., Rainfurt, Zur Quellenkritik von Galens Protreptikos. Freiburg i. B. 1905 S. 10 ff. Demetrios von Phaleron leitet in dem Bruchstück bei Pol. 29, 21 den Glauben an die Tyche von dem Eindruck der Katastrophen des letzten halben Jahrhunderts her. — Vgl. Juvenal 10, 365. 366 = 14, 315. 316. [2]) S. Krüger, Theologumena Pausaniae, Leipzig 1860 S. 25 ff. Der Gebrauch der unbestimmten Ausdrücke wie θεός, τὸ θεῖον, τὸ δαιμόνιον ist älter (Nägelsbach, Nachhomerische Theol. S. 138 ff.), ihre Bevorzugung und Bereicherung für die hellenistische Zeit charakteristisch.

Richtung des Hellenismus ist schliesslich doch nur das Produkt einer Auflösung und Entleerung der Religionen. Ihre geschichtliche Bedeutung liegt darin, dass sie die Formen geschaffen hat, in die das Christentum Eingang finden und einen neuen religiösen Gehalt giessen konnte. Sie verbindet sich vielfach mit universalen und monotheistischen Tendenzen, die sich schon ähnlich in der selbständigen Entwicklung der fremden Religionen, besonders der ägyptischen, geltend gemacht hatten.

Dennoch darf man dies Zeitalter nicht irreligiös nennen. Die Signatur der beiden ersten Jahrhunderte des Hellenismus ist freilich der Rationalismus. Aber an religiösen Unterströmungen hat es nie gefehlt. Nur sucht sich das religiöse Bedürfnis neue Mittel zu seiner Befriedigung und neue Götter. Die orientalischen und ägyptischen Kulte machen stetige Fortschritte. Das Zuströmen neuer und die Entwertung alter Götter geht parallel. Die religiöse Richtung der Philosophie, die von Poseidonios ausgeht, Augustus Versuch einer religiösen Reformation sind dann Vorläufer einer religiösen Reaktion, die, im II Jahrhundert mächtig anschwellend, der folgenden Entwicklung ihre Grundrichtung gibt.

3 Die Philosophie

Die Philosophie des hellenistischen Zeitalters will dem Gebildeten zugleich Religion sein, mag sie nun in der Ethik überhaupt einen vollgiltigen Ersatz für die Religion finden und diese verflüchtigen oder tolerieren (Skepsis und Epikur) oder die philosophische Religion an Stelle der volkstümlichen setzen. Auflösend und zersetzend wirkt sie in jedem Falle auf die Volksreligionen, auch wenn sie, wie die Stoa, Fühlung und Anschluss an dieselben sucht.

In ewiger ungetrübter Freude und Selbstgenuss, unbekümmert um diese Welt und in ihren Lauf nicht eingreifend leben Epikurs anthropomorphe Götter in den Zwischenwelten als reinste Repräsentanten des hedonistischen Lebensideales [1]. Aber wie an der Aufrichtigkeit dieses Götterglaubens schon wegen seiner erkenntnistheoretischen Begründung nicht gezweifelt werden darf, so ist auch der Begriff der epikureischen Frömmigkeit durchaus ernst zu nehmen. Im Gegensatz zu der auf Egoismus und Furcht gegründeten volkstümlichen Frömmigkeit geht diese Frömmigkeit aus der interesselosen Bewunderung der die Menschen überragenden Wesen hervor. Sie hat von den Göttern gar nichts zu erwarten, weder zu hoffen noch zu fürchten. Sie ist eine wesentliche Grundlage der ἀταραξία, indem sie den Menschen von allen den Beängstigungen und Befürchtungen befreit, in denen der vulgäre Götterglaube ihn gefangen hält. Sie ruht wesentlich auf ästhetischer Stimmung, schliesst zwar die Beteiligung an der väterlichen Religion nicht aus [2], tritt aber doch durch den ganz verschiedenen Inhalt ihres religiösen Fühlens in schärfsten Gegensatz zur Volksreligion. „Gottlos ist nicht, wer die Götter der Menge vernichtet, sondern wer den Göttern die Vorstellungen der Menge anhängt“ (S. 60, 7 Us.). „Erfüllte Gott die Gebete der Menschen, so würden sie bald alle zugrunde gehen, da sie beständig einander alles Schlimme wünschen“ (S. 259, 1). Und auch die sonst gebräuchlichen Religionsübungen

[1]) Usener, Epicurea S. 71. 232 ff.

[2]) Usener S. 258, 14 κατὰ τὸ πάτριον 20 κατὰ τοὺς νόμους. Cicero De nat. deor. I 85 *novi ego Epicureos omnia sigilla venerantes* und Oxyrynchos Papyri II Nr. CCXV (Wilamowitz, Gött. Gel. Anz. 1900, S. 35).

erscheinen auf diesem Standpunkt absurd[1], ebenso Orakelwesen und jede Art von Divination (S. 261, 262). Die Polemik richtet sich weiter gegen die Mythen der Dichter, die den Göttern Affekte zuschreiben und von ihren Kämpfen, Verwundungen, Zerwürfnissen, Ehebruch und Fesselung, Geburt und Tod zu erzählen wissen[2]. Werden die theologischen Ansichten aller Denker bekämpft, so tritt doch in den Mittelpunkt der Polemik die stoische Theologie und Vorsehungslehre. Weder in der Organisation des Menschen noch in der des Kosmos noch in dem Weltlauf mit allen seinen schreienden Ungerechtigkeiten vermag Epikur irgendwie das Walten einer göttlichen Vorsehung wahrzunehmen[3].

Noch ausschliesslicher beschränkt sich die Skepsis der Akademie in den religiösen Fragen auf negative Polemik. Selbst die uns erhaltenen zerstreuten Reste[4] lassen noch deutlich erkennen, dass Karneades' (vgl. S. 28) Bestreitung des Götterglaubens, die Dichter, Philosophen und den Volksglauben berücksichtigte und keine Möglichkeit unerörtert liess, die umfassendste, gedankenreichste, scharfsinnigste ist, die das Altertum hervorgebracht hat. Die Begründung des Götterglaubens aus der Allgemeinheit seiner Verbreitung, die Stoiker und Epikureer als Beweis anriefen, bestreitet Karneades durch den Hinweis auf die Atheisten; und der Stoa hielt er noch besonders den Widerspruch der Berufung auf diese Instanz mit ihrem Dogma, dass die Menge der Menschen Toren seien, vor[5]. Die anthropomorphen Vorstellungen werden bekämpft durch den Hinweis auf ihre Entstehung, auf den Widersinn der aus der Uebertragung menschlicher Gliedmassen, Tugenden, Affekte auf die Götter sich ergebenden Konsequenzen[6]. Wenn sich Epikur auch für die Annahme menschenähnlicher Götter auf die Allgemeinheit dieser Vorstellung berief, so wird dem die Tatsache entgegengehalten, dass die Aegypter ebenso fest von ihrem Glauben an die Tiergestalt der Götter überzeugt sind, wie überhaupt mit Erfolg auf den Widerstreit der mannigfachen Vorstellungen über die Götter hingewiesen wird[7]. Der stoische Versuch, den Pantheismus mit der Volksreligion in Ausgleich zu bringen, wird abgewiesen durch den Widerspruch gegen die allegorische Ausdeutung, die den Götternamen einen ganz andern Sinn als den gewöhnlichen unterschiebe und vergeblich die Absurdität der Mythen aufzuheben suche[8]. Und der stoischen Gleichsetzung der vielfachen göttlichen Potenzen mit den Göttern

[1]) Lucr. V 1198

nec pietas ullast velatum saepe videri
vertier ad lapidem atque omnis accedere ad aras
nec procumbere humi prostratum et pandere palmas
ante deum delubra nec aras sanguine multo
spargere quadrupedum nec votis nectere vota.

Plutarch Mor. p. 398 A sagt der Epikureer Boethos: λίθῳ παντὶ καὶ χαλκῷ συμφυράσομεν αὐτόν. [2]) Cicero De nat. deor. I 42. Philodem Περὶ εὐσεβείας her. von Gomperz, Leipzig 1866 und die von mir („Philos Schrift über die Vorsehung“, Berlin 1892 S. 58 ff.) nachgewiesene epikureische Quelle Philos. [3]) S. 248 ff., Die epikureische Quelle Philos, s. Wendland a. a. O. S. 68. 72. 73 ff. 12 ff. [4]) Cicero De nat. deor. III und I 57 ff., Sextus Emp. IX 137 ff., vgl. Schmekel, Die Philosophie der mittleren Stoa, Berlin 1892. Vick, Hermes XXXVII S. 230 ff. [5]) Cicero De nat. deor. I 62 ff. III 11. — I 63. 86 hebt Cicero hervor, dass die grossen Verbrecher sich durch keine religiösen Skrupel stören lassen, vgl. Plinius Nat. Hist. II 21. [6]) Cicero I 77 ff., III 38 Sext. 152 ff. [7]) Cicero I 81. 82. III 47. [8]) Cicero III 11 62. 63. Ebenso äussert sich der Epikureer I 36. 40. 41.

des Volksglaubens tritt Karneades durch Kettenschlüsse entgegen, die den Widersinn der Annahme aus der Konsequenz einer unabsehbaren Götterreihe deduzieren. Ist Zeus Gott, so muss es auch sein Bruder Poseidon sein. Ist es Poseidon, so auch Acheloos, der Nil, jeder Fluss, dann aber auch jeder Bach[1]. Die Ablehnung auch nur des letzten Gliedes der Reihe führt zur Ablehnung der ganzen Reihe und auch des ersten Gliedes. Andere Reihen sind z. B.: Aphrodite, ihr Sohn Eros, Ἔλεος, Φόβος, überhaupt die πάθη; Demeter, Erde, Teile der Erde; Sonne und Mond, Lucifer, Planeten, Fixsterne, Iris, Wolken, alle möglichen meteorologischen Erscheinungen[2]. Karneades bestreitet die gesamte stoische Kosmologie und Teleologie, die Auffassung der Welt als ζῷον und göttliches Wesen[3], besonders die Lehre von der Vorsehung. Der Behauptung, dass die Fürsorge der Götter in der dem Menschen verliehenen Gabe der Vernunft sich offenbare, widerspricht all das Unheil, das aus dem gerade nach stoischer Lehre überwiegenden Missbrauch dieser Gottesgabe folgt. Der Einwand, dass für den Missbrauch die Menschen allein verantwortlich zu machen seien, wird abgewiesen, da die Möglichkeit des Missbrauches in der von den Göttern geschaffenen Natur des Menschen begründet wäre. Und wenn die Götter nicht alle Menschen gut schaffen konnten, so sollten sie wenigstens für das Wohlergehen der Guten sorgen[4]. Statt dessen sieht man, dass Glück und Unglück oft gerade im umgekehrten Verhältnis von Tugend und Laster verteilt sind. Das Glück der Ungerechten und Gottlosen widerlegt die Annahme einer göttlichen Vorsehung. Wendet man ein, dass die Strafe sie, wenn auch oft spät, endlich doch trifft, so wäre es doch richtiger, sie von vornherein an ihren Untaten zu hindern. Und sagt man, dass die Frevler oft in Kindern und Kindeskindern bestraft würden, so wäre das eine schreiende Ungerechtigkeit[5]. — In ausführlicher Argumentation verwirft Karneades im Gegensatz zur Stoa Astrologie und alle Formen der Divination[6]; und der beliebten stoischen Methode, den Unglauben in einer Flut frommer und erbaulicher Geschichten zu ersäufen, setzt er den absoluten Zweifel an der Wahrheit solcher Erzählungen entgegen.

Dennoch gestattet, so schwer es uns begreiflich ist, selbst dieser Standpunkt eine Teilnahme am Kultus; denn die Norm des Wahrscheinlichen, der auch der zur skeptischen Zurückhaltung sich Bekennende in der Praxis des Lebens folgen soll, gestattet ja, in der Lebensführung das anzuerkennen, was man theoretisch für nicht erwiesen ansieht. So heisst es denn Cicero III 44, Karneades habe nur die Beweise der Philosophen widerlegen wollen; es habe ihm die Absicht ganz fern gelegen, den Götterglauben aufzuheben. Und mit einer den Zwiespalt geflissentlich hervorhebenden erstaunlichen Schroffheit bekennt sich der Vertreter der akademischen Lehre bei Cicero, der Pontifex Cotta zu der doppelten Buchführung auf den Gebieten des Wissens und des Glaubens, die ihm trotz aller Skepsis die Aufrechterhaltung des väterlichen

---

[1]) Sext. IX 182, vgl. Cicero III 43. [2]) Sext. 186. 187—189 vgl. Cic. III 52. — Cicero III 51. — Aus anderer Quelle stammen die Indices deorum III 42. 53—60, in denen alte theologische Pseudo-Gelehrsamkeit alle Traditionen durch Unterscheidung synonymer Götter zu konservieren suchte; s. Michaelis, De origine Indicis deorum, Berlin 1898, der auch die von den christlichen Apologeten benutzten Kataloge z. B. über geschlechtliche Ausschweifungen der Götter, Göttergräber u. a. zusammenstellt. [3]) Die Gründe s. Schmekel S. 305. 306, Vick S. 234 ff. [4]) Cicero III 65—79. [5]) Cicero III 80 ff., Wendland a. a. O. S. 47 ff. [6]) Wendland S. 24 ff. 36 ff., Boll Fleckeisens Jahrb. Suppl. XXI S. 181 ff. — Hartfelder, Die Quellen von Ciceros zwei Büchern De div., Freiburg i. B. 1878 S. 13 ff.

Glaubens ermöglicht[1]. In dieser Anerkennung des Wertes der väterlichen Tradition scheint sich die Skepsis von Epikur nicht viel zu unterscheiden.

Merkwürdigerweise hat diejenige Schule, die mit ihrem Pantheismus und dem Begriffe der immanenten Gottheit von den gewöhnlichen religiösen Vorstellungen sich am weitesten zu entfernen schien, den engsten Anschluss an die Volksreligion gesucht. Im Zusammenhange der stoischen Philosophie mit dem Kynismus ist diese Haltung der stoischen Theologie nicht begründet; vom Kynismus hat sie nur das Mittel allegorischer Umdeutung der Mythen übernommen. Die Kyniker haben von der Sophistik den Widerspruch gegen die Macht des Konventionellen geerbt, und sie haben auch im Gebiete des religiösen Herkommens die extremen Konsequenzen gezogen und mit plebejischer Roheit alles, was dem antiken Menschen heilig war, mit derbem Spott überschüttet. Durch ihre pietätlose Verwerfung aller väterlichen Tradition und jedes religiösen Brauches stechen sie von allen andern Philosophenschulen ab und sind trotz ihres Monotheismus die Radikalen und im antiken Sinne Atheisten, d. h. solche, die die väterlichen Religionsübungen verwerfen[2]. Nur deren Ausübung erschien als berechtigte Forderung des Staates, welcher der theologischen Spekulation die grösste Freiheit liess, solange sie nicht an die Praxis der Religionsübungen rührte. Von jener kynischen Negation, deren Einfluss noch Zenons Πολιτεία verrät (S. 16), hat sich die herrschende Theologie der stoischen Schule losgesagt.

Die Philosophie der Stoa zeigt ein merkwürdiges Doppelantlitz, reine, nur wissenschaftlich interessierte Spekulationen auf der einen Seite, auf der andern ein feinfühliges Eingehen auf die Bedürfnisse der Zeit und eine Anpassungsfähigkeit an die Wirklichkeit, durch die diese Philosophie wie keine andere berufen war, in der Periode des älteren Hellenismus, unter der Herrschaft der römischen Republik, in der Kaiserzeit den Stimmungen der Zeit einen zusammenfassenden Ausdruck zu geben. Betrachten wir zunächst auf religiösem Gebiete die spekulative Richtung. In stetem Wechsel der grossen Weltperioden lässt die Gottheit Elemente, alle Wesen, den vielgestaltigen Kosmos aus sich hervorgehen und nimmt alles wieder in die ursprüngliche Einheit auf. In ewigen Rhythmen bewegt sich der Weltprozess in den immer wiederkehrenden Grenzen der διακόσμησις und ἐκπύρωσις. Die eine göttliche Urkraft, physisch als Pneuma und Aether, geistig als Weltseele, λόγος, εἱμαρμένη, πρόνοια gefasst, durchdringt den Kosmos und hält jedes einzelne Wesen zusammen. In grösserer oder geringerer Stärke, in feinerer oder gröberer Qualität offenbart sie sich in bald unmittelbaren, bald mannigfach vermittelten Wirkungen und Teilkräften, die von ihr ausgehen. Sie entfaltet sich in den Elementen und offenbart sich in der feurigen Natur, der regelmässigen Bewegung der Gestirne und dem dadurch bewirkten gleichmässigen Wechsel von Tag und Nacht, Sommer und Winter; sie durchdringt in der Stufenfolge von νοῦς, ψυχή, φύσις, ἕξις die Einzelwesen. Dieser erhabene pantheistische Monotheismus, der die Einheit und Gesetzmässigkeit des Kosmos aufs wirkungsvollste verkündet, der Physik und Ethik unter dasselbe göttliche Gesetz stellt und ihnen die tiefste Begründung gibt, hat auf die Läuterung der religiösen Vorstellungen und auf die Verbreitung eines universalen Gottesbegriffes einen mächtigen Einfluss ausgeübt.

Dennoch hat diese Theologie, die im Grunde nur ein göttliches Ur-

[1]) Cicero III 2 *opiniones, quas a maioribus accepimus* 9 *mihi enim unum sat erat, ita nobis maiores nostros tradidisse* 43. Andere Belege in Rohdes Griech. Roman[2] 229[1]. [2]) Zeller II 1[4] S. 328 ff., Bernays, Lukian und die Kyniker, Berlin 1879 S. 30 ff.

wesen, und zwar ein unpersönliches kennt, den Anschluss an die volkstümliche Religion geflissentlich gesucht. Diese Anknüpfung ist sicher nicht nur bestimmt durch die politische Berechnung und das praktische Interesse, den volkstümlichen Götterglauben als eine für die Menge unentbehrliche Stütze der sittlichen Ordnung aufrecht zu erhalten, sondern auch durch die Tiefe eines religiösen Gefühles, das sich bewusst ist, menschlich beschränkte Bilder und anthropomorphe Vorstellungen nicht entbehren zu können, um die Macht des Göttlichen und das persönliche Verhältnis des einzelnen zu demselben zum Ausdruck zu bringen, und durch die pädagogische Absicht, den Volksglauben mit reineren religiösen Vorstellungen zu durchsetzen und so zum Vehikel einer höheren philosophischen Religion zu machen. So entsteht eine freilich nicht erfreuliche Vermittelungstheologie. Die Stoa findet die Anknüpfung ihrer Theologie an den Volksglauben, indem sie als das beiden gemeinsame Moment die Vorstellung stark betont, dass die Welt in allen ihren Teilen von göttlichen Kräften und Wirkungen erfüllt ist, die wesentliche Differenz aber hinwegdeutet, dass der Volksglaube für jede Art dieser Wirkungen einen besonderen persönlichen Urheber sucht, während die stoische Philosophie sie als Aeusserungen der einen göttlichen Urkraft, als deren Teilkräfte und Vermittelungen fasst, die ebenso unpersönlich sind wie jene. Und nachdem sie einmal sich gewöhnt hat, den volkstümlichen, in Sagen, Sprichwörtern, Dichtungen niedergelegten Vorstellungen eine besondere Bedeutung beizulegen und in ihnen den symbolischen Ausdruck tieferer Weisheit zu suchen, ergreift der Prozess der Harmonisierung philosophischer und historischer Religion auch die ihm scheinbar völlig widerstrebenden Gebiete des abstrusesten Aberglaubens und bereichert das System mit Lehren, die nur dem Wunsche, jene Ausgleichung konsequent durchzuführen, ihren Ursprung zu verdanken scheinen. So rechtfertigt die Stoa Orakelwesen und Traumdeutung mit der Lehre vom göttlichen, im Enthusiasmus sich offenbarenden Ursprunge der Seele; sie weiss Astrologie und alle Arten „künstlicher“ Divination mit ihrer Lehre vom Schicksal und vom inneren Zusammenhange und der Sympathie aller Teile der Welt in Einklang zu setzen; sie etabliert in ihrer Dämonenlehre den niederen Volksglauben; sie bringt mit einem von aller Kritik verlassenen Sammeleifer eine Unzahl frommer Geschichten zusammen, um damit den wissenschaftlichen Scheinbeweis zu ergänzen und zu stützen.

Das Hauptmittel, die erwünschte Konkordanz herzustellen, ist die allegorische Deutung. Wir wissen, dass schon die älteren Stoiker sich mit allegorischer Umdeutung homerischer und hesiodischer Dichtungen, einzelner Göttergestalten und Mythen beschäftigt haben. Aber für das wenige, was uns von dieser Schriftstellerei erhalten ist[1], müssen uns spätere Handbücher, die den Niederschlag der sehr viel reicheren alten Erudition geben, entschädigen. Sie beweisen durch ihre populäre Fassung, dass diese theologische Harmonistik auf weitere Kreise wirken wollte und sich auch weiter Verbreitung erfreute. Wir haben, schwerlich in ursprünglicher Gestalt, von dem berühmten Stoiker der neronischen Zeit, Cornutus, ein Handbuch, das die Götter der Reihe nach allegorischer Umdeutung unterwirft[2]. Wir haben eines unbekannten Heraklit homerische Allegorien[3], die wegen ihrer engen

---

[1]) S. z. B. Zeno Fr. 100. 103. 121. 167. 169, Chrysipp in Stoic. vet. fragm. Bd. II Fr. 909. 1061 ff. v. Arnim, Diogenes Fr. 33. [2]) Ed. Lang, Leipzig 1881. Der Mangel an Zusammenhang, den Lang öfter durch Annahme von Interpolationen willkürlich herstellt, spricht für spätere Ueberarbeitung. Vielleicht gehören dieser die Anreden ὦ παιδίον, παῖ, τέκνον an (vgl. den Schluss der Schrift). [3]) Ed.

Verbindung mit der grammatischen Gelehrsamkeit Alexandrias und Pergamons nicht nach dem I Jahrh. n. Chr. angesetzt werden können. Probus zu Vergil zitiert allegorische Auslegungen des Grammatikers Herakleon (etwa aus augusteischer Zeit), die zum Teil bei Sextus Empiricus wörtlich wiederkehren. Dazu kommen Exzerpte bei Stobäus unter Plutarchs Namen, die auf dieselbe Quelle zurückgehen wie verwandte Stücke unserer pseudoplutarchischen Vita Homeri, endlich eine Fülle ähnlicher Deutungen beim Neuplatoniker Porphyrios und gleichartiges Material in mancherlei Scholiensammlungen. Alle diese sich vielfach berührenden Schriften sind im wesentlichen aus gemeinsamer älterer Tradition abgeleitet, und wahrscheinlich hat ein Werk des Krates (S. 28) die gemeinsame Grundlage gegeben[1].

Durch meist willkürliche Etymologien werden die Götter des Volksglaubens zu physischen und geistigen Potenzen gemacht, ihre Mythen, Attribute, Begleiter der stoischen Deutung angepasst, der Zweck, auf diesem Wege wahre Frömmigkeit und Moral zu verbreiten, offen ausgesprochen (s. z. B. Cornutus S. 76). Zeus wird mit ζῆν, der Accusativ Δία mit διά zusammengebracht, Hera ist gleich ἀήρ, Hades (= Ἀΐδης) die untere Luftschicht. Die Häufung verschiedener sich ausschliessender Deutungen macht an der Methode nicht irre; denn die Fülle der Deutungen erweitert nur den Machtbereich des Gottes und erhöht das Ansehen der tiefen Urweisheit, die das Altertum in Symbole und Rätsel zu kleiden wusste (Corn. S. 76 2 ff.). Mit Vorliebe werden die Götter zu λόγοι, göttlichen Teilkräften im Sinne der Stoa erhoben[2]. Der Mythos von der Zerreissung des Dionysos ist bildliche Einkleidung der Weinbereitung, Herakles und Odysseus werden zu sittlichen Heroen umgedeutet.

Homer war zum Problem geworden. Die Allegoristen erkennen die ältere Kritik als berechtigt an und sind im Grunde mit der Skepsis und Epikur einig, dass es unmöglich sei, Göttern menschliche Leiden und Leidenschaften beizulegen, von ihren Kämpfen und ihrer Verwundung zu reden. Aber sie meinen, in ihrer Methode allegorischer Deutung das unfehlbare Mittel gefunden zu haben, die Ehre der Dichter zu retten, die radikalen Konsequenzen Platos und Epikurs abzulehnen und aus dem Urborne ältester Weisheit immer neue Offenbarungen zu schöpfen. Homer ist die Quelle aller Weisheit und Erkenntnis, aus der alle Denker geschöpft haben, der undankbare Plato vor allen: die moderne Physik und Theologie, Kosmographie und Geographie ist ihm schon in allem bekannt gewesen. Die Stimmen der Alexandriner, die in dieser pseudowissenschaftlichen Exegese mit Recht die Verkennung des wahren Wesens der Poesie sehen, werden überhört. Die Schrift Heraklits offenbart, mit welcher Leidenschaft und blindem Unverstand von Rationalisten und Allegoristen eine gleich schlechte Sache geführt wird. Es gibt für Heraklit nur die Alternative, Homer der Gottlosigkeit zu zeihen oder durch allegorische Auslegung zu beweisen[3],

---

Mehler, Leiden 1851. [1]) Das Quellenverhältnis ist klargestellt durch Diels, Doxographi S. 88 ff. Maass, Aratea S. 167 ff. [2]) Z. B. Corn. S. 20, 18 τυγχάνει δὲ ὁ Ἑρμῆς ὁ λόγος ὤν, ὃν ἀπέστειλαν πρὸς ἡμᾶς ἐξ οὐρανοῦ οἱ θεοί, 4, 13 Poseidon λόγος καθ' ὃν ἰδίει ἡ φύσις. 8, 13 Okeanos ὁ ὠκέως νεόμενος λόγος, 29, 5. 51, 13. [3]) Heraklit ed. Mehler S. 1 πάντως γὰρ ἠσέβησεν, εἰ μηδὲν ἠλληγόρησεν S. 45 ταύτης τοίνυν τῆς ἀσεβείας ἓν ἐστιν ἀντιφάρμακον, ἐὰν ἐπιδείξωμεν ἠλληγορημένον τὸν μῦθον S. 54. 55. 88. 112 ἐπιγνώσεται, τὸ δοκοῦν αὐτῷ ἀσέβημα πηλίκης μεστόν ἐστι φιλοσοφίας, [Longin] Περὶ ὕψους 9, 7 ἀλλὰ ταῦτα φοβερὰ μέν, πλὴν ἄλλως, εἰ μὴ κατ' ἀλληγορίαν λαμβάνοιτο, παντάπασιν ἄθεα καὶ οὐ σῴζοντα τὸ πρέπον und die dort von Vahlen angeführten Parallelen.

dass man nur den verborgenen tiefen Sinn anstössiger Stellen zu entdecken brauche, um aus ihnen die Mysterien tiefster Weisheit zu schöpfen. So wird denn z. B. Apollon als Helios gefasst und die Pest vom Sonnenbrand abgeleitet, um für eine das sittliche Gefühl verletzende Handlung des Gottes einen rein physischen Vorgang einzutauschen. Die Fesselung der Götter, der Sturz des Hephaistos, das Aufhängen der Hera, der Ehebruch des Ares mit Aphrodite u. a. m. wird im Sinne der stoischen Elementenlehre umgedeutet, und das alles in der Ueberzeugung, dass damit erst das rechte Verständnis und der vollkommene Genuss der Dichtung ermöglicht werde. Diese Auslegung ist den Allegoristen eine kostbare Geheimwissenschaft, die erst den wahren dem nicht Eingeweihten völlig verschlossenen Sinn eröffnet[1]. Als ὑπόνοια, ἀλληγορία, φυσικὸς λόγος, φυσιολογία stellen die Stoiker den verborgenen Sinn dem auf der Oberfläche liegenden entgegen.

Die stoische Theologie beschränkt sich nicht auf die Anerkennung der Göttlichkeit physischer Potenzen. Kleanthes erkennt vier Quellen des Götterglaubens an, die Ahnung des Künftigen, die dankbare Anerkennung der nützlichen Gaben der Natur, die Wirkung der meteorologischen Erscheinungen und als wichtigste den Eindruck des Sternenhimmels[2]. Und Persaios, wie Kleanthes Schüler Zenons, hebt besonders hervor, dass die Wohltäter der Menschheit und die Dinge, welche dem Menschen nützen und sein Leben erhalten, göttlicher Verehrung gewürdigt seien[3]. Eine noch mehr Kategorien scheidende Behandlung des Poseidonios haben wir in mehreren abgeleiteten Quellen[4]. Es sei nur erwähnt, dass hier als Beispiele der Vergötterung des Nützlichen, neben der auch Vergötterung des Schädlichen angenommen wird, Dionysos und Demeter d. h. Wein und Brod, als vergottete Wohltäter Herakles, Dionysos, die Dioskuren genannt werden.

4 Rationalistisch-pragmatische Mythenbehandlung

Mythos und Historie sind für das antike Bewusstsein nicht so streng geschieden, wie das moderne Gefühl anzunehmen geneigt ist. Der Mythos ist den Griechen die älteste Geschichte. Das mythische Denken ist nie durch eine die Wahrheit suchende Forschung wirklich abgelöst und ausgeschieden worden. Die erwachende Reflexion und die fortschreitende Aufklärung haben die Geltung des Mythos nicht beseitigt; sie haben nur dazu geführt, dass er umgestaltet und den herrschenden Anschauungen bewusst oder unbewusst angepasst wurde. Er nimmt ein neues Kostüm an und kleidet sich in neue Formen, aber aktuell ist er in weiten Kreisen stets geblieben. Die frei gestaltende Dichtung der Rhapsoden, die uns noch heute entzückende Kunst des ionischen Geschichtenerzählers, der konservative Sammeleifer systematisierender Dichter und Genealogen, die auf die eigene Klugheit und Skepsis stolze Pragmatisierung der ältesten Rationalisten, die mysteriöse Weisheit der Allegoristen, sie sind alle Stadien eines zusammenhängenden Prozesses, der die Perioden der geistigen Entwickelung wiederspiegelt und der beweist, dass trotz der skeptischen und oft radikalen Unterströmung das alte Erbe der Väter seinen mit den Zeiten freilich stark wechselnden Wert behalten hat. Und nachdem besonders die peripatetische Schule die Methode gelehrt hatte, den Mythos in seinem ursprünglichen

[1]) S. 5. 112. [2]) Fr. 528 in Stoic. vet. fragm. ed. von Arnim. 2 fanden wir bei Prodikos, 1 bei Aristoteles, 3. 4 bei Demokrit, Kritias, Aristoteles [3]) Fr. 448 von Arnim. [4]) Archiv für Gesch. der Philos. I S. 201 ff.

Sinne zu begreifen und zu geniessen, hat zwar die ernste Forschung nicht erfolglose Mühe aufgewandt, den reichen Bestand der Traditionen mit möglichster Treue zu bewahren und mit tieferem Verständnis zu durchdringen; aber auch in hellenistischer Zeit ist der Trieb nicht erstorben, den Mythos für die Gegenwart aktuell und lebensfähig zu machen, die alten Schätze durch Umgestaltung und freie Erfindung in neuen Formen auszuprägen. Alexanders Taten sind sofort in den Mythos projiziert worden. Das Unterhaltungsbedürfnis forderte mit der fortschreitenden Bildung eine breite, für uns fast völlig verlorene Literatur. Novellensammlungen, Liebesgeschichten, utopische Politien, Reiseromane, die schon von den Zeitgenossen ins Phantastische gezeichnete, von der rhetorisierenden Historie immer wieder nach dem Zeitgeschmack und wechselnder Tendenz umgemodelte, endlich ganz in den Roman auslaufende Alexandergeschichte mussten es befriedigen. Solche Literatur ist an und für sich ephemer, sie wird immer neu aufgelegt, und die Produktion der folgenden Generationen verschlingt die Erzeugnisse der voraufgehenden; späte Ableger der Gattung müssen uns einen Ersatz geben für die dürftigen Reste der auf diesem Gebiet der populären Literatur so fruchtbaren hellenistischen Zeit. So erscheinen auch immer neue, gar keine wissenschaftlichen Zwecke verfolgende, nur auf die unversiegliche Freude des Griechen an schönen Geschichten rechnende Mythenbearbeitungen, in denen aktuelle Tendenzen, rhetorische Effekte, pikante Züge die Naivetät und den Zauber der alten Poesie verdrängen. Denn die Geschichten müssen jetzt leidlich rationell sein, des Teratologischen und Märchenhaften entkleidet, sich in den Grenzen der Möglichkeit bewegend. Dazu fordert der neu erschlossene oder jetzt leichter zugängliche Schatz orientalischer und ägyptischer Traditionen, Mythen, Novellen zu hellenisierender Umarbeitung heraus. Das alles erzeugt eine reiche, zwischen Wahrheit und phantastischer Dichtung, scheinbarer Wissenschaft und populärer Unterhaltung die Mitte haltende Literatur.

Die rationalisierende Umdichtung ergreift die griechische wie die orientalischen Religionen. Es schien ein Leichtes, die an jener erprobten Methoden und Prinzipien auch auf den gleichartigen Stoff dieser anzuwenden. Denn die Voraussetzung ist dem Griechen und dem Römer selbstverständlich, dass der polytheistische Glauben aller Völker den gleichen göttlichen Mächten gilt, die nur mit verschiedenen Namen genannt werden[1]. In diesem Sinne hat Herodot die ägyptischen und griechischen Götter ausgeglichen, Tacitus den germanischen die römischen Namen substituiert. Und diese Voraussetzung hat die Vermischung der Religionen erleichtert und gefördert.

Der unter Ptolemaios I (323—285) in Aegypten lebende Hekataios hat in seinen Αἰγυπτιακά die ägyptische Geschichte modernisiert und hellenisiert, indem er die Ideale seiner Zeit, den aufgeklärten Absolutismus, philosophische Moralsätze, eine rationelle Religion in die alte Zeit verlegte[2]. Uns gehen hier nur die religionsgeschichtlichen Ausführungen an: Die ersten Menschen, die in Aegypten entstanden, hielten, als sie den staunenden Blick auf den Kosmos richteten, Sonne und Mond für die beiden ewigen Götter; sie nannten sie Osiris und Isis. Aber auch die Elemente, aus denen die Welt wie der Leib aus den Gliedern sich zusammensetzt, nannten sie Götter,

[1]) Wer sich diese Voraussetzung klar gemacht hat, darf z. B. für die Herleitung des Demeter- oder Dionysoskultes aus Aegypten sich auf antike Zeugnisse nicht berufen. [2]) S. Schwartz, Rh. M. XL S. 233—262 und Wissowas Realenzykl. V Sp. 669 ff. Die Reste in Müllers Fragm. Hist. Graec. II S. 384 (unvollständig). Der grösste Teil von Diodor Buch I geht auf Hekataios zurück.

nämlich das Pneuma Zeus, das Feuer Hephaistos, die Erde Demeter, das Nasse Okeanos, die Luft Athena. In Gestalt der heiligen Tiere oder auch Menschen erscheinen sie auf Erden[1]. Neben den himmlischen Göttern gibt es auch irdische, Sterbliche, die wegen ihrer Klugheit und ihrer Verdienste um die Menschen Unsterblichkeit erlangten; zum Teil sind es die ältesten Könige Aegyptens. An der Spitze steht Helios, der seinen Namen nach dem himmlischen Gott erhielt. Es folgen Kronos und Rhea, dann Zeus und Hera. Ihre Kinder sind Osiris (= Dionysos) und Isis (= Demeter), Typhon, Apollon[2]. Nach der Erfindung des Getreides und seiner Bearbeitung erziehen Osiris und Isis die Menschen zu milderen Sitten, indem sie zuerst die Menschenfresserei abschaffen. Isis (= Demeter θεσμοφόρος) gibt ihnen Gesetze. Osiris gründet das ägyptische Theben und konsekriert dort seine Eltern Zeus und Hera; er fördert alle Erfindungen, Künste, den Ackerbau[3]. Isis weiss nach seinem Tode ihm eine Fülle von Kultstätten in Aegypten zu schaffen, und sie selbst findet nach dem Tode wegen ihrer Wohltaten göttliche Verehrung vonseiten der dankbaren Untertanen. — Mit Unrecht erhebt das griechische Theben Anspruch auf Dionysos; in Wahrheit hat erst Orpheus, um einen Fehltritt der Semele zu verdecken, die Mysterien des Osiris dorthin übertragen. Ueberhaupt machen die Griechen mit Unrecht die berühmtesten Heroen und Götter sich zu eigen; auch Herakles ist Aegypter. Von Aegypten aus hat Belos eine Kolonie nach Babylon geführt, wo er die Chaldäer zu Trägern der ägyptischen Weisheit machte, Danaos eine andere nach Argos; auch Kolcher und Juden sind, wie die Sitte der Beschneidung beweist, Abkömmlinge der Aegypter, und die Athener stammen aus Sais[4].

Nur der Grundriss der Darstellung konnte hier wiedergegeben werden; Details, ätiologische Begründungen, Varianten sind meist übergangen. Das Gewebe ist leicht aufzulösen, und die mannigfachen Motive, die das komplizierte Gebilde geschaffen haben, sind durchsichtig genug. Hekataios beruft sich oft auf ägyptische Priester und führt auf ihre Autorität differierende Deutungen und Traditionen zurück. Wir sehen, dass schon vor ihm, was auch aus Herodot sich bestätigt, die theologische Spekulation in verwandter Richtung sich bewegt hat[5]. Es galt, eine geschichtliche Erklärung zu finden für

[1]) Diodor I 11. 12, vgl. Diog. Laert. I 10. [2]) Diodor 13.
[3]) Diodor hat hier 15, 6—8. 17—20, 5 aus einer andern Quelle einen Bericht eingefügt, den ich wegen seines Alters und seiner verwandten Tendenz — nur das Romanhafte drängt sich mehr vor — hier wiedergebe: In Nysa im glücklichen Arabien, wo Dionysos geboren ist, erfindet und lehrt er den Weinbau. Um die ganze Menschheit der Gaben der Kultur teilhaft zu machen und um durch seine Wohltaten unsterbliche Ehren zu erlangen, durchzieht Dionysos die ganze weite Welt, mit dem lustigen Gefolge der Satyre und mit den ihnen aufspielenden Musen. Er durchwandert Aethiopien, Arabien, gründet in Indien ausser andern Städten Nysa (mit Unrecht machen die Inder den Gott zu ihrem Landsmann), überschreitet den Hellespont, überwindet in Thrakien Lykurgos und lässt dort Maron in der nach ihm benannten Stadt als Herrscher zurück; seinem Sohn Makedon übergibt er das seinen Namen tragende Land, Triptolemos schickt er als Kulturträger nach Attika. Ueberall findet er ohne Widerstand (18, 5, vgl. Plut. De Iside 13 p. 356 B, oben S. 19) freudige Anerkennung als Gott und besonders nach dem Tode die ausgezeichnetsten Ehren. — Alexander ist offenbar das Vorbild der Heereszüge und der Weltherrschaft dieses Dionysos. [4]) Diod. I 28, 2. XL 3, 2.
[5]) Das beweist auch Plutarchs Schrift über Isis und Osiris, die, mitunter mit Hekataios sich berührend, überwiegend andern Darstellungen und Deutungen folgt. Dass z. T. alte Quellen benutzt sind, machen neuere im Resultat freilich differie-

die anerkannte Identität von Göttern der verschiedensten Völker, für die Aehnlichkeit von Kulten und Gebräuchen; die Spekulation schlug dieselbe Richtung ein wie die durch die Völkermischung von selbst auch im Leben sich vollziehende Ausgleichung. Das gewaltige Alter der ägyptischen Tradition, das schon dem Milesier Hekataios, Herodot, Plato so imponiert hatte, führte von selbst zu der von der Eitelkeit ägyptischer Schriftsteller geförderten Annahme, dass in Aegypten der Ursitz der Kultur und der Ursprung der Menschheit sein müsse. Aber mit den historisch pragmatischen Konstruktionen verbinden sich religiös rationalistische Tendenzen. Man will das wahre Wesen der Religion aus dem Wuste der Traditionen herausstellen, und da hatte die Aufklärung, wie wir schon sahen, nichts übrig gelassen als Gestirne und Elemente einerseits, göttliche Menschen andererseits. Man tut dieser Spekulation unrecht, wenn man sie destruktiver Tendenzen beschuldigt; sie ist viel eher bemüht, zu konservieren, was die Kritik übrig gelassen hat. Für uns stellt sie den Bankerott der heidnischen Religion bei den Gebildeten ans Licht, aber sie hat ihn nicht herbeigeführt und herbeiführen wollen. Sie wird der getreue Ausdruck des Durchschnittsbewusstseins der Gebildeten sein, und gottlos ist sie erst der romantisch archaisierenden Frömmigkeit der nachchristlichen Zeit erschienen.

Der Zusammenhang mit den früher dargelegten aufklärerischen Gedanken tritt auch darin hervor, dass beständig die Wohltaten und die nützlichen Gaben als Grund der Apotheose hervorgehoben werden. Aktuell politische Tendenzen und Beziehungen spielen mit. Die zu Göttern gewordenen Könige werden wesentlich als Kulturträger geschildert[1]; sie verwirklichen das Ideal, das in den Fürstenspiegeln der Zeit den Königen vorgehalten wurde. Wie die Pharaonen und die hellenistischen Fürsten verzeichnen Osiris und Isis ihre res gestae auf Inschriften, die von Diodor I 27 im Wortlaut mitgeteilt werden. Allegorisierende und etymologische Erklärungen mögen irgend wie von der Stoa beeinflusst sein, wie auch der Parallelismus von Makrokosmos und Mikrokosmos stoisch ist; aber all die Tendenzen sind in der geistigen Richtung der Zeit überhaupt weit verbreitet[2].

Eine ähnliche Theologie vertritt wohl etwas später als Hekataios Euhemeros[3] in seiner Ἱερὰ ἀναγραφή. In der Form eines Reiseberichtes erzählt Euhemeros, dass er auf der Fahrt aus dem roten Meer in den indischen Ozean drei bisher unbekannte Inseln besucht habe. Nach Art der politischen Utopien wird Verfassung und Lebensweise dieser Insulaner, der Panchäer, als Ideal eines glücklichen Lebens geschildert, wie es Hekataios in ähnlicher Einkleidung seiner Hyperboreerschrift den Bewohnern einer Insel im atlantischen Ocean zugeschrieben hatte. Die Existenz der Inseln ist erdichtet, und der Verfasser zeigt sich nicht einmal mit indischen Verhältnissen vertraut; die Farben seines Bildes nimmt er wesentlich von Aegypten, wo wir seine Heimat suchen dürfen. Auf einer der Inseln findet er auf einem hohen Hügel ein Heiligtum des Zeus und in ihm eine goldene Säule, auf der in heiliger Schrift Uranos, Kronos, Zeus ihre Taten (πράξεις) aufgezeichnet haben (vgl. Hekataios). In der Wiedergabe dieser Schrift hat man also die ganz authentische Göttergeschichte: Der erste König war Uranos, ein ge-

rende Untersuchungen wahrscheinlich. S. Wellmann, Hermes XXXI S. 221 ff., Heinze, Xenokrates S. 30. 81 ff., F. Dümmler, Kl. Schriften II S. 457 ff. [1]) Die peripatetischen Forschungen über die Entwickelung der Kultur (S. 16) wirken im einzelnen ein. [2]) Vgl. auch Reitzenstein, Zwei religionsgeschichsliche Fragen, Strassburg 1901 S. 77. [3]) Der vorzügliche Artikel Jakobys in Wissowas Realenzykl. VI gibt alle nötigen Quellennachweise.

rechter und wohltätiger Mann, der zuerst den Kult der himmlischen Götter einführte (im Heiligtum hatte er eine Art Sternwarte) und daher den Namen Helios bekam (vgl. Hekataios bei Diodor I 13, 1. 2). Es folgen Kronos und Rhea, dann Zeus, der nach Babylon zieht und sich mit Belos befreundet, in Panchaia den Kult seines Grossvaters einrichtet, Syrien und viele andere Länder durchzieht, die Wohltaten der Zivilisation mitteilend. Seinen eigenen Kult verbreitet er auf diesen Zügen und baut sich den prachtvollen Tempel in Panchaia. Nachdem er fünfmal die Erde durchwandelt, seine Freunde und Verwandte in Satrapieen eingesetzt hat, endet er sein Leben in Kreta, wo er bestattet wird, und geht zu den Göttern ein. Die mythischen Streitigkeiten der Götter werden als Palastintriguen und Insurrektionen geschildert. Im Detail, das hier nicht wiedergegeben werden kann, fehlt es nicht an pikanten Zügen; so wird z. B. erzählt, der Koch des Königs von Sidon, Kadmus, sei mit der Flötenbläserin Harmonia nach Theben durchgegangen, und das Bild der unzüchtigen Mysterien, die Aphrodite gestiftet haben soll, scheint von orientalischen Heiligtümern abgenommen zu sein.

Die Schilderung der stufenweisen Entwickelung der Kultur, der Heereszüge und Weltherrschaft des Zeus, die Konsekrierung der Vorfahren durch die späteren Könige verrät eine weitgehende Uebereinstimmung des Euhemeros mit dem von ihm wohl benutzten Hekataios, die schon vorher in Einzelzügen hervorgehoben und von Jakoby überzeugend dargelegt ist. Auch Euhemeros unterscheidet die zwei Klassen der himmlischen und der irdischen Götter und nimmt die gleichen Motive für die Vergötterung der Könige an. Nur tritt bei ihm die Selbstvergötterung in den Vordergrund. Für die freiwillige Anerkennung der Göttlichkeit des Herrschers durch seine dankbaren Untertanen und für seine Konsekration nach dem Tode bot die Geschichte seit Alexander die Beispiele. Aber die Selbstvergötterung hat erst Ptolemaios Philadelphos nach 271/0 durch Einführung des Kults der θεοὶ ἀδελφοί geschaffen (s. § 5), und Euhemeros' Schrift wird wegen der Polemik im Zeushymnos des Kallimachos V. 8, 9 mit grösster Wahrscheinlichkeit früher angesetzt. Man wird annehmen dürfen, dass der Gedanke schon damals in der Luft lag, und dass höfische Literaten seiner Ausführung vorgearbeitet haben.

Die Schrift des Euhemeros ist eine der ersten Prosaschriften, die in die römische Literatur übergegangen sind. Sie hat in der Uebersetzung des Ennius den Römern ebenso sehr gefallen, wie sie später den Beifall moderner Rationalisten gefunden hat, und christliche Apologeten haben ihr Waffen zur Bekämpfung des Polytheismus entnommen. So hat die Theologie, die politische Persönlichkeiten durch ihre Verdienste, Wohltaten, Erfindungen göttliche Verehrung finden lässt und die alte Göttergeschichte historisierend auflöst, den Namen Euhemerismus erhalten. In Wahrheit ist Euhemeros gar nicht der Schöpfer einer neuen Theorie, sondern er hat nur eine weit verbreitete Methode[1] zu einer neuen Darstellung der Urgeschichte benutzt und dieser durch die überaus wirksame Einkleidung eine besondere Geltung verschafft.

Sogar ein relativ so zuverlässiger Schriftsteller wie Megasthenes, der ebenfalls älter als Hekataios ist, zeigt sich in seiner Darstellung der indischen Religion von dieser Strömung beeinflusst, wenn er Dionysos als Stifter des Gottesdienstes, Städtegründer, Verbreiter der Kultur schildert und ihn zum Dank für seine Wohltaten göttliche Ehren erlangen lässt, wenn er sich ähnlich über die Apotheose des Herakles äussert[2], wenn er indische und

---

[1]) S. Lobeck, Aglaophamus S. 987—1004. [2]) Diod. II 38. 39, 4, Arrian, Ind. 7.

griechische Götter vermischt. Und in diese Zeit gehört auch Leons in die Form eines Briefes Alexanders an Olympias gekleidete Behandlung der ägyptischen Religion[1]. Da werden Osiris und die mit Demeter gleichgesetzte Isis wie ihre Eltern zu Herrschern gemacht, und Isis führt den Kult ihrer Eltern ein; Dionysos ist auch hier Weltherrscher.

Mit freiester Phantasie die Stoffe gestaltend, nur aufs Ergötzen und Gefallen bedacht, schilderte Dionysios Skytobrachion (II Jahrh.) die von ihm in Libyen lokalisierten Sagenkreise des Dionysos, der Atlantier, der Amazonen und die Argonautensage[2]. In den Atlantiern wird ganz wie in der bisher betrachteten Literatur die Verbreitung der Kultur (auch Sternkunde) durch die ältesten Könige (Uranos, Basileia = grosse Mutter, Atlas und Kronos, Zeus), ihre Weltherrschaft, ihre Vergötterung nach dem Tode wegen der εὐεργεσίαι geschildert[3]. Und nach gleicher Methode werden der Kampf des Ammonssohnes Dionysos mit Kronos, seine Verdienste um die Menschheit und seine Apotheose erzählt[4]. Das Fabelhafte beseitigt er in der alten Weise durch rationalistische Umdeutung, die Charaktere zeichnet er mit grellen Farben ins Tugendhafte oder ins Boshafte. Als Quellen schiebt er alte erschwindelte Dichtungen vor, wie das später auch in den unter Diktys' und Dares' Namen verbreiteten mythischen Romanen geschehen ist. So hat um 100 n. Chr. Herennius Philon von Byblos einen Sanchuniathon vorgeschoben, um durch eine alte Autorität seine Darstellung der phönikischen Göttergeschichte zu decken, die uns besonders durch Eusebius' Exzerpte bekannt ist. Der allegorischen Geheimniskrämerei wird die pragmatische Geschichte der Götter gegenübergestellt. Sie sind Menschen gewesen. Die prinzipielle Betrachtung wird in die Worte gefasst: „Die ältesten Barbaren, besonders Phöniker und Aegyptier, von denen die andern abhängig sind, hielten die Erfinder der für das Leben nötigen Bedürfnisse und die, welche den Völkern Gutes taten, für die grössten Götter. Diese beteten sie als Wohltäter und Urheber vieles Guten an und errichteten ihnen nach ihrem Tode Tempel." Die anderen Ehren werden genannt, aber ausdrücklich bemerkt, dass auch die Gestirne und Elemente für Götter galten, es also zwei Klassen von Göttern gab, sterbliche und unsterbliche. Die Namen jener sollen öfter auf diese übertragen sein[5]. Beispiele solcher Gleichnamigkeit sind uns schon begegnet. Die Kulturgeschichte wird auch hier in eine Folge von εὑρήματα aufgelöst, nur dass sie an phönikische Namen geknüpft sind.

Diese historisierende Mythenbehandlung lehrt durch ihre weite Verbreitung und ihre Anpassung an den Zeitgeschmack das religiöse Durchschnittsbewusstsein der Gebildeten am besten kennen: Gestirne und Elemente, Fähigkeit der Menschennatur, durch den rechten Gebrauch ihrer geistigen Gaben sich zum Göttlichen zu erheben. Die Gleichsetzung des Göttlichen mit den Naturkräften, die zugleich im Zeitalter der Naturwissenschaften, die den Menschen zu deren Herrn machen, eine Gefährdung der Religion bedeutet, ist als das natürliche Ergebnis des früher geschilderten Aufklärungsprozesses begreiflich. Die Prinzipien und Urstoffe der Philosophie wollten ja

[1]) Müller, Fragm. Hist. Graec. II S. 231. 232. [2]) Auszüge bei Diod. III 66, 4—73. 56. 57. 60. 61, 52. 3—55, IV 40—55, s. Schwartz in Wissowas Realenzykl. V Sp. 929 ff. [3]) S. besonders Diod. III 56. 57, 2. 60, 3. 5. [4]) Diod. 70, 3. 7. 8. 71, 5. 72, 1. 4. 73, 1. 3. 5 treten euhemeristische Tendenzen besonders hervor. [5]) Euseb. Präp. I 9, 29. — Noch sei auf die dieser Literatur zugehörigen, aber mit Unrecht von manchen Euhemeros zugeschriebenen Berichte bei Firmicus Maternus 6. 7. 10 hingewiesen. Auch sonst beweisen die Kirchenschriftsteller die Verbreitung der von diesen Tendenzen beherrschten Literatur.

in der Tat für die Erklärung der Welt und ihres Zusammenhanges dasselbe leisten und besser leisten wie die mythischen Götter. Es ist begreiflich, dass sie an deren Stelle traten. Die Göttlichkeit der Gestirne hatten Pythagoras, Plato, Aristoteles, die Stoa gelehrt. Und die Stoa hatte ja Gestirne und Elemente mit den persönlichen Göttern des Volksglaubens gleichgesetzt und konnte für die Planeten an die volkstümlichen Benennungen mit Götternamen anknüpfen. Aber die gelegentliche Erwähnung und knappe Behandlung dieser Götter in jenen religionsgeschichtlichen Schriften beweist, dass sie für die Religiosität wenig zu bedeuten hatten. Eine neue Bedeutung hat diese Theologie erst gewonnen, als die seit dem II Jahrh. vom Osten vordringende Astrologie ihr einen reichen Inhalt und eine das Menschenleben beherrschende Bedeutung gab. Indem man nun die Welt und Menschenleben gestaltenden Kräfte im Sternenhimmel suchte, werden die στοιχεῖα der umfassende Name für die Sternenmächte wie die elementaren Kräfte. Der Glaube an Astral- und Elementargeister verbündet sich mit der niederen Religion und dem Dämonenglauben, und στοιχεῖα bezeichnet jede Art Dämonen[1].

Wenn die euhemeristische Theologie in der Bedeutung, die sie den Sternen und Elementen zuspricht, verblasste und für den Glauben der Zeit wenig wirksame Gedanken der voraufgehenden religiösen Aufklärung übernimmt, ist sie dagegen völlig beherrscht von der Anerkennung der in den überragenden Persönlichkeiten sich offenbarenden göttlichen Kraft, und auch darin ist diese Theologie ein treues Spiegelbild der religiösen Strömungen der hellenistischen Zeit. Denn in dem Glauben, dass grosse Leistungen, segensreiche Taten den einzelnen über die Durchschnittssphäre des Menschen erheben und die gewissesten Offenbarungen einer im Menschen wirkenden göttlichen Kraft sind, ist der sicherste und am wenigsten bestrittene Kern einer wirklich aufrichtigen Religiosität in dieser Zeit der grossen Persönlichkeiten zu fassen; er muss einen Ersatz geben für den stark erschütterten Glauben an besondere göttliche Mächte. Er soll der tiefste Sinn und die Wurzel aller polytheistischen Religionen sein. Er lässt sich kaum treffender formulieren als es Plinius Nat. hist. II 7, 18. 19 tut: *deus est mortali iuvare mortalem et haec ad aeternam gloriam via .... hic est vetustissimus referendi bene merentibus gratiam mos, ut tales numinibus ascribant*[2]. Aber es bedarf einer besonderen eingehenden Betrachtung, um dem modernen Gefühl die Bedingungen verständlich zu machen, aus denen dieser Glaube erwachsen und zu einer das Bewusstsein der hellenistisch-römischen Welt beherrschenden, die anderen göttlichen Gestalten in Schatten stellenden Macht geworden ist.

5 Menschenvergötterung und Herrscherkult

Beloch III 1 S. 48 ff. 368 ff. — Kornemann, Zur Geschichte der antiken Herrscherkulte, Beiträge zur alten Geschichte I 51 ff. — Otto, Priester und Tempel im alten Aegypten, Leipzig 1905 I S. 137 ff. — Wendland, Σωτήρ, Zeitschr. f. neutest. Wiss. V S. 335 ff.

Göttliches im Menschen anzuerkennen, sein besseres Ich δαίμων zu

[1]) Diels, Elementum S. 44 ff. Stoische und persische Elementenlehre verbindet Dio Chrys. R. XXXVI zu einem Ganzen.

[2]) Der Stoiker Antipater (Stoic. vet. fragm. III Fr. 33. 34 v. A.) nimmt das εὐποιητικόν in die Definition der Gottheit auf.

nennen war dem Griechen natürlich: ψυχὴ οἰκητήριον δαίμονος sagt Demokrit (Fr. 171 Diels). ἦθος ἀνθρώπῳ δαίμων Heraklit (Fr. 119), und sie schliessen sich damit volkstümlichen Vorstellungen an. Feierliche Heroisierung hervorragender Toter, besonders der Städtegründer, kennen die Griechen schon vor Alexander, und auch im kleinen Kreise konnte die Pietät der Hinterbliebenen teuere Tote in die Sphäre der Heroen erheben. Die Mystik hat den Glauben an die Göttlichkeit der Menschenseele gestärkt. Aristoteles hat dem Plato einen Altar errichtet[1] und in seinem Hymnus auf die Tugend den verstorbenen Hermeias in Formen gefeiert, die an die Apotheose streifen. Epikur bringen seine Jünger religiöse Verehrung entgegen, und in Alexandria gab es einen Homerkult[2]. Die politische Theorie des Plato und des Aristoteles zeichnet das Bild des idealen Herrschers, der über den Gesetzen erhaben sich selbst Gesetz und durch natürliche Ueberlegenheit über die andern Menschen zum Herrschen berufen ist, der gottgleich unter den Sterblichen wandelt. Er erscheint wie das geläuterte und abgeklärte Bild des Uebermenschen der sophistischen Aufklärung, das, in der Ethik abgelehnt, auf die Staatslehre doch eingewirkt hat. Aehnliche Anschauungen vom Königtum vertritt Isokrates. Und als König Philipp in die griechischen Verhältnisse eingriff, hat ihm ein Teil der Griechen überschwängliche Verehrung entgegengebracht. In romantischen Ideen ist Alexander gross geworden, und mit den höchsten Vorstellungen von seiner Mission übernahm er den durch den korinthischen Bundesvertrag ihm vorgezeichneten Beruf. Seine beispiellosen Erfolge und die mit den Erfolgen ins Gigantische wachsenden Pläne steigerten sein Selbstbewusstsein und liessen seine Person in der Vorstellung der Zeit das Mass des Menschlichen übersteigen. Schon von gleichzeitigen Historikern sind seine Person und seine Taten ins Uebermenschliche und Wunderbare gezeichnet worden. Dazu kam, dass Alexander in das Erbe der Pharaonen und der persischen Könige eintrat. Das orientalische Gefühl der tiefen Kluft, die den König von den Untertanen trennt, der ägyptische Glaube an die Inkarnation der Gottheit im Könige, der persische an den göttlichen Nimbus des Herrschers wurden ihm von selbst entgegengebracht. Alexander hat aber auch persönlich den Glauben an das Gottkönigtum begünstigt und gefördert, weil er seinem Weltreiche die höhere Sanktion gab. Und so verschieden die Formen und Auffassungen waren, die Griechen und Orientalen den Glauben an das Gottkönigtum ermöglichten, wird man annehmen dürfen, dass Alexander selbst griechischen Heroenglauben und griechische Vorstellungen von dem göttlichen Adel der Menschenseele, Anknüpfungen an seinen Ahnen Herakles und an Dionysos mit orientalischen Glaubensformen in eins dachte, wie das dem Sinne seiner Griechisches und Orientalisches verschmelzenden Politik entspricht. Zu betonen ist freilich, dass der eigentliche Herrscherkult, trotzdem ihn auch Aegypten kannte, doch zuerst auf griechischem Boden Alexander zuteil geworden ist und sich in griechischen Formen bewegte. Gleiche göttliche Ehren brachten die Griechen vielfach freiwillig Alexanders Marschällen entgegen. In ein System ist der offizielle Herrscherkult in allmählich fortschreitender Entwicklung in Aegypten ausgewachsen. Ptolemaios I wird nach seinem Tode von seinem Nachfolger konsekriert und später seine Gattin Berenike nach ihrem Tode seinem Kult angeschlossen. Als Ptolemaios Philadelphos 271/0 seine Gattin Arsinoe ver-

[1]) S. Immisch, Philol. XLV S. 1 ff. — S. 21: „Platos Bild ist schon für die erste Generation der Seinen ein Heiligenbild gewesen, umrankt von frommer Legende“, vgl. Usener, Das Weihnachtsfest S. 70. 71. [2]) S. Watzinger, Das Relief des Archelaos von Priene, Berlin 1903 S. 20. 21 und Dio Chrys. R. XXXVI 14.

liert, verbindet er ihre Konsekration mit dem weiteren folgenreichen Schritte der Selbstvergötterung, indem er den Kult der θεοὶ ἀδελφοί einführt und, wie es scheint, dem wohl 274 eingeführten offiziellen Alexanderkult angegliedert. Seit Ptolemaios IV (221—205) umfasst dann der Reichskultus eine mit Alexander beginnende und bis zum lebenden Herrscher oder Herrscherpaare herabführende Reihe[1]. Andere Dynastien, besonders die der Seleukiden, folgen dem Vorbilde der ägyptischen Entwicklung und suchen sie durch pomphafte Titel zu überbieten. An den älteren Beispielen lässt sich noch nachweisen, dass die Vergötterung des Menschen aus dem echtesten Gefühl der Dankbarkeit und dem aufrichtigen Glauben an die durch den Menschen wirkende göttliche Kraft herausgewachsen ist. Der Päan, mit dem die Athener den siegreichen Demetrios Poliorketes 307 empfangen (Athenaeus VI p. 253) gibt das religiöse Gefühl der Zeit treu wieder: Wie die Sonne und die lieben Sterne erscheint er ihnen mit seinen Genossen, als Sohn Poseidons und der Aphrodite. Die andern Götter sind ja doch weit fort, sind überhaupt nicht oder hören uns nicht. Dich aber sehen wir Auge ins Auge, nicht in Holz oder Stein, sondern leibhaftig. Darum beten wir zu Dir, gib uns Frieden; denn du bist der Herr. — Man sieht in dem mächtigen Heerfürsten, der die Stadt aus den Kriegsnöten herausreisst, Frieden und Heil bringt, den göttlichen Helfer und Heiland (σωτήρ); denn er hat das geleistet, was nach menschlicher Berechnung unmöglich schien oder mit menschlichen Kräften nicht zu vollbringen war[2]. Die Gottheit ist leibhaftig in ihm erschienen (ἐναργὴς ἐπιφάνεια, *praesens deus*). Was ursprünglich tiefes und wahres Gefühl war, wird dann zur konventionellen Tradition und höfischen Etikette, wenn es auch in keinen Zeiten an Fällen fehlt, wo das ursprüngliche Gefühl mit unmittelbarer Kraft zur Anerkennung neuer göttlicher Offenbarung drängt. Der griechische Servilismus gegen die römischen Grossen und der auf die Munifizenz der Wohlhabenden spekulierende Lokalpatriotismus vernutzt dann nur zu sehr göttliche Ehren und Attribute; das Hauptbedenken gegen ihre verschwenderische Austeilung, dass sie doch auch erhebliche Kosten verursachte, überwindet man durch sinnreiche Erfindungen, wie die beliebte Umarbeitung oder Umnennung älterer Statuen. Die neue Bedeutung, die Apotheose und Herrscherkult durch das römische Imperium gewinnen, die Kraft und Verbreitung, die der Glaube an göttliche Menschen in der Kaiserzeit wieder erlangt, werden wir später zu betrachten haben.

BEILAGE

Inschrift von Rosette (Raschid), dreisprachig (hieroglyphischer und demotischer Text neben dem griechischen), vom 27. März 196 v. Chr. (Dittenberger, Orientis graeci inscr. 90):

---

[1]) Ein Beispiel in der Beilage. [2]) Wie echt griechisch dies Gefühl ist, beweisen Aeschylus' Schutzflehende 947 ff.

ὦ παῖδες Ἀργείοισιν εὔχεσθαι χρεών
θύειν τε λείβειν θ' ὡς θεοῖς Ὀλυμπίοις
σπονδάς, ἐπεὶ σωτῆρες οὐ διχορρόπως.

Βασιλεύοντος τοῦ νέου[1] καὶ παραλαβόντος τὴν βασιλείαν παρὰ τοῦ πατρὸς
κυρίου βασιλειῶν[2] μεγαλοδόξου[3] τοῦ τὴν Αἴγυπτον καταστησαμένου καὶ τὰ πρὸς
τοὺς | θεοὺς εὐσεβοῦς, ἀντιπάλων ὑπερτέρου, τοῦ τὸν βίον τῶν ἀνθρώπων ἐπανορ-
θώσαντος, κυρίου τριακονταετηρίδων[4], καθάπερ ὁ Ἥφαιστος ὁ μέγας[5], βασιλέως
καθάπερ ὁ Ἥλιος, | μέγας βασιλεὺς τῶν τε ἄνω καὶ τῶν κάτω χωρῶν[6], ἐκγόνου
θεῶν Φιλοπατόρων, ὃν ὁ Ἥφαιστος ἐδοκίμασεν[7], ᾧ ὁ Ἥλιος ἔδωκεν τὴν νίκην[8],
εἰκόνος[9] ζώσης τοῦ Διός, υἱοῦ τοῦ Ἡλίου[10], Πτολεμαίου | αἰωνοβίου[11], ἠγαπημένου
ὑπὸ τοῦ Φθᾶ[12], ἔτους ἐνάτου ἐφ' ἱερέως Ἀέτου τοῦ Ἀέτου Ἀλεξάνδρου καὶ θεῶν
Σωτήρων καὶ θεῶν Ἀδελφῶν καὶ θεῶν Εὐεργετῶν καὶ θεῶν Φιλοπατόρων
5 καὶ θεοῦ Ἐπιφανοῦς Εὐχαρίστου . . . Die Priester, die gekommen sind
7 εἰς Μέμφιν τῷ βασιλεῖ πρὸς τὴν πανήγυριν τῆς παραλήψεως τῆς | βασιλείας
τῆς Πτολεμαίου αἰωνοβίου, ἠγαπημένου ὑπὸ τοῦ Φθᾶ, θεοῦ Ἐπιφανοῦς,
Εὐχαρίστου, ἣν παρέλαβεν παρὰ τοῦ πατρὸς αὐτοῦ, συναχθέντες ἐν τῷ ἐν
Μέμφει ἱερῷ τῇ ἡμέρᾳ ταύτῃ εἶπαν· | Ἐπειδὴ βασιλεὺς Πτολεμαῖος αἰωνόβιος,
ἠγαπημένος ὑπὸ τοῦ Φθᾶ, θεὸς Ἐπιφανὴς Εὐχάριστος, ὁ ἐγ βασιλέως Πτολε-
μαίου καὶ βασιλίσσης Ἀρσινόης, θεῶν Φιλοπατόρων, κατὰ πολλὰ εὐεργέτηκεν
10 τά θ' ἱερὰ καὶ τοὺς ἐν αὐτοῖς ὄντας καὶ τοὺς ὑπὸ τὴν ἑαυτοῦ βασιλείαν τασ-
σομένους ἅπαντας, ὑπάρχων θεὸς ἐκ θεοῦ καὶ θεᾶς καθάπερ Ὧρος ὁ τῆς
Ἴσιος καὶ Ὀσίριος υἱός, ὁ ἐπαμύνας τῷ πατρὶ αὐτοῦ Ὀσίρει, τὰ πρὸς θεοὺς
εὐεργετικῶς διακείμενος ἀνατέθεικεν εἰς τὰ ἱερὰ ἀργυρικάς τε καὶ σιτικὰς προσ-
όδους καὶ δαπάνας πολλὰς ὑπομεμένηκεν ἕνεκα τοῦ τὴν Αἴγυπτον εἰς εὐδίαν[13]
ἀγαγεῖν καὶ τὰ ἱερὰ καταστήσασθαι | ταῖς τε ἑαυτοῦ δυνάμεσιν πεφιλανθρώπηκε[14]
πάσαις. Aus der Aufzählung der weiteren Verdienste hebe ich hervor ὁμοίως
19 δὲ καὶ τὸ δίκαιον πᾶσιν ἀπένειμεν καθάπερ Ἑρμῆς ὁ μέγας καὶ μέγας[15], Z. 26 ἐν
26 ὀλίγῳ χρόνῳ τήν τε πόλιν κατὰ κράτος εἷλεν καὶ τοὺς ἐν αὐτῇ ἀσεβεῖς[16] πάν-

---

1) Ptolemaios Epiphanes (205–181) war 196 erst 12 Jahre alt. 2) Diadem. Nach Z. 43 sollen 12 solche goldene Diademe mit Schlange die Königstempel krönen. 3) Dasselbe Attribut III Macc 6 18. 39, vgl. meinen Index zu Aristeas unter δόξα. Von hier aus fällt auf den jüdischen Gebrauch von μεγάλη δόξα, μεγαλόδοξος für die göttliche Majestät (Bousset S. 308 f. = 2. A. 362) neues Licht. Tit 2 13 ἐπιφάνειαν τῆς δόξης τοῦ μεγάλου θεοῦ. 4) Wir kennen diese Periodenrechnung nicht. 5) Z. 4. 8. 9. 37 der ägyptische Name Φθᾶ. Die ägyptische Färbung, die (besonders im Vergleich zum Dekret von Canopus vom J. 239/8, Ditt. 56) darin und auch sonst hervortritt, zeugt für die Zurückdrängung des Hellenismus (vgl. S. 78). — μέγας (Z. 19 μέγας καὶ μέγας) θεός ist eine für Götter und Könige beliebte Bezeichnung; s. Ditt. Or. inscr. 176, 4 = 178, 3 Σούχῳ θεῷ μεγάλῳ μεγάλῳ, Strack Dynastie der Ptolemäer S. 276 279 ff. Tit 2 13. 6) „Der grosse König der oberen und unteren Gegenden (der Welt)“ ist Attribut des Ἥλιος. 7) In der von Ammianus Marc. XVII 4, 18. 23 angeführten Inschrift ὃν Ἥλιος προέκρινεν, vgl. Rom 8 29. 8) Bei Ammian. XVII 4, 22 Ἥλιος θεὸς δεσπότης οὐρανοῦ Ῥαμέστῃ βασιλεῖ δεδώρημαι τὸ κράτος καὶ τὴν κατὰ πάντων ἐξουσίαν. 9) II Cor 4 4 Col 1 15 ὅς ἐστιν εἰκὼν τοῦ θεοῦ von Jesus. 10) Ammian. 18 βασιλεὺς Ῥαμέστης Ἡλίου παῖς αἰωνόβιος. Dass der Sonnensohn dicht vorher Sohn der Philopatores hiess, wird gar nicht als Widerspruch empfunden. 11) Vgl. Z. 8. 9 und Note 10. Belege für die Ewigkeit als Attribut der Herrscher s. Zeitschr. f. neut. Wiss. V Σωτήρ S. 344. 345, neutest. Parallelen S. 319. 12) Wie Z. 9. 37. Aehnliche Wendungen bei Ammian., z. B. 20 ὃν Ἄμμων ἀγαπᾷ, vgl. 1 Clem 59 2 ff.: Jesus ἠγαπημένος παῖς Gottes. 13) Heiterer Himmel, übertragen vom glücklichen Zustande des Staates. Aehnlich wird auch später die augustische Friedenszeit gerühmt. 14) Kaum eine andere Tugend wird so oft am hellenistischen Herrscher gerühmt wie die φιλανθρωπία, vgl. Tit 3 4. 15) Ueber die Bedeutung des Hermes s. Reitzenstein Poimandres. 16) So werden auch Z. 22 die Aufständischen von Lykopolis genannt. Der genaue Parallelismus der

τας διέφθειρεν, καθάπερ Ἑρμῆς καὶ Ὧρος ὁ τῆς Ἴσιος καὶ Ὀσίριος υἱὸς ἐχει-
ρώσαντο τοὺς ἐν τοῖς αὐτοῖς τόποις ἀποστάντας πρότερον Z. 34 καὶ ἱερὰ καὶ 34
ναοὺς καὶ βωμοὺς ἱδρύσατο τά τε προσδεόμενα ἐπισκευῆς προσδιωρθώσατο[1] ἔχων
θεοῦ εὐεργετικοῦ[2] ἐν τοῖς ἀνήκουσιν εἰς τὸ θεῖον διάνοιαν · προσπυνθανόμενός 35
τε τὰ τῶν ἱερῶν τιμιώτατα ἀνανεοῦτο ἐπὶ τῆς ἑαυτοῦ βασιλείας ὡς καθήκει·
ἀνθ' ὧν δεδώκασιν αὐτῷ οἱ θεοὶ ὑγίειαν, νίκην, κράτος[3] καὶ τἆλλ' ἀγαθὰ πάν-
τα, | τῆς βασιλείας διαμενούσης αὐτῷ καὶ τοῖς τέκνοις εἰς τὸν ἅπαντα χρόνον·
ἀγαθῇ τύχῃ, ἔδοξεν τοῖς ἱερεῦσι τῶν κατὰ τὴν χώραν ἱερῶν πάντων, τὰ ὑπάρ-
χοντα τ[ίμια πάντα] | τῷ αἰωνοβίῳ βασιλεῖ Πτολεμαίῳ, ἠγαπημένῳ ὑπὸ τοῦ
Φθᾶ, θεῷ Ἐπιφανεῖ Εὐχαρίστῳ, ὁμοίως δὲ καὶ τὰ τῶν γονέων αὐτοῦ θεῶν Φιλο-
πατόρων καὶ τὰ τῶν προγόνων θεῶν Εὐεργετῶν καὶ τὰ | τῶν θεῶν Ἀδελφῶν καὶ
τὰ τῶν θεῶν Σωτήρων ἐπαύξειν μεγάλως · στῆσαι δὲ τοῦ αἰωνοβίου βασιλέως
Πτολεμαίου θεοῦ Ἐπιφανοῦς Εὐχαρίστου εἰκόνα ἐν ἑκάστῳ ἱερῷ ἐν τῷ ἐπιφα-
νεστάτῳ τόπῳ, | ἣ προσονομασθήσεται Πτολεμαίου τοῦ ἐπαμύναντος τῇ Αἰγύπτῳ[4],
ᾗ παρεστήξεται ὁ κυριώτατος θεὸς τοῦ ἱεροῦ διδοὺς αὐτῷ ὅπλον νικητικόν...

6 Fremde Götter. Synkretismus. Astrologie und Magie

Foucart, Des associations religieuses chez les Grecs, Paris 1873. — Lafaye, Histoire du culte des divinités d'Alexandrie, Paris 1884 (Bibl. des écoles françaises d'Athène et de Rome Bd. 33). — E. Ziebarth, Das griech. Vereinswesen, Leipzig 1896 (Preisschriften der Jablonowskischen Gesellschaft Bd. 34).

Vor Alexanders Zeit hatten nur wenige fremde Kulte in Griechenland Eingang gefunden. Dionysos hatte andere thrakische und phrygische Götter nach sich gezogen: Kybele, die schon im V Jahrhundert der athenischen Göttermutter angeglichen wurde, Bendis, Kotys, Sabazios. Adonis und die semitische Aphrodite, Ammon und Isis wurden in Athen und an anderen Stätten verehrt. Meist waren es zunächst private Genossenschaften (θίασοι, ἔρανοι) von Ausländern, denen der Kult ihrer Götter gestattet wurde, die aber auch griechische Mitglieder anzogen[5]. Die Beteiligung an solchen Kulten schien unbedenklich, wenn nur darüber die Ausübung der heimischen Religion nicht vernachlässigt und, was öfter geschah, die öffentliche Moral nicht gefährdet wurde.

Der Polytheismus ist tolerant gegen fremde Kulte, nicht exklusiv. Der Grieche und Römer bezweifelt die Existenz der fremden Götter nicht; es sind nur nicht seine Götter. Die fliessende Fülle der Göttergestalten, die Möglichkeit, täglich neue Offenbarungen zu erleben, bisher verborgene Götter in ihrer Kraft zu erkennen, gibt dem Frommen ein Gefühl der Unsicherheit, ob er auch jeder Gottheit das Ihre gegeben und nicht durch eine Unterlassung die religiösen Akte unwirksam gemacht habe. Dies dem Polytheismus anhaftende Gefühl der Unsicherheit, der Wunsch, mit peinlichster Genauigkeit allen Pflichten genug zu tun, spricht sich in den Weihungen und Anrufungen, die „allen Göttern" dargebracht werden[6], in der oft endlosen Häufung der Beinamen eines Gottes, der gern noch der Zusatz „oder wie

---

Taten des Gottes und des Herrschers scheint hier wie öfter durch Fiktion von Mythen hergestellt zu sein. [1]) Auch dies eine stereotype in den römischen Kaiserinschriften wiederkehrende Wendung, s. Σωτήρ S. 344. [2]) Vgl. S. 67. 69 ff. [3]) Vgl. Tyrtaios 4, 9 νίκη καὶ κάρτος, Inschriften von Pergamon 246, 30 f. [4]) Die Inschrift der Statue wird damit angegeben. [5]) Frauen sowohl wie Sklaven scheinen in diesen Vereinen durchweg gleichberechtigt gewesen zu sein. [6]) Usener, Götternamen S. 344, vgl. Wissowa S. 33. 38.

du sonst genannt zu werden wünschest" beigefügt wird[1], endlich in den Weihungen an ἄγνωστοι θεοί aus[2]. Diese Fähigkeit der polytheistischen Religion zur Aufnahme und Angliederung neuer Gottheiten erhält in hellenistischer Zeit durch die Berührung mit fremden Völkern einen neuen Antrieb.

Die Kirchenpolitik der Ptolemäer setzt sich nicht das Ziel der Hellenisierung der ägyptischen Religion. Was in dieser Richtung geschehen ist, beschränkt sich auf Alexandria und hat sich weniger durch Regierungsmassregeln als durch die mit der Völkermischung von selbst erfolgende Ausgleichung der Religionen und durch die Neigung der Spekulation zum Synkretismus vollzogen. Der Scharfblick der Ptolemäer erkannte im Bunde mit dem ägyptischen Priestertum die sicherste Stütze des Thrones, in der Konservierung und eifriger Förderung der Landesreligion das sicherste Mittel, das Wohlwollen des Volkes zu gewinnen, zumal die Politik des Kambyses und des Artaxerxes Ochos die Toleranz verletzt hatte. Zum Dank dafür erbten sie die sakrale Sanktion der Pharaonen und erlangten allmählich die Aufnahme des zuerst durch besondere eponyme Priester versehenen Herrscherkultes auch in altägyptische Kulte. Freilich hat diese weise zurückhaltende Politik seit Ptolemaios Euergetes (247—221) ein zunehmendes Vordrängen des ägyptischen Wesens ermöglicht.

Eine wirkliche auf Verschmelzung der Religionen zielende religionspolitische Aktion vermag man nur in der Einführung des Serapiskultus wahrzunehmen, so widerspruchsvoll auch die modernen Deutungen des Gottes sind. Es scheint nach den neuesten Untersuchungen[3] wahrscheinlich, dass Serapis nichts anderes als Osiris-Apis ist; diese Verbindung des Gottes mit dem heiligen Stiere, der seine Inkarnation ist, entspricht altägyptischer Anschauung. Wenn aber Ptolemaios I das Bild des Gottes, dessen Kult sich erstaunlich rasch verbreitete, von ausserhalb herholte, so lag offenbar der Verbindung griechischer Form mit ägyptischem Inhalte eine synkretistische Absicht zugrunde. Und es ist bezeichnend, dass bei der Ueberführung des Gottes aus Sinope und der Begründung des neuen Kultes Manethos (S. 15) und Timotheos tätig gewesen sein sollen. Dieser Timotheos, der vielleicht den ἱερὸς λόγος des Serapis verfasst hat, war Eumolpide und hat als solcher die eleusinischen Mysterien in Alexandria eingeführt. Und wenn wir noch von demselben eine ausführliche Darstellung der pessinuntischen Attissage lesen[4], so liegt es nahe, auch diese Behandlung des phrygischen Kultes in einen umfassenden Plan der Religionsmischung einzubeziehen. Dass alexandrinische Literaten in dieser Richtung tätig waren, ist schon S. 68 ff. ausgeführt worden.

Die ägyptischen Kulte haben in dieser Zeit die grössten Eroberungen gemacht; Isis und Osiris oder Serapis, Horos oder Harpokrates und Anubis sind am reichlichsten vertreten in den zahlreichen Inschriften, die uns Kultgenossenschaften fremder Götter auf griechischem Sprachgebiete bezeugen. Auf den Inseln des ägäischen Meeres, der Vorherrschaft der Ptolemäer, auf

[1]) Usener S. 336. 334. Der Gebrauch der rechten Namen bedingt ja die Wirkung des Gebetes wie des Zaubers. Vgl. z. B. Horaz Carm. saec. 14 ff. [2]) Ich füge den Zeugnissen Pausanias I 1, 4 V 14, 6 für Altäre ἀγνώστων θεῶν in Munychia und Olympia und Diog. Laert. I 110 (ἀνώνυμοι in Athen) hinzu Tertull. Ad nat. II 9, Adv. Marc. I 9, Philostrat, Leben des Apollonios S. 207, 29 K σωφρονέστερον γὰρ τὸ περὶ πάντων θεῶν εὖ λέγειν καὶ ταῦτα Ἀθήνησιν, οὗ καὶ ἀγνώστων δαιμόνων βωμοὶ ἵδρυνται. Der echt polytheistische Zug ist in Act 17 23 ἀγνώστῳ θεῷ der Tendenz zuliebe in sein gerades Gegenteil gewandelt worden. [3]) S. Otto S. 11 ff. [4]) Hepding, Attis, Giessen 1903 S. 103 ff.

dem griechischen Festlande, wohin die Ptolemäer fort und fort die Fäden ihrer Politik erstreckt haben, aber auch an Asiens Küsten und weiter hinaus haben sie zahlreiche Verehrer gefunden. Die reiche Ausgestaltung des Kultkreises und seiner Symbole, die die Neugier reizte und die Spekulation anlockte, die Verbindung asketischer Uebungen und weltlicher Lust in diesem Kulte, die schon zu Herodots Zeiten geläufige Angleichung an griechische Götter, die die phantasiereiche Ausbildung der Mythenkreise förderte, die einzigartige Fähigkeit der Isis und des Serapis zur monotheistischen Ausweitung und Absorption anderer Götter, die oft bewährten Heilkräfte des Serapis in leiblichen Nöten und die an den Kult geknüpften Jenseitshoffnungen, das Ansehen, das ihm als der vermeintlichen Mutterstätte der eleusinischen Mysterien und der ebenso populären Dionysosreligion zuwuchs — alles das hat beigetragen, dem Kult eine wunderbare Verbreitung und Beliebtheit zu verschaffen.

Daneben dringen orientalische Kulte vor. Die Mysterien der phrygischen Götter mit ihrem die Sinnlichkeit in nächtlicher Feier durch wilde Flötenweisen und Tänze aufs äusserste erregenden Orgiasmus, der packend dramatischen Vorführung der Göttergeschichte, dem Wechsel leidenschaftlicher Trauer und ausgelassener Festfreude dringen in weitere Kreise, und auch die fremdartigsten Elemente, wie die semitische Selbstverstümmelung finden in dieser nach neuen Reizen suchenden Zeit Verbreitung (Hepding a. a. O.). Von Syrien dringt in mannigfachen Gestalten die weibliche Göttin und neben ihr Adonis vor; und auch dieser dem phrygischen verwandte Kult hat eine berückende Wirkung geübt, wie uns sein Zauber noch heute in der Darstellung der hellenistischen Poesie eigenartig ergreift. Ich übergehe andere orientalische Göttergestalten, deren Gehalt uns weniger fasslich ist. Erwähnung verdient, dass in dieser Periode die Mithrasreligion die Form angenommen hat, in der sie ihren späteren Siegeszug durch das römische Reich antrat[1]. Wir kennen die früheren Stadien ihrer Entwickelung und Ausbreitung nicht so genau wie ihre späteren Schicksale. Aber die komplizierte Gestalt, in der sie uns später entgegentritt, trägt deutlich genug die Spuren ihrer älteren Geschichte an sich. Ueber die persische Grundlage, die Religion des Mithra, als Botschafters des höchsten Lichtgottes und Führers im Kampfe gegen das Reich der Finsternis, haben sich mancherlei Schichten von Vorstellungen und Gestalten gelagert, die diese Religion im fortschreitenden Zuge ihrer Propaganda von fremden Religionen übernommen und sich assimiliert hat. Das deutlichste Zeugnis für den Beitrag, den der Hellenismus beigesteuert hat, legt die die Kennzeichen hellenistischer Kunst tragende Darstellung des den Stier tötenden Gottes ab.

Wie die religiöse Praxis von selbst zur Identifizierung und Ausgleichung der Götter verschiedener Nationen führt, wie die theologische Spekulation diesen Prozess befördert, wurde schon gezeigt. Die Gleichungen von Isis mit Demeter, Artemis, Aphrodite, Athena, Nemesis, von Osiris mit Dionysos, Attis, Adonis, von Serapis mit Asklepios, Zeus, Pluton, Dionysos, von Bendis mit Artemis, Hekate, Persephone sind ganz gewöhnlich. Ahura-Mazda, Verathragna, Anahita haben sich mit dem Vordringen der Mithrasreligion nach dem Osten zunächst in Zeus, Herakles, Artemis gewandelt. Eine besondere Schwierigkeit für die religionsgeschichtliche Forschung ist, dass wir, wie bei manchen keltischen und germanischen Göttergestalten, nur die Substitute kennen, die uns die Originalgestalten verkleiden. — In Fällen, wo es nicht möglich schien, den gesamten Wesensinhalt eines fremden Gottes durch einen griechischen oder römischen Namen zu vergegenwärtigen, wird

[1]) Cumont, Die Mysterien des Mithras, deutsch von Gehrich, Leipzig 1903.

die Ausgleichung vollzogen, indem mehrere Götternamen zusammengefasst werden, um die volle Summe jenes göttlichen Machtbereiches zu ergeben: Dittenberger Or. inscr. 383, Z. 55 (Inschrift des Antiochos von Kommagene vom Nemrud-Dagh): Ἀπόλλωνος Μίθρου Ἡλίου Ἑρμοῦ καὶ Ἀρτάγνου Ἡρακλέους Ἄρεως, 386, 7. 404, 21. 619, 3 Inscr. gr. III Nr. 136: Μητρὶ θεῶν εὐάντῃ ἰατρίνῃ Ἀφροδίτῃ, C. I. Gr. 4262 (4042. 4683. 4713. 4713, e f) Διὶ Ἡλίῳ Σεράπιδι (andere Beispiele bei Usener S. 341). Aber diese wachsende Fähigkeit hervorragender Götter, andere Götterformen in sich aufzunehmen[1] und zu verschlingen, die Gewohnheit, persönliche Götterbegriffe bei- und unterzuordnen hat dazu beigetragen, die Person zu verflüchtigen und an ihre Stelle abstrakte Begriffe zu setzen; sie hat dem Monotheismus erheblich vorgearbeitet. Die Entleerung des persönlichen Gehaltes erklärt auch die Gleichsetzung von Herrschern mit Göttern, denen sie in ihrem Wesen und Wirkungen verwandt schienen: Seleukos wird nach seinem Tode als Ζεὺς νικάτωρ, sein Sohn als Ἀντίοχος Ἀπόλλων σωτήρ konsekriert; Isis-Arsinoe, Arsinoe-Aphrodite, Apollo-Augustus, Zeus-Nero sind andere Beispiele unter vielen[2]. Beigabe göttlicher Symbole und Angleichung der Herrscherbildnisse an Göttertypen gestatten viele weitere Schlüsse. Nachdem man Herrschern göttliche Attribute wie σωτήρ und ἐπιφανής beigelegt hatte, war ihre Gleichsetzung mit Göttern ein natürlicher Schritt in der weiteren Entwickelung, der durch die Erweichung und den auch sonst üblichen appellativen Gebrauch der göttlichen Personennamen erleichtert wurde.

Mit den orientalischen Göttern überflutet orientalischer Aberglaube die hellenistische Welt. Der Glaube, dass das Schicksal des Menschen durch die Konstellation der Geburtsstunde bestimmt werde, besonders durch die Stellung der Planeten zu den Zeichen des Tierkreises, ist den alten Griechen völlig fremd[3]. Der Platoniker Eudoxos und Theophrast zeigen zuerst Kunde von dem babylonischen Sternglauben und äussern darüber ihre Verwunderung. Dann hat Berossos (S. 15) den Griechen astrologische Lehren der Babylonier vermittelt. Die Verbreitung und Bedeutung, die diese Lehren und die astrologische Praxis fanden, offenbart sich in der Aufnahme der Astrologie in die stoische Theologie und in dem lebhaften Streite, der seit Karneades um ihre Geltung geführt wurde. Und mit der hellenistischen Zeit setzt eine reiche astrologische Literatur ein, welche die Lehren in ein System bringt und sich in beständiger Kontinuität bis ins späte Mittelalter fortgesetzt hat. Das Lehrgedicht des Manilius aus Augustus' oder Tiberius' Zeit, die Tetrabiblos des Ptolemaios (S. 36) und die Anthologie seines Zeitgenossen Vettius Valens, endlich aus dem IV Jahrh. die Lehrbücher des Hephaistion und des Julius Firmicus Maternus, der später als christlicher Apologet aufgetreten ist, sind die bekanntesten Vertreter der Gattung, deren unerschöpfliche Produktionen wir erst neuerdings einigermassen zu übersehen begonnen haben[4].

Aber der Grundstock der Tradition ist hellenistisch, und die ganze spätere Tradition ist wesentlich abhängig von dem nach Kroll im II Jahrh.

---

[1]) An älteren Beispielen wie Athena Nike oder Hygieia fehlt es nicht. Vgl. auch Dittenberger, Or. inscr. II S. 598 ff., Index III. [2]) Literatur bei Dittenberger, Orientis inscr. 457, Beloch S. 373. 374. 443, Strack a. a. O. S. 140—143. Ueber Gleichsetzung des Toten mit einem Gott s. Rohdes Psyche II S. 359[5]; Maaß, Orpheus S. 241; Vollmer zu Statius S. 381. [3]) Ich folge der Uebersicht von Kroll, Neue Jahrb. VII 559 ff. und Cumont, Revue d'hist. et de litt. rel. XI S. 24 ff.; Häbler, Astrologie im Altertum 1879; Bouché-Leclerq, L'Astrologie grecque, Paris 1899; Reitzenstein, Primandres S. 69 ff. [4]) Catalogus codicum astrologorum graecorum, Brüssel, seit 1898 sind sieben Hefte erschienen.

v. Chr. abgefassten Werk des Nechepso und Petosiris. Die apokryphen Namen des alten ägyptischen Königs und seines Priesters, die den Lehren eine höhere Autorität geben sollten, sind für diese Art Literatur bezeichnend. Und die fiktiven Autoren führten ihre Weisheit weiter auf Asklepios und Hermes zurück. Das Werk ist in Aegypten entstanden, wo die, wie es scheint, frühzeitig aus Babylon übernommene Astrologie eifrige Pflege fand. In hellenistischer Zeit und vollends in der römischen Kaiserzeit waren die „Chaldäer", die überall ihre Weisheit feilboten, eine Landplage, und die Massregeln der römischen Gesetzgebung (schon 139 v. Chr. wurden die Astrologen aus Rom ausgewiesen) zeugen gerade dadurch, dass sie ihnen ein höheres Wissen zutrauen, von der allgemeinen Geltung des Sternenglaubens, dem nicht wenige der römischen Kaiser ergeben waren.

Der Fatalismus, der in der Konsequenz des Sternenglaubens lag und nur wenig dadurch gemildert wurde, dass diese gewaltigen Mächte doch auch zugleich als persönliche Götter gedacht und nach solchen benannt wurden, hat schwer auf der Menschheit gelastet und hat in weiten Kreisen eine hoffnungslose Stimmung und dumpfe Resignation verbreitet. Willen- und widerstandslos fühlt sich der Mensch in das grosse Räderwerk des kosmischen Mechanismus eingefügt, von seinen Schwingungen umgetrieben, unter die Knechtschaft der erbarmungslosen Mächte gebeugt. Aus dem tiefsten Gefühl heraus, von der Hilflosigkeit und niedergedrückten Stimmung, wie dieser Glaube sie erzeugt hatte, eine Rettung gefunden zu haben, schreibt ein Christ des II Jahrh. (Clemens Alex., Theodoti Exc. 71. 72) die Worte: „Verschiedenartig sind die Gestirne und ihre Kräfte, heilsame, schädliche, rechte, linke .... Von diesem Widerstreit und Kampf der Kräfte rettet uns der Herr und gibt uns den Frieden vor dem Kampfe der Kräfte und der Engel, den die einen für, die andern wider uns führen". Aber längst schon bot sich denen, die von des Schicksals Hand sich gebeugt fühlten und an der eigenen Kraft verzweifelten, lockend und tröstend eine andere dunkle Macht als Helferin an, die gleichfalls vom Osten kommende Magie. Persische Magier hatten auf der Grundlage ihres religiösen Dualismus eine mit assyrischen und babylonischen Superstitionen und Zauberformeln versetzte Theorie [1] geschaffen — ein System, das in den Kampf der guten und bösen Mächte zu Gunsten des Menschen eingriff. An Zaubermitteln hat es den Griechen und Römern nicht gefehlt; aber die orientalische Magie schien durch Alter ihrer Traditionen, Vollendung der Technik, systematische Durchbildung die besten Garantien zu bieten, und so hat auch der Glaube an die unheimliche Macht der Magier, welche die oberen Mächte unter den menschlichen Willen zu zwingen wissen, die hellenistische und spätrömische Welt beherrscht, und gerade die kaiserliche Gesetzgebung zeugt auch für die Macht dieses Glaubens; denn sie setzt voraus, dass die Magier sich wirklich im Besitze übernatürlicher Kräfte befinden. Die Zauberbücher der ägyptischen Papyri [2] gestatten jetzt einen Einblick in die Fülle der Vorstellungen, die, von den Rudimenten rohester Superstition bis zu philosophischen Spekulationen reichend, aus allen Völkern in bunter Mischung zusammengetragen sind.

[1]) Aegyptische Elemente sind hinzugekommen. Die Magie hat in Aegypten eifrige Pflege gefunden, und ihre Propaganda ist zum grossen Teil von dort ausgegangen. [2]) Dieterich, Papyrus magica, Jahrb. Suppl. XVI. Ders., Abraxas, Leipzig 1891. Pap. Lond. ed. Kenyon Bd. II. Wessely in Wiener Denkschr. phil. hist. Bd. 42. Wünsch, Antike Fluchtafeln, Kleine Texte für theol. Vorlesungen und Uebungen, hr. von Lietzmann, 20. 21.

VII

DIE RELIGIÖSE ENTWICKELUNG UNTER DER RÖMER-HERRSCHAFT

1 Hellenisierung der römischen Religion

Die Geschichte der römischen Religion ist der fortschreitende Prozess der Zersetzung der nationalen Religion durch Uebernahme griechischer Götter, Riten, Vorstellungen. Wissowa hat kürzlich die Entwickelung mit musterhafter Klarheit dargestellt (s. S. 54). Hier können nur die wesentlichsten Momente hervorgehoben werden. Nüchtern und beschränkt auf den Kreis eines eng umgrenzten Lebens, dessen alltäglichen Funktionen sie vorstehen, erscheint die älteste römische Götterreihe. Wir spüren keinen Hauch griechischer Phantasie, die Personen, Bilder, Wirkungssphären, Geschichten der Götter so wunderbar ausgestaltet hat. Die etruskische Kultur, die von der griechischen stark beeinflusst war, scheint dann Rom seine Göttertrias Juppiter, Juno, Minerva gegeben zu haben, wie sie auch sonst die römische Religion stark beeinflusst hat. Die Einführung der sibyllinischen Bücher zeugt für den von den unteritalischen Griechenstädten, besonders Cumä, unmittelbar vordringenden griechischen Einfluss. In den ersten Jahrzehnten der Republik ist dann die Rezeption des Apollo, des Hermes, der Trias Demeter, Dionysos, Kore erfolgt. Eine gewisse Zurückhaltung spricht sich noch darin aus, dass Hermes als Handelsgott einen römischen Namen erhält, jene Trias mit den echt römischen Göttern Ceres, Liber, Libera gleichgesetzt wird. 293 wird der in hellenistischer Zeit trotz der grossen Fortschritte des Medizin zu besonderer Blüte gelangte Asklepiosdienst mit seinen Wunderkuren von Epidauros nach Rom übertragen. Die Not des J. 217 führte zu religiösen Begehungen nach griechischem Ritus und dem Zusammenschluss eines dem griechischen analogen Vereins von zwölf Göttern. Die Hellenisierung des Kultes bietet jetzt die Möglichkeit, römischen Kult und römische Götter nach griechischem Muster umzugestalten, auch wenn man auf Rezeption neuer griechischer Götter verzichtete. Hatte der alte Glaube die Götter in engster Verbindung mit den Objekten und Bezirken ihrer Wirksamkeit gedacht und darum menschenähnlicher Bilder nicht bedurft, so führte die Berührung mit den Schöpfungen der griechischen Kunst zur Aneignung der griechischen Bilder für die schon ausgeglichenen Götter, für solche, die griechischer Analogien ermangelten, zu oft willkürlicher Umgestaltung griechischer Typen. Bald folgt auch die Aufnahme derjenigen orientalischen Götter, die bereits in der hellenistischen Welt sich ausgebreitet und hellenisiert hatten. Gegen den 204 auf Geheiss der sibyllinischen Bücher eingeführten Kult der pessinuntischen Kybele musste der Senat bald Massregeln ergreifen, und der Bacchanalienskandal vom J. 186 offenbarte die Gefährlichkeit der orgiastischen Kulte mit ihrer schwül sinnlichen Atmosphäre. Die Kriege gegen Mithradates und die folgenden Kämpfe im Orient brachten die Bekanntschaft mit der Ma oder Bellona, einer der Kybele verwandten koppadokischen Göttin, und mit Mithras. Und der Isiskult machte trotz aller seit 58 wiederholten Versuche, ihn zurückzudrängen, rapide Fortschritte.

Die Ueberflutung durch den Hellenismus machte den Römern ihre Geschichte, Kultur, Religion fremd und unverständlich. Die Uebernahme der griechischen Literaturgattungen und ihre Entwickelung unter dem fortwirkenden Einflusse der griechischen Muster haben diese Verdrängung des Nationalen beschleunigt. Auch für die Forscher, die sich später redlich bemühten, das Verständnis des römischen Wesens zu gewinnen, war es nicht mehr zu finden, weil den hellenisierten Römern die Abstraktion von den hellenischen Ideen, die Ausscheidung des Fremdartigen eine Unmöglichkeit war. Fort und fort hatten die Dichter ihre Phantasie an der griechischen Mythenwelt genährt, hatten naive Gleichungen griechischer und römischer Götter übernommen und selbst vollzogen, die eigene Religion und Geschichte aus dem griechischen Mythenschatze bewusst und unbewusst bereichert, ätiologische und etymologische Methoden und Spielereien der hellenistischen Dichtung und Forschung sich angeeignet. Je mehr Rom in den Mittelpunkt der Geschichte und der Geschichtschreibung trat, um so mehr waren Antiquare und Annalisten beeifert, die Fäden, mit denen besonders Timaios den Westen an die ältere griechische Kultur geknüpft hatte, fortzuführen, durch Geschichten von griechischen Emigranten und Gründungen bedeutsame Beziehungen herzustellen, welche die spätere Entwickelung vorwegnahmen oder vorbereiteten. Es erschien als eine grosse Aufgabe, besonders durch Verbindung mit Troja und Karthago und die Ausgestaltung dieser Beziehungen, Rom eine verheissungsvolle Vorgeschichte zu geben, die seiner späteren Grösse würdig war. Die von Griechen angeregte, durch patriotisches und Familieninteresse in panegyrische Bahnen geleitete Phantasie hat durch Verknüpfung der Schicksale Italiens mit den älteren Kulturvölkern, nach der Schablone griechischer die Folge der Erfindungen darstellender Kulturgeschichte, durch Uebernahme griechischer Methoden, Sagen- und Legendenmotive, bald auch durch die verlogenen Künste griechischer Rhetorik eine Pseudohistorie geschaffen, die den ungeheuren Abstand der Zeiten und Nationalitäten verdunkelt hat. — Und mit dem Einflusse der griechischen Philosophie begann auch die theologische Spekulation der Griechen den Zersetzungsprozess der römischen Religion zu befördern. Der nüchternen Sinnesweise des Römers gingen rationalistische Theorien der Griechen besonders leicht ein. Schon Ennius hat durch seine Uebersetzungen die Römer mit jenem Buche des Euhemeros und mit dem unter Epicharms Namen gehenden Lehrgedicht bekannt gemacht, das die Götter auf Elemente zurückführte. Den Versuch, philosophischer Spekulation durch die gefälschten Bücher Numas Eingang und Einfluss auf die Religion zu verschaffen, machte 181 der Senat durch Verbrennung der Bücher zunichte. Seit der Zeit des jüngeren Scipio hat dann die Stoa einen wachsenden Einfluss ausgeübt und die tieferen Naturen gewonnen; die epikurische Lehre, die im letzten Jahrhundert der Republik fast die Modephilosophie der Gebildeten war, wird zurückgedrängt und sinkt seit Augustus zur Bedeutungslosigkeit herab. Zunächst trat freilich durch Panaitios (S. 30) den Römern die stoische Lehre in einer stark rationalistischen Gestalt entgegen, die sie besonders durch den Einfluss der karneadeischen Kritik gewonnen hatte. Durch die Annahme der peripatetischen Lehre von der Weltewigkeit, der Vernichtung der Seele im Tode, durch die Verwerfung der Astrologie und Mantik, durch den Verzicht auf allegorische Mythendeutung hatte Panaitios die religiösen Momente der Schullehre stark zurückgedrängt. Von Panaitios hat der Pontifex Q. Mucius Scävola († 82) die Unterscheidung einer dreifachen Theologie (S. 86) und die Auffassung der Staatsreligion als eines Zuchtmittels der Menge übernommen; auch Polybios[1] weiss nur diese politische Bedeutung der für den

[1]) von Scala, Die Studien des Polybios, Stuttgart 1890 S. 206—210.

Weisen überflüssigen Religion zu schätzen. Der Akademiker Cotta (S. 63) ist ein typisches Beispiel der Vereinigung religiöser Skepsis mit politischer Wertschätzung der Religion und peinlicher Erfüllung der hergebrachten Riten, die auch dem Irreligiösen bei der Bedeutung der Religion im öffentlichen Leben als selbstverständliche Pflicht des Bürgers erschien. Dieser Widerstreit des religiösen Bewusstseins der Gebildeten und ihrer Teilnahme am Kult hat die Zersetzung der Religion und die Entleerung ihrer Formen stark befördert. In den Zeiten der niedergehenden Republik geht Missbrauch der Religion als eines politischen Machtmittels neben Gleichgültigkeit und Vernachlässigung der Kulte her.

Aber in dem Zeitalter der Revolutionen beobachten wir doch auch eine stark anwachsende religiöse Reaktion. Diese Bewegung, deren Wirkungen sich über Jahrhunderte erstreckt haben, scheint wesentlich auszugehen von Poseidonios, dem Schüler des Panaitios; aber sie findet in ihrer Zeit einen starken Widerhall. Schuldbewusstsein und Erlösungsbedürfnis, mystische Grübeleien und Offenbarungen, die an altehrwürdige Namen geknüpft sind, spiritistische und okkultistische Neigungen sind charakteristische Symptome dieser Zeit, deren grosse Katastrophen das Gefühlsleben gewaltig erregt haben. Poseidonios[1] hat die religiösen Motive der Stoa neu belebt und vertieft. Der idealistische Zug der platonischen und aristotelischen Philosophie, der durch die Jahrhunderte sich fortsetzende Strom griechischer Mystik, die Ehrfurcht vor den religiösen Ueberlieferungen und Symbolen der Völker, ein tiefes Verständnis für die religiösen Instinkte verbinden sich, um ein gross gedachtes philosophisches System in einer religiösen Mystik gipfeln zu lassen, auf die alle Teile desselben angelegt sind. Auch die exakten Wissenschaften dienen schliesslich zum Preise der den Organismus der Welt durchdringenden Gottheit, der in rauschenden Perioden hymnenartig erklingt. Aber auch die niederen Gebilde des Glaubens, Astrologie, Mantik, Dämonologie werden, zum Teil poetisch verklärt und vergeistigt, für die religiöse Stimmung verwertet. Die scharfe Polemik gegen die epikurische Lehre, die bei den Römern erfolgreich Propaganda machte, bestätigt, dass Poseidonios es auf eine Erneuerung der Religion und Erweckung des Glaubens abgesehen hatte. Die Parallelisierung des Mikrokosmos von Leib und Seele, des Makrokosmos von Welt und Gott wird durchgeführt, und die mystische Theologie wurzelt in einer platonisierenden Lehre von den Schicksalen der Seele[2]: Ein Teil des feurigen Gotteshauches, geht die Seele aus der himmlischen Region ein in die niedere Welt und wird in den Kerker des Leibes gebannt, durch seine Gemeinschaft in Begierden verstrickt und befleckt. Aber den göttlichen Ursprung bezeugt sie im Streben nach Welt- und Gotteserkenntnis, in der unstillbaren Sehnsucht nach der Rückkehr in ihre wahre Heimat und zur göttlichen Gemeinschaft. Wie die Sonne nur vom sonnenhaften Auge erblickt, so kann das Wesen des Alls nur von der gottentsprossenen Seele erkannt werden[3]. Aber die volle Erkenntnis erlangt sie erst, wenn sie vom Leibe befreit in rein ätherischer Gestalt zu ihrem Ursprunge zurückkehrt. Der volkstümliche Unterweltsglaube wird verworfen, aber die Jenseitsvorstellungen werden gewissermassen projiziert in die kosmischen Sphä-

[1]) In Nordens Kommentar zur Aeneis VI, Leipzig 1903 und bei Binder, Dio Chrys. und Pos., Tübinger Diss., Borna-Leipzig 1905 findet man die reiche Literatur verzeichnet. [2]) Vgl. besonders Corssen, De Posidonio Rhodio, Bonn 1878, der die Benützung des Pos. in Ciceros Tusc. und im Somn. Scipionis nachweist. [3]) Citat des Poseidonios bei Sext. Emp., Math. VII 93 (Vorbild Platos Staat p. 508 A). S. Dieterich, Mithrasliturgie S. 55. 56.

ren. Durch die Sphären des Wassers, der Luft und des Feuers sich erhebend wird die Seele mannigfachen Läuterungen und Reinigungen unterworfen, bis sie einzugehen vermag in die dem Aether nahe Region[1]. Nicht jede Seele ist fähig zu diesem Aufstiege und dieser Himmelfahrt. Nur ein gerechtes und tugendhaftes Leben öffnet dem Menschen den Weg zum Himmel hinauf. Vor allem die grossen Wohltäter der Menschheit und die Staatsmänner, deren Leben ganz dem Heil ihres Volkes gewidmet ist, sind sicher, in die seligen Regionen einzugehen[2]. Wem das Leben eine Vorbereitung auf den Tod gewesen ist, wer schon im irdischen Leben den göttlichen Teil von der Befleckung des Leibes rein zu bewahren bemüht gewesen ist, für den hat der Tod seine Schrecken verloren; er ist für ihn der Eingang in ein besseres, reineres Dasein, in das wahre Leben.

Die religiöse Grundstimmung der Weltanschauung des Poseidonios hat nicht nur die spätere Entwickelung der Philosophie aufs stärkste beeinflusst (S. 29). Sie hat direkt und indirekt auf die Religiosität weiter Kreise eingewirkt. Vergil wiederholt das stark monotheistische Glaubensbekenntnis von dem die Welt durchdringenden göttlichen Geist und dem ihm verwandten Seelengeist[3], und die poseidonische Mystik hat den Stoff der Jenseitsdichtungen, der dem VI Buche der Aeneis zugrunde liegt, geläutert und sittlich vertieft; Poseidonios' Kulturentwickelung, pythagoreische Mystik und Seelenlehre haben auf Ovids Darstellung des goldenen Zeitalters und seine Kosmologie eingewirkt. Varros grosses synkretistisches Religionssystem ist völlig beherrscht von den Gedanken des Poseidonios, und da er seine Antiquitates rerum divinarum dem Cäsar i. J. 47 gewidmet hat, liegt der Gedanke nahe, dass Cäsars politische Berechnung in dem Religionssysteme des Poseidonios mit seiner Verbindung philosophischer Spekulation und volks-

---

1) Norden S. 29 ff. Dieterich, Mithrasliturgie S. 78 ff. 2) Die Stellen sind für das dem Herrscherkult zugrunde liegende religiöse Gefühl so wichtig, dass ich sie anführe: Cicero Tusc. I 27—32. 32 heisst es, das Wesen der Götter solle man sich nach dem Bilde der Menschen vorstellen, *qui se natos ad homines iuvandos, tutandos, conservandos arbitrantur. abiit ad deos Hercules: numquam abisset, nisi, cum inter homines esset, eam sibi viam munivisset.* De leg. II 19. 27 De off. III 25 De nat. deor. II 60. 62. De rep. I 12 *neque enim est ulla res, in qua propius ad deorum numen virtus accedat humana, quam civitatis aut condere novas aut conservare iam conditas.* II 4 *concedamus enim famae hominum . . . . . bene meriti de rebus communibus ut genere etiam putarentur, non solum ingenio esse divino.* 17. 40. VI 13 *omnibus, qui patriam conservaverint, adiuverint, auxerint, certum esse in caelo definitum locum, ubi beati aevo sempiterno fruantur.* 16. 26 *bene meritis de patria quasi times ad caeli aditum patet.* 29. Dass Cicero in den cäsarischen Reden sich in demselben Vorstellungskreise bewegt, habe ich Zeitschr. f. neutest. Wiss. V S. 344 ff. gezeigt. Vergil, Aeneis VI 660 ff. (vgl. Norden S. 34. 35) versetzt in die Gefilde der Seligen ausser den alten Heroen die fürs Vaterland Gefallenen, die frommen Priester und Propheten, weiter

inventas aut qui vitam excoluere per artis
quique sui memores alios fecere merendo.

Vgl. VI 130 I 286 ff. Ovid Metam. XV 843 ff. IX 250 ff. Horaz C. III 3, 10 ff. 33. IV 2, 22. Epist. II 1, 4 ff. Hor. C. III 2, 21 *virtus recludens immeritis mori caelum* 3, 9 ff. Properz IV 11, 101

moribus et caelum patuit: sim digna merendo,
cuius honoratis ossa vehantur avis.

Die hellenistischen Wurzeln solchen Glaubens sind S. 68 ff. aufgedeckt. 3) Aen. VI 724 ff. Georg. IV 218 ff.

tümlichen Glaubens, seinem weitherzigen Synkretismus und seinen vermittelnden und die Religionen ausgleichenden Tendenzen die Grundlinien einer für sein Weltreich geeigneten Religion vorgezeichnet fand; war doch dies Reich im Sinne eines römisch-griechischen Königtumes gedacht.

Auch Varro[1] will die Religion und den alten Glauben, die ihm der Vernachlässigung und Vergessenheit zu verfallen scheinen, zu neuem Leben erwecken, die ihrem eigenen Wesen entfremdeten Römer damit wieder vertraut machen. Die Wirkungssphären der Götter will er wieder aufzeigen, damit man mit jedem Anliegen sich an die rechte Instanz wende. Unter Berufung auf Scävola (S. 83) unterscheidet er drei Auffassungen der Götter, die mythische der Dichter, die physische der Philosophen, die staatliche. Die Götterwelt der Dichter wird verworfen wegen der unwürdigen Vorstellungen von Erzeugung, Gestalt, Eigenschaften der Götter (vgl. S. 62. 66). Auch die staatliche Religion, die, jünger als der Staat, dessen Interessen dient, hat gar nicht die Wahrheit zum Zweck; denn es gibt Wahrheiten, welche die Menge besser nicht kennt, und Lügen, die sie besser für wahr nimmt. Die *civilis religio* ist als staatliche Institution aufrecht zu erhalten; hat ja doch die römische den Staat gross gemacht. Die wissenschaftliche Prüfung besteht allein die philosophische Religion, und zwar stellt sich im Widerstreite der verschiedensten philosophischen Meinungen die stoische Lehre als die einzig wahre heraus: Der göttliche Feuerhauch beherrscht, wie die Seele den Leib durchdringt, die ganze Welt, die ewig und unvergänglich ist. Er ist gleich Zeus[2], alle andern Götter sind nur Teilkräfte (I 15 b *partes sive virtutes*) der göttlichen Urkraft, verschiedene Namen, die im Grunde der einen Gottheit gelten. Sie offenbart sich in den Elementen, durch die das Leben entsteht und erhalten wird, und in den Gestirnen, denen wir segensvolle Wirkungen verdanken. Auf die Elemente wird das Wesen der Hauptgötter zurückgeführt. Aber neben den „ewigen" Göttern statuiert er solche, die aus Menschen Unsterbliche geworden sind, wie Kastor, Pollux, Liber, Hercules[3]. Den Gründen, die gegen diese Annahme sprechen, verschliesst er sich zwar nicht; aber der praktische Nutzen, den der Glaube an den göttlichen Ursprung und die Fähigkeit des Menschen, einst in die göttliche Sphäre einzugehen, stiftet, schlägt die Bedenken nieder[4].

Varro sucht in den religiösen Vorstellungen, Legenden, Gebräuchen seines Volkes, besonders den ältesten, geheimnisvollen Sinn und tiefe Weisheit, und er hält sie für fähig, das Vehikel höherer, philosophischer Anschauungen zu werden. Uebersteigt auch die philosophische Religion die Fassungskraft der Menge, so wünscht Varro doch eine Läuterung der staatlichen Religion durch die philosophische und hält eine aus beiden gemischte[5] für

[1]) Ich folge der vorzüglichen Sammlung der Reste von Buch I XIV XV XVI, die für die Theologie wesentlich in betracht kommen, von Agahd, Jahrb. f. klass. Philol. Suppl. XXIV 1898. Den Einfluss des Pos. auf Varro weist Agahd S. 84 ff. nach. [2]) Der Judengott hat denselben Sinn: I 58 b. [3]) I 22 c ff. 7 XVI 43, vgl. S. 67. 69 ff. [4]) I 24. Auch Cicero De rep. VI 26 ff. und Vergil VI 806 betonen die moralische Kraft dieses Glaubens. [5]) 54 a. Solche Mischung beobachten wir auch in Ciceros Darstellung der Religionsverfassung De leg. II 19 ff., deren Vergleichung mit Varro lehrreich ist. Manche Züge sind Konzessionen an die fortgeschrittene Sittlichkeit und Aufklärung (dass diese auch in Kultgebräuche eindrang, dafür geben Inschriften lehrreiche Zeugnisse: Dittenberger Sylloge 566 Anm. 3, 567 Anm. 3; 633, 12). Aber auch Cicero zeigt dieselbe Ehrfurcht vor dem *mos maiorum* und seiner Weisheit.

die bestmögliche. Handelte es sich um die Gründung eines neuen Staates, so würde er die wahre Religion einführen [1]. Für seine Person vertritt Varro die reinen religiösen Anschauungen, die der von ihm beeinflusste Seneca und die Moralisten der Diatribe verkünden. Er will die Götter gütig vorgestellt wissen; der Fromme soll sie wie die Eltern verehren, während der Abergläubige sie wie Feinde fürchtet [2]. Der Opfer bedarf es nicht [3]; denn die wahren Götter fordern sie nicht, und die aus Erz, Gyps, Marmor gebildeten können sich auch nicht daran erfreuen, weil sie gefühllos sind (29 a—30). Die Einführung der Bilder hat die Furcht vor den Göttern vernichtet und hat unreine und irrtümliche Vorstellungen von ihnen verbreitet (59) [4].

Romantischer Sinn, ein phantastischer Zug zu den abenteuerlichsten und überlebten Gebilden des Glaubens, antiquarischer Sammeleifer und nüchterner Rationalismus haben zusammengewirkt, um ein höchst kompliziertes Ganzes zu schaffen, das doch nur durch äusseren Schematismus zusammengehalten wird, dessen sich kreuzende Tendenzen auseinanderstreben. Varro ist nichts weniger als ein schöpferischer Geist, nicht einmal ein konsequenter und systematischer Kopf; aber weil er eine rezeptive Natur ist, die feinhörig und empfänglich allen Eindrücken nachgibt, alle Strömungen der Zeit in sich aufnimmt und alle Stimmen in sich nachklingen lässt, darum gerade ist dies religionsgeschichtliche Werk mit allen seinen Widersprüchen als ein treuer Spiegel der religiösen Richtungen seiner Zeit von unschätzbarem Werte, einzig in seiner Art auch als Zeuge dafür, wie die griechische Theologie das Werk der Zersetzung der römischen Religion vollendet, an dem die griechischen Kulte seit Jahrhunderten gearbeitet hatten.

2 Die Stimmung der augustischen Zeit

Norden, Vergils Aeneis im Lichte ihrer Zeit, N. Jahrb. VII 249—282. 313—334. — Gardthausen, Augustus und seine Zeit in zwei Teilen, Leipzig 1891—1904. — Boissier, La religion romaine d'Auguste aux Antonins, 2 Bde, Paris 1874.

Varros Streben einer Wiederbelebung der nationalen Religion hat auf das augustische Zeitalter mehr gewirkt als seine starken Ansätze zu einem auf rationaler Grundlage zu vollziehenden Synkretismus der Religionen. Denn der Prinzipat des Augustus, der im Gegensatz zu Antonius' phantastischem Plane eines hellenistisch orientalischen Reiches ersteht, lenkt die Politik in nationale Bahnen und belebt das nationale Gefühl.

In scharfen Kontrasten zeichnen uns die Zeugen des grossen Umschwunges den Gegensatz der Stimmungen des alten und des neuen Zeitalters [5]. Die seit Sulla sich unaufhörlich erneuernden Schrecken der Revolution, die Ausrottung der Besten durch die Proskriptionen, der beständige Wechsel der Besitzverhältnisse, die Verwilderung der Gesellschaft und Entfesselung der unbändigsten Leidenschaften lasten schwer auf der Menschheit. Man steht unter dem Gefühle, als wenn ein unsühnbarer Fluch durch die Geschlechter fortwirke und zum Bürgerkrieg, Brudermord, erneuten und

---

[1]) Aehnlich Maximus Tyrius VIII 9. Polybios VI 56, 10. [2]) Die Götterangst ist drastisch gezeichnet in Senecas und Plutarchs Schriften über den Aberglauben (s. Wilamowitz Lesebuch VII 7). [3]) Vgl. Apollonios von Tyana bei Eus. Praep. ev. IV 13 Dem. ev. III 3 (Zeller III 2^3 S. 144. HB III: Exc. zu Rom 12_1). [4]) Aehnliche Aeusserungen hat Geffcken, N. Jahrb. XV S. 630 gesammelt. [5]) Sehr lehrreich ist das Gesamtbild des Velleius II 89 (86, 1) und des Philo, Leg. ad Gai. 21.

wachsenden Freveln treibe[1], als hätten alle Götter die Welt verlassen und dem Verderben preisgegeben[2]. Die Schuld hat sich so gehäuft, dass sie das Gericht herausfordert und dass man den Weltuntergang wie zur Zeit der Sintflut erwartet[3]. Oder soll man die Stätten des Fluches verlassen und in einer besseren Welt ein neues Leben beginnen[4]? Sehnsüchtig verlangt die müde und erschöpfte Menschheit nach Frieden.

Da ersteht in Augustus der Retter und Heiland. Seit seinem Siege über Antonius bei Actium i. J. 31 ergreift die neue Stimmung, die seit dem Frieden von Brundisium (40) sich vorbereitet, die ganze Menschheit. Dass auch er den Weg durch rücksichtslose Gewalt und ungerechte Bluttaten sich gebahnt hat, vergisst man, und man übersieht den revolutionären Ursprung seiner Macht, seit das gesicherte Regiment wieder geordnete Verhältnisse geschaffen hat. Die wilden Kräfte der Revolution hat er niedergezwungen wie einst Juppiter die Giganten[5]. Vom Himmel scheint er als Helfer[6] gesandt, in den er einst wieder eingehen wird, hoffentlich erst nach langem segensreichen Walten[7]. Der Ring der Zeiten hat sich geschlossen. Die alte Blutschuld hat Augustus gesühnt[8] und eine neue Zeit des Heils eröffnet. Das letzte, von der Sibylle geweissagte, goldene Zeitalter ist angebrochen als Abschluss der früheren *saecula*[9]; Recht und Gerechtigkeit und die Tugenden, die in den grausigen Zeiten die Welt verlassen haben, halten wieder

---

[1]) Horaz C. I 35, 33 III 6 Anfang und Schluss III 24, 25, Epod. 7, wo der Fluch von Romulus' Brudermord hergeleitet wird, 16; Vergil Georg. I 505 ff.
[2]) Catull 64 Schluss, Horaz C. I 2, 35. [3]) Hor. C. II 2. Ovid hat Met. I 144 ff. 200 ff. die Farben aus der Gegenwart genommen. Mehr Material bei Dieterich, Rhein. Mus. LV S. 211. 212. [4]) Horaz Epod. 16. Kiessling erinnert zu V. 39 an die Erzählung, dass Sertorius mit seinen Genossen die seligen Inseln habe suchen wollen. — Derselbe bespricht zu C. III 3, 37 Cäsars und Antonius' Pläne einer Verlegung der Hauptstadt nach dem Osten. [5]) Horaz C. III 4, 41 ff. — Die Parallele Juppiter-Augustus auch C. I 12, 50 III 5, 1 Properz III 11, 66 Ovid Met. XV 858 Trist. II 40 Fast. I 608 II 131. Sagt Hor. C. I 12, 17 von Juppiter *unde nil maius generatur ipso nec viget quicquam simile aut secundum* (vgl. Ovid Trist. II 38 Met. XI 224), so heisst es C. IV 2, 38 von Augustus *quo nihil maius meliusve terris fata donavere,* ähnlich Epist. II 1, 17. Dass ein griechisches Muster zugrunde liegt, beweist z. B. Aristides' Rede auf Zeus § 8. 9 (S. 340 Keil). — Seit Seneca wird das Wirken des Herrschers oft unter dem Bilde der stoischen Weltseele gezeichnet, wie früher das des Juppiter. Zahlreiche Belege bei Prächter, Hierokles S. 46. [6]) Vergil Georg. I 500. [7]) Horaz C. I 2, 45 III 3, 11 Vergil Georg. I 503 Aeneis I 289 Ovid Met. XV 868. 838 Trist. II 57, Carm. lat. epigr. Nr. 18 Bücheler. [8]) Horaz C. I 2, 29 IV 15, 11. [9]) Horaz C. saeculare 25 ff. 57 (s. Kiessling) C. IV 2, 39 Vergil, Aeneis VI 792 (Nordens Komm. S. 317 ff.). Ueber die Deutung von Vergils Ekloge 4 gehen die Ansichten auch der Neueren (Lit. bei Gruppe S. 1491, vgl. S. Reinach, Cultes mythes et religions II S. 66 ff.) immer noch auseinander. Mir scheint mit Skutsch (Aus Vergils Frühzeit, Leipzig 1901 S. 148 ff.) das Wahrscheinlichste, dass ein i. J. 40 erwarteter Sohn des Augustus gemeint sei. Die einzelnen Vorstellungen, Beginn des neuen *saeculum* und des goldenen Zeitalters, das Regiment Apollos, Sühnung der alten Schuld, Ursprung von den Göttern und Rückkehr zu ihnen (49 *magnum Iovis incrementum* könnte nach Anm. 5 amphibolisch gesagt sein), der *pacatus orbis*, kehren, wie meine leicht zu vermehrenden Zeugnisse zeigen, später in der Charakteristik des Augustus beständig wieder. Die Beziehung dieses Vorstellungskreises auf das Haus des Augustus scheint nach der politischen Lage und nach der Stimmung der 1. Ekloge im J. 40 durchaus möglich, die auf Pollios Haus höchst auffallend.

ihren Einzug[1]. Die erschöpfte Menschheit atmet auf und erfreut sich des lang entbehrten Friedens[2].

In einer Reihe religiöser Akte hat Augustus mit seinem feinen Verständnis für die Bedeutung der Imponderabilien diesen Stimmungen einen tieferen symbolischen Ausdruck gegeben und durch höhere Weihe sie für die Befestigung seiner Herrschaft zu nutzen verstanden. Tiefen Eindruck machte die Schliessung des Ianusbogens, die er alten vergessenen Brauch erneuernd zum Zeichen des Friedens 29 vollzog[3], dann zweimal noch wiederholte. Um das Bewusstsein der Segnungen des neuen Regimentes und des epochemachenden Einschnittes, den es bedeutete, lebendig zu erhalten, liess Augustus i. J. 17 die Jahrhundertfeier begehen[4]. Der Sinn des alten Brauches war, dass durch den mit Sühnungen verbundenen Akt ein neues Zeitalter des Heils inauguriert wurde und dass Unheil und Sünde des alten begrabenen *saeculum* die nach göttlichem Willen gesteckte Grenze nicht überschreiten konnten; die alten bösen Geister sollten für immer gebannt sein. Der Gedanke einer Säcularfeier war schon lange bei der Sehnsucht nach besseren Zeiten volkstümlich, schon Cäsar hat ihn erwogen und Gelehrte wie Varro hatten sich mit der Theorie lebhaft beschäftigt. Augustus hat auch ihn in den Dienst seiner Politik gestellt; den Theologen lag es ob zu beweisen, dass der ihm passende Termin wirklich die letzte von fünf Weltperioden zu je 110 Jahren, die zugleich eine Zeit der Wiedergeburt und Erneuerung des Menschengeschlechtes sein sollte, eröffne, und das authentische Orakel zu schaffen. — Im J. 13 endlich nach Augustus' Rückkehr aus Gallien und Spanien wurde die Ara pacis Augustae gestiftet[5] und i. J. 9 geweiht.

Durch scheinbare Wiederherstellung und Belebung der alten Formen und Ordnungen eine neue Grundlage des Reiches zu schaffen ist das Ziel, das die augustische Politik auf allen Gebieten, auch dem religiösen, verfolgt hat. Die verfallenen Tempel werden wieder aufgerichtet, den alten Göttern neue Heiligtümer erbaut, die Priesterstellen besetzt und zum Teil vermehrt, alte Feste und ehrwürdige Zeremonien zu neuem Leben erweckt. In der Vergangenheit sucht man seine Ideale, und man meint, mit der Restauration der alten Institutionen auch die altväterlichen Tugenden wieder lebendig machen zu können. Einen tieferen Erfolg haben die reaktionären Versuche einer Glaubens- und Sittenreform nicht gehabt. Aber die geistige Stimmung, aus der die verunglückten Experimente hervorgegangen sind, hat ihre heilsame Wirkung geübt und ist eine politische Macht gewesen. Die romantischen Neigungen, wie die Literatur sie in der Idylle oder in utopischen Bildern einer besseren Welt oder in sehnsüchtigem Rückblick auf das alte Römertum darstellt, waren nun einmal volkstümlich; denn sie waren geboren aus den erschütternden Eindrücken der Schreckensära. Ein politisches Pro-

---

1) Horaz C. saec. 57, Vergil Aeneis I 291. 2) Horaz a. a. O. C. IV 5, 17. 15, 9 Epist. II 1, 251 Vergil Aeneis VI 852 (Norden S. 328 und Neue Jahrb. S. 320), Ovid Ex ponto I 1, 32 Met. XV 832 Trist. II 235, Gardthausen Augustus I S. 480. 853. *pacare* gebraucht Augustus von sich wiederholt im Monumentum Ancyranum, ebenso von ihm Ovid Fast. II 18, Velleius II 89, 6 *pacatusque victoriis terrarum orbis*. Von Hercules (s. Vergil Aen. VI 803 im Vergleich mit Augustus und Rothstein zu Properz III 11, 19) und Bacchus, mit denen Augustus öfter verglichen wird, wird das Wort gern gebraucht. — Preis seiner Milde: Horaz C. saec. 52 Prop. II 16, 42 Ovid Amores I 2, 52 Trist. II 147. 512 Met. VIII 57 Seneca De clem. I 10, Mommsen, Res gestae S. 6, Z. f. n. W. V S. 345. 3) Gardthausen I S. 478 ff. 4) Gardthausen I S. 1004 ff., Diels Sibyllinische Blätter S. 14. 15. 91. 127 ff., über den Sinn der Feier Wissowa S. 364. 5) Gardthausen I S. 481. 852 ff.

gramm, das diese Stimmungen aufnahm, sie in einem Mittelpunkte sammelte, ihnen Erfüllung verhiess, gab wirklich der Zeit neue Ideale und einen geistigen Aufschwung. Gewiss erreicht die Literatur zum Teil durch bedeutende Talente eine hohe Vollendung in einer literarischen Entwickelung, die aus sich heraus zu begreifen ist; und die Anmut erotischer Tändeleien, die neue lebensvolle Gestaltung alter Stoffe, die Fähigkeit der Darstellung des innersten Gefühlslebens werden stets in der Poesie der augustischen Zeit einen Höhepunkt der römischen Literatur sehen lassen. Aber die höchsten Wirkungen erreichen in der Zeit doch die Schöpfungen, die von dem Geiste der neuen grossen Zeit erfüllt und getragen sind. Die Entwickelung Vergils von epikureischen Velleitäten und den gekünstelten Bucolica zu den anmutenden Schilderungen des Landlebens, endlich zum grossen Nationalepos, das Mythos und Geschichte, Diesseits und Jenseits, Ideale der Vergangenheit und aktuelle Tendenzen der Gegenwart, nationales und monarchisches Empfinden verschmelzend alles zu dem Gesamtbilde einer dem vorbestimmten Ziele zustrebenden grossen Entwickelung zu verbinden versteht, beweist, dass er die Höhe erreichte, indem er den Gedanken und Idealen der Zeit, deren Entwickelung er mit tiefstem Verständnis gefolgt war, die dichterische Verklärung gab. Und so wenig Livius als Forscher gelten kann, so beruht doch der eigenartige Reiz und die starke Wirkung seines Werkes darauf, dass der Schimmer jener romantischen und sentimentalen Stimmungen, wie sie schon in der Vorrede zum Ausdruck kommen, darüber gebreitet ist. Aber überhaupt verleugnen die Schriftsteller der Zeit den Einfluss der herrschenden Strömungen nicht. Der politische Umschwung gibt der Literatur ein neues Gepräge. Auch Dichter, die wie Horaz ihre besonderen Gaben oder ihre der Politik abgewandten Neigungen nach anderen Richtungen weisen, sehen wir den romantischen Stimmungen der Zeit sich gefangen geben oder doch anempfindend sich in die ihnen neue Gedankenwelt einleben. All das beweist, dass sehr wesentlich diese Romantik, welche die idealen Kräfte in den Dienst der augustischen Politik stellte, den Uebergang der Republik in das Kaiserreich erleichtert, den grossen Wechsel, den sie als eine Rückkehr zum Alten darstellt, verschleiert und so ein festes Vertrauen in die scheinbar altrömischen Grundsätze der Regierung geschaffen hat.

Denn den neuen Geist weiss Augustus auch in den archaisierenden Formen zum Siege zu bringen. Sein Schutzgott Apollo, auch Mars und Venus als die göttlichen Urheber seines Hauses rücken in den Vordergrund des Kultus. Die sibyllinischen Orakel werden in den mit Augustus' Hause verbundenen palatinischen Tempel des Apollo übertragen. Der uralte Kult der Vesta wird an das Haus des Kaisers angeschlossen, und die Penaten der gens Iulia werden mit denen des Staates verbunden; Schicksal und Zukunft des römischen Volkes sind jetzt auf das Haus des Augustus gestellt. Tritt in dem allen das deutliche Bestreben hervor, den Staatskult zum Träger monarchischer Gefühle zu machen, so sucht Augustus auch für seine persönliche Herrscherstellung eine sakrale Weihe[1]. Seit 42 nennt er sich *divi filius*, der ihm 27 verliehene Titel Augustus (σεβαστός) erhebt ihn über die gewöhnliche Sphäre der Sterblichen und zieht eine Grenze zwischen Herrschern und Beherrschten. Den *Lares compitales* wird bei Erneuerung ihres Kultes i. J. 7 v. Chr. der Genius des Kaisers beigesellt. Mit weiser Zurückhaltung vermeidet Augustus, in Rom volle göttliche Ehren in Anspruch zu nehmen; war doch Cäsar daran zugrunde gegangen, dass er ein hellenistisches König-

[1] Zum folgenden vgl. O. Hirschfeld, Sitzungsber. d. Akad. z. Berlin 1888 S. 833 ff.

tum erstrebte und göttliche Verehrung beanspruchte. Dies Ziel, das Cäsar mit rücksichtsloser Energie verfolgte, ist erst in dreihundertjähriger Entwickelung wesentlich durch das Vordringen des orientalischen Geistes erreicht worden. Aber die ersten Schritte in dieser Richtung hat die Religionspolitik des Augustus getan. Dass ihm im Osten die göttlichen Ehren, mit denen man dort die Herrscher und die römischen Grossen zu überhäufen gewohnt war, von selbst zufielen, war natürlich. In den westlichen Provinzen hat er zur Stärkung des Regimentes selbst die Einführung des Kultes des lebenden Herrschers gefördert, von italischen Städten ihn sich in den späteren Zeiten seiner Regierung gefallen lassen. Wie Private natürlich die Freiheit hatten, nach ihrem persönlichen Gefühl oder auch nach berechnender Liebedienerei die ihnen passend scheinenden Ehrenbezeigungen zu wählen, so geht selbstverständlich auch in Rom die hohe Sprache der Rhetorik und der Poesie über die Beschränkung hinaus, die wir in den offiziellen Formen des Kultus beobachten. Die Parallelisierung mit Juppiter, die Gleichstellung mit Halbgöttern, die Anwendung der echt antiken Anschauung, dass Tugend und Wohltun den grossen Menschen zu den Göttern erhebt[1], auf Augustus haben wir schon kennen gelernt. In der Angleichung an Apollo[2], der Parallelisierung mit der Sonne[3], der allgemeinen Bezeichnung als Gott[4] bildet die Kühnheit dichterischer Rede Anschauungen vor, mit denen man in der nachaugustischen Zeit Ernst machte. — Die auf Augustus' Tod folgende Konsekration war im Grunde nur die Bestätigung der Schätzung, die der Lebende schon bei den Zeitgenossen gefunden hatte.

Die Apotheose liegt dem modernen Empfinden, welches die in Staat und Kirche noch fortlebenden Formen des antiken Herrscherkults in ihrem ursprünglichen Sinne gar nicht mehr zu verstehen vermag, so fern, dass man immer noch oft geneigt ist, in allen derartigen Aeusserungen verächtliche Schmeichelei und Byzantinismus zu sehen. Lässt sich diese Auffassung, die einen scheinbaren Anhalt daran findet, dass die Persönlichkeiten dieser Zeit kompliziert und von Widersprüchen nicht frei sind, schon für Horaz und Properz nicht im geringsten wahrscheinlich machen, so ist sie vollends für Vergil, dessen ganzes Wesen von dem stolzen Bewusstsein der durch Augustus wiedergeborenen Römergrösse durchdrungen ist, undurchführbar. Wie aus dem grossen Umschwung aller Verhältnisse die hohe Schätzung des Augustus, der nach den Zeiten des Schreckens der Welt Ruhe, Wohlstand und alle Segnungen des Friedens wiedergegeben hatte, mit Notwendigkeit hervorging, ist schon gezeigt worden. Und jeder Zweifel an der Aufrichtigkeit jener Stimmen muss verstummen, wenn uns die gleichen Töne, ja noch vollere, aus allen Enden des Reiches erklingen und die literarischen Urteile bekräftigen (s. Beilagen 4—7). Dass die Aegypter das verbrauchte Pathos und den Wortschwall der alten Königstitulatur auch auf Augustus anwenden, ist selbstverständlich. Sehr viel individueller sind die asiatischen Inschriften, die im wesentlichen dieselbe Stimmung, die wir schon aus der hauptstädtischen Literatur kennen, zum Ausdruck bringen[5]: Auf die Zeiten des Schreckens,

---

[1]) Vgl. Nikolaos von Damaskos, Fragm. Hist. Graec. III S. 427, Dio Cassius LII 35, 5 LIII 9, 5, Ovid Met. XV 850, Tacitus Ann. IV 38.

[2]) Horaz C. I 2, 30. Auffallend und noch nicht genügend erklärt (Eindruck der äusseren Erscheinung?) ist die sehr ausführliche Angleichung an Hermes 41 ff.

[3]) Horaz C. IV 5, 5. 2, 46 (vgl. I 12, 46).

[4]) *Deus*: Verg. Ekl. I 6 Prop. III 4, 1 IV 11, 60, vgl. Horaz Epist. II 1, 15 C. IV 5, 31 ff. mit Kiesslings Anmerkungen. Das Stärkste bei Ovid Ex ponto II 8 Ars I 204. 183. Einen Tempel will ihm Vergil, Georg. III 16 errichten. Gebet zu ihm Georg. I 42 Ovid Ex ponto IV 9, 111.

[5]) Ueber

der Hoffnungs- und Mutlosigkeit, des drohenden Unterganges ist durch Augustus ein neues Zeitalter des Heils und Friedens, der Neugeburt der ganzen Menschheit gefolgt. Der durch göttliche Vorsehung der Menschheit als höchste Gabe gesandte σωτήρ und εὐεργέτης hat der Welt ein neues Aussehen gegeben, Erfüllung aller sehnenden Hoffnungen, gegenwärtiges Glück, frohen Blick in die Zukunft gebracht. Es ist wieder eine Lust zu leben. Die konventionellen Formen des Herrscherkultes und der Apotheose haben in der durch hellenistische Muster so stark beeinflussten römischen Poesie wie in jenen Inschriften wieder neues Leben und einen tieferen Gehalt gewonnen. Die Einstimmigkeit der Zeitgenossen beweist, dass echtes und wahres Gefühl dieser hohen Schätzung zugrunde liegt. Und im Gegensatz zu den sich widerstreitenden und schwankenden Auffassungen anderer Herrscher hat das Idealbild der Regierung des Augustus, wie es unter dem unmittelbaren Eindruck seiner Taten die dankbare Mitwelt gestaltet hat, den Wechsel der Jahrhunderte überdauert und sich so konstant behauptet, dass selbst christliche Schriftsteller wesentlich in den Farben, die Rhetorik, Poesie, Historiographie zu seinen Lebzeiten geschaffen haben, das Bild seiner Regierung zeichnen, nur dass sie dem Beginn einer neuen Epoche und den Segnungen des neuen Regimentes eine providentielle Beziehung auf Christus geben [1].

3 Religionsgeschichte der Kaiserzeit

Boissier Bd. II (S. 87). — Réville, Die Religion zu Rom unter den Severern, übersetzt von G. Krüger, Leipzig 1888.

Der Herrscherkult entwickelt sich weiter in der ihm von Augustus gewiesenen Richtung. Die persönliche Haltung der einzelnen Herrscher dem Kaiserkult gegenüber ist verschieden. Nach der weisen Zurückhaltung des Tiberius erheben Caligula, Nero, Domitian Ansprüche auf volle Würden des Gottes schon zu Lebzeiten, und die servile Schmeichelei tritt unter ihnen in besonders grotesken Formen auf [2]. Aber die Grundlinien des Kultes bleiben zunächst die alten: Der verstorbene Herrscher wird durch die Konsekration unter die *divi* erhoben und geniesst göttliche Verehrung. Der Genius des lebenden Kaisers wird heilig gehalten. Um die wachsende Macht der neuen Institution zu begreifen, muss man sich klar machen, wie sie von Anfang an im allgemeinen Glauben der Zeit ihre Anknüpfungen suchte. Die Erhebung Verstorbener in den Himmel war schon vor der Konsekration der Herrscher eine der Pietät der Hinterbliebenen geläufige Vorstellung. Und auch über den flagranten Widerspruch der sittlichen Qualität mancher Herrscher und ihrer Ehren als *divi* kam man hinweg; denn die Anknüpfung der späteren *divi* an den im Vordergrunde stehenden Kult des Augustus bewies, dass die Verehrung mehr dem Amte als dessen zufälligen Trägern galt, und die Zahl der *divi* wurde später mehrfach durch eine Ausscheidung der Unwürdigen beschränkt. Die Verehrung des kaiserlichen Genius knüpfte an

die offiziellen Bezeichnungen geht hinaus die im Osten häufige Benennung des Augustus als Gott und die von den römischen Dichtern gemiedene (s. Beilagen) volle Gleichsetzung mit Göttern wie Zeus und Apollo. [1]) Beispiele in Zeitschr. f. neutest. Wiss. V S. 352; Harnack, Mission² I S. 222 ff. [2]) Beilagen 8—10. Was Domitian gegenüber Martial, Silius Italicus und Statius an Adulation leisten, geht über das zu augustischer Zeit übliche Mass hinaus (nur Ovid kommt dem nahe).

den altitalischen Genienglauben an, dessen volkstümliche Vorstellungen durch Vermischung mit dem hellenistischen Glauben an den persönlichen δαίμων als das Göttliche im Menschen einen vertieften Inhalt erhalten hatten [1].

In diesen Formen gewinnt der Kaiserkult eine immer weitere Verbreitung, die durch Militär und Beamtentum besonders gefördert wurde. In den Eiden der Beamten und Soldaten werden der Genius des lebenden Kaisers [2] und auch die *divi* neben die Götter gestellt. Im Heere knüpft die Verehrung des Kaiserbildes an den Kult des Genius an. Durch das Attribut Augustus werden viele Götter näher mit dem kaiserlichen Hause verknüpft. Die andern Kulte werden mit Elementen des Herrscherkultes durchsetzt oder durch dessen Glanz in Schatten gestellt. Ueber der verwirrenden Fülle der im Reiche vertretenen Kulte und Religionsformen erhebt sich immer mehr als der sie überragende Mittelpunkt die Kaiserreligion. In diesem Kult mit seiner eigenartigen Verschmelzung patriotischen und religiösen Gefühles fand die Reichsangehörigkeit der national und religiös so verschiedenartigen Glieder des Reiches einen als Bindeglied wertvollen gemeinsamen Ausdruck; er war ein Wahrzeichen der Reichseinheit. Auch dem Skeptiker und Indifferenten gebot die Loyalität die genaue Beobachtung seiner immer mehr die Akte des öffentlichen Lebens durchdringenden Formen. Fromme und Gottlose konnten in verschiedenem Sinne den Satz des Valerius Maximus [3] unterschreiben, dass den Cäsaren als den sichtbaren Göttern der Vorzug vor den Olympiern gebühre, von denen man doch nur Unsicheres wisse, und ohne Zweifel haben viele so empfunden.

Es war ein ganz natürlicher Fortschritt in der Degradierung der alten und der Erhebung der neuen Götter, dass jene diesen untergeordnet werden. Der Hellenismus kannte ja längst die Gleichsetzung der Herrscher mit den alten Göttern (S. 80), und im Osten wurde Augustus z. B. mit Zeus und Apollo identifiziert [4]. Hatte im Westen ähnliches nur die Poesie in bildlichem Ausdruck gewagt, so trat es später in Rom selbst als realer Anspruch auf. Commodus hat sich als Hercules verehren lassen, und die Zersetzung des altrömischen Geistes führt zu anderen Versuchen der Art. Aurelian hat sich als *dominus et deus* proklamiert und damit die Entwickelung zu dem natürlichen Abschlusse geführt, den sie in den hellenistischen Reichen rascher gefunden hatte.

So hat denn die augustische Religionsreform eine wirkliche Erweckung des alten Glaubens und tieferen religiösen Lebens nicht wirken können. Als lebenskräftig hat sich nur der neue Herrscherkult erwiesen, aber seine Erhebung bedeutet zugleich den zunehmenden Verfall des alten Glaubens. Auf dessen Kosten ist er gross geworden, bis er schliesslich selbst immer mehr veräusserlicht wurde und durch groteske Formen vergebens die eigene Inhaltlosigkeit zu verdecken suchte. Die innere Zersetzung und Auflösung der römischen Religion hat die künstliche Wiederbelebung ihrer äusseren Formen durch Augustus nicht aufhalten können. Gewiss hat sich seine Zeit die restaurierte Orthodoxie gefallen lassen; noch mehr, sie hat sie wirklich als ein schönes Ideal angesehen, hat dies Ideal wie alles altrömische Wesen mit ästhetischem Wohlgefallen betrachtet und mit dem Zauber ro-

[1]) Usener S. 295 ff.; Rohde, Psyche II S. 316. 317. Auf die bedeutendsten Persönlichkeiten der verschiedensten Völker wendet Dio von Prusa R. XXV den Begriff an. [2]) Im Osten tritt an dessen Stelle auch die Person selbst, s. Dittenberger, Orientis inscr. 532. [3]) Vorrede. Vgl. die S. 75 gezeichnete athenische Stimmung und Ovid Ex ponto I 1, 63 *ut mihi di faveant, quibus est manifestior ipse* (Augustus). [4]) Dittenberger, Orientis inscr. 457. 659.

mantischer Stimmungen umkleidet. Aber die mit religiösen Gefühlen spielende, sie zum ornamentalen Schmuck des neuen Reiches verwertende Anempfindung war keine wirkliche religiöse Erweckung, obgleich sie selbst sich dieser Illusion hingegeben hat.

Die römische Religion ist, wie keine andere in dem Masse, Ausdruck des Staatsgedankens, gebunden an die Formen des staatlichen Lebens und durch dessen Kräfte getragen. Der enge Bund mit dem Staate ist ihr teuer zu stehen gekommen. Es ist, als wenn der Staat frühzeitig ihre ganzen Kräfte aufgesaugt, sie veräusserlicht und des Bewusstseins der eigenen Macht und ihres innersten Lebens beraubt hätte. Die wunderbare sich stets verjüngende Gestaltungskraft der griechischen Religion und ihre Fähigkeit, in alten Formen Bewusstsein und geistigen Gehalt einer neuen Zeit auszudrücken, hat sie nie besessen, und die Aufnahme griechischer Formen konnte den Mangel nicht ersetzen. Lange ehe sie in die nach den Antoninen beginnende Dekomposition des römischen Staates gezogen wurde, war sie schon innerlich verwelkt und abgelebt. Völlig untergeordnet unter die Interessen des Staates, in den Kämpfen um Standesinteressen und politische Macht seit lange missbraucht und damit herabgewürdigt, belastet mit unverstandenen, aber mit echt römischer Formenstrenge festgehaltenen Zeremonien aus den Zeiten der Urväter, stand sie nicht nur in scharfem Gegensatz zu der durch die griechische Propaganda in der Gesellschaft zur Herrschaft gebrachten Aufklärung, sie konnte auch die tieferen religiösen Bedürfnisse der Zeit nicht befriedigen. Seit Poseidonios haben wir eine Steigerung und Vertiefung des religiösen Lebens und des Gefühlslebens überhaupt beobachtet, die auch die römische Welt ergreift und von Augustus zu Marc Aurel fortschreitend den letzten Zeiten der untergehenden alten Welt das Gepräge mystischer Frömmigkeit gibt[1]. Volkstümliche und philosophische Stimmungen der Art kreuzen sich. Die Philosophie hat das Innenleben vertieft; sie hat die Religionen zu reduzieren versucht auf eine reine philosophische Religion, in der das individuelle religiöse Leben, die Erhebung der Seele durch das persönliche Verhältnis zu Gott, die sittlichen Wirkungen eines reinen Gottesglaubens mehr bedeuten, als Zeremonien und Opfer, Gelübde und Weihungen, durch die rückständige, dem sittlichen Gefühl widersprechende Formen der Frömmigkeit offen bekämpft werden. Die philosophische Propaganda hat solche Anschauungen in die Massen getragen. Gerade dieser individuell gerichteten Frömmigkeit gab die staatliche Religion mit ihren streng gebundenen Formen, mit ihrer nationalen Beschränkung, zumal unter der Monarchie die Massen dem politischen Leben und den öffentlichen Interessen entfremdet waren, keinen Raum und keine Befriedigung.

Gibt jetzt den einen die Philosophie den Inhalt ihres religiösen Lebens, so finden ihn andere bei fremden Göttern, die ihnen mehr zu geben und zu sagen haben als die altheimischen, und endlich wird eine völlige Verquickung philosophischer Ideen und einer alle möglichen Kulte deutenden religiösen Symbolik herrschende Mode. Es ist für die Kaiserzeit symptomatisch, dass das gesteigerte religiöse Leben mit leidenschaftlicher Gewaltsamkeit sich auf die orientalischen Kulte wirft. Aeussere Momente haben diese Entwickelung begünstigt. Die Ausdehnung der Reichsorganisation, die Völkermischung der Hauptstadt und ihre Ueberflutung mit orientalischen Elementen, der gestei-

[1]) An Dio Chrysostomos und Plutarch, Aristides und Maximus, Apulejus, Philostrat und Aelian kann man die Entwickelung in ihren mannigfachen Nüancen beobachten. Auch im Roman drängt sich die erbauliche Tendenz vor: K. Bürger, Studien zur Geschichte des griechischen Romanes II, Blankenburg a. H. 1903 S. 12 ff.

gerte Verkehr, der langjährige Aufenthalt der Legionen in den Provinzen und ihre Durchsetzung mit Peregrinen, endlich seit dem III Jahrh. das Aufkommen von Kaisern, die fremden Blutes sind und die national-römisches Empfinden nicht kennen, fördern den Synkretismus der Religionen. Die römischen Götter gleichen sich immer mehr fremden an, jetzt auch keltischen und germanischen, und sind oft Decknamen für einen fremden, nicht immer leicht festzustellenden Inhalt. Das Sinken der Bildung und der Verfall der Wissenschaften befördert jede Art des Aberglaubens. Es war ferner natürlich, dass der Archaismus (S. 31. 35), gewohnt, in Althellas und Altrom seine Ideale zu suchen, bald auch bei den nichtgriechischen alten Kulturvölkern in die Lehre ging und auch hier Ideale und Quellen uralter Weisheit fand. Und mit ihm arbeitet Hand in Hand eine Theologie, die wie so oft in Zeiten des religiösen Verfalles besonders geschäftig, die abstraktesten und entlegensten Religionsgebräuche und Vorstellungen besonders hochschätzt. weil sie an ihnen die feinsten Künste ihrer tiefsinnigen Exegese entfalten kann.

Die fremden Götter, neben den ägyptischen und phrygischen, die schon durch die hellenistische Propaganda verbreitet waren, besonders syrische Baale und weibliche Göttinnen, machen gewaltige Eroberungen. Die Mithrasreligion wird die beliebteste Soldatenreligion und gewinnt im Reiche eine Ausbreitung, die sie zum gefährlichsten Gegner des Christentums macht. Rom wird ein Pantheon aller Götter. Die steigende Bedeutung der orientalischen Götter zeigt sich seit dem III Jahrh. besonders in ihrem Vordringen bis in den Staatskult. Wie Caracalla das Bürgerrecht auf den grössten Teil der Reichsangehörigen ausdehnt, so nimmt er die Isis unter die Staatsgottheiten auf. Die nationale Widerstandskraft gegen die Invasion fremder Götter ist völlig erloschen. Das Uebergewicht der fremden über die einheimischen Götter tritt deutlich darin hervor, dass die christliche Polemik die ganze Gewalt ihrer Leidenschaft im Kampfe gegen Kybele, Isis, Serapis, Mithras entfaltet, die als die stärksten und gefährlichsten Gegner erscheinen.

Auf die unentwirrbare Fülle der bald rivalisierenden, bald sich verschmelzenden Göttergestalten fremder Länder, ihrer Kult- und Mysterienvereine kann hier nicht eingegangen werden. Denn ihre Geschichte liegt meist jenseits der Grenzen, in denen meine Darstellung sich zu halten hat; sie interessiert uns hier nur wesentlich als Abschluss der früheren Entwikkelung, in der die sie beherrschenden Motive sich vorgebildet haben. Auch muss gegenüber einer starken Ueberschätzung dieser synkretistischen Religionsgebilde offen ausgesprochen werden, dass diese Motive und die der ganzen Bewegung zugrunde liegenden Stimmungen höher zu schätzen sind als die im besten Fall naiven, oft abstrusen und auch rohen Formen, in denen der Trieb nach gesteigertem religiösem Leben seine Befriedigung sucht. Dass der Neuplatonismus die Kräfte dieser Bewegung in sich aufnimmt, zeugt genügend für ihre Bedeutung. Aber reine und niedrige Motive, verstiegene Spekulation und krudester Aberglaube, zarte Mystik und rohe Sinnlichkeit sind in ihr so verschiedenartig gemischt, dass sich die Fülle der Erscheinungen nicht unter ein allgemein gültiges Werturteil fassen lässt. In der dramatischen Ausgestaltung dieser Kulte, in ihrem Reichtum an Liturgien, Sakramenten und Symbolen findet die Phantasie eine Fülle von Anregungen und sinnlichen Erregungen, die besonders das weibliche Geschlecht angelockt haben. Dieser Stoff vermag die Superstition der naiv Gläubigen und den Verstand der Verständigen, der alles Mögliche in ihn hineindenken konnte, zu befriedigen. Die Reinigungen und Kasteiungen, von den einen als magisch wirksame Mittel, von den andern als Antrieb sittlicher Erneuerung gefasst, stillten die Sehnsucht nach Erlösung und Erhebung der Seele. Offenbarungen geben sichere Garantien der Heilsgewissheit und des seligen Lebens im Jenseits. Die Phantasie dieser Zeit beschäftigt sich lebhaft mit den Jenseitsvorstellungen. Jenseitsdichtungen malen liebevoll mannigfache Bilder vom Fortleben der Seligen und von den Strafen der Sünder aus. Durch volkstümliche Spukgeschichten, Geisterzwang, Seelenbeschwörungen beginnt die Philosophie ihre Vorstellungen vom Jenseits und von der oberen Welt zu bereichern. Zahlreiche Kultvereine geben Verheissungen seliger Unsterblichkeit und stellen ihre Angehörigen unter den Schutz eines Gottes, der sie einst zu den Seligen geleitet, mag es Hermes oder Persephone, Osiris, Mithras oder Εὐάγγελος sein[1].

Die dem Dienste fremder Götter geweihten Vereine boten dem individuellen Ausleben der Religion mehr Spielraum als die staatlichen Kulte. Seelsorgerische Disziplinierung, stufenweiser Fortschritt der Weihungen und Unterscheidung verschiedener Klassen der Gläubigen gaben immer neue Anstösse zur Vertiefung und Steigerung des religiösen Lebens. Die sehr viel höheren Ansprüche, die diese Götter stellten, schienen ihre grössere Macht zu verbürgen. Und sie haben gegenüber den national beschränkten und gebundenen eine allgemein menschliche Bedeutung, einen kosmopolitischen und universalistischen Zug. In der Ausweitung ihrer Sphäre haben sie die Fähigkeit gewonnen, eine Fülle anderer Göttergestalten in sich aufzunehmen, sich zu assimilieren oder unterzuordnen[2]; und diese Kraft, die andern Gottheiten anzuziehen, ist ein wirksameres Mittel der Propaganda gewesen, als es die Bekämpfung der andern Götter je hätte sein können. Und hinter diesen Göttern steht eine Priesterschaft, deren ganzes Leben ihrem Dienste und der Propaganda geweiht ist, die ein Interesse daran hat, die überragende Bedeutung ihrer Götter zur Geltung zu bringen.

In dem späteren Synkretismus spielt Gestirn- und Sonnenverehrung eine besonders wichtige Rolle. Wie wir sahen, hat die Philosophie dem Glauben an die Göttlichkeit der Gestirne eine besondere Weihe und Anerkennung unter den Gebildeten gegeben. Die Verbreitung der Astrologie verlieh diesem Glauben neues Leben und Geltung in breiten Schichten des Volkes. Seit dem I Jahrh. v. Chr. drang, nach des Dio Cassius Zeugnis von Aegypten aus, die Planetenwoche vor, die ihre Entstehung dem Glauben verdankt, dass die Planeten in siebentägiger Periode sich als Regenten je eines Tages ablösen. Der Ursprung dieses Glaubens ist höchst wahrscheinlich in Babylonien zu suchen. Diese Planetenwoche verdrängt völlig die achttägige römische Woche (nundinae), über die sie schon im III Jahrh. den Sieg erlangt hat[3]. Und mit dieser orientalischen Woche verbreitet sich die Verehrung der Planeten als Tages- und Schicksalsgötter, als der grossen Weltherrscher[4].

---

[1]) Rohde, Psyche II S. 362 ff. Dieterich, Nekyia, Leipzig 1893. Maaß, Orpheus S. 209 ff. [2]) So nimmt z. B. bei Apuleius Met. XI 5 Isis alle weibliche Göttinnen in sich auf, die in langer Reihe aufgezählt werden. — Eine Zusammenfassung der männlichen Hauptgötter gibt z. B. Celsus bei Orig. C. Cels. I 24. V 41. 45: Es ist gleichgültig, ob man den höchsten Gott Hypsistos, Zeus, Adonai, Sabaoth, Ammon, Papaios nennt. [3]) Schürer, Zeitschrift für neutest. Wiss. VI 1 ff. In Konkurrenz mit der astrologischen Woche fand die jüdische durch die Diaspora weite Verbreitung. Sie zählt nur die Tage, hat aber keine Beziehung zu den Planeten. Auch ihr Ursprung wird babylonisch sein, aber sie hat ihre von der Planetenwoche gesonderte Geschichte. Die ältesten heidenchristlichen Gemeinden haben die jüdische Woche übernommen. [4]) E. Maaß, Die Tagesgötter, Berlin 1902.

Die Rolle, welche die Sterngötter in christlich gnostischen Systemen (vergl. X) und auch im allgemein christlichen Dämonenglauben spielen, die christliche Polemik gegen die Planetenverehrung und die Tatsache, dass dennoch in der siegreichen Kirche die heidnische Bezeichnung der Wochentage üblich wird, beweist die wachsende Macht dieses aus dem Osten stammenden Glaubens.

Die Aufnahme des syrischen Baal und dann des palmyrenischen Bêl als des höchsten den Jupiter ablösenden Sonnengottes durch Elagabal und Aurelian war nur ein letzter Schritt im siegreichen Vordringen syrischer Götter und die öffentliche Anerkennung der Geltung, die der Sonnengott sich im Glauben der Zeit bereits erobert hatte [1]. Seit der Mitte des 1 Jahrhunderts lässt sich seine zunehmende Verbreitung, die durch den Siegeszug der Mithrasreligion gefördert wurde, verfolgen [2]; aber die Wurzeln dieser Entwickelung reichen in hellenistische Zeit zurück [3]. Das Attribut *Invictus* bezeichnete die Allgewalt, die erst dem Christentum allmählich erlegen ist; das Geburtsfest Jesu als der neuen Sonne ist mit bewusster Antithese unter Kaiser Constantius auf den Tag der Geburtsfeier des *Sol Invictus* gelegt worden. Die Bedeutung des Sonnendienstes offenbart sich auch in seiner engen Verknüpfung mit dem Kult des Herrschers, der als irdisches Abbild und Epiphanie des Sonnengottes erscheint. Diese Verehrung des Sol gab dem Zuge der Zeit zu monotheistischer Ausweitung und zusammenfassender Unterordnung der göttlichen Teilkräfte und Emanationen unter eine Hauptgottheit einen besonders festen Halt. Wir haben noch, in doppelter Brechung bei Macrobius Saturnalien I 17—23 und in Julians IV Rede, ein theologisches System, das eine Fülle von Göttergestalten, Sarapis, Apollo, Dionysos, Ares, Hermes, Asklepios, Herakles, Attis, Osiris, Horos, den aramäischen Gott Adad und andere, in den allumfassenden und welterhaltenden Helios aufgehen lässt [4]. Der Neuplatoniker Jamblich hat, vielfach ältere Gelehrsamkeit, z. B. eine konsequent durchgeführte hellenistische Umdeutung Apollos in Helios benutzend, diese Sonnentheologie zu der Zeit geschaffen, wo der Sonnenkult in höchster Blüte stand. Aber die uns erhaltenen Reste eines verwandten theologischen Systems des Cornelius Labeo (III Jahrh.) [5] beweisen, dass die Versuche, die Vielheit der Götter in einer monotheistischen Sonnenverehrung zusammenzufassen, älter sind als Jamblich.

Die Philosophie tritt immer mehr unter den Einfluss der religiösen Zeitströmung; sie sieht vielfach in der nachchristlichen Zeit ihre Hauptaufgabe darin, sich den Tendenzen der Theokrasie dienstbar zu machen. Sie wird zur Theologie, indem sie ihre Erkenntnisse nicht mit den Mitteln wissenschaftlicher Forschung gewinnen will, sondern sie auf positive Autoritäten und höhere Offenbarungen gründet und durch sie allein ihre Sicherheit verbürgt sieht. In den alten Mythen und Kultgebräuchen findet Plutarch die tiefste Weisheit, niedergelegt in Symbolen und Rätseln, die sich nur dem frommen und durch religiöse Uebungen geläuterten Sinn erschliessen [6]. Philo-

[1]) S. über die ganze Entwickelung jetzt Cumont, Les religions orientales dans le paganisme romain, Paris 1907 S. 125—162. [2]) Das Material hat Usener, Rhein. Mus. LX S. 465 ff. gesammelt. [3]) S. Gruppe S. 1466. [4]) S. Wissowa, De Macrobii Saturnaliorum fontibus, Breslau 1880 S. 35 ff., und über die hellenistische Umdeutung von Apollo in Helios Muenzel, De Apollodori Περὶ θεῶν libris Bonn, 1883. [5]) Kahl, Philologus Suppl. V S. 756 ff. 748; vgl. auch Reizenstein, Poimandres S. 197 ff. und Buresch, Klaros, Leipzig 1889 S. 53. 54. [6]) De Iside et Osiride 9. 2. De E apud Delphos 2. De defectu oraculorum 2: Die Philosophie hat die Theologie zum Ziele. — Pausanias VIII 8, 3.

sophie und Poesie sind nach Maximus Tyrius (X, vgl. XXXII Dion I § 57 XXXVI § 32 ff.) im Grunde identisch; nur die Mittel, mit denen sie die eine Wahrheit verkünden, sind verschieden. Ja die Sprache der Poesie, die Mythen und rätselhafte Wendungen bevorzugt, ist mit ihrem geheimnisvollen Dunkel des unergründlichen Wesens der Gottheit vielleicht noch würdiger, jedenfalls an Wahrheitsgehalt der Philosophie durchaus ebenbürtig. Die menschliche Schwäche, so führt derselbe in R. VIII aus, bedarf nun einmal zur Anschauung des Göttlichen der Bilder und Symbole. Und indem er die verschiedenartigen Auffassungen und Darstellungen der Götter bei den verschiedensten Völkern durchgeht, findet er bei allen die wenn auch einseitig ausgeprägte Vorstellung derselben Gottheit (vergl. XVII 4. 5). Diese philosophische Richtung reduziert alle Philosophie (nur Epikur kommt für sie nicht in Betracht) auf ein theologisches Dogma, in dem sie die Summe der bisherigen philosophischen Entwickelung erkennt, und sie setzt zugleich diese Theologie als eine Uroffenbarung in die Anfänge der Menschheit. Man braucht die Religionen aller Völker nur richtig zu deuten, um in allen als Kern den einen gemeinsamen Gottesglauben zu finden [1]. Indem diese im letzten Ziele ganz in Abstraktionen aufgehende Spekulation in der Poesie ebenso das individuelle Schaffen dichterischer Phantasie wie in der nationalen Religion die Offenbarung des Volkscharakters verkennt, weiss sie den alten Gegensatz von drei Religionen (S. 86) in vollste Harmonie aufzulösen. In Wahrheit wird freilich die philosophische Religion zur Norm erhoben, nach der Poesie und Kult umgedeutet werden; denn ein transzendental platonischer Gottesbegriff, der Gegensatz der schaffenden Kraft und des Stoffes, der Ideen- und der Sinnenwelt bilden den wesentlichen Gedankengehalt der höchst komplizierten Systeme [2]. Aber doch leben diese Theologen der ehrlichen Ueberzeugung, dass dieser Wahrheitsgehalt bereits in früher Vorzeit in den polytheistischen Religionen offenbart und erst später von den Philosophen übernommen sei [3], und dass sie den alten Glauben lebendig machen. Ueber die Quellen ihrer Theologie geben sie sich ähnlichen Illusionen wie Philo und Origenes hin. Die Abhängigkeit der Philosophie von der religiösen Entwickelung der Zeit zeigt sich nicht nur in dieser Ableitung der Erkenntnisse aus höherer Offenbarung, sondern auch in der mit den Grundgedanken schwer vereinbaren Uebernahme eines reichen konkreten Stoffes. Denn unter der scheinbar reinen Höhenluft einer philosophischen Religion breitet sich in dichten Massen die dumpfe Atmosphäre der Superstition. Diese Theologie lässt alle, auch die niedrigsten und rohesten Formen des Glaubens gelten und ordnet sie zu einem Systeme, zu einer Art himmlischer Hierarchie. Die Götter des Polytheismus fasst sie alle als Teilkräfte, Offenbarungen, Ausstrahlungen des höchsten Gottes oder Exponenten seiner Wirkungen; und so kann sich der Philosoph, der sie im Grunde auflöst und als symbolische Darstellung einzelner Seiten der Gottheit fasst, doch einig fühlen mit dem naiv Gläubigen, der das Bild für die Sache, die mythische Form für Wahrheit nimmt. Das Uebergewicht des monotheistischen Gefühles tritt darin hervor, dass alle Mythen und religiösen Traditionen, die dem reinen Gottesglauben widersprechen, auf die niedere Sphäre der Dämonen bezogen und zu dieser vielfach auch die Olympier

[1] S. z. B. Plut. De Iside 67 Maximus XVII 5. Ueber seinen Vorläufer Dion s. v. Arnim, Leben und Werke des Dion von Prusa, Berlin 1898, S. 476 ff. [2]) Vgl. Hobein, De Maximo Tyrio, Jena 1895, S. 40 ff. [3]) S. besonders Max. XXXII 3. Das Verhältnis der Philosophen zur Poesie, der von ihnen ohne Dank benutzten Quelle ihrer Weisheit, wird ebenso gefasst, wie später von den Christen ihr Verhältnis zu der heiligen Schrift.

herabgedrückt werden [1].

Das Bild des Apollonios von Tyana, wie es mit wechselnden Tendenzen immer von neuem gezeichnet wurde [2], spiegelt die mannigfachen religiösen Stimmungen der nachchristlichen Zeit wieder; magischer Zauber, Dämonenaustreibungen, Wundergeschichten aller Art, asketische Lebensweise und eine die roheren Religionsformen ablehnende, in der Sonnenverehrung gipfelnde Frömmigkeit, daneben doch Ehrfurcht vor den volkstümlichen Religionen, Empfehlung des väterlichen Brauches und Neigung, bei allen Völkern die Spuren ursprünglicher Weisheit und Frömmigkeit zu entdecken, sind in diesem Bilde vereinigt. Das alles verbindet der Mann, der als das Ideal des göttlichen Menschen und Träger neuer Offenbarungen hingestellt wird. Alexander Severus vereinigt in seinem Betgemach mit einigen seiner göttlichen Vorgänger Apollonios, Christus, Abraham, Orpheus, Alexander den Grossen.

Es ist ganz natürlich, dass eine Zeit, deren Autoritätsglauben aus allen Völkern Offenbarungen zusammensucht, auch nach neuen Enthüllungen verlangte, und die wurden ihr in immer neuer Gestalt geboten. Wir sahen schon, wie die hellenistische Pseudohistorie die Autorität alter fingierter Urkunden vorschiebt. Der Neupythagoreismus wirkt durch ganze Massen gefälschter, auf berühmte Namen gesetzter Schriften. Die Orakelstätten und der Orakelglaube gewinnen in nachchristlicher Zeit neues Leben [3]. Hatten auch die alten Weissagungsstätten ihren politischen Einfluss verloren, so spielten sie eine um so grössere Rolle im Alltagsleben der Menschen, die oft auch über die religiösen Probleme der Zeit Aufklärung durch Orakel suchen. Das von Lukian gezeichnete paphlagonische Orakel mit seinem gemeinen Schwindel ist ein Zeichen der Zeit [4]. Seit dem III Jahrhundert v. Chr. behandeln sibyllinische Dichtungen, Prophezeiungen *ex eventu* mit phantastischen Zukunftsbildern verbindend, die grossen Völkerschicksale und finden auch Raum für eschatologische Visionen, philosophische Lehren, moralische Diatriben. Altes und Junges, jüdische und christliche Umbildungen und Neudichtungen sind in unserer in ihren Rezensionen stark fluktuierenden Sammlung vereinigt [5]. Ganz in theologischer Sphäre bewegen sich die um 200 n. Chr. entstandenen chaldäischen Orakel, die einen platonisierenden Gottesbegriff, eine mit Elementen der volkstümlichen Religionen versetzte Emanationslehre, eine mystische Seelenlehre zu einem Ganzen verbinden, das den Neuplatonikern seit Porphyrios als Offenbarungsurkunde neben Homer und Orpheus steht [6]. Etwa zur selben Zeit veröffentlichen die beiden Juliane Sammlungen religiöser Offenbarungen [7], und etwas später gründet Porphyrios auf alle mögliche Orakelweisheit ein theologisches System [8]. Enthüllungen unter Orpheus' Namen gehen durch alle Jahrhunderte. Die unter dem Namen des

---

[1]) S. z. B. Maximus Tyrius XIV 5 ff., Hobein S. 54 ff. Heinze, Xenokrates, Leipzig 1892 verfolgt S. 79 ff. die Dämonenlehre von Xenokrates über Poseidonios zu Plutarch und Maximus. ἄγγελοι und *genii* fliessen später vielfach mit den Dämonen zusammen. [2]) Vgl. Reitzenstein, Hellenistische Wundererzählungen S. 40 ff. [3]) Rohde, Roman S. 305; Buresch, Klaros S. 39 ff. 48. 55. — Schon Augustus soll 2000 anonyme oder pseudonyme Orakelbücher vernichtet haben (Suet. 31). [4]) Im Alexander sive Pseudomantis 11 ff., vgl. Friedländer III S. 563 ff. [5]) Vgl. Geffcken in Texte u. Unters. NF. VIII 1. Schürer, Gesch. d. jüd. Volkes III [3] 418 ff. Bequeme Uebersicht in Kautzsch, Apokr. und Pseudepigr. II 177 ff. Hennecke, Neutest. Apokr. I 318 ff. [6]) Kroll, Bresl. philol. Abhandlungen VII 1 und desselben Uebersicht im Rhein. Mus. L S. 636 ff., unten K. X. [7]) Ueber ihre und verwandte Schriften s. Lobeck, Aglaophamus S. 98 ff. [8]) G. Wolf, Porphyrii de philosophia ex oraculis haurienda reliquiae. Berlin 1856.

Gottes Hermes gehende Literatur, die in hellenistische Zeit zurückreicht, setzt im II und III Jahrh. n. Chr. wieder mit breiteren Massen ein und wird das Organ der verschiedenartigsten Ideen; daneben ist Asklepios beliebter Autorname[1]. Fingierte Decknamen und vorgeschobene Autoritäten sind besonders in der astrologischen und magischen Literatur fast die Regel. Ich füge zu den schon S. 81 angeführten Namen noch Demokrit, Zoroaster, Ostanes, Hystaspes, Amenhotep, Moses, Salomon als einige der gebräuchlichsten[2]. Als Offenbarung des Mithras führt sich ein etwa aus dem II Jahrhundert stammendes Zauberbuch ein, das die Mittel angibt, sich zum Himmel und zum höchsten Gott zu erheben (vgl. X). In diesem Zusammenhange wären auch zu nennen Sammlungen von Wundergeschichten und erbaulichen Erzählungen, die zur Stärkung des Glaubens und zur Unterhaltung zugleich verbreitet wurden[3]; die Sitte mancher Heiligtümer, die Wunder des Gottes in Stein zu verewigen — aus Epidauros haben wir eine reiche von Priestertrug und krudestem Aberglauben zeugende Sammlung[4] — hat zur Entfaltung dieser beliebten Literaturgattung geführt. All solche religiöse Literatur ist der Natur der Sache nach ephemer und nicht auf die Dauer berechnet; sie vergeht so schnell, wie sie sich erneuert. Nach dem Einblick, den uns besonders die Papyri gewährt haben, können wir uns die Produktion auf diesem Gebiet nicht mannigfach und fruchtbar genug vorstellen. Nur so wird uns der Reichtum der sogenannten gnostischen und der christlichen Unterhaltungsliteratur verständlich, auf die von ihren profanen Vorgängern aus das hellste Licht fällt. Der für diese Zeit charakteristische unerschöpfliche Trieb zu religiösen Neubildungen wird uns noch Kap. X beschäftigen.

BEILAGEN

1. Athenische Inschrift auf einer Marmorbasis (Ditt. Syll. 346):

Ὁ δῆμος Γάιον Ἰούλιον Καίσαρα ἀρχιερέα καὶ δικτάτορα τὸν ἑαυτοῦ σωτῆρα καὶ εὐεργέτην.

2. Steininschrift aus Ephesos vom J. 48 (Ditt. 347):

[Ἐφεσίων ἡ βουλὴ καὶ ὁ δῆμος καὶ αἱ ἄλλαι Ἑλληνικαὶ] πόλεις αἱ ἐν τῇ Ἀσίᾳ κατοικοῦσαι καὶ τὰ ἔθνη Γάιον Ἰούλιον Γαΐου υἱὸν Καίσαρα τὸν ἀρχιερέα καὶ αὐτοκράτορα καὶ τὸ δεύτερον ὕπατον, τὸν ἀπὸ Ἄρεως καὶ Ἀφροδείτης θεὸν ἐπιφανῆ καὶ κοινὸν τοῦ ἀνθρωπίνου βίου σωτῆρα.

Die Zurückführung des julischen Geschlechtes auf Venus ist bekannt, auffallend die auf Mars, den römischen Nationalgott. Sie ist charakteristisch für die S. 90 gezeichnete Mischung altrömischer Traditionen mit denen des julischen Hauses.

3. Alexandrinische Inschrift, am Schluss auf das Jahr 33 v. Chr. datiert (Dittenberger, Orientis inscr. 195):

[1]) Reitzenstein, Poimandres; über Asklepios daselbst S. 120 ff. Ders., Hellenistische Theologie in Aegypten, Neue Jahrb. XIII S. 177 ff. und Otto in dem S. 73 genannten Werke II S. 218 ff. [2]) Belege s. Jahrb. Suppl. XVI S. 756. 757; Dieterich, Abraxas S. 160. 161, Reitzenstein S. 120 ff. 163, Gruppe S. 1489. Der Namen Hystaspes hat auch bei Juden und Christen gegolten (Schürer III S. 450) wie Orpheus und Sibylle. [3]) Reitzenstein, Hellenistische Wundererzählungen, Leipzig 1906. [4]) Dittenberger, Sylloge II 802—804.

Ἀντώνιον μέγαν κἀμίμητον Ἀφροδίσιος παράσιτος τὸν ἑαυτοῦ θεὸν καὶ εὐεργέτην . . .

Der Triumvir Antonius hatte in Alexandrien einen Vergnügungsverein ἀμιμητορίων gegründet (Plut. Ant. 28. 72).

4. Aus einem mytilenäischen Volksbeschluss über Ehrungen des Augustus (Ditt. Or. inscr. 456 Z. 35), aus dem Jahr 27 oder bald nachher:

ἐπιλογίσασθαι δὲ τῆς οἰκείας μεγαλοφροσύνης ὅτι τοῖς οὐρανίου τετευχόσι δόξης καὶ θεῶν ὑπεροχὴν καὶ κράτος ἔχουσιν οὐδέποτε δύναται συνεξισωθῆναι τὰ καὶ τῇ τύχῃ ταπεινότερα καὶ τῇ φύσει. εἰ δέ τι τούτων ἐπικυδέστερον τοῖς μετέπειτα χρόνοις εὑρεθήσεται, πρὸς μηδὲν τῶν θεοποιεῖν αὐτὸν ἐπὶ πλέον δυνησομένων ἐλλείψειν τὴν τῆς πόλεως προθυμίαν καὶ εὐσέβειαν.

Man lernt die servile Bereitwilligkeit des Orients zur Zuerkennung jeder Art göttlicher Ehren aus dieser Inschrift kennen.

5. Dekret des κοινόν der asiatischen Griechenstädte über Verlegung des Jahresanfanges auf den Geburtstag des Augustus und Einführung eines julianischen Kalenderjahres, um 9 v. Chr. Wir haben Reste, auch der lateinischen Fassung, von Exemplaren aus Priene, Apameia, Eumeneia, Dorylaion (Ditt. Or. II 458). Z. 1—30 enthält den Brief des Prokonsuls Paulus Fabius Maximus, 30—77 den seinen Wunsch erfüllenden Beschluss:

I πότερον ἡδείων ἢ ὠφελιμωτέρα ἐστὶν ἡ τοῦ θειοτάτου Καίσαρος γενέθλιος ἡμέρα, ἣν τῇ τῶν πάντων ἀρχῇ ἴσην [1] δικαίως ἂν εἶναι ὑπολάβοιμεν, καὶ εἰ μὴ τῇ φύσει, τῷ γε χρησίμῳ, εἴ γε οὐδὲν οὐχὶ διαπεῖπτον καὶ εἰς ἀτυχὲς μεταβεβηκὸς σχῆμα ἀνώρθωσεν [2] ἑτέραν τε ἔδωκεν παντὶ τῷ κόσμῳ ὄψιν, ἥδιστα ἂν δεξαμένῳ φθοράν [3], εἰ μὴ τὸ κοινὸν πάντων εὐτύχημα ἐπεγεννήθη, Καῖσαρ· διὸ ἄν τις δικαίως ὑπολάβοι τοῦτο ατῷ [4] || ἀρχὴν τοῦ βίου καὶ τῆς ζωῆς γεγονέναι, ὅ ἐστιν πέρας καὶ ὅρος τοῦ μεταμέλεσθαι, ὅτι γεγέννηται. καὶ ἐπεὶ οὐδεμιᾶς ἂν ἀπὸ ἡμέρας εἴς τε τὸ κοινὸν καὶ εἰς τὸ ἴδιον ἕκαστος ὄφελος εὐτυχεστέρας λάβοι ἀφορμὰς ἢ τῆς πᾶσιν γενομένης εὐτυχοῦς, σχεδόν τε συμβαίνει τὸν αὐτὸν ταῖς ἐν Ἀσίᾳ πόλεσιν καιρὸν εἶναι τῆς εἰς τὴν ἀρχὴν εἰσόδου, || δηλονότι κατά τινα θείαν βούλησιν οὕτως τῆς τάξεως προτετυπωμένης [5], ἵνα ἀφορμὴ γένοιτο τῆς εἰς τὸν Σεβαστὸν τιμῆς, καὶ ἐπειδὴ δύσκολον μέν ἐστιν τοῖς τοσούτοις αὐτοῦ εὐεργετήμασιν κατ' ἴσον ε[ὐχαρισ]τεῖν, εἰ μὴ παρ' ἕκαστα ἐπινοήσαιμεν τρόπον τινὰ τῆς ἀμείψε[ως καινόν,] ἥδειον δ' ἂν ἄνθρωποι τὴν κοινὴν πᾶσιν ἡμέραν γενέθλιον ἀγά[γοιεν, || ἐ]ὰν προσγένηται αὐτοῖς καὶ ἰδία τις διὰ τὴν ἀρχὴν ἡδονή, δοκεῖ μοι πασῶν τῶν πολειτηῶν [6] εἶναι μίαν καὶ τὴν αὐτὴν νέαν νουμηνίαν τὴν τοῦ θηοτάτου Καίσαρος γενέθλιον, ἐκείνῃ τε πάντας εἰς τὴν ἀρχὴν ἐνβαίνειν, ἥτις ἐστὶν πρὸ ἐννέα καλανδῶν Ὀκτωβρίων . . .

II Ἔδοξεν τοῖς ἐπὶ τῆς Ἀσίας Ἕλλησιν, γνώμῃ τοῦ ἀρχιερέως Ἀπολλωνίου τοῦ Μηνοφίλου Ἀζανίτου·

ἐπε[ιδὴ ἡ πάντα] διατάξασα τοῦ βίου ἡμῶν πρόνοια σπουδὴν εἰσενενκαμένη καὶ φιλοτιμίαν τὸ τεληότατον [7] τῷ βίῳ διεκόσμησεν ἐνενκαμένη τὸν Σεβαστόν, ὃν εἰς εὐεργεσίαν ἀνθρώπων ἐπλή||ρωσεν ἀρετῆς, ὥσπερ ἡμεῖν καὶ τοῖς μεθ' ἡ[μᾶς σωτῆρα πέμψασα] τὸν παύσοντα μὲν πόλεμον κοσμήσοντα [δὲ πάντα, φανεὶς δὲ] ὁ Καῖσαρ τὰς ἐλπίδας τῶν προλαβόντων — — — ἔθηκεν [8]. οὐ μόνον τοὺς πρὸ

[1]) Die Vorstellung findet in der Säkularfeier (S. 89) ihren typischen Ausdruck. [2]) Vgl. Cic. pro Marcello 23, Res gestae divi Augusti c. 8 (Zeitschr. f. neutest. Wiss. V Σωτήρ S. 344). [3]) Vgl. S. 88. [4]) Damals gebräuchliche Nebenform von αὐτῷ, Parallelen zum Gedanken Σωτήρ S. 344. [5]) Ein Walten der Vorsehung hat es gefügt, dass der in Asien übliche Jahresanfang dem Geburtstage des Augustus nahe lag (der stoische Begriff der πρόνοια auch Z. 31). Der lateinische Text redet nur von einem Zufall. [6]) Wie nachher θηοτάτου τεληότατον. [7]) Vgl. S. 88 Anm. 5 und Nr. 6 Anfang. [8]) Die Worte

αὐτοῦ γεγονό[τας εὐεργέτας ὑπερβα]λόμενος, ἀλλ' οὐδ' ἐν τοῖς ἐσομένοις ἐλπίδ[α ὑπολιπὼν ὑπερβολῆς], ἦρξεν δὲ τῷ κόσμῳ τῶν δι' αὐτὸν εὐανγελί[ων ἡ γενέθλιος] τοῦ θεοῦ, wird die Ausführung des Vorschlages des Prokonsuls nebst der Auszeichnung des Kranzes für diesen, Aufstellung des Briefes und des Beschlusses im Tempel der Roma und des Augustus zu Pergamon und in den Konvents-Hauptstädten beschlossen.

6. Nr. 894 der Inscriptions in the British Museum, aus Halikarnass:

Ἐπεὶ ἡ αἰώνιος καὶ ἀθάνατος τοῦ παντὸς φύσις τὸ μέγιστον ἀγαθὸν πρὸς ὑπερβαλλούσας εὐεργεσίας ἀνθρώποις ἐχαρίσατο Καίσαρα τὸν Σεβαστὸν ἐνενκαμένη τῷ καθ' ἡμᾶς εὐδαίμονι βίῳ, πατέρα μὲν τῆς ἑαυτοῦ πατρίδος θεᾶς Ῥώμης, Δία δὲ πατρῷον καὶ σωτῆρα τοῦ κοινοῦ τῶν ἀνθρώπων γένους, οὗ ἡ πρόνοια τὰς πάντων εὐχὰς οὐκ ἐπλήρωσε μόνον, ἀλλὰ καὶ ὑπερῆρεν· εἰρηνεύουσι μὲν γὰρ γῆ καὶ θάλαττα, πόλεις δὲ ἀνθοῦσιν εὐνομίᾳ ὁμονοίᾳ τε καὶ εὐετηρίᾳ, ἀκμή τε καὶ φορὰ παντός ἐστιν ἀγαθοῦ, ἐλπίδων μὲν χρηστῶν πρὸς τὸ μέλλον, εὐθυμίας δὲ εἰς τὸ παρὸν τῶν ἀνθρώπων ἐνεπεπλησμένων, ἀγῶσιν καὶ ἀγάλμασιν θυσίαις τε καὶ ὕμνοις . . .

Den Titel pater patriae erhielt Augustus 2 v. Chr. Er wird den Griechen verständlich gemacht als Ζεὺς πατρῷος.

7. Augustus offiziellen ägyptischen Titel (sich berührend mit S. 76) gibt nach Lepsius Mommsen R. G. V S. 565 (Gardthausen II S. 241): „Der schöne Knabe, lieblich durch Liebenswürdigkeit, der Fürst der Fürsten, auserwählt von Ptah und Nun, dem Vater der Götter, König von Oberägypten und König von Unterägypten, Herr der beiden Länder, Autokrator, Sohn der Sonne, Herr der Diademe, Kaisar, ewig lebend, geliebt von Ptah und Isis.“ W. Otto bemerkt mir, dass Augustus auch noch den Titel Horus und Stier führt.

8. Beschluss aus Assos vom J. 37 auf einer Erztafel (Ditt. Syll. 364). Ich drucke nur einen Teil ab:

Ἐπεὶ ἡ κατ' εὐχὴν πᾶσιν ἀνθρώποις ἐλπισθεῖσα Γαΐου Καίσαρος Γερμανικοῦ Σεβαστοῦ ἡγεμονία κατήνγελται, οὐδὲν δὲ μέτρον χαρᾶς εὕρηκεν ὁ κόσμος, πᾶσα δὲ πόλις καὶ πᾶν ἔθνος ἐπὶ τὴν τοῦ θεοῦ ὄψιν ἔσπευκεν, ὡς ἂν τοῦ ἡδίστου ἀνθρώποις αἰῶνος νῦν ἐνεστῶτος, haben wir beschlossen, eine Gesandtschaft an den neuen Kaiser zu senden, um ihm zu gratulieren und um sein Wohlwollen zu bitten. Es folgt der Huldigungseid der Assier.

9. Aus einem Beschlusse der Kyzikener, bald nach dem Regierungsantritt des Caligula (Ditt. Syll. 365):

Ἐπεὶ ὁ νέος Ἥλιος[1] Γάϊος Καῖσαρ Σεβαστὸς Γερμανικὸς συναναλάμψαι ταῖς ἰδίαις αὐγαῖς καὶ τὰς δορυφόρους τῆς ἡγεμονίας ἠθέλησεν βασιλῆας[2], ἵνα αὐτοῦ τὸ μεγαλεῖον τῆς ἀθανασίας καὶ ἐν τούτῳ σεμνότερον ᾖ, βασιλέων κἂν πάνυ ἐπινοῶσιν εἰς εὐχαριστίαν τηλικούτου θεοῦ εὑρεῖν ἴσας ἀμοιβὰς οἷς εὐηργέτηνται μὴ δυναμένων und er die Söhne des Kotys wieder eingesetzt hat, οἱ δὲ τῆς ἀθανάτου χάριτος τὴν ἀφθονίαν καρπούμενοι ταύτῃ τῶν πάλαι μείζονες, ὅτι οἱ μὲν παρὰ πατέρων διαδοχῆς ἔσχον, οὗτοι δ' ἐκ τῆς Γαΐου Καίσαρος χάριτος εἰς συναρχίαν τηλικούτων θεῶν γεγόνασι βασιλεῖς, θεῶν δὲ χάριτες τούτῳ διαφέρουσιν ἀνθρωπίνων διαδοχῶν, ᾧ ἢ νυκτὸς ἥλιος καὶ (st. ἢ) τὸ ἄφθαρτον θνητῆς φύσεως, wollen wir die Söhne des Kotys feierlich empfan-

der Lücke müssen den Sinn gegeben haben, dass Augustus die ahnungsvollen Hoffnungen, die man längst auf ihn setzte (S. 88) erfüllt oder übertroffen habe, vgl. Nr. 6.

[1]) Vgl. Ditt. Nr. 376, den Beschluss der Akräphienser von J. 67, dem Nero einen Altar mit der Aufschrift Διὶ Ἐλευθερίῳ Νέρωνι εἰς αἰῶνα zu weihen. Z. 33 wird dort von ihm gesagt νέος Ἥλιος ἐπιλάμψας τοῖς Ἕλλησιν προειρημένος (= προῃρημένος) εὐεργετεῖν τὴν Ἑλλάδα. Anthologia Palatina IX 178.

[2]) S. Nr. 5 Anm. 6.

gen und dabei εὔξασθαι ὑπὲρ τῆς Γαΐου Καίσαρος αἰωνίου διαμονῆς καὶ τῆς τούτων σωτηρίας . . . .

Wie die Söhne des Kotys, hatte Caligula auch andere Fürsten, z. B. Antiochos von Kommagene und den Judenkönig Agrippa, in ihre Herrschaft wieder eingesetzt.

10. Inschriften von Priene, her. von Hiller von Gärtringen, Berlin 1906, Nr. 229:

Αὐτοκράτορα Δομιτιανὸν Καίσαρα Σεβαστὸν [Γερμανικόν], θεὸν ἀνίκητον, κτίστην τῆς πόλεως ὁ δῆμος ὁ Πριηνέων.

VIII

HELLENISMUS UND JUDENTUM

JWellhausen, Israelitische und jüdische Geschichte[4], Berlin 1901. — ESchürer, Geschichte des jüdischen Volkes im Zeitalter Jesu Christi[3], 3 Bde. Leipzig 1901. 1898, Registerband 1902. — WBousset, Die Religion des Judentums im neutestamentlichen Zeitalter[2], Berlin 1906. — ABertholet, Die Stellung der Israeliten und der Juden zu den Fremden, Freiburg und Leipzig 1896. — Eine populäre Zusammenfassung gibt WStaerk, Neutestamentliche Zeitgeschichte, 2 Bdchen, Leipzig 1907 (Sammlung Göschen).

1 Palästinensisches Judentum

Der Syrerkönig Antiochos Epiphanes (175—164) hat versucht, dem Judentum seine nationale und religiöse Sonderart gewaltsam zu rauben und es zum Eingehen in den hellenistischen Kulturkreis zu zwingen. Der Plan des hellenistischen Fürsten ist begreiflich. Die Eigenart der jüdischen Religion, deren Exklusivität ihr die den polytheistischen Religionen leichte und natürliche Verschmelzung mit der griechischen Religion unmöglich machte, hat er nicht verstanden und in dem prinzipiellen Standpunkt jüdischer Frömmigkeit nichts als eigensinnige Widersetzlichkeit gesehen. Die Sympathien einer längst an hellenistische Lebensformen und Einrichtungen gewöhnten aristokratischen Partei unter den Juden schienen ihm Aussicht auf Erfolg zu bieten[1]. In Wahrheit hat dann der gewaltsame Versuch dem Judentum die Augen geöffnet für die vom Hellenismus ihm drohende Gefahr und es (seit 168) in den Kampf für seine nationale Religion getrieben. Der Lauf der geschichtlichen Entwickelung hat aber bald den religiösen Gedanken, welcher der kräftigste Hebel der Erhebung gewesen war, zurückgedrängt. Die gesetzesstrenge Partei der Pharisäer, der spezifisch Frommen, hat sich der Pflege und Sicherung des religiösen Erbes und Gewinnes der Befreiungskämpfe gewidmet und damit eine Aufgabe erfüllt, zu der die ins politische Weltgetriebe ver-

[1]) Die neueren Forschungen über Jesus Sirach haben neues Licht über die damaligen Richtungen des Judentums verbreitet, s. R. Smend, Gött. Gel. Anzeigen 1906, S. 756 ff. Danach schrieb Sirach vor der syrischen Religionsverfolgung mit starker antihellenischer Tendenz. Er stellt die jüdische Religion dar als Weisheitslehre, die aller heidnischen Weisheit überlegen ist.

strickte, die Religion als Mittel zu politischen Zwecken benützende Dynastie der Makkabäer mit ihrem usurpierten Hochpriestertum ebenso unfähig wie unwürdig erschien. Das Regiment der idumäischen Bastarde (seit 41) und dann die sich vollendende römische Fremdherrschaft konnte die religiösen Erzieher nur darin bestärken, die Frömmigkeit wieder auf die der Welt und der Politik abgewandte Richtung zurückzuführen, die sie seit dem Exil eingeschlagen hatte. Die Lösung der politischen Frage wurde vertagt, man fand sich in das gottgewollte Provisorium, und man suchte die Verwirklichung der Frömmigkeit nicht mehr im Staate, sondern in der neben ihm hergehenden, der christlichen Kirche ähnlichen Organisation der Gemeinde: erst der Druck der Römerherrschaft hat die Pharisäer zum Eingehen auf die wachsende nationale Strömung genötigt. Ihre religiöse Erziehungsarbeit hat ihnen wirklich die geistige Herrschaft im Volk gesichert und dem Judentum seinen besondern Charakter, die religiöse Richtung und Gestaltung des Lebens, die schroffe Abschliessung gegen alle Elemente fremder Kultur, soweit sie nicht schon völlig assimiliert waren und als fremdartig gar nicht mehr empfunden werden konnten, das starke Bewusstsein der auf dem Gesetz beruhenden Einheit und der besonderen Ueberlegenheit des Volkstumes aufgeprägt. Diese Strömung hat sich durchgesetzt und das Volk erobert im Gegensatz zu der die oberen Schichten beherrschenden Stimmung unter stets latenten, oft in offenem Kampf sich entladenden Spannungen. Dieser Widerstand machte die Position der Dynastie des Herodes, die das Judentum mit dem Hellenismus in Einklang bringen wollte, zu einer verlorenen. So verschiedenartig die idumäischen Herrscher waren, die an die hellenistischen Despoten erinnernde Kraftnatur des grossen Herodes (37—4 v. Chr.), der mit gleichem Pompe, aber geringerer Energie auftretende Herodes Antipas (4 v.—39 n. Chr.), der liederliche und bigotte Herodes Agrippa I (37, 40, 41—44 n. Chr.), darin sind sie sich doch gleich, dass sie den Glanz weltlicher Kultur und Bildung suchen, in Gründungen und Bauten dem Beispiel hellenistischer Herrscher folgen, fremde Institutionen übernehmen, auf dem üblichen Fusse und in den weltlichen Verkehrsformen ihre Beziehungen mit auswärtigen Staaten unterhalten, Komplimente und Ehren geben und empfangen, vor dem Kaiser und seinen Grossen kriechen[1], keine Schranken der Begierde und des Genusses kennen. Dass sie eine Art Gottesstaat zu regieren hatten und bei offiziellen Gelegenheiten eine besondere Frömmigkeit zur Schau trugen, werden draussen Stehende ihnen nicht angemerkt haben. Sie verfolgten im Grunde nur die Richtung weiter, die schon die makkabäischen Könige eingeschlagen hatten, und sie hatten den priesterlichen Adel der Nation hinter sich, der sich von den hellenisierenden Tendenzen der vormakkabäischen Periode die Neigung zu Weltförmigkeit und Aufklärung bewahrt hatte und durch die rigorosen Heiligkeitsforderungen der exklusiven Frömmigkeit sich in seiner Bewegungsfreiheit nicht hindern lassen wollte.

Was von griechisch-römischer Kultur durch den Hof und durch das römische Regiment, durch die lebhaften Beziehungen zum Westen und durch die wachsenden Bedürfnisse der Lebenshaltung, durch jüdischen Wandertrieb und Austausch mit der Diaspora eingeführt wurde, hat sich meist an der Oberfläche der verfeinerten äusseren Zivilisation bewegt und auf die höheren Schichten und die Städte beschränkt[2]. An Literaten und Diplomaten, welche

[1]) Herodes der Grosse baut mehrere Cäsareen und andere Tempel ausserhalb des jüdischen Landes, in Jerusalem Theater und Amphitheater: Schürer I S. 387 ff. (II 45 ff.); Bertholet S. 247. 248. [2]) Schürer II 42 ff., der unter anderem das Eindringen griechischer und lateinischer Lehnwörter aus der Mischna erläutert.

die griechische Sprache beherrschten, hat es auch in Jerusalem nicht gefehlt; sie waren leicht aus dem Palästina umgebenden Kranz hellenistischer Städte und der dortigen Diaspora zu beziehen; die meisten tragen keine jüdischen Namen. Von geistigem Besitz der Griechen ist gewiss nichts in die Tiefen des jüdischen Volkes gedrungen, das unter der geistigen Herrschaft des Pharisäismus von den Grundsätzen strenger Ausschliessung alles Fremdländischen und von besonderem Misstrauen gegen den Hellenismus[1] beseelt war. Vereinzelte griechische Elemente sind der Theologie durch die Schriftgelehrten der Diaspora vermittelt worden.

Sehr viel stärker sind unzweifelhaft die Einwirkungen des Ostens gewesen, auf die hier nur kurz hingewiesen werden kann[2]. Was sagt allein die eine Tatsache, dass das Judentum seine eigene Sprache aufgegeben hat! Die israelitische Kultur, die schon vor dem Exil kein autochthones Gewächs gewesen, sondern von fremden Elementen durchsetzt war, tritt uns in der Periode des Judentums besonders in den niederen Schichten der Religion, in Angelologie, Dämonologie, Kosmologie und Eschatologie mit einer solchen Fülle neuen Materials bereichert, in solcher fluktuierenden Bewegung des religiösen Vorstellungslebens begriffen entgegen, dass wir der Berührung mit fremden Völkern den entscheidenden Anstoss zu dieser starken Umgestaltung und Mehrung des früheren Besitzes zuschreiben müssen. Der Einfluss der innerasiatischen Kultur, den das Judentum im Exil erfahren hatte, setzte sich durch die lebhaften Beziehungen zu den babylonischen Gemeinden fort. Der in dieser Periode sich vollziehende Prozess der Konsolidierung zuerst der neuen Gemeinde und dann des Staates in der Makkabäerzeit ist ähnlich wie bei der ersten Eroberung Kanaans neben der Abstossung eine stetige Absorption fremder oder gemischter Bevölkerung durch den jüdischen Kern, eine fortschreitende Judaisierung, die, oft durch Blut und Eisen, eine Nation zusammenbringt und durch das starke Band der ritualen Religion zusammenschmiedet[3]. Kein Wunder, dass trotz aller Strenge der religiösen Disziplinierung in diesem Volke die Rudimente der verschiedensten Glaubensformen fortleben, dass das Netz hellenistischer Städte mit ihrer oberflächlichen westlichen Kultur und ihrer starken semitischen Unterschichten (S. 12), das Palästina umschliesst, dass ähnliche ins Herz des Landes eingesprengte Enklaven, dass Samarien, das vor und nach dem Magier Simon stets ein fruchtbarer Boden für mancherlei Mischbildungen gewesen ist, den so leicht bestimmbaren niederen Schichten des Glaubens eine Fülle neuer oder verwandter Vorstellungen zuführen konnte. Dass endlich die seit dem II Jahrh. v. Chr. mächtig vordringende Propaganda der innerasiatischen Religionen, die in Syrien gerade einen starken religiösen Gärungsprozess schuf und sich mit griechischen Spekulationen durchsetzte, auch an dem Judentum nicht spurlos vorübergegangen ist, wird S. 122 ff. gezeigt werden. Die Richtung auf das innere Leben, die der Pharisäismus der Frömmigkeit gab, musste zur Individualisierung der Anschauungen und freieren Entfaltung der religiösen Vorstellungswelt führen. Wie schlicht und natürlich scheint die Frömmigkeit der Stillen im Lande gewesen zu sein, in der Jesus gross geworden

Vgl. auch seinen Registerband, S. 13 ff. Zahn, Einleitung[3] I S. 24 ff., der im einzelnen den griechischen Einfluss sich zu ausgedehnt vorstellt.

[1]) Schürer II 67 ff. zeigt, wie eingehende Kautelen die Kasuistik der Schriftgelehrten für die Berührung mit dem Heidentum aufstellte.

[2]) Einiges wird IX 1 und X ausgeführt werden. Zum folgenden vgl. auch Gunkel, Forschungen zur Religion und Lit. des Alten und Neuen Testaments 1 S. 21 ff.

[3]) Vgl. auch Höschel, Palästina in der persischen und hellenistischen Zeit, Sieglins Quellen und Forschungen, Heft 5, Berlin 1903.

ist. Daneben Kreise, die begierig auf geheimnisvolle Zukunftsoffenbarungen lauschen und sich an einem grotesken mythologischen Apparate erbauen. Dann wieder die rigorose Askese des Täufers und jenes sonderbaren Heiligen, den Josephus' Selbstbiographie (§ 11 Niese) uns schildert, das besondere Heiligungsstreben der essäischen Gemeinschaft, überhaupt eine starke Neigung, die Frömmigkeit in engeren Kreisen zu pflegen. „Das Judentum war wie der Islam eine komplexe Erscheinung, voller Antinomieen, aufnahmefähig wie alles Lebendige, nicht systematisch, sondern nur historisch zu begreifen. Die Pedanterie und die strenge Disziplin beherrschte nur die Praxis, liess aber auf dem Gebiete des Glaubens und der religiösen Vorstellungen eine merkwürdige Freiheit bestehen, wenngleich gewisse Grundsätze nicht angetastet werden durften. Es muss eine grosse, bunte und anarchische Literatur dieser Art gegeben haben“ [1].

So steht das jüdische Volk freilich mitten in der kulturgeschichtlichen und religionsgeschichtlichen Entwickelung, deren Bedingungen wesentlich der Hellenismus geschaffen hat. Aber so sehr die Fortbildung des Judentums und die Ausgestaltung seines geistigen Lebens durch seine Verflechtung in die Völkergeschichte und durch mancherlei fremde Einflüsse bestimmt ist, lässt sich doch an keinem Punkte mit Sicherheit nachweisen, dass der griechische Geist auf die sich reicher entfaltende innere Entwicklung des palästinensischen Judentums einen tieferen Einfluss ausgeübt hat. Die aus innerjüdischer Entwickelung nicht verständlichen fremdartigen Züge der essäischen Gemeinschaft lassen mit Wahrscheinlichkeit von aussen gekommene Einflüsse vermuten. Dass wir ihren Ursprungsort nicht nachweisen können, ist eine Erfahrung, die sich in der religionsgeschichtlichen Erforschung dieser Periode oft wiederholt; dass sie von den Orphikern ausgegangen seien, scheint mir eine unwahrscheinliche und nicht genügend bewiesene Hypothese zu sein [2]. Wie das Christentum erst mit seinem Uebergange vom palästinensischen Boden in die westliche Welt der Weltkultur sich zu erschliessen beginnt, so müssen wir das jüdische Mutterland verlassen und uns der jüdischen Diaspora zuwenden, um einen tieferen Einfluss des Hellenismus auf die Entwickelung des Judentums wahrzunehmen.

2 Hellenistisches Judentum

Ein Ueberblick über die Verbreitung des Judentums in der griechisch-römischen Welt, die jüdische Hellenisten stolz als Aussendung von Kolonien bezeichnen [3], kann hier so wenig gegeben wie die vielumstrittene Frage nach der Zeit der Gemeindegründungen in den hellenistischen Städten und dem Anteil, der den ersten hellenischen Herrschern daran zugeschrieben wird [4], erörtert werden. Für uns kommt hier vor allem Alexandria als die Kultur-

[1]) Wellhausen S. 303. 304. [2]) Zeller hat diese auch von Schürer II S. 385 ff. angenommene Hypothese zuletzt in der Zeitschrift für wiss. Theol. 1899 S. 195 ff. vertreten; s. dagegen Bousset S. 524 ff. Durch die von Josephus aufgetragenen hellenistischen Farben darf man sich hier wie in der philonischen Schilderung der Therapeuten (Jahrb. f. klass. Philol. Suppl. XXII S. 748 ff.) nicht täuschen lassen. Für Josephus sind ja auch die Zeloten eine philosophische Sekte. [3]) S. Agrippa in Philos Leg. ad Gaium 36 p. 587 M. und ähnlich Philo In Flaccum 7 p. 524 M., De vita contemplativa 3 p. 474 M. [4]) Der konservativen Darstellung Schürers III S. 10 ff. steht z. B. die starke Skepsis Boussets S. 71 ff. gegenüber. Die von Bousset S. 75

stätte in Betracht, wo der griechische Geist zwar keineswegs den einzigen, aber den stärksten Einfluss auf das jüdische Denken ausgeübt hat. Um die Mitte des III Jahrh. ist eine jüdische Diaspora in Aegypten, freilich ausserhalb Alexandrias, urkundlich bezeugt[1]. Der Schluss, dass wir sie zu derselben Zeit also auch in Alexandria vorauszusetzen haben, scheint mir wahrscheinlich, ihr Beginn in der ersten hellenistischen Zeit, in welche die jüdische Tradition ihn setzt, sehr möglich. Frühzeitig haben die Juden dort einen besonderen Kommunalverband mit eigener Verfassung gebildet und sich bürgerlicher Gleichberechtigung erfreut.

Sehr viel grösser war für das Judentum der Diaspora die Gefahr, sich selbst zu verlieren und vom Hellenismus verschlungen zu werden. Hier trat ihm eine gar nicht verwandte und zum Teil hoch überlegene Kultur entgegen. Gewaltsamen und den Widerstand herausfordernden Hellenisierungsversuchen war es nicht ausgesetzt. In den Städten vielfach mit besonderen Vorrechten ausgestattet und als geeignetes Werkzeug der Kolonisation benutzt, sah sich die Judenschaft der Diasporagemeinden den leise aber stetig wirkenden Berührungen des griechischen Geistes ausgesetzt, durch den Gebrauch der griechischen Sprache schon in die fremde Anschauungsweise hineingezogen, durch den beständigen unvermeidlichen Verkehr mit Nichtjuden zur Nichtachtung vieler die Abschliessung fordernder Gebote, zur Milderung der nationalen Vorurteile genötigt. Dass trotzdem das Judentum auch in der Diaspora seine Eigenart bewahrt und selbst, wo es von griechischen Ideen stark infiziert war, das nationale Bewusstsein kräftig betont hat, ist der straffen Gemeindeorganisation und dem engen Zusammenhange mit der Muttergemeinde, wie er auch in der planmässigen und einheitlichen Opposition gegen die christliche Mission hervortritt, zuzuschreiben[2]. Das Judentum war schon in sich zu sehr gefestigt, um in der Mischung der Völker sich zu verlieren. Eine religiöse Mischbildung, die den Charakter jüdischer Religion verleugnet, lässt sich in Kleinasien in Konventikeln nachweisen, die den ὕψιστος oder auch κύριος verehrten, in dem Sabazios und κύριος Σαβαώθ zusammengeflossen waren. Aehnliche jüdisch beeinflusste Vereine finden sich im bosporanischen Reiche[3]. In Athribis (im Süden des Delta) weihen Juden und der Kommandant der Gendarmerie zu Ehren des ägyptischen Königspaares eine προσευχή

bezweifelte Ansiedelung von Juden in Lydien und Phrygien durch Antiochos III scheint mir durch neue Funde durchaus bestätigt zu sein; s. die Anm. 3 angeführte Literatur. Selbst wenn man die Anfänge der LXX erst um 200 ansetzt, muss man ein längeres Bestehen der jüdischen Gemeinde voraussetzen. Die aramäischen Papyri aus Assuan werfen jetzt neues Licht auf die jüdische Diaspora Aegyptens, s. Archiv für Papyrusforschung IV S. 228 ff.

[1]) Besonders wichtig ist die aus der Zeit des Ptolemaios Euergetes I (247—222) stammende Inschrift aus Schedia (Dittenberger, Orientis inscr. 726): ὑπὲρ βασιλέως Πτολεμαίου καὶ βασιλίσσης Βερενίκης ἀδελφῆς καὶ γυναικὸς καὶ τῶν τέκνων τὴν προσευχὴν οἱ Ἰουδαῖοι. „Die Juden scheuten sich also nicht, ihr Bethaus zu Gunsten des Königs der Völker zu weihen". (Wilamowitz, Sitzungsber. der Akad. zu Berlin 1902, S. 1094.) Bei Dittenberger 742 wird eine spätere Inschrift mitgeteilt, die eine Synagoge θεῷ μεγάλῳ weiht. Ueber dies Attribut s. auch S. 76[5].

[2]) Der lebhafte Austausch der Schriften wird z. B. durch den Eingang von Sirach und II Makk und die Subskription von Esther bezeugt.

[3]) Cumont, Les religions orientales dans le paganisme romain, Paris 1907 S. 77 ff., Schürer, Sitzungsber. der Akad. zu Berlin 1897 S. 200 ff. und Cumont, Supplément à la revue de l'instruction publique en Belgique 1897 und Comptes rendus de l'Acad. des inscriptions et belles lettres 1906 S. 63 ff., wo die Malereien des Grabes des Vincentius (Maaß, Orpheus S. 209 ff.) aus dieser Mischbildung erklärt werden.

dem ὕψιστος θεός. Die Benennung des Gottes legt auch hier den Gedanken einer Mischbildung nahe, und der Hauptmann scheint doch nicht Jude gewesen zu sein[1]. Der jüdische Verein der Therapeuten in Aegypten ist wahrscheinlich unter Mitwirkung fremdartiger Einflüsse entstanden[2]. Aber Entstellung oder Preisgabe des echt jüdischen Gottesglaubens war jedenfalls eine seltene Ausnahme und nur bei versprengten Splittern des jüdischen Volkes, die alle Fühlung mit dem Kern verloren hatten, möglich. Der jüdische Tempeldienst im ägyptischen Leontopolis trug schismatischen, nicht häretischen Charakter und ist zu immer grösserer Bedeutungslosigkeit herabgesunken.

Aber auch die strenge Bewahrung der nationalen Religion gab die Freiheit einer weitgehenden Anpassung an die umgebende Welt, wenn nur der prinzipielle Unterschied aufrecht erhalten wurde. Die jüdischen Gemeinden sind, wie die christlichen später, teils nach dem Muster antiker Kommunalverfassung teils nach dem Vorbilde antiker Genossenschaften und Religionsvereine organisiert worden. Gebräuche der Bestattung und Wendungen der Grabschriften sind wie von den Christen vielfach heidnischer Sitte entlehnt worden. Die antike Form der Freilassung durch einen Scheinverkauf an den Gott finden wir bei den Juden in Pantikapäum (Kertsch) wieder[3]. Und vor allem in den niederen Regionen des Glaubens finden wir eine ganz naive Aufnahme heidnischer Elemente, einen lebhaften Austausch des Aberglaubens, wie er sich unter ähnlichen Bedingungen der Völkermischung stets vollzieht und auch im palästinensischen Judentum nur unter der Einwirkung anderer Faktoren festgestellt ist (S. 105). Nicht nur sind jüdische Gottes- und Engelnamen in die profane Zauberliteratur eingedrungen, haben auch dort Salomon und Moses, Jannes und Jambres etwas gegolten[4]. Wir haben aus der Zeit um 100 v. Chr. Steine aus Rheneia, dem Begräbnisplatz der Bewohner von Delos, die τὸν θεὸν τὸν ὕψιστον, τὸν κύριον τῶν πνευμάτων καὶ πάσης σαρκός zur Rache einer an zwei Mädchen, Heraklea und Marthine, begangenen Mordtat anrufen am heutigen Tage, an dem sich jegliche Seele unter Flehen demütigt, d. h. am grossen Versöhnungstage. Diese Rachegebete sind aus Wendungen der LXX zusammengesetzt, zeigen aber daneben manche Anpassungen an griechische Art[5]. Aus dem III Jahrh. n. Chr. besitzen wir eine jener vielen zu Beschwörungen vergrabenen Bleitafeln, aus Hadrumetum in Afrika; sie enthält die Beschwörung eines abgeschiedenen Geistes, den Urbanus der in ihn verliebten Domitiana zuführen. Der erste Verfasser der Devotion muss Jude gewesen sein; denn der Gott, dessen Macht aufgeboten wird, enthält lauter jüdische, der LXX entnommene Attribute[6].

---

[1] Dies nimmt Schürer III S. 88 an, doch s. Wilamowitz a. a. O. und Dittenberger, Orientis inscr. 96. [2] S. Wendland, Jahrb. f. klass. Philol. Suppl. XXII. [3] S. zu dem allen Schürer III S. 38 ff., 18 ff. 53. Sehr lehrreich ist die Inschrift der cilicischen Σαββατισταί bei Dittenberger Or. II 573. [4] O. S. 100, Schürer III S. 297 ff. [5] Deissmann, Philol. LXI S. 252 ff. [6] Derselbe, Bibelstudien. Marburg 1895 S. 23 ff. Ein ähnliches jüdisches Stück auch im grossen Pariser Zauberbuch: Dieterich, Abraxas S. 138 ff. Vgl. auch Wünsch, Antike Fluchtafeln (o. S. 81 [2]) Nr. 4. — Die Verwendung der Bibel zu Zauberzwecken auch bei den Christen wird jetzt erläutert durch die in Rhodos gefundene Bleirolle mit dem 80. Psalm, die im Weinberge vergraben war, um dessen Gedeihen zu sichern. Julius Afrikanus rät, auf die Weinfässer das Psalmwort zu schreiben: 'Schmecket und sehet, wie freundlich der Herr ist'. S. Hiller von Gärtringen, Sitzungsber. der Akad. zu Berlin 1898 S. 582 ff. (Dieterich, Mithrasliturgie S. 28). — Wie schwer oft die Scheidung der Elemente ist, zeigt der Streit um den heidnischen, christlichen oder jüdischen Ursprung der Angelossteine von Thera:

Die Beachtung, die das mit so wunderbarer Kraft vorwärts drängende und doch so zäh in seiner Eigenart sich behauptende Judentum der Diaspora und seine Propaganda fand, prägt sich in der Fülle antiker Zeugnisse und Urteile deutlich aus [1]. Gebildete Heiden haben sich vielfach günstig über den jüdischen Gottesdienst ausgesprochen und ihm einen philosophischen oder gar pantheistischen Charakter zugeschrieben [2]. Offenbar rückte der Monotheismus und die bildlose Gottesverehrung für ihr Gefühl den jüdischen Glauben der Religion der philosophischen Aufklärung nahe, und auch die Art, wie gebildete Juden ihre Religion darstellten, mochte diese Auffassung bekräftigen. Noch Varro und Strabo [3], beide wohl von Poseidonios beeinflusst, äussern sich ähnlich. Aber solche Sympathiebezeugungen treten zurück hinter dem Antisemitismus, der mindestens seit dem Anfang des I Jahrh. v. Chr. die Literatur und das volkstümliche Empfinden beherrscht. Er ist die Antwort auf die Erfolge der jüdischen Propaganda und zum Teil nur eine Aeusserung der allgemeineren gegen die orientalische Invasion sich erhebenden Reaktion (S. 10). Josephus hat uns bedeutende Reste der besonders in Alexandria gepflegten antisemitischen Literatur erhalten [4]. Die bildlose Gottesverehrung und die in der Verachtung fremder Religionen sich offenbarende Gottlosigkeit, die durch sonderbare Gebräuche geförderte soziale Absperrung, der darin zutage tretende Menschenhass und Hochmut, der um so unberechtigter ist, als die Juden für die Kultur nichts geleistet haben — das etwa sind die wesentlichen Vorwürfe, die der Hass der Antisemiten ihnen vorhält, von den boshaften Fabeln zu schweigen, die erst dieser Hass erzeugt hat. Die apologetische Tendenz der Juden hat der Versuchung nicht widerstehen können, dem Zerrbilde gegenüber ein Ideal des Judentums zu zeichnen, das nur durch Anpassung an hellenistische Anschauungen und noch mehr durch Verschweigen von charakteristischen Sonderzügen die Haltlosigkeit und Nichtigkeit jener Vorwürfe erweisen konnte.

Wohl schon unter Ptolemaios Philadelphos wurde die Thora ins Griechische übersetzt, und seitdem haben jüdische Gelehrte an der Uebersetzung der anderen heiligen Schriften gearbeitet. In zwei Generationen seit der Ansiedelung der Juden in Alexandria ist also die sprachliche Hellenisierung schon so weit fortgeschritten, dass man sich in der Synagoge zum Gebrauch des Surrogates an Stelle des heiligen Textes bequemen muss. Denn dass die Uebersetzung aus gottesdienstlichen Bedürfnissen, nicht zunächst aus der Absicht der Propaganda hervorgegangen ist, scheint sicher. Und was die Tatsache für die Umwandlung der jüdischen Ideenwelt zu bedeuten hat, ist erst kürzlich eindrücklich geschildert worden [5]. An die Arbeit der Uebersetzung knüpft dann bald die der Bereicherung und Ergänzung der heiligen Schriften. Die wertvollen Stücke, die uns unter dem Schutze der griechischen Bibel erhalten sind, sind literarhistorisch noch gar nicht in dem rechten Zusammenhange behandelt worden [6]. Da haben wir Gebete und Erbauungs-

S. Hiller von Gärtringen, Jahresbericht für Altertumswiss. CXVIII 1903 S. 163.

[1]) S. die nützliche Sammlung von S. Reinach, Textes d'auteurs grecs et romains relatifs an judaisme, Paris 1895.

[2]) So schon Theophrast und Klearch, die Schüler des Aristoteles: Schürer III S. 108; Reinach S. 8. 11, ebenda Megasthenes S. 13, Hekataios S. 16, Hermippos S. 39, Autor Περὶ ὕψους S. 114.

[3]) Ueber Varro vgl. o. S. 86[2], Strabo p. 760. 761 (S. 99. 242 Reinach). Ich zweifle, ob man wegen des Stückes S. 56 Reinach Poseidonios mit Recht zum Antisemiten macht (doch s. Josephus C. Apion. II § 79). Pos. gibt dort nur Relation, nicht eigenes Urteil.

[4]) Schürer III S. 397 ff., Bousset S. 87 ff., P. Krüger, Philo und Josephus als Apologeten des Judentums, Lpz. 1906 S. 1 ff.

[5]) Deissmann, Neue Jahrb. XI S. 161 ff.

[6]) Schürer III S. 325 ff. gibt eine Uebersicht über diese in Kautzsch'

bücher, vor allem volkstümliche Geschichten, darunter solche Prachtstücke, wie der Redestreit der Pagen im griechischen Esra 3—5 6, die Audienz der Esther, Susanna. Griechisch von Anfang an koncipiert, zeigen sie, wie orientalische Geschichten ins Hellenistische übertragen werden und verraten doch orientalische Erfindung in dem Pomp, zu dem sich der Ton oft erhebt; ich wüsste mit diesem Tone sonst aus hellenistischer Literatur nur einzelne Stücke der Thomasakten und Apuleius zu vergleichen (vgl. X)[1]. Auch die verschiedenen Rezensionen dieser Stücke zeugen noch zum Teil von der Verwilderung, der solche volkstümliche Literatur unterworfen zu sein pflegt. Diese Geschichten haben, wenn man einige jüdische Farben abnimmt, die Marken einer bestimmten Zeit und eines bestimmten Volkes abgestreift, wie ja auch ihr Ursprungsort zum Teil zweifelhaft ist. Die Zusätze zu Esther fügen Urkunden ein, wie sie jetzt unter dem Einfluss der hellenistischen Historie bei den Juden Mode werden; und da tritt ein starker Einschlag des hellenistischen Hof- und Kanzleistiles deutlich hervor.

Jene hübschen noch von einheitlichem Stilgefühl getragenen Erzählungen mit ihrem volkstümlichen Tone sind erfreulich, und wir wünschten nur viel von den Geschichten, die damals aus dem Orient in den Westen gewandert sind, in relativ so originaler Form zu besitzen. Dagegen fällt stark ab, was griechische Juden in bewusster Konkurrenz mit den hellenistischen Literaturformen geschaffen haben. Das Aergste war die Reproduktion der heiligen Geschichte in epischer und dramatischer Form. Aber auch die Nachahmung der hellenistischen Historie und die Umgestaltung der eigenen Geschichte nach ihren Massstäben war wenig glücklich. Ich hebe einige Beispiele heraus. Gegen das Ende des III Jahrhunderts stellt Demetrios das chronologische und genealogische Gerüst der israelitischen Geschichte fest. Mit peinlicher Genauigkeit verwertet er alle biblischen Angaben und kennzeichnet die eigenen zu der Ergänzung der Lücken der Tradition aufgestellten Kombinationen als solche. Griechische Forschungsmethode ist hier auf einen ihr zum Teil sehr widerstrebenden Stoff angewendet, Problemstellungen und Lösungen sind in griechischer Art angeknüpft[2].

Sehr viel freier und mit bewusster Tendenz bewegt sich die Phantasie des Eupolemos (um 150) in den uns erhaltenen Resten seiner Schrift über die Könige in Judäa. Ausschmückungen der biblischen Erzählung, starke Uebertreibungen, eigene Erfindungen kennzeichnen, wie Freudenthal im ein-

---

Apokryphen übersetzten und erläuterten Stücke. Charakteristisch für die jetzt noch herrschende Art der Behandlung ist Schürers Urteil über die Zusätze zu Esther S. 330, dass sie nichts Bemerkenswertes darbieten. 1) Judith und Tobit gehören natürlich auch hierhin, nur dass in ihnen orientalischer Geist und jüdisches Empfinden stärker hervortritt. Für Judith nimmt man ein aramäisches Original an. Aber auch die griechisch koncipierten Geschichten können einst aramäisch erzählt sein. Anderes Wertvolle ist in der Haggada zerstreut (lesenswert z. B. Josephus, Alt. II 10 § 238 ff. Niese). Vergleicht man all diese Geschichten mit Ruth, wohl dem einzigen Buche der Gattung, das, durch Gunkel, eine rechte Würdigung der Form gefunden hat, so beobachtet man, dass die alte köstliche Naivetät der Erzählung doch schon oft der Berechnung und dem Raffinement gewichen ist. — Für das Wandern der Geschichten gibt ein lehrreiches Beispiel, das zuletzt von Gressmann behandelte salomonische Urteil (Deutsche Rundschau XXXIII Febr. 1907 S. 175 ff.), vgl. Bousset S. 564 ff. 2) 221, 13 διαπορεῖσθαι δέ 223, 7 ἐπιζητεῖν δέ τινα, ich zitiere nach Freudenthals Alexander Polyhistor, Breslau 1875. Neuere (Bousset S. 9. 22) setzen Demetrios wie Eupolemos später an. Für meine Betrachtung ist die chronologische Streitfrage von geringer Bedeutung.

zelnen gezeigt hat, die panegyrische und apologetische Tendenz. Uns geht hier nur die Benutzung hellenistischer Farben und Motive an. Wenn die dann von Phöniziern und Griechen übernommene Buchstabenschrift auf Moses zurückgeführt wird, so zeigt sich hier das von den Juden reich entwickelte[1] griechische Verfahren, die Kulturgeschichte in der äusseren Folge von εὑρήματα darzustellen und diese an bestimmte Namen zu heften. Wenn die griechische Reihe von Erfindern nun durch eine jüdische ersetzt wird, so ist das die Antwort der jüdischen Apologetik auf jenen Vorwurf, dass die Juden nichts für die Kultur geleistet hätten. Den in der Chronik berichteten Briefwechsel zwischen Salomo und Suron (= Hiram) bearbeitet Eupolemos mit grösster Freiheit und gibt ihm sein eigenes stilistisches Gepräge, wie es die profanen Historiker tun, fügt auch zwei nach demselben Schema geformte Briefe des Salomon und Uaphres hinzu. Beide Briefpaare sind in den konventionellen Formen des hellenistischen Briefstiles abgefasst[2]. Auch die fremden Könige bezeugen dem Gott, den Salomo unbestimmt den grössten benennt, ihre Achtung. Und wenn Uaphres David rühmt als δεδοκιμασμένος ὑπὸ τηλικούτου θεοῦ, Suron von der Erwählung Salomos durch Gott (εὐλογητὸς ὁ θεός, ὃς εἵλετο) redet, so ist die Sprache der ägyptischen Königsinschriften benutzt; s. S. 76. 102 Nr. 7. Wenn endlich Salomon dem Hiram eine goldene Säule schickt, die dieser dem tyrischen Zeus weiht, so scheint dem Autor eine Angleichung seines Gottes an Zeus vorzuschweben, wie sie uns noch bei jüdischen Hellenisten begegnen wird. Die etymologische Spielerei, die Jerusalem als ἱερὸν Σολομῶνος erklärt, hat ihre Analogie in der dem Griechen unbedenklichen Herleitung fremder Namen aus der eigenen Sprache[3].

Mit einer Skrupellosigkeit, die vor völlig schwindelhaften Erfindungen nicht zurückschreckt, ägyptische und biblische Geschichtstraditionen vermengt, behandelt Artapanos die Geschichte seines Volkes ganz nach dem Schema und den Gesichtspunkten der hellenistischen Urgeschichte. Wie dort die Götterkönige (S. 71. 72), so lehrt hier Abraham die Astrologie[4]. Der kluge[5] Joseph und Moses werden nach Art der wohltätigen und erfinderischen Könige der euhemeristischen Historie gezeichnet. Moses, d. h. Musaios, der Lehrer des Orpheus, macht die nützlichsten technischen Erfindungen und entdeckt die Philosophie, teilt Aegypten in Distrikte, zeigt sich auch als gewaltigen Kriegshelden[6]. Und auch der übliche Schluss der hellenistischen Königsgeschichte, die Apotheose, fehlt nicht. Die dankbaren Untertanen lieben ihn und die Priester erheben ihn unter die Götter[7], nennen ihn Hermes[8].

[1]) Freudenthal S. 117 Anm. — Die lebhafte Beschäftigung der Griechen mit den Traditionen über εὑρήματα ergibt sich aus dem Niederschlage in der Fülle der uns noch erhaltenen Kataloge; s. Kremmer, De catalogis heurematum, Leipzig 1890. Die Christen benutzen später diese Literatur, um die Barbaren über die Griechen zu erheben. [2]) S. Mendelssohns Probe der Aristeasausgabe, Dorpat 1897. Aus Benutzung derselben konventionellen Formen erklären sich die von Freudenthal S. 110 hervorgehobenen Berührungen mit Aristeas. [3]) Griechische Etymologien ägyptischer Götternamen z. B. bei Plut. De Iside 2. 14. 29. 60. 61. Analoges aus Philo und Josephus bei Freudenthal S. 120 Anm. [4]) Dass die Astrologie unter den Erfindungen der Juden oft betont wird, hängt mit ihrer damals allgemeinen Schätzung und dem starken Einfluss, den sie wirklich aufs Judentum ausgeübt hat, zusammen. Und die besondere Rücksicht auf Aegypten erklärt sich auch aus der allgemeinen Hochschätzung seiner Kultur (S. 70). [5]) 232, 2 συνέσει καὶ φρονήσει διενεγκόντα, wie es oft auch in euhemeristischer Historie lautet. [6]) Selbst die Liebe der Feinde gewinnt er sich: 233, 27, vgl. S. 19. 69[3]. [7]) 233, 12 ἰσοθέου τιμῆς καταξιωθέντα, ein üblicher hellenistischer Ausdruck. [8]) Nach Hermes-Tot wird das Bild des Moses gezeich-

Und wie in der hellenistischen Urgeschichte die späteren Herrscher ihre Vorfahren vergöttern, so führt hier Moses den Kult seiner Mutter Merris ein[1]. Ja der religiöse Synkretismus greift so weit, dass der jüdische Autor. vielleicht beflissen jenen Vorwurf der Verachtung fremder Religionen abzuwehren, selbst die Begründung der religiösen Institutionen Aegyptens seinem Volke meint als Ruhmestitel zuschreiben zu sollen. Die Erzväter stiften ägyptische Heiligtümer, Moses führt die verschiedenen Kulte der 36 ägyptischen Distrikte und auch Tierdienst[2] ein; der ätiologische Anlass der Institutionen wird zum Teil noch angegeben. Der Verfasser gibt ein für uns singuläres Beispiel[3] jüdischen Eingehens auf den religiösen Synkretismus, das die Richtung, in der sich diese Denkweise bewegt, weiter verfolgt. als es sonst geschieht.

In dem uns durch Alexander Polyhistor erhaltenen Stück eines samaritanischen Historikers werden die Traditionen der verschiedensten Völker in willkürlicher Harmonistik verflochten[4]. Der Turmbau zu Babel wird auf die Giganten zurückgeführt. Henoch-Atlas hat die Astrologie erfunden, Abraham bringt die Astrologie und andere Weisheit aus Babylonien zu den Phöniziern und Aegyptern, deren Ansprüche auf Erfindung der Astrologie zurückgewiesen werden.

Die Mehrzahl der von uns betrachteten jüdischen Schriften sind nahe verwandt jener hellenistischen Literatur, die Kultur und Geschichte fremder Völker den Griechen verständlich machen will. Freilich sind es dort meist geborene Griechen, welche die natürliche Neigung nicht überwinden können, das Fremde unwillkürlich der eigenen Vorstellungswelt anzupassen und so ein durch griechisches Kolorit entstelltes Bild zu zeichnen. Hier sind es Juden, die, ergriffen von dem Eindruck griechischer Kultur und Wissenschaft, ihre eigenen Traditionen der hellenistischen Völkergeschichte in ähnlicher Weise einzuordnen bemüht sind, wie die Römer ihre Vorgeschichte nach dem Vorbilde griechischer Mythenkreise umgestaltet und in Beziehung mit den älteren Kulturvölkern gesetzt haben (S. 83). Die ersten jüdischen Versuche einer hellenisierenden Umarbeitung der alten Geschichte sind allen Gefahren erlegen, denen die ersten kindlichen, dazu nicht einmal spontan erzeugten, sondern von aussen angeregten Ansätze historischer Forschung ausgesetzt sein mussten. Sie leiden, jeder in seiner Art, an mannigfachen Fehlern, die ungenaue Kenntnis der Quellen und ihre Ueberschätzung, äusserlich angelernte Methode, vorschnelle Kombination, apologetische Tendenz und leicht erregbare Phantasie mit sich bringen. Und hätten sie sich selbst von allen diesen Fehlern freihalten können, so wären sie schon daran gescheitert, dass sie

net, s. Freudenthal S. 153 ff. und Willrich. Judaica S. 111 ff. Die übliche Etymologie von Ἑρμῆς findet sich 233, 13. S. 235, 16 ff. begegnet die Vorstellung von der Zauberkraft des rechten Gottesnamens. Die Personalbeschreibung des Moses 236, 29 ist in der Manier der bekannten Papyrussignalements gehalten (o. S. 23). Die Herleitung der Beschneidung von den Juden ist die Umkehrung der griechischen Annahme ihres ägyptischen Ursprunges (Archiv für Papyrusforschung II S. 29).

[1]) Freudenthal S. 154.

[2]) Ueber den Abscheu, den sonst die jüdischen Hellenisten gegen ihn äussern, s. Freudenthal S. 147 Anm., Jahrb. Suppl. XXII S. 707.

[3]) Kleodemos-Malchos beschränkt sich in dem kurzen Bruchstück S. 230 darauf. Israel in die grossen Völkerschicksale einzubeziehen und ihm womöglich eine führende Rolle zuzuweisen. Ein starker religiöser Synkretismus würde sich mit seiner Pseudohistorie wohl vertragen. Freudenthal hält ihn freilich für einen Samaritaner.

[4]) Ueber das einzelne vgl. Freudenthal S. 82 ff. Bousset S. 22 hält Eusebius Angabe, dass Eupolemos Autor des Hauptstückes sei, für glaubwürdig.

sich romanhafte Darstellungen der Urgeschichte der Völker zum Muster nahmen, die Staatenorganisation, Kultur, Vorstellungswelt der hellenistischen Zeit in die Vergangenheit hineintrugen und willkürliche Konstruktionen einer phantastischen Pseudohistorie waren[1].

Im Grunde bewegte sich diese Umarbeitung der biblischen Geschichte in denselben Bahnen, die der haggadische Midrasch schon lange verfolgt hatte; der Inhalt der heiligen Schriften wird nach den Bedürfnissen und dem Geschmack der späteren Zeit umgestaltet, breiter ausgeführt und phantastisch ausgeschmückt, wie es die ältesten Zeugen der palästinensischen Haggada, das Buch der Jubiläen und die Testamente der Patriarchen, auch die pseudophilonischen Libri antiquitatum[2] zeigen. Das Neue ist nur, dass in den Prozess der beständigen Erweiterung und Bereicherung des Stoffes jetzt hellenistische Motive hineingezogen werden. Babylonisch-palästinensische und hellenisierende Exegese muss lange Zeit in lebhaftem Kontakte und Austausch gestanden haben. Nur so erklärt es sich, dass in der genannten Literatur, bei Philo und Josephus, in vereinzelten Beziehungen des Neuen Testamentes, im Talmud und Midrasch ein gewisser Grund gemeinsamen haggadischen Besitzes sich nachweisen lässt, dass es auch in den vom Hellenismus gar nicht direkt berührten Quellen an Vorstellungen und Traditionen, die ursprünglich nur auf hellenistischem Boden gewachsen sein können, nicht fehlt[3]. Die mehrfach beobachtete Abhängigkeit des Philo und Josephus von den durch Alexander Polyhistor geretteten jüdisch-hellenistischen Stücken nötigt zu der Annahme, dass diese Abhängigkeit sehr viel weiter geht, als das wenige, was uns von älterer Literatur zufällig erhalten ist, erkennen lässt. Und zwischen dem Jahre 40 v. Chr., wo der Polyhistor sein Werk veröffentlichte, und Philo hat gewiss auch die jüdisch-hellenistische Produktion auf diesem Gebiete nicht geruht; denn der Synagogenvortrag erhielt diese Geschichtsbehandlung stets lebendig und führte beständig zu literarischen Niederschlägen.

Die spätere hellenistische Literatur lehrt, dass die bedenklichsten Auswüchse der hellenisierenden Richtung, die willkürliche Kontamination der heiligen mit der profanen Geschichte und vor allem das Paktieren mit dem Polytheismus, keine rechte Resonanz gefunden haben und auch in der Entwickelung des Judentums der Diaspora ausgeschieden sind[4]. Die jüdische Sibylle (III 218ff.) betont, wie das Buch der Jubiläen 12, 15ff. und Philo, Abrahams entschiedene Abkehr von der Astrologie (s. dagegen S. 111. 112). Zwar erklärt Aristeas in einem fingierten Gespräch dem Könige Ptolemaios (§ 16), dass die Juden denselben Gott verehren, wie alle Menschen und auch die Griechen, die ihn nur mit anderem Namen Zeus nennen, und Ptolemaios bekennt, diesem grössten Gott seine Herrschaft zu verdanken (§ 37, 19, vgl. S. 111. 109). Aber trotz dieser Anpassung macht Aristeas dem Polytheismus

[1]) Ueber den Einfluss, den besonders Hekataios (S. 68) ausgeübt hat, s. jetzt Geffcken, zwei griechische Apologeten, Leipzig 1907 S. X ff. Erst benutzte man ihn, dann fälschte man unter seinem Namen. [2]) Eine Uebersicht über die ganze in Betracht kommende Literatur bei Bousset S. 14. 49 ff. [3]) Freudenthal S. 66 ff., Schürer II S. 338 ff. Ein dringendes Bedürfnis ist die Aufarbeitung des gesamten haggadischen Materials, mit Einschluss der hellenistischen Quellen, nach Art der für die Halacha grundlegenden Schrift von Ritter, Philo und die Halacha, Leipzig 1879. Wer, wie ich, auf diesem Gebiete völlig Laie ist, findet für Josephus wertvolle Nachweise in der von Th. Reinach veranstalteten französischen Uebersetzung, Paris 1900 ff. [4]) Lehrreich ist Josephus' Verhältnis zu Artapanos, s. Freudenthal S. 169 ff.

keine Konzessionen, und Eleazar bekämpft bei ihm aufs Schärfste die euhemeristische Vergötterung von Menschen, die nützliche Erfindungen gemacht haben, als die hellenische Religionsform, und den ägyptischen Tierdienst (§ 135—138)[1].

Eine ausgeführte Polemik gegen die heidnischen Religionsformen enthält die Weisheit Salomos (K. 13. 14). Sie wendet sich gegen die, welche, über dem Geschöpf den Schöpfer vergessend, Elemente und Gestirne vergöttern. Sie bekämpft mit wachsender Leidenschaft die Verehrung der Bilder, die doch menschlicher Hände Werk und aus totem Stoff, Gold, Silber, Stein, gefertigt sind, und die Vergötterung verstorbener Menschen. Auch der ägyptische Tierdienst wird 11_{15}, 12_{24}, 15_{18} berührt. Wie Jes. 44_{12} ff., Jer. 10_{3-5} lässt der Autor vor unseren Augen in der Werkstatt die Götzenbilder allmählich entstehen, hat aber daneben von der Polemik griechischer Philosophen gegen den Polytheismus manche Anregungen empfangen[2]. Aber auch das Fremde weiss er in den abstrakte Deduktionen verschmähenden Stil der jüdischen Spruchweisheit umzusetzen, wenn er z. B. 14_{15} zur Bestreitung der Menschenvergötterung den konkreten Fall einführt, dass der durch den Tod des Sohnes gebeugte Vater in der Einführung des Kultes des Verstorbenen seinen Trost sucht[3].

Die festen Formen der jüdischen Apologetik in der weiteren Entwickelung ihres Kampfes gegen den Polytheismus, ihre Abhängigkeit von der philosophischen Tradition und ihr Einfluss auf die christliche Polemik werden K. IX 5 geschildert werden. Neben dem Angriff geht die Verteidigung in mancherlei Formen einher. Die Geschichte und Legende der Vergangenheit wird vielfach mit aktuellen apologetischen Tendenzen behandelt (II III Makk). Zusammenfassungen jüdischer Gesetze werden gegeben, die in Auswahl, Annäherung an verwandte griechische Sittenregeln und Anschauungen, Ausscheidung der nationalen, den Heiden unverständlichen oder anstössigen Besonderheiten die panegyrische Tendenz deutlich verraten[4]. Josephus gibt in der Schrift gegen Apion den Beweis für das Alter des jüdischen Volkes, auf das er nach griechischen Anschauungen besonderes Gewicht legt. Für die jüdische Religion das gleiche Recht wie für andere zu fordern, fehlte es nicht an äusseren Anlässen, und die jüdische Publizistik greift bei aktuellen Konflikten ein: ein Beispiel sind Philos politische Broschüren. Wie man längst erbauliche Schriften unter der Autorität ehrwürdiger Namen der jüdischen Urgeschichte verbreitet hatte, so machte man jetzt für den jüdischen Monotheismus unter der Maske griechischer Dichter und Denker Propaganda[5].

Den Einfluss, den die griechische Philosophie auf das Judentum der Diaspora ausgeübt hat, dürfen wir uns, auch in Alexandria, nicht sehr tiefgehend vorstellen. Das früher angenommene Bild einer in fortlaufender Kontinuität mindestens vom Beginn des II Jahrh. v. Chr. bis auf Philo sich entwickelnden jüdisch alexandrinischen Philosophie ist als Phantom erkannt worden. Die LXX zeigt keinerlei Bekanntschaft mit griechischer Philosophie und ihrer besonderen Terminologie[6], so sehr man sich dies nachzuweisen bemüht hat. Was Aristeas von philosophischen Vorstellungen aufgenommen

[1]) Ueber Aristeas' Abhängigkeit von hellenischen Vorbildern s. Geffcken S. XXIV. [2]) S. Geffcken S. XXIII. [3]) Vgl. z. B. die 239/8 erfolgte Vergötterung der als Kind verstorbenen Tochter Ptolemaios des III: Dittenberger Orientis inscr. 56, 46—75. Reitzenstein, Zwei religionsgesch. Fragen S. 110 vergleicht passend Fulgentius Mitol. I 1 p. 15, 21 ff. Helm und Minucius Felix 20, 5. [4]) Wendland, Jahrb. für klass. Philol. Suppl. XXII S. 709 ff. [5]) Bei manchen dieser Fälschungen ist es strittig, ob sie jüdischen oder christlichen Ursprungs sind. [6]) S. Freudenthal, Jewish quarterly review II S. 205 ff.

hat, ist triviale Weisheit, wie sie damals auf der Gasse zu finden war [1]. Was z. B. der Verfasser der Weisheit [2] oder der des IV Makkabäerbuches sich angeeignet haben, sind sehr verschiedenartige Vorstellungen, die sie noch ganz mit jüdischem Empfinden durchdrungen haben. Die Grundlinien eines Systemes, geschweige denn des philonischen, lassen sich hier nicht erkennen und liessen sich auch weder im Rahmen des jüdischen Spruchbuches noch der von der Diatribe beeinflussten jüdischen Predigt [3] entwickeln. Die allegorische Gesetzesauslegung Aristobuls würde uns in der Tat einen Vorgänger Philos kennen lehren, wenn nur nicht der spätere christliche Ursprung und die Abhängigkeit von Philo erwiesen wäre. Philo steht für uns isoliert da und hat wohl auch nur einen kleinen Kreis von Gesinnungsgenossen um sich gehabt. Die Vorläufer seiner Exegese. die er selbst erwähnt, dürfen wir uns nicht als Systematiker vorstellen. Sie werden in Synagogenvorträgen, aus denen auch Philos Schriftstellerei zum Teil herausgewachsen ist, die allegorische Auslegung dazu benutzt haben, vor einem von griechischer Bildung beeinflussten Publikum Gedanken und Lehren der griechischen Philosophie zur Erläuterung heranzuziehen [4]. Dieser Einfluss griechischer Philosophie auf die Schrifterklärung erreicht in Philo die Höhe. Man kann das lose gefügte Ganze seiner Philosophie in grossen Zügen darstellen, ohne jüdischer Anschauungen zu gedenken, durch deren Ausscheidung sich fast die Grundlinien leichter übersehbar darzustellen scheinen: Der Skeptizismus als Grundlage der Forderung einer höheren mystischen Form der Erkenntnis, scharf gespannter Dualismus zwischen Gott und Welt, Seele und Leib, die stoische Theodicee, durch die Lehre von den Ideen oder Kräften mit dem transcendentalen Gottesbegriff vermittelt, aber von ihrer pantheistischen Grundlage nicht ganz befreit, endlich eine die asketischen Tendenzen des Platonismus und den stoischen Grundsatz des naturgemässen Lebens vereinigende Ethik. Andere Momente scheinen den Eindruck der griechischen Bildung zu verstärken: Philo redet von „unserer Sprache“ und meint die griechische; er rechnet sich wiederholt zu den Griechen, im Gegensatz zu den Barbaren. Während seine Kenntnisse im Hebräischen mangelhaft sind, ist er durch seine Beherrschung der griechischen Sprache allen andern jüdischen Hellenisten überlegen. Nach eigenem Zeugnis hat er den in Rhetorik und Philosophie gipfelnden Bildungsgang der geborenen Griechen durchgemacht. Dazu die Literaturformen [5]: Traktate, die philosophische Thesen mit dem von den Griechen erarbeiteten Gedankenmaterial behandeln, in den Streit der Philosophenschulen einführen, den jüdischen Standpunkt des Verfassers nur gelegentlich verraten. Breite diatribenartige Einschläge in verschiedenen Schriften. Die Abhandlung über die Vorsehung setzt den alten Streit des Frommen mit dem Gottlosen in einen Dialog um, in welchem die fromme Theologie der Stoa die skeptischen und epikureischen Zweifel überwindet. Die für griechische Leser bestimmte Biographie des Moses ist sichtlich ihrem Geschmacke angepasst [6]. Die Formen

---

[1]) Die hellenistischen Formen seiner Komposition sind zu beachten: Fiktion von Urkunden und Briefen, Problemstellungen, unglückliche Nachahmung griechischer Deipnosophistik. [2]) Stoische Logos- und Pneumalehre ist hier ein Einschlag in die jüdische Lehre der längst hypostasierten Weisheit. Ihre Bezeichnung als ἀπόρροια 7_{25} und die Einführung der Lehre als Mysterion und Gnosis 6_{22}. 10_{10}, der Dualismus 9_{15} zeigt Verwandtschaft mit dem Gnostizismus (s. X). [3]) Freudenthal, Die Flavius Josephus beigelegte Schrift über die Herrschaft der Vernunft, Breslau 1869 S. 38 ff. 109, Bousset S. 504. [4]) Freudenthal a. a. O. S. 7. 137 ff. [5]) Vgl. die Uebersicht der Schriften von L. Cohn, Philol. Suppl. VII S. 387 ff. [6]) Einfluss der antiken Biographie. rhetorische und poetische Floskeln,

der profanen Exegese haben, wie schon der Titel zeigt, auf die ζητήματα καὶ λύσεις, und auch auf den grossen allegorischen Kommentar eingewirkt (S. 26).

Dennoch wird der komplizierten Individualität und dem eigenen Bewusstsein Philos nicht gerecht, wer einseitig die griechische Richtung seiner Bildung betont. Philo ist sich nicht bewusst, mit seiner Spekulation die Grenzen des Judentums zu überschreiten, ihm irgendwie entfremdet zu sein. Er hält treu zum Judentum und will mit aller seiner Forschung dessen Interessen dienen [1]. Das eigentlich Charakteristische ist doch, dass ihm die heilige Schrift die Quelle aller Weisheit ist, dass er in ihr das ideale Königtum und die philosophische Askese des Moses, das kosmopolitische und von den Gedanken der Humanität getragene Gesetz, den philosophischen und priesterlichen Charakter seines Volkes, alle Weisheit der Griechen und alle seine Ideale beschlossen findet, dass er Philosophie mit einem stark ausgeprägten religiösen Charakter auf Grund einer Offenbarung vorträgt, sie in Theologie umsetzt; äusserlich tritt das in der Anknüpfung der philosophischen Lehren an Schriftexegese und ihrer beständigen Durchkreuzung mit biblischen Aussagen entgegen. Damit steht er mitten in einer allgemeinen Entwickelung, welche die Spätantike beherrscht (S. 99), die er aber nicht erst begonnen hat. Im Grunde vollzieht er, nur an einem andern Objekte und mit besonderer Energie, denselben Prozess der Umdeutung und Uebersetzung volkstümlicher Religion in die philosophische Sphäre, wie die Stoa und Poseidonios an der griechischen, Varro an der römischen Religion, einen Prozess, dem er zu seiner Zeit in der theologischen Literatur und in Mysterienvereinen andere orientalische Religionen unterworfen sehen konnte. Das auch hier nicht versagende Mittel ist die allegorische Auslegungsmethode, deren S. 65 ff. behandelte Grundsätze wir bei ihm wörtlich wiederholt finden [2]. Den geistigen Sinn stellt er höher als den Wortlaut, aber auch ihn will er bewahrt wissen, mindestens den des Gesetzes. Seine Bestimmungen sollen unverändert bleiben, so lange Sonne und Mond und der ganze Himmel und die Welt besteht [3]. Er bekämpft nicht nur den Buchstabenglauben, sondern

ἐκφράσεις, auch eine pikante, der Haggada (auf die er sich zu Anfang beruft) entnommene Geschichte (I § 294 ff. Cohn p. 127 M.), eingestreute Reden und Reflexionen zeigen die hellenistische Farbe. Einiges greife ich heraus. Moses lernt griechische, assyrische, chaldäische Weisheit von Lehrern, die von den Völkern hergeholt sind (I § 21 ff. p. 84 M.), sein Tod ist eine Auflösung εἰς νοῦν ἡλιοειδέστατον (II § 288 p. 179 M.), Sintflut und Untergang Sodoms werden unter dem Gesichtspunkte des periodischen Wechsels von κατακλυσμός und ἐκπύρωσις betrachtet (II § 53 ff. p. 142 M., Bousset S. 324). — Ganz andere Tendenzen verfolgen die für jüdische Leser bestimmten Schriften über die Patriarchen, von denen nur die über Abraham und die über Joseph erhalten sind. Da sind Abraham, Isaak, Jakob als Typen der durch μάθησις, φύσις, ἄσκησις zu erlangenden Tugend behandelt, das Historische wird umgedeutet. Dass die leitenden Ideen von Poseidonios stammen, macht Mathilde Apelt, De rationibus quibusdam quae Philoni Alexandrino cum Posidonio intercedunt, Comm. Ienenses VIII 1907 S. 123 ff. wahrscheinlich. — Auch Philos Zahlensymbolik stammt von Poseidonios, s. Borghorst, De Anatolii fontibus, Berliner Diss. 1905.

[1]) Mommsens Urteil, R. G. V S. 496 ist ganz zutreffend.

[2]) Reiches Material bei Siegfried, Philo von Alexandria S. 165 ff. Der Zusammenhang mit der Stoa tritt darin besonders deutlich hervor, dass Philo selbst wiederholt „physiologische“ Deutungen heidnischer Götter stoischen Quellen entnimmt: Wendland, Philos Schrift über die Vorsehung S. 60. 61.

[3]) De vita Mosis II § 14 p. 136 M. Die dort von Cohn angemerkten Parallelen zeigen, dass Mat 5_{18} Lc 16_{17} ein alter,

auch die offenbar kleine Partei, die aus seinen Prämissen die uns so natürlich scheinende Konsequenz der Verwerfung der Ritualreligion zog.

So gross für uns Philos Wert als Quelle für die ihm vorliegende philosophische Literatur war, so gering ist seine Originalität. Mit Philos halbschlächtiger Philosophie können weder die Neukantianer, die ihm jetzt die unverdiente Ehre antun, ihn zu ihrem Vorläufer zu erheben, noch die Juden viel Staat machen. Von den Höhen seiner Religiosität, seinem innersten Bekenntnis, der Hingabe einer Gott im Glauben ergreifenden, zur mystischen Einigung mit ihm sich emporringenden, den Intellektualismus hinter sich lassenden Frömmigkeit hat Bousset S. 513 ff. einen starken Eindruck empfangen. So richtig dieser Eindruck ist, so ist doch auch hier die Originalität noch geringer einzuschätzen, als es Bousset tut. Poseidonios hat die Richtung des religiösen Erlebnisses Philos stark bestimmt. Die Mystik tritt hier mit einer besonderen Kosmologie in ganz der gleichen Verbindung auf, die wir schon bei Poseidonios nachweisen können: Bis zum Monde sind die Elemente über einander gelagert, über dem Monde beginnt die Aetherregion mit den Gestirnen, die beseelte Wesen und sichtbare Götter sind, auf der höchsten Himmelssphäre thront die oberste Gottheit. Die ganze Aether- und Luftregion sind von Geistern erfüllt, Heroen und Dämonen oder Engeln, λόγοι und δυνάμεις [1], sie alle unkörperliche Seelen. Einige von ihnen lassen sich für immer in die Leiblichkeit und in die irdische Welt verstricken. Den Geistern der unteren Luftregion ist die Möglichkeit des Abstieges zur Erde und des Aufstieges zum Aether gegeben. Im Aether endlich wohnen die reinsten Geister, Helfer, Mittler und Boten Gottes, die aber auch zeitweilig aus Erbarmen herabsteigen, um im Traum oder Orakel den irdischen Seelen Offenbarung, Tröstung und Hoffnung auf Erlösung zu bringen [2]. Damit ist die Richtung der Frömmigkeit gegeben: Stufenweise Erhebung zur Gottheit bis zur letzten Einigung, die zugleich Erlösung von der Leiblichkeit und Eingang in die siderische Region bedeutet, der antike auf platonischen Aussagen, ekstatischer Religion und Mantik beruhende Begriff der Inspiration, aus der nicht nur Urtext und Uebersetzung der heiligen Schrift hervorgegangen ist, sondern die auch die Quelle jedes wahren religiösen Erlebnisses ist. Der ganze Komplex dieser Vorstellungen gehört Poseidonios [3], der wohl auch orientalische Vorstellungen in den Platonismus verwoben hat. Dass Philo ihn benutzt hat, steht fest; aber er kann auch daneben von der Theologie der Mysterienreligionen beeinflusst sein [4]: denn dieselben Ideen werden wir in den Religionsgebilden und in der Offenbarungstheologie des niedergehenden Altertums überhaupt herrschend finden (vgl. X).

Das Judentum hat seinen beiden grössten Hellenisten, dem Philo und dem Josephus, der es in rhetorisierender Zustutzung der jüdischen Geschichte nach dem Zeitgeschmack und in tendenziöser Apologetik für einen Palästinenser zu einer erstaunlichen Gewandtheit gebracht, aber auch in mancherlei Spekulationen sich ergangen hat [5], kein treues Gedächtnis bewahrt. Der

---

fest geprägter Satz vorliegt. [1]) Dazu kommt noch platonische Lehre von Ideen und Zahlen. — Die Annahme böser Dämonen verwirft Philo. [2]) Hauptstellen: De gigant. § 6 ff. p. 263 M. De plantat. 13 ff. p. 331 M. De somniis I 134 ff. p. 641. Das ganze Material und der Nachweis der Abhängigkeit von Poseidonios bei M. Apelt S. 96 ff. Vgl. auch K. X. [3]) O. S. 84 ff., M. Apelt S. 114 ff. 122 ff. [4]) Wertvolle Hinweise in Reitzensteins Schriften, nur dass ich den besonderen ägyptischen Einfluss nicht als ganz sicher anerkennen kann. [5]) Lewinsky, Beiträge zur Kenntnis der religionsphilosophischen Anschauungen des Flavius Josephus, Breslau 1887. P. Krüger a. a. O., s. o. S. 109 [4].

grosse Krieg gegen Rom (64—73) und der in den Aufständen unter Trajan und Hadrian wieder aufflammende Fanatismus haben das Judentum in seiner Exklusivität bestärkt. Das palästinensische Judentum hat gesiegt und die Diaspora sich unter die Herrschaft seines Rabbinates gebeugt. Aber das Christentum hat das Erbe des jüdischen Hellenismus angetreten, die griechische Bibel und, durch die alexandrinische Gelehrtenschule, die philonische Spekulation übernommen. Welchen gewaltigen Einfluss z. B. allein die philonischen Theorieen der Abhängigkeit griechischer Weisheit von Moses, der Inspiration, des doppelten Schriftsinnes, die Methode der allegorischen Auslegung, die Umsetzung der heiligen Bücher in Philosophie auf die christliche Lehrentwickelung ausgeübt haben, das genauer auszuführen, zu zeigen, wie vielfältig diese jüdische Saat auf christlichem Boden aufgegangen ist, die Bilanz zu ziehen, ob der Weizen oder das Unkraut überwog, ist hier nicht der Ort.

Die Frage nur bedarf einer Erörterung, in welchem Verhältnis das Judentum der Diaspora zur christlichen Propaganda gestanden hat. Mit der sich vorbereitenden Loslösung des Judentums aus seiner partikularistischen Beschränkung und mit seiner Tendenz auf eine universale Gottesidee und Weltreligion, mit der Ausbreitung in der Kulturwelt war der natürliche Trieb zur Propaganda gegeben.' Das Judentum der Diaspora hat ein starkes Bewusstsein seines weltgeschichtlichen Berufes; es hat die Pforten der Synagoge weit aufgetan, den draussen Stehenden in strengeren oder freieren Formen die Beteiligung an seinen gottesdienstlichen Uebungen ermöglicht und wirklich einen starken Anhang von Proselyten und „Gottesfürchtigen“ gewonnen. Trotz der vulgären abschätzigen Beurteilung des Judentums hat doch seine Religion, die mit ihrem Monotheismus und ihrer strengen Moral sich als eine Religion der Aufklärung darstellte, eine bedeutende werbende Kraft besessen und am erfolgreichen Vordringen der orientalischen Kulte sich stark beteiligt. Der Rückschlag erfolgt mit der strafferen Zusammenfassung des Judentums unter der Herrschaft der Schriftgelehrten, seiner strengeren Zurückziehung und Absonderung seit der Wende vom I zum II Jahrhundert. Die Expansionskraft, der Trieb zur Propaganda, der Missionseifer sind seitdem erloschen.

Auch hier tritt das Christentum, das den religiösen Universalismus von den Schranken, an die er im Judentum gebunden blieb, endgültig befreit (IX 3), in das Erbe und vollendet die vom Judentum begonnene Aufgabe. Die Uebernahme der LXX und einer reichen religiösen Literatur durch das Christentum, der Gebrauch von Gebeten, liturgischen Formen, Katechismen jüdischen Ursprungs, der Anschluss der christlichen Apologetik an die jüdische (IX 5) beweist, wie viele seiner wirksamsten Mittel und Kräfte der Propaganda es dem Judentum verdankt. Man hat nun auch ansprechend die grossen Erfolge der christlichen Propaganda zu erklären gesucht durch die natürliche Anziehungskraft, die sie auf die jüdischen Gemeinden der Diaspora ausgeübt habe[1]. Diese für die neue Religion prädisponierten Gemeinden mit ihren Proselyten und ihrem propagandistischen Eifer schienen die Brücke zu sein, auf der die christliche Predigt den ersten Zugang zur Welt fand, die Operationsbasis für ein sich immer weiter verzweigendes Wirken. „Das Netzwerk der Synagogen stellt die Mittelpunkte und Linien der christlichen Propaganda im voraus dar.“ „Die christliche Religion ist eine Fortsetzung der jüdischen Propaganda.“ Gewiss werden wir den Einfluss der dem Christentum den Boden bereitenden jüdischen Diaspora nicht gering anschlagen dürfen.

[1] Harnack Mission I S. 1 ff. Bousset S. 92 ff., vgl. über die jüdische Diaspora Schürer III S. 102 ff. Bertholet S. 303 ff.

Die äusseren Zeugnisse für diese inneren Beziehungen und Strömungen sind freilich spärlich, und die Wahrscheinlichkeitsgründe, mit denen man sie zu bestätigen gesucht hat, sind nicht alle gleich beweiskräftig. Das Erbe, welches das Christentum vom palästinensischen Judentum übernommen hat und die besonderen Einwirkungen der jüdischen Diaspora sind im einzelnen nicht leicht zu scheiden. Die Schlüsse, mit denen man das Verhältnis des heidenchristlichen und judenchristlichen Teiles einzelner Gemeinden festzustellen gesucht hat, sind unsicher und schwankend. Die schematische Darstellung der Acta, nach der Paulus sich stets zuerst an die Synagoge gewandt hätte, ist mit guten Gründen bestritten worden. Der Zusammenhang der jüdischen Diaspora mit dem Mutterlande, die starke Einheit des jüdischen Bewusstseins darf nicht unterschätzt, der Einfluss der Philosophie auf das hellenistische Judentum nicht überschätzt werden; der sehr verschiedenartige Stand der Bildung und Einfluss griechischer Denkweise, die Tatsache, dass die jüdisch-hellenistische Literatur uns wesentlich die Höhenlagen der Bildung zeigt, will berücksichtigt sein. Die geistige Umdeutung der Religionen ist damals ein allgemeiner, nicht auf Judentum und Christentum beschränkter Prozess. So ist die Warnung, zu verallgemeinern und zu viele Erscheinungen unter den Einfluss des jüdischen Hellenismus zu stellen, berechtigt. Der gemeinsame Besitz an Stimmungen, religiösen und sittlichen Ideen ist in dieser Zeit auffallend gross. Die philosophische Propaganda begegnet sich in ihrer monotheistischen Tendenz, in der Zurückführung der Frömmigkeit von äusseren Formen und Uebungen, in der strengeren Sittlichkeit vielfach mit dem Judentum, das ja in der Diaspora gerade unter dem starken Einfluss der philosophischen Aufklärung diese Richtung weiter entwickelt hat. Ob die Gedanken durch jüdischen oder profanen Hellenismus vermittelt sind, ist für einzelne christliche Schriften schwer zu entscheiden. Es liegt zum Teil an der Dürftigkeit der uns erhaltenen profanen Literatur, dass wir oft für die ältere christliche Literatur parallele Gedanken gerade im jüdischen Hellenismus nachweisen können, die aber darum nicht speziell jüdisch zu sein brauchen. Die Frage nach dem Einflusse Philos z. B. scheint mir sehr der Revision bedürftig. Mit voller Stärke setzt er erst bei den Alexandrinern ein. Sicher bewiesen ist er für die frühere Zeit m. E. nur für Hebr., kaum für irgend einen der älteren Apologeten [1]. Der in der ersten Hälfte des I Jahrh. v. Chr. neubelebte Platonismus hat sich durch alle Jahrhunderte fortgesetzt, aber erst aus dem II Jahrh. n. Chr. sind uns einige kleine Schriften vollständig erhalten; der Neuplatonismus hat seine Vorläufer in Schatten gestellt. Dieser zufällige Bestand unserer Ueberlieferung darf nicht dazu verführen, die platonischen Elemente der christlichen Literatur des II Jahrh. nur aus Philo herzuleiten und den profanen Platonismus aus der Rechnung auszuschalten. Ferner ist es auch unwahrscheinlich und nicht erwiesen, dass Philo auf den Neuplatonismus einen stärkeren Einfluss ausgeübt hat. Die schärfere Spannung des Dualismus, die Verstärkung der asketischen Moral und der religiösen Mystik, in der Philo über Plato hinausgeht, aber mit der

[1]) Die Unsicherheit der Anklänge an Philo in der älteren christlichen Literatur, aus der Siegfried a. a. O. reiches Material gesammelt hat, sticht sehr ab gegen die Gewissheit, mit der sich die Benutzung einzelner Stellen bei Klemens und auch bei Origenes nachweisen lässt. Und Geffcken, der die philonischen Parallelen zu den Apologeten (zwei griechische Apologeten, s. Register S. 331) zuerst sorgfältig im einzelnen geprüft hat, hebt wiederholt die Differenzen im einzelnen hervor und spricht meist vorsichtig von hellenistischer Tradition und hellenistischem Charakter der Gedanken.

Haltung des Neuplatonismus sich berührt, sind nicht aus der jüdisch hellenistischen Philosophie hervorgegangen, sondern von der profanen übernommen. Und die eigentliche Aufgabe der Forschung ist nicht, die Anklänge und Berührungen der späteren platonischen Literatur mit Philo unter der falschen Voraussetzung seiner Benutzung zu betrachten, sondern aus ihnen ein Bild des dem Philo vorliegenden, offenbar von Poseidonios stark beeinflussten Platonismus zu gewinnen.

Judentum und Christentum haben seit ihrem Uebertritt vom palästinensischen Boden einen gleichartigen Prozess der Hellenisierung erfahren. Der jüdische Vorgang ist vielfach von vorbildlicher Bedeutung für die christliche Nachfolge gewesen, aber berechtigt nicht zu einer Uebertreibung, wie sie in E. Havets [1] Satze zum Ausdruck kommt, zu Paulus' Lebzeiten sei kein wirklicher Heide, d. h. niemand, der nicht schon Judaismus und Bibel kannte, Christ geworden. Dass die Kirche die Erfolge der jüdischen Propaganda völlig in Schatten gestellt hat, beruht wesentlich auf der Vollendung des im Judentum angelegten Universalismus der Religion.

IX

HELLENISMUS UND CHRISTENTUM

Die Schriften, aus denen man hier Belehrung schöpfen kann, sind zahllos. Manche werden gelegentlich zitiert werden. Ich bemerke ausdrücklich, dass ich, um nicht zu verwirren, manche Werke, denen ich Anregungen verdanke, nicht erwähnt habe. Zweck meiner Auswahl aus der Literatur ist einmal, die Anfänger auf die Schriften hinzuweisen, die sie am besten in die Probleme einführen und den tiefer Dringenden auch mit der reichen Spezialliteratur bekannt machen, ferner die theologischen Forscher mit der sie angehenden philologischen Literatur, die, dem Zwecke dieses Werkes entsprechend, sehr viel vollständiger berücksichtigt ist, vertraut zu machen. Ausser den in den früheren literarischen Vorbemerkungen erwähnten Schriften, die fast alle das Thema gelegentlich berühren, kommen besonders in Betracht: AHarnack, Die Mission und Ausbreitung des Christentums in den ersten drei Jahrhunderten [2], 2 Bde, Leipzig 1906 (auch Dogmengeschichte und Wesen des Christentums). — FLoofs, Leitfaden zum Studium der Dogmengeschichte [4], Halle 1906. — OPfleiderer, Das Urchristentum, 2 Bde, Berlin 1902. — PWernle, Die Anfänge unserer Religion [2], Tüb. und Leipzig 1904. — JGeffcken, Aus der Werdezeit des Christentums, Leipzig 1904. (Aus Natur- und Geisterwelt 54. Bändchen). — EHatch, Griechentum und Christentum, deutsch von Preuschen, Freiburg 1892. — GAnrich, Das antike Mysterienwesen in seinem Einfluss auf das Christentum, Göttingen 1894. — ELucius, Die Anfänge der Heiligenkults in der christlichen Kirche, Tübingen 1904. — JBurckhardt, Die Zeit Konstantins des Grossen [3], Leipzig 1898. — PWendland, Hellenismus und Christentum, Leipzig 1902. — Natürlich bieten auch HHoltzmanns Neutest. Theologie, Weizsäckers apostolisches, Knopfs nachapostolisches Zeitalter und die Kirchengeschichten reiches Material. — WSoltau, Das Fortleben des Heidentums in der altchristlichen Kirche,

[1] Le christianisme et ses origines IV Paris 1884, S. 102.

Berlin 1906, gibt weniger eine wissenschaftliche Behandlung als einen kräftigen, von aktuellen Tendenzen beherrschten Appell an die Laien. Das Werk trägt ein stark subjektives Gepräge. In der Konstruktion des ursprünglichen Christentums wirken apriorische Voraussetzungen mit. Oft entscheidet das Gefühl diktatorisch, „was ursprünglich und wertvoll, was fremdartige und fehlerhafte Ergänzung ist". Durchaus irreleitend sind Sätze wie S. 20. 21, „dass alle Grundlehren des Christentums in einem nahen Zusammenhange stehen mit dem, was wir als die edelsten Errungenschaften antiker Kultur zu betrachten gewohnt sind". „Diese Kultur spiegelt sich, wenn man genau zusieht, irgendwie fast in jedem Wort und Gleichnis Jesu". „Der christliche Gottes- und Offenbarungsbegriff ist nur die Fortführung und edelste Entfaltung der Ideen, welche antike Religion und antike Philosophie hervorgebracht haben". — Die besten Dienste hat mir für diesen zweiten Teil geleistet FR. CUMONT, Les religions orientales dans le paganisme romain, Paris 1907, obgleich er sich auf die innere Entwickelung des Heidentums beschränkt und die Beziehungen zum Christentum nur streift. Das Vordringen des orientalischen Geistes und das Anwachsen der mystischen Religiosität ist hier von einem Meister, der auch das orientalische Quellenmaterial beherrscht, gezeichnet. Da Cumont reichliche Literaturnachweise gibt, konnte ich in Anführung der neueren Literatur sparsam sein.

1 Urchristentum und religiöser Synkretismus

Bruno Bauer[1] hat einst den kühnen Versuch gemacht, die Entstehung des Christentums aus der Entwickelung der profanen Philosophie und Moral herzuleiten. Seine radikale Hyperkritik, welche die ältesten christlichen Quellen eliminiert und das Christentum als eine mit Vespasians Zeit beginnende jüdische Metamorphose des griechisch-römischen Stoizismus ansieht, ist überwunden, wenn auch die Parallelen, unter andern Gesichtspunkten betrachtet, zum Teil der Beachtung wert sind. An Nachfolgern hat es Bauer freilich nicht gefehlt, aber man kann sie sich selbst überlassen. Wer in den Hauptbriefen des Paulus und in der synoptischen Grundlage nicht ganz individuelles religiöses Leben zu spüren vermag, der ist für historische Forschung auf diesem Gebiete verdorben.

Christi Predigt hat kein Verhältnis zum Hellenismus. Wohl hatten die Wogen der hellenistischen Staatengeschichte schon längst auch das jüdische Volk ergriffen und seine Geschicke bestimmt, bis es die starke Hand des Römers zu fühlen bekam und seiner Herrschaft sich fügen musste. Der Gegensatz dieser Fremdherrschaft zu den Idealen der Vergangenheit und den Zukunftshoffnungen erklärt die schwüle Stimmung, die Spannungen und Erregungen, die wir im politischen und religiösen Leben des Judentums dieser Zeit beobachten. Aber die grossen geistigen Bewegungen und Strömungen, die, mit erstaunlicher Geschwindigkeit sich verbreitend, der griechisch-römischen Kultur der Zeit ein gleichartiges Gepräge geben, berühren, von der Diaspora abgesehen, nur die Peripherie des jüdischen Volkes. Gewiss ist auch Jesu Verkündigung mannigfach bedingt durch jüdische Voraussetzungen und Begriffe, durch das jüdische Weltbild, durch den Gegensatz der pharisäischen Frömmigkeit, wenn auch die Originalität der neuen Offenbarung und die Macht des aus eigenster Erfahrung quellenden Lebens die zeitgeschichtlichen Hüllen und Schalen durchbricht, die alten Formen mit neuem Gehalt erfüllt. Gewiss ist auch Jesus ein Kind seiner Zeit und ein Sohn seines Volkes. Aber in den geistigen Horizont, der ihn umgibt, sind die Probleme und Ge-

[1]) Christus und die Cäsaren, Berlin 1879.

danken der die griechisch-römische Welt beherrschenden geistigen Kultur gar nicht eingedrungen[1]. Von dem hellen Lichte der Kulturwelt ist er nicht beleuchtet, aber er strahlt in eigenem Glanze. Ueber die Möglichkeit reflektieren, ob etwa ein Gedanke des Sokrates oder der stoischen Predigt durch irgend eine Vermittelung an sein Ohr geklungen ist, heisst mit einem Zufall rechnen, der, selbst die Möglichkeit als wirklich genommen, das Verständnis seines tiefsten Wesens nicht fördern könnte. Gewiss hat die Verflechtung des jüdischen Volkes in die grosse Völkergeschichte und die Völker- und Kulturmischung der hellenistischen Zeit auch dem Judentum fremde Gedanken und Vorstellungen vermittelt. Aber sicher nachgewiesen sind nur babylonische und persische Elemente als lebenskräftige Bestandteile des jüdischen Volksglaubens. Es sind zum Teil ganz dieselben Gebilde, die, im Gefolge der Astrologie, Magie, orientalischer Kulte in das griechische Sprachgebiet vordringend, auch ein Ferment der westlichen Religionsgeschichte geworden sind, Dualismus, Angelologie, Dämonologie. Aber während diese Einflüsse seit dem Exil in echt orientalischen, wenn auch schon synkretistisch erweichten Formen das Judentum ergreifen[2], gehen sie bei ihren weiteren Vorstössen nach dem Westen eine Verbindung mit verwandten griechischen und römischen Vorstellungsformen ein.

Die konvergierende Entwickelung der polytheistischen Religionen im Osten und im Westen hatte einen breiten Boden analoger Vorstellungen und verwandter Glaubensformen geschaffen. Der Kontakt der Völker und die Wechselwirkung des Weltverkehrs erhob in hellenistischer Zeit diese parallelen Erscheinungen und zufälligen Berührungen zum Bewusstsein eines gemeinsamen Besitzes, dessen Bestand durch den Prozess fortschreitender Annäherungen und Ausgleichungen gemehrt und gesichert wurde. Von diesem Standpunkt betrachtet, hat auch das Judentum an diesem gemeinsamen Besitze der Völker in den unteren Schichten des Volksglaubens einen starken Anteil; es zeigt die auffallendsten Berührungen mit dem griechischen und römischen Glauben und hat dem Christentum auf den Weg seiner Weltmission ein Erbe religiöser Vorstellungen und Dispositionen mitgegeben, die, in den heidnischen Religionen wiederkehrend, eine Fülle von Anknüpfungen und Wechselwirkungen erzeugten. Das wichtigste dieser Gebiete ist die Dämonologie und der Geisterglaube überhaupt.

Die bekannten Heilungsgeschichten der Evangelien setzen den allgemeinen Glauben voraus, dass böse Geister in den Leib des Menschen eingehen und sich seinen Willen unterwerfen können, dass Krankheiten und aussergewöhnliche Seelenerregungen auf ihr Wirken zurückzuführen sind[3]. Paulus kennt ein in Rangordnungen gegliedertes Engelreich, Elementar- und Stern-

---

[1]) Vgl. auch Wellhausen zu Mc 15 2: „Dass nirgends ein Dolmetsch erwähnt wird, beweist nicht, dass Jesus griechisch konnte, denn die Erzählung beschränkt sich auf einige Hauptsachen. An sich ist es freilich grade bei einem Galiläer aus dem Volk nicht unmöglich". Schürer II S. 63 ff. [2]) Bousset S. 542 ff. Cumont S. XVIII: „Bien des croyances de l'ancient Orient sont parvenues en Europe par une double voie, d'abord par le judaisme plus ou moint orthodoxe des communautés de la Diaspora, puis par les mystères païens, importés de Syrie ou d'Asie-Mineure". [3]) Conybeare, Christian demonology in Jewish Quarterly Review VIII IX. Bousset S. 381 ff. J. Weiss' Artikel „Dämonen" und „Dämonische" in Herzogs Realenc. [3] IV S. 408 ff. Harnack Mission I S. 108 ff. Lucius S. 7. 10 ff. 120 ff. 298. Ueber Josephus vgl. Lewinsky (o. S. 117[5]) S. 46 ff. — Roscher, Ephialtes, eine Abhandlung über Alpdrücken und Alpdämonen, Abh. der sächs. Ges., philol. hist. Klasse Bd. XX.

geister, teuflische Scharen[1]. Er führt höhere Offenbarungen auf die Engel zurück, und er redet von der Ausdehnung des Wirkungskreises des Satans und deutet auf die geschlechtliche Vereinigung böser Geister mit den Weibern hin. Die heidnischen Götter sind nicht leere Gebilde menschlicher Phantasie, sondern wirkliche Wesen, und im Götzendienst tritt der Mensch in die Gemeinschaft der Dämonen. Die Fülle der Andeutungen beweist die allgemeine Verbreitung dieses Glaubens, den die gesamte kirchliche Literatur in mannigfachen Variationen bezeugt. Die Art, wie diese Andeutungen und Anspielungen ganz gelegentlich eingestreut werden, bereitet unserem Verständnis die grössten Schwierigkeiten, weil uns auch sonst nur gelegentliche Mitteilungen einen Einblick in diese untere Schicht des Glaubens gestatten; aber gerade diese Art beweist, dass Paulus bei seinen Lesern diesen ganzen Vorstellungskreis als bekannt voraussetzt und auf ihr volles Verständnis rechnen darf. Wir beobachten ein gewaltiges Ringen mit der Welt jener dunklen Mächte, aber der Sieg wird nicht gewonnen kraft der Erkenntnis von der Nichtigkeit der Existenz und der Wirkungen der Dämonen, sondern kraft des Glaubens, dass Christus den Satan und sein Reich überwunden hat und in der Parusie völlig vernichten wird. Es ist nicht sowohl ein Sieg intellektueller Erkenntnis über den Wahnglauben als ein in jedem wahren Christenleben sich immer wiederholender Sieg moralisch-religiöser Kraft über die real und persönlich gedachten Mächte der Finsternis. Weniger wegen seiner heilenden Tätigkeit als wegen der Errettung und Befreiung von der Herrschaft und Tyrannei der bösen Geister wird Jesus der σωτήρ genannt; Erlösung von der Sünde, vom Tode, vom Gericht ist nur der weniger sinnfällige Ausdruck für dieselbe Sache.

Auch in der griechisch-römischen Welt ist der Glaube an die den Luftkreis und die Welt erfüllenden guten und helfenden, bösen und schädlichen Geister eine Macht. Er wurzelt in alten und tiefen Schichten des Volksglaubens und hat sich durch die Jahrhunderte lebendig erhalten[2]. Seine Aufnahme in die philosophische Religion (S. 93. 117) und die fortgesetzten Bemühungen der heidnischen Theologie um eine Theorie der himmlischen Hierarchie und des Geistesreiches bezeugen die wachsende Macht dieses Vorstellungskreises. Auch die monotheistische Spekulation hat, indem sie, die christliche Betrachtung vorbereitend, die Götter zu Dämonen degradiert und ihnen schädliche Wirkungen zuschreibt (S. 98), den Dämonenglauben verstärkt. Die Religionen der Naturvölker bieten noch heute auffallende Parallelen zum antiken Polydämonismus. Seinen Ursprung verdankt dieser keineswegs erst orientalischen Einflüssen, wohl aber Verstärkung, Bereicherung, erhöhtes Ansehen. Wir wissen jetzt, welche Bedeutung in der babylonisch-assyrischen Religion der Glaube an die den Menschen von allen Seiten umlauernden und gefährdenden bösen Geister hatte[3]. Die nach dem Westen vordringende Magie hat diesen Glauben verbreitet und mit griechisch-römischen Vorstellungen verschmolzen. Der Parsismus hat dann, babylonische Vorstellungen sich einverleibend und weiter tragend, den Glauben an den Kampf der Reiche der guten und der bösen Geister und den Dualismus nach dem Westen verbreitet[4]. Auf dem Gebiete der Dämonologie hat der Orient durch sehr ver-

---

[1]) Siehe Everling, die paulinische Angelologie und Dämonologie, Göttingen 1888. [2]) Geffcken S. 216 ff., über den Roman s. Rohde S. 461. 465. 494. 525. [3]) S. ausser der bei Weiss verzeichneten Literatur Heitmüller, Forschungen zur Religion und Lit. des Alten und Neuen Testaments I 2 S. 185 ff. und die vortreffliche Uebersicht von Fossey, La magie assyrienne, Bibl. de l'écode des hautes étucles. Sciences religienses, vol. XV Paris 1902, und K. X. [4]) Cumont

schiedene Vermittelungen und Vorstösse auf das Judentum wie auf die griechisch-römische Welt gewirkt und die Ausgleichung der Religionen in einer Weise gefördert, dass die Scheidung der im Volksglauben verbundenen Elemente und die Nachweisung ihres Ursprunges der wissenschaftlichen Analyse oft gar nicht erreichbar ist. Es gab heidnische wie christliche und jüdische Exorzisten. Die Kenntnis der heiligen Namen, welche die unfehlbare Wirkung ausüben [1], und der peinlich genaue Gebrauch der Formeln sind bei ihnen allen wesentliche Mittel der Kunst [2].

Die profanen Erzählungen von Dämonenbeschwörungen erinnern vielfach an die christlichen. Lucian (Philopseudes 17) erzählt von einem Syrer, „der alle Mondsüchtigen (*καταπίπτοντας πρὸς τὴν σελήνην*), wenn sie die Augen verdrehen und den Mund voll Schaum haben (Mc 9 18), gesund macht und genesen für hohen Lohn entlässt. Denn wenn er an die Liegenden herantritt und sie fragt, woher sie in den Körper eingedrungen sind, so schweigt zwar der Kranke, der Dämon aber antwortet, griechisch oder barbarisch oder in der Sprache seiner Heimat redend, wie und woher er über den Menschen gekommen ist. Er aber treibt ihn dann durch Beschwörungen und, wenn der Dämon nicht gehorcht, durch Drohungen [3] aus. Ich wenigstens sah ihn schwarz und russig ausfahren". Die Teilnehmer des Gesprächs bei Lukian bestätigen diese Erfahrung und erläutern sie durch ähnliche Geschichten [4]. Sie sind alle von der Existenz der Dämonen, der Möglichkeit ihres Eingehens in menschliche Leiber und ihrer Austreibung überzeugt. Philostrats Leben des Apollonios [5] bietet ähnliche Erzählungen, die früher, als man fälschlich der Schrift eine gegen das Christentum gerichtete Tendenz zuschrieb, als Nachbildungen der evangelischen Erzählungen angesehen wurden, in Wahrheit die auffallende Verbreitung gleichartiger Vorstellungen beweisen. Ein Weib fleht den Apollonios an, ihren sechzehnjährigen Sohn zu heilen, der schon zwei Jahre von einem Dämon besessen ist. Der treibt ihn an wüste Stätten [6], verändert seine Sprache und den Ausdruck seiner Augen, droht ihn in den Abgrund zu stürzen. Der Wundermann gibt ihr einen Brief an den Geist ξὺν ἀπειλῇ καὶ ἐκπλήξει (III 38). Wie hier ein erotisches Motiv des Dämon angedeutet wird, so erzählt Philostratos anderweitig von dem Liebesverhältnis der Empusa oder Lamia mit Jünglingen (IV 28, VIII 7 S. 315, 11 K. II 4). IV 10 entdeckt Apollonios in Ephesos in der Gestalt eines blinden Bettlers den Pestdämon und lässt ihn von der Menge steinigen. Er sprüht Feuer aus den Augen und nimmt die Gestalt eines Hundes an. IV 20 S. 183 ff. 229 ff.

---

1) S. z. B. den Londoner Papyrus bei Kenyon S. 67, 76 ff. ἐξορκίζω σε κατὰ τῶν ἁγίων ὀνομάτων . . . καὶ κατὰ τῶν φρικτῶν ὀνομάτων . . . παράδος τὸν κλέπτην. Deissmann, Bibelstudien S. 42, Heitmüller und die S. 81 angeführte Literatur.

2) Jesus zeigt sich von traditionellen Formen auch hier frei, was schon den späteren Christen aufgefallen ist, s. Weiss S. 414.

3) Vgl. z. B. das ἐπιτιμᾶν Mc 1 25. 3 12. Auf Mc 1 25 φιμώθητι fällt ein besonderes Licht durch Rohdes Nachweis (Psyche II S. 424), dass das Wort besonders von Beschwörungen gebraucht wird.

4) Die folgende Geschichte von der Geisterbeschwörung mittels eines Ringes hat eine Parallele bei Ps. Plutarch De fluviis 16, 2, aber auch bei Josephus (Bousset S. 388). Eisen gilt als Schutz gegen Dämonen, s. Gruppe S. 895, Nordens Kommentar zur Aeneis VI S. 163. 201 und Archiv für Religionswiss. X S. 41 ff. — Vgl. Radermacher, Rhein. Mus. LX S. 315. Reitzenstein, Hellenistische Wundererzählungen S. 3 ff.

5) Sein Heroikos erzählt von Epiphanien der alten Heroen in der troischen Landschaft auf Grund volkstümlicher Ueberlieferungen (Rohde, Psyche II S. 350. 351).

6) Mc 5 2. 5, Mat 12 43, Bousset S. 389. 390.

sagt Apollonios einem Jüngling, der seine Lehre verachtet, auf den Kopf, dass er einen Dämon habe. Der Dämon lässt ihn abwechselnd lachen und weinen. Auf die Drohungen des Apollonios verspricht er, flehend wie ein Gemarterter[1], den Jüngling zu lassen und keinen Menschen mehr zu überfallen, fährt dann in eine Bildsäule.

Die Hypostasierung der Krankheiten und ihre Herleitung von Geistern teilt das Christentum mit seiner Zeit[2]. Wie die Krankheiten überhaupt, so wurden von den Griechen schon seit ältesten Zeiten besonders epileptische Zufälle, Aeusserungen von Geistesstörung und Tobsucht aus der Besessenheit durch eine Gottheit oder durch einen Dämon erklärt[3]. Schon eine hippokratische Schrift bekämpft die Auffassung der Epilepsie als heiliger Krankheit und ihre Behandlung durch Entsühnungen und Reinigungen, wie Zauberer und Sühnpriester sie anwandten[4]. Man darf nicht annehmen, wie es geschehen ist, dass die Praxis des Exorzismus überhaupt aus dem Orient stamme, sondern nur, dass die orientalische Magie sich mit den verwandten bei den Griechen üblichen Mitteln verbunden und sie sich unterworfen habe. — Mit der dämonologischen Erklärung der Epilepsie hängt die Sitte des Ausspeiens vor dem Epileptiker, das apotropäische Kraft hat, zusammen[5]. Die Auffassung der Krankheit des Paulus als Epilepsie scheint mir immer noch die wahrscheinlichste. Gestattet die Anerkennung, dass die Galater beim Anblick seiner Krankheit nicht ausgespieen hätten (Gal 4 14), auch die Beziehung auf andere Leiden, so scheint das Wort vom Engel, der ihn schlägt[6], auf die Epilepsie am besten zuzutreffen[7].

---

[1]) Vgl. auch S. 145, 47, Kayser δακρύοντι ἐῴκει τὸ φάσμα καὶ ἐδεῖτο μὴ βασανίζειν (Mc 5 7) αὐτὸ μηδὲ ἀναγκάζειν ὁμολογεῖν ὅτι εἴη. Ueber die genaue Parallele jener ganzen Geschichte in den Petrusakten s. Reitzenstein S. 54. [2]) Lc 13 11 πνεῦμα ἀσθενείας, erläutert von Reitzenstein, Poimandres S. 19. [3]) Usener, Götternamen S. 294. Ebenso realistisch wird ja mit gleicher Psychologie die Mantik aufgefasst, s. Nordens Kommentar zur Aeneis VI S. 143 ff. [4]) Wilamowitz' Lesebuch VI 1. [5]) S. die Leipz. Ausgabe von Theophrasts Charakteren 1897 S. 133, Helm (o. S. 39) S. 26[1]. [6]) II Kor 12 7. Aehnliche Ausdrücke werden von den Alpdämonen gebraucht, und Alpdrücken und Epilepsie erscheinen der antiken Anschauung verwandt (s. Roscher a. a. O. S. 37 ff. und Eusebius, Kirchengesch. V 28, 12: Peitschen durch die Engel). [7]) So Krenkel, Beiträge, Braunschweig 1890 S. 47 ff., ablehnend Heinrici zu II. Kor. S. 398. 405 ff. Kotelmanns Annahme ägyptischer Augenkrankheit, Verhandlungen der 48. Philologenversammlung 1906, S. 170—172, benutzt mit Unrecht auch Act 9 und gibt eine rationalistisch abschwächende Deutung des Wunders. Der Anblick der Götter macht blind, das ist die Regel: Beispiele gibt Radermacher, Festschrift für Gomperz S. 201. Bei den Fabeln des Aristeas § 314—316 wird ein Sagenmotiv zugrunde liegen, in dessen ursprünglicher Fassung die Epiphanie erfolgte. Und der Ekstasenbericht II Kor 12 1—10 wäre ebenfalls aus dem Spiele zu lassen, wenn nur der Arzt mit Recht versicherte, dass des Epileptikers „Bewusstsein erlischt und daher jede Rückerinnerung an das während des Anfalls Erlebte fehlt". Es liegt ja an und für sich keine Notwendigkeit vor, den visionären Zustand mit dem epileptischen Anfall zu identifizieren. Freilich kann ich, einem dankenswerten Hinweise J. Ilbergs, der auch Epilepsie für wahrscheinlich, σκόλοψ für einen bildlichen Ausdruck hält, Kotelmann eine ärztliche Autorität entgegenstellen. Oberarzt Dr. G. Ilberg, Sachverständiger für Geistes- und Nervenkrankheiten beim Landgericht Dresden, stellt in der Zeitschrift für die gesamte Strafrechtswiss. XXI 1901 S. 453 die Annahme, an einen wirklichen epileptischen Zustand habe ein Kranker niemals Erinnerung, als veraltet hin. „Nach und nach ist festgestellt, dass die Erinnerung an die während leichterer Dämmerzustände stattgehabten Ereig-

Ferner teilt das Christentum mit seiner Zeit den schrankenlosen Wunderglauben. Die Heilberichte des epidaurischen Asklepiostempels[1], eine seltsame Mischung von durchsichtigem Priestertrug und Naivität, die Wundergeschichten im Leben des Apollonios und in den Romanen erinnern vielfach an den Wunderapparat der apokryphen Apostelgeschichten. An Vespasian tritt in Alexandria ein Blinder und bittet ihn auf Grund einer Offenbarung des Serapis, seine Augen mit Speichel zu bestreichen; ein anderer bittet ihn, auch unter Berufung auf den Gott, seine gelähmte Hand mit der Fusssohle zu berühren. Das Heilverfahren glückt, trotz der starken Bedenken des künftigen Kaisers[2]. Die Art, wie die Dämonenaustreibungen und die Wundererzählungen der Evangelien von der jüdischen und heidnischen Polemik behandelt werden, wie die Absicht nicht so sehr auf Bestreitung der Tatsächlichkeit wie auf Abschwächung durch Analogieen gerichtet ist, zeigt, wie weit die Gemeinsamkeit dieser Vorstellungen reicht.

Die Dämonologie und Angelologie ist das Gebiet, auf dem das Christentum von Anbeginn tiefere Beziehungen zu den polytheistischen Religionen aufweist[3]. Aber dies Verhältnis gründet sich auf Anschauungen, die längst ein integrierender Bestandteil des jüdischen Glaubens geworden waren und, zunächst vom Judentum übernommen, erst in der weiteren Auseinandersetzung mit dem Heidentum den verwandten profanen Vorstellungen angepasst und angenähert sind. Schon in der urchristlichen Literatur mehren sich dann mit der fortschreitenden Entwickelung die Entlehnungen heidnischer Anschauungen und Motive, Anklänge und Beziehungen auf die hellenistische Vorstellungswelt. Der Eintritt des Christentums in die griechisch redende Welt, die Beteiligung von Heidenchristen, die ihren früheren geistigen Besitz nicht wie ein Gewand ablegen konnten, sondern einen Teil desselben in die Kirche hinübernahmen, bringt notwendig das Einströmen hellenistischer Kulturelemente

nisse nicht aufgehoben zu sein braucht[4]. In solchen Dämmerzuständen kommen nach S. 449. 456. 442 unter andern religiös-ekstatische Sinnestäuschungen und Verzückungen, Vernehmen göttlicher Befehle, Erblicken leuchtender und greller Farben, Sehen schreckhafter Gestalten vor. Die Deutung der Krankheit des Paulus auf Epilepsie ist danach jedenfalls nicht widerlegt, auch ein Zusammenhang der visionären Erscheinungen mit der Epilepsie zu erwägen. Preuschen, Zeitschrift für neutest. Wiss. II S. 193. 194 hält Aussatz für Paulus' Krankheit. Aber die minutiöse Körperbeschreibung in der Eliasapokalypse ist sicher nach Massgabe des von Fürst, Philol. LXI behandelten Materiales als willkürliche literarische Mache zu beurteilen (vgl. o. S. 23). [1]) S. Dittenberger Sylloge 802 ff. 807, o. S. 100. [2]) Tac. Hist. IV 81, Suetons Vespasian 7, Dio Cassius LXVI 8. Ueber den Speichel vgl. Mc 7 $_{33}$ 8 $_{23}$ Joh 9 $_{6}$, Gruppe S. 890. Die Bedenken und die starke Rationalisierung der Erzählungen werden wir auf Rechnung der gebildeten Schriftsteller setzen, die es nicht über sich bringen, die volkstümlichen Legenden unverändert weiter zu geben. Viele beachtenswerte Parallelen zieht Reitzenstein, Wundererzählungen, z. B. S. 120 ff. für die wunderbare Befreiung aus dem Gefängnisse, S. 125 für das Wandeln auf dem Wasser. [3]) Unsicheres berühre ich hier und im folgenden nur in den Anmerkungen. Gruppe S. 1609 ff. sieht in orientalischer Mystik ein Christentum und Hellenismus verknüpfendes Band. Seine Begründung ist nicht glücklich, aber von andern Gesichtspunkten aus komme ich K. X zu einer ähnlichen Vermutung. Doch muss ich seiner Vorstellung, dass schon Jesus Ideen solcher Mystik aufgenommen habe, widersprechen. Ich kann bei ihm von spezifischer Mystik nichts spüren; und wie soll sie uns greifbar sein, wenn auf der andern Seite wieder die Ausscheidung der mystischen Abstrusitäten sein besonderer Vorzug sein soll (S. 1626. 1610)?

mit sich. Das Mass dieses Einflusses ist durch die Nationalität, durch die höhere oder niedrigere Bildung des einzelnen bedingt. Aber im allgemeinen beobachten wir ein stetiges Wachstum, je mehr wir von den ältesten Schriften und Schichten der urchristlichen Literatur zu den jüngeren vordringen. Das wird in Teil III bei Betrachtung der einzelnen Schriften gezeigt werden. Den mythischen Realismus, z. B. den Engelglauben, sehen wir mehr in den Vordergrund treten (Apoc und Lucas), und neben religiösen Vorstellungen, die wir zum gemeinsamen Besitz der Völker zählen dürfen, begegnen bald auch solche, die dem Griechentum entlehnt sind. Für die göttliche Geburt geben griechische Mythen und Legenden wohl die treffendsten Parallelen [1]. Die Bezeichnung der Christen als περικαθάρματα τοῦ κόσμου und πάντων περίψημα I Cor 4 $_{13}$ ist erst recht verständlich geworden durch den Nachweis, dass diese Schimpfwörter den Verkommenen beigelegt zu werden pflegten, die sich für mehrtägige gute Verpflegung dazu hergaben, bei den Thargelien als Sühneopfer zu fallen [2]. Taufe und Abendmahl sind frühzeitig aufgefasst und ausgestaltet worden nach dem Vorbilde der in den Kultvereinen üblichen Sakramente. Aus diesen Kreisen sind die Vorstellungen von der Einigung mit der Gottheit durch Genuss der geweihten Speise und von der magischen Wirkung des Wortes übertragen oder doch bereichert [3]. Es fragt sich nur, wann dieser Einfluss beginnt; er ist wohl schon für Paulus in Betracht zu ziehen, der die Atmosphäre der synkretistischen Erlösungsreligionen gekannt hat (K. X). Dass Apoc 12 auf mythischer Tradition beruht, vielleicht der Sage von Letos Flucht, Apollos Geburt und Drachenkampf nachgebildet ist, ist anerkannt [4]. Die jüdisch-christliche Apokalyptik verbindet sich in ihrer späteren Entwickelung mit den griechisch-römischen Jenseitsdichtungen, und die apokryphen Apostelgeschichten bereichern sich mit Motiven der heidnischen Erbauungs- und Unterhaltungsliteratur (s. Teil III).

2 Urchristliche Motive im Gegensatz und in der Annäherung an den Hellenismus

Und dennoch darf man sagen: Das Urchristentum steht der griechisch-römischen Kultur fremd gegenüber. Christentum und Weltkultur sind Grössen, die zunächst kein inneres Verhältnis zu einander haben. Bis gegen die Mitte des II Jahrhunderts herrscht diese kulturfremde Richtung vor. Die Elemente der höheren hellenistischen Kultur dringen wohl aufs Christentum ein, aber sie halten sich mehr an der Peripherie, und sie tragen den Charakter des Zufälligen und Sporadischen, des Unbewussten und Unbeabsichtigten.

---

[1]) Usener, Religionsgesch. Untersuchungen S. 70 ff., der auch sonst Geburts- und Kindheitsgeschichte Jesu von griechischen Motiven beeinflusst sein lässt (vgl. Z. für neutest. Wiss. IV S. 1 ff.). Pfleiderer I 695 ff.; doch s. Gunkel, Forschungen zur Religion und Lit. des Alten und Neuen Testaments I S. 67 ff., der die Anschauung aus orientalischer Mythologie ableiten will. Die weite Verbreibreitung des Motives, dass beim Tode der Lieblinge der Götter die Sonne sich verfinstert, bespricht Usener, Rhein. Mus. LV S. 286. [2]) Usener, Sitzungsbericht der Wiener Akad. CXXXVII 3 S. 59 ff., Gruppe S. 923. [3]) Dieterich, Eine Mithrasliturgie S. 92 ff., H. Holtzmann, Archiv für Religionswiss. VII S. 58 ff., Wellhausen zu Mc 6 $_{41}$. 14 $_{22}$ ff., Gruppe S. 1615 ff. — Heitmüller a. a. O. — Ders., Taufe und Abendmahl bei Paulus 1903. Rendtorff, Die Taufe im Urchristentum, Leipzig 1905. Lietzmann Exc. zu I Cor 10 $_{17}$. [4]) Dieterich, Abraxas S. 117 ff., Gunkel S. 54 ff.

Die κοινή, die durch Paulus das Organ christlicher Propaganda wird, vermittelt hellenistische Vorstellungen und hellenisiert christliche Begriffe; aber es sind zunächst volkstümliche Vorstellungen und Ausdrucksmittel, die dies Stadium des Hellenisierungsprozesses dem Christentum nahe bringt. Es ist bezeichnend, dass die älteste christliche Literatur weniger die literarische κοινή als die Unterströmung des gesprochenen Vulgärgriechisch verwendet, der Einfluss der attizistischen Richtung[1] und die Rücksicht auf die höheren Forderungen der Literatursprache erst bei Lukas wahrnehmbar zu werden beginnt.

Dem papiernen Zeitalter ist die Tatsache nicht ohne weiteres verständlich, dass Jesus nicht geschrieben hat. Kluge Leute haben darin ein Manko gefunden, und Theologen haben öfter recht seltsam die Gründe erörtert, die Jesus zu dem Verzicht bestimmt hätten, als ob er überhaupt die Möglichkeit erwogen haben müsse, und sie haben die besondere Absichten zu enthüllen gesucht, aus denen heraus die göttliche Versehung diesen Weg der Offenbarung nicht gewählt habe[2]. Solche Problemstellungen beweisen die Unfähigkeit, sich in Zeiten und Kreise zu versetzen, in denen das lebendige Wort mehr gilt als das Buch. Sokrates und Epiktet haben auch nicht geschrieben, weil sie Grösseres zu tun hatten, und selbst der grösste Meister des Stiles, Plato, sieht im Phädros die Schrift als einen kümmerlichen Notbehelf für das lebendige Wort an. Es ist ebenso bezeichnend, dass Petrus und Johannes und Jakobus nicht geschriftstellert haben, wie dass die Kirche bald darin einen Mangel sah, der beseitigt werden musste. Wie das älteste Christentum kulturfremd ist, so ist es auch ursprünglich unliterarisch. Die ältesten Briefe sind wirkliche Briefe, keine Literatur. Die λόγια und die Evangelien dienen dem Zwecke der Erbauung und Unterweisung. Auch ihnen fehlt das entscheidende Merkmal der Literatur[3], die technisch-buchhändlerische Edition und Verbreitung; daher der fluktuierende und unsichere Zustand der ältesten Texte, den erst die Kanonisierung zu beseitigen begonnen hat.

Christi Verkündigung hat kein Verhältnis zur höheren Weltkultur, weil diese in den Horizont seiner Umgebung nicht hineinreicht. Wesentlich darauf beruht der Eindruck der Unmittelbarkeit und unvergänglichen Frische, der natürlichen Kraft und der durch keine Nebenrücksichten beirrten geschlossenen Einheit des Evangeliums. Und doch war es ein Glück, dass das negative Verhältnis kein prinzipiell ausschliessendes war und Anknüpfungen

[1]) Sie setzte sich nur allmählich durch (S. 32), und auch abgesehen von der volkstümlichen Literatur kennen wir Literaten, die der vorherrschenden attizistischen Strömung gegenüber auffallend zurückgeblieben erscheinen. Kroll hat im Catalogus codicum astrologorum graecorum V 2 Brüssel 1906 grosse Proben von Vettius Valens (II. Jahrh. n. Chr.) mitgeteilt und seiner Sprache eine Betrachtung gewidmet, in der auch die Berührungen mit dem Neuen Testament hervorgehoben werden. Ich wüsste in der Tat keinen Autor, der den Gegensatz des reichen Wortvorrates und der Bildsamkeit der hellenistischen Sprache gegen die Verarmung durch den Attizismus so lehrreich veranschaulichte und die Sprachfülle des Paulus zu erklären mehr geeignet wäre. [2]) Haussleiter, Die vier Evangelisten, München 1906 S. 2 ff. [3]) Es ist für die Schätzung der altchristlichen Schriften wichtig, sich die verschiedenen Stufen der Publizität zur Zeit, wo es keine mechanische Vervielfältigung der Schriften gab, gegenwärtig zu halten. Der Philologe macht sie sich z. B. am Schicksal der Lehrschriften des Aristoteles, des Auctor ad Herennium, der ohne Zutun oder gegen Willen der Autoren oft erfolgten Verbreitung stenographisch aufgenommener Vorträge, einiger zum Umlauf in kleineren Kreisen bestimmter Briefe Ciceros klar.

für die Zukunft nicht ausschloss. Aber die beiden nächsten Generationen haben zunächst und weit überwiegend die Konsequenz der Exklusivität gezogen. Die Mission als der Kampf gegen die finsteren Gewalten des Heidentums zog mit Notwendigkeit die aggressive und feindliche Haltung gegen die Kultur nach sich. Die Christen empfinden den schärfsten Gegensatz gegen die Welt, die dem baldigen Untergange geweiht ist. Sie fühlen sich als Bürger einer höheren Welt und bezeichnen sich als neue Menschenrace. Auch Philosophie und Literatur ist ein Stück der Welt, die sie bekämpfen und überwinden. Nicht als Meister der Rede oder der Weisheit will Paulus zu den Korinthiern gekommen sein. Er nennt sich einen Laien, was das Reden betrifft, und weiss, dass seine Gegner seine Rede verachten. Ihm hat Gott die Weisheit der Welt, welcher die Korinthier eine gefährliche Vorliebe entgegenbringen, zur Torheit gemacht, und durch die Torheit des Evangeliums will er die Glaubenden retten. Der Kolosserbrief warnt vor der Gefährdung durch die Philosophie und vor dem Truge menschlicher Weisheit. Und auf der andern Seite wird der Kontrast ebenso scharf empfunden und gezeichnet: Die literarischen Gegner des Christentums sehen in ihm eine barbarische und kulturfeindliche Lehre. Nebenströmungen fehlen auch bei Paulus nicht ganz — ich erinnere schon hier an seine Schätzung der Obrigkeit und an seine Annahme des ursprünglich auch den Heiden ins Herz geschriebenen Gottesgesetzes —; und diese Strömungen gewinnen immer weitere Verbreitung. Aber das Fortleben jener Motive bis in die Zeiten, wo die Kirche schon auf dem Wege war, selbst eine Kulturmacht zu werden, beweist, wie tief die weltfremden und weltfeindlichen Stimmungen im Urchristentum wurzelten und wie die orientalische Strömung immer wieder mächtig hervorbricht. Auf der einen Seite erkennt man in der Philosophie einen Bundesgenossen, bekämpft mit ihren Waffen den Polytheismus, entfaltet nach ihren Problemstellungen und Gesichtspunkten den christlichen Glauben zum System einer Weltanschauung; auf der andern Seite werden Stimmen laut, die von fanatischem Hass gegen die Philosophie zeugen und durch ein Zerrbild des Lebens und der Lehren der Philosophen sie zu diskreditieren suchen[1]. Auf der einen Seite bemüht man sich eifrig, die Herrschaft über die profanen Literaturformen zu gewinnen und jagt allen Künsten der griechischen Rhetorik nach; auf der andern Seite zeigt man eine affektierte Gleichgültigkeit gegen den Stil und wiederholt das traditionelle Urteil, dass der Christ die Schönrednerei verachte[2]. Und noch um 200, wo sich schon unter hellenistischem Einflusse alle christlichen Literaturgattungen hoffnungsvoll zu entfalten begonnen haben und die kleinasiatische Theologie eine hohe Blüte erreicht hat, wird ernsthaft und leidenschaftlich die Frage erörtert, ob ein Christ überhaupt literarisch tätig sein dürfe und ob der sichere Besitz der heiligen Schriften nicht alle weitere Schriftstellerei unberechtigt und überflüssig erscheinen lasse[3].

Damit ist bereits der prinzpielle Standpunkt gegeben, auf den wir uns zu stellen haben, wenn wir zunächst Jesu Verkündigung und die Entwickelung der von ihr ausgehenden Triebkräfte mit der Vorstellungswelt griechisch-römischer Religion und Philosophie vergleichen. Nicht nur in einzelnen Sätzen (S. 53), sondern auch in Stimmungen und Empfindungsweisen beobachten wir eine auffallende Verwandschaft und Uebereinstimmung. Wer den Blick auf das einzelne richtet, sieht sich leicht verführt, einen histori-

[1]) Geffcken, Neue Jahrb. XV S. 625 ff.: Die altchristliche Apologetik, und Zeitschrift für das Gymnasialwesen LX S. 1 ff. [2]) Norden, Antike Kunstprosa S. 529 ff. [3]) Wendland S. 9 ff.

schen Zusammenhang zu suchen. Aber wer das Ganze überblickt und nach Erwägung aller Einzelheiten zu der Ueberzeugung gelangt ist, dass Jesu Denkweise nicht griechisch und von den die Kulturwelt beherrschenden Anschauungen gar nicht berührt ist, der muss es ablehnen, jene Beziehungen unter dem Gesichtspunkt der Entlehnung und Abhängigkeit zu betrachten. Wir haben den gemeinsamen Besitz der Völker in seinem Umfange schätzen und die Tatsache der Kongruenz auch da anzuerkennen gelernt, wo unsere Psychologie sie zu erklären nicht ausreichen will. Wir haben auf dem Gebiete der Religion und Spekulation bei den antiken Völkern auffallend parallele und konvergierende Entwickelungslinien beobachten gelernt und sind skeptischer geworden gegen die Annahme einer geschichtlichen Abhängigkeit, wo Wege und Medien der Vermittelung gar nicht nachzuweisen sind. Wir lehnen eine Methode ab, welche die Uebertragung der Ideen sich nach Analogie des Austausches der Waren und des Gerätes vorstellt und in ihrer einseitigsten Anwendung uns schon jetzt zu der Konsequenz führt, dass der Quell originaler Gedankenschöpfung möglichst in der äussersten historischen oder prähistorischen Ferne gesucht wird. Wir rechnen mit der Tatsache, dass unter ähnlichen Voraussetzungen und Bedingungen dieselben oder ähnliche Gedanken wiederholt gedacht und nicht nur einmal spontan erzeugt sind. In unserem Falle scheitert jene vorschnelle historische Konstruktion oft an der Erfahrung, dass. auch wo einzelne Sätze und Lehren sich ähnlich sehen, doch die letzten Motive und Grundsätze, die sie hervorgetrieben haben, sich unterscheiden. Die Aehnlichkeit verringert sich, sobald man von der äusseren Erscheinung zur Wurzel, von der Oberfläche zum Kern vordringt. Dennoch wird mit dieser Erkenntnis die Aufgabe, die beiden von einander unabhängigen Grössen zu vergleichen, nicht überflüssig und zwecklos. Die Analogien und die Gegensätze der Anschauungen, die dieser Vergleich aufdeckt, sind gleich lehrreich. Wie jene die Tatsache der raschen Verbreitung des Christentums und seiner Umbildung in hellenistische Vorstellungs- und Ausdrucksformen, so lehren diese die instinktive Abneigung, der das Christentum begegnete, und die Widerstände, die es zu überwinden hatte, begreifen.

Die Frömmigkeit, die Jesus gelehrt und den Menschen vorgelebt hat, bedeutet die grösste Vereinfachung und tiefste Verinnerlichung der Religion. Das echte Wesen der Religion ist aus dem unmittelbaren Erleben inniger Gottesgemeinschaft geschöpft und am Gegensatze der pharisäischen Frömmigkeit zu der leuchtenden Klarheit jener einfachen Sätze entwickelt, die wie selbstverständlich und natürlich von der harmonischen Einheit der Persönlichkeit auszustrahlen scheinen. Die Frömmigkeit ist das natürliche Verhältnis der ihrem Gott in kindlichem Vertrauen sich hingebenden Seele, keine professionelle Wissenschaft, die nur durch ihre zünftigen Vertreter gelehrt werden könnte. Mit der Gottesliebe ist die Nächstenliebe aufs Engste verbunden; in beiden ist die Summe des Gesetzes gegeben. Die Religion ist nicht mehr ein Sondergebiet, das neben den anderen Gebieten des Lebens liegt, sie ist die Seele, die alles Leben und Tun des Menschen erneuernd mit ihren Kräften durchdringen und erfüllen will: „Jesus hat die Versittlichung der Religion bis zum Ende geführt und der Sittlichkeit im ganzen Umfange die religiösen Triebkräfte gesichert"[1]. Die spezifisch-religiösen Leistungen und die besonderen Werke der Frömmigkeit als ein über dem niederen sich erhebender höherer Pflichtenkreis, den man als autoritativ gegeben hinnimmt und nur mit übernatürlicher Kraftanstrengung erfüllen kann, verlieren ihren Wert. Die Frömmigkeit ist befreit von der erstickenden Last jüdischer Traditionen

[1]) Jülicher, Kultur der Gegenwart I 4 S. 61.

und nationaler Vorurteile, auf ihre echtesten und innersten Motive zurückgeführt, in ihrer einfachsten, reinsten Gestalt dargestellt. Die jüdischen Traditionen werden nicht radikal verworfen; aber sie bekommen eine periphorische Stellung oder werden als Adiaphora toleriert. Jüdische Begriffe werden selbstverständlich übernommen; aber sie erfahren eine Vertiefung und Vergeistigung, dass sie oft zu blossen Ausdrucksformen für einen neuen Inhalt herabsinken. Der Begriff des Reiches Gottes wird von den nationalen Schranken befreit und zu einer geistigen und schon gegenwärtigen Gemeinschaft umgebildet. Die jüdisch-nationalen und politischen Zukunftserwartungen werden durch die Betonung der individuellen Bedingungen und der persönlichen Verantwortung über das partikularistische Niveau erhoben und unter der Herrschaft sittlicher Gesichtspunkte verklärt. Auch diese Entwickelung ist vorbereitet im späteren Judentum; aber durch diese Tatsache verliert die Botschaft Jesu, die erst diese Entwickelung zum Ziele und zum Siege geführt hat, nicht an Bedeutung. Das eben ist das Neue, dass die eine Frage nach dem Heil der Seele als die alles beherrschende in den Mittelpunkt gerückt wird, dass alle anderen Interessen und Sorgen ihr gegenüber eine untergeordnete Bedeutung haben.

Die Emanzipation von den nationalen Schranken gibt dem Christentum eine Richtung auf das allgemein Menschliche, eine universale Haltung, in der die Zukunft seiner Weltmission begründet ist. Die Art, wie es den Schwerpunkt in die innere Gesinnung, auf die innere Welt des persönlichen Geisteslebens legt, kommt der individualistischen Strömung entgegen, die im Gegensatz zur antiken Gebundenheit die hellenistisch-römische Menschheit beherrscht. Auch die ungeheure Vereinfachung der Religion, ihre Auffassung als des persönlichen Verhältnisses der Seele zu ihrem Gott, ihre Befreiung von allem ihren Kern verhüllenden Aussenwerk bietet Beziehungen zu der religiösen Aufklärung des Heidentums mit ihren monotheistischen Tendenzen, ihrer Reaktion gegen das Formenwesen, ihrer Forderung einer reinen Sittlichkeit und eines vernünftigen und geistigen Gottesdienstes. Freilich ist der heidnische Monotheismus nicht aus religiösem Erlebnis, sondern aus Reflexion und Kritik geboren, und er verleugnet diesen Ursprung nicht. Er gibt eine Form, die auch individuelles religiöses Leben fassen kann, aber er wurzelt nicht notwendig darin. Und die exemplarische und weltgeschichtliche Bedeutung des aus den nationalen und konventionellen Banden sich lösenden christlichen Universalismus offenbart sich darin, dass nur hier der universale Gedanke die seine Verwirklichung fordernde Kraft in sich trägt. Der heidnische Vertreter des geläuterten Monotheismus und der aufgeklärten Frömmigkeit erkennt die Verpflichtung zur Teilnahme am staatlichen Kult an. Täte er es nicht, so müsste er aus der politischen Gemeinschaft, die zugleich eine religiöse ist, ausscheiden. Nur in einem Wunschstaate könnte er seine philosophische Religion verwirklichen (S. 87). — Der Polytheismus ist weitherzig und tolerant, weil er andere Götter neben seinen gelten lässt. Mit der Einverleibung fremder Stämme und Völker ist für Rom die Konsequenz der Aufnahme der Götter verbunden. Rom bewahrt seine Toleranz, so lange es mit polytheistischen und national beschränkten Religionen zu tun hat[1]. Die Toleranz versagt gegenüber dem Universalismus und der Exklusivität des Christentums. Den abstrakten Begriff der Religionsfreiheit hat Rom wie Athen nicht gekannt oder doch nicht rechtlich anerkannt. Die

[1]) Die orientalischen passten sich leicht der staatlichen Religion an, ja sie rechtfertigten den Glauben an die Göttlichkeit des Herrschers und stärkten den Despotismus: Cumont, Monuments myst. de Mithra I S. 279 ff.

mutige Konsequenz des Universalismus ist die Stärke der christlichen Idee, erklärt aber auch die ganze Wucht des Widerstandes, den sie in der antiken Welt zu überwinden hatte. Diese Konsequenz scheidet das Christentum von den philosophischen Religionen, die alle in der Praxis mit den herrschenden Religionsformen paktierten und dadurch zu theoretischen Konzessionen (Stoa!), ja in der Folge zu immer grösserer Belastung mit historischem Stoff verführt wurden, und gibt ihm die Ueberlegenheit der die Welt in die Schranken fordernden Siegesgewissheit.

Der christliche Gedanke des einen allumfassenden Gottes hat zum Korrelat die Idee der wesentlichen Einheit des Menschengeschlechtes, der Gleichheit aller Menschen vor Gott. Die Idee ist vorbereitet und angelegt schon in der Botschaft Jesu, indem sie die Religion von ihren nationalen Voraussetzungen und Beschränkungen loslöst und auf eine allgemein menschliche Grundlage stellt[1]. Das hängt damit zusammen, dass die Menschen, mit denen Jesus lebte, noch den einfachen Naturformen der Menschheit in ihrer ewigen Beständigkeit nahe standen. In ihrer prinzipiellen Bedeutung kommt die Menschheitsidee freilich erst zum Durchbruch und zum klaren Bewusstsein durch die Heidenmission. Für Paulus gibt es in der christlichen Gemeinschaft nicht Jude noch Grieche, nicht Knecht noch Freier, nicht Mann noch Weib (Gal 3 28, I Kor 12 13, vgl. Eph 4 4 Kol 3 11). Dem höchsten religiösen Massstabe gegenüber sind die Unterschiede der Nation, des Standes, des Geschlechtes indifferent. Dieser Standpunkt berührt sich mit den hellenistischen, besonders stoischen Gedanken der Humanität, der allgemeinen Menschenwürde und der gemeinsamen Menschenrechte. Auch darin erinnert das Christentum an die Stoa, dass der Gedanke der Gleichheit die politische Sphäre und die äusseren Rechtsverhältnisse gar nicht berührt. Die Jünger Christi werden in eine ideale Lebensordnung und zu einer Höhe der Weltbetrachtung erhoben, von der aus alle Unterschiede und Gegensätze der irdischen Zustände völlig gleichgültig erscheinen. Ein soziales Programm liegt gar nicht im Gesichtskreise der religiösen Lehre Jesu, und von einer Tendenz der Kirche auf Befreiung der Sklaven kann nicht die Rede sein — Sklaven hat es auch im christlichen Hause und in kirchlichem Besitz gegeben —; nur die Frage darf gestellt werden, wie weit die christliche Lehre der Menschenliebe und allgemeinen Brüderlichkeit die Spannungen der sozialen Verhältnisse ausgeglichen, die Beziehungen von Herr und Knecht gemildert und versittlicht, durch ihre erziehende Kraft die Bedingungen für die Aufhebung der Sklaverei herbeiführen geholfen hat (vgl. S. 17).

So nahe sich christlicher und stoischer Humanitätsgedanken und Kosmopolitismus stehen, sind sie dennoch in den treibenden Motiven und in den Wirkungen unterschieden[3]. Der antike Kosmopolitismus beruht auf der Voraussetzung der Fähigkeit auch der barbarischen Völker zur Teilnahme an den Gütern der geistigen Kultur, zur intellektuellen Erziehung. Der Stoa ist der Mensch als Intellekt ein Glied des vernünftigen Kosmos, und die Gemeinsamkeit des Logos schlingt das Band der idealen Gemeinschaft. Die Stoa bleibt damit trotz aller Versuche der Massenwirkung und der Volkserziehung doch im Grunde der aristokratischen Haltung der griechischen Philosophie treu. Das Christentum durchbricht den intellektualistischen

[1]) Harnack, Mission I S. 31 ff. [2]) Overbeck, Ueber das Verhältnis der alten Kirche zur Sklaverei im römischen Reich, Studien zur Geschichte der alten Kirche I, Schloss-Chemnitz 1875 S. 158 ff. [3]) S. jetzt Reitzensteins Rede, Werden und Wesen der Humanität im Altertum, Strassburg 1907.

Standpunkt[1], oder vielmehr es kennt seine Massstäbe gar nicht. Es legt einen andern Massstab an, einen neuen und die Menschheit wirklich umfassenden. Es dringt auf den tieferen Naturgrund und innersten Kern des Menschen und wertet seine Willensrichtung als Ganzes und als Einheit. Darum erscheint jede Menschenseele, auch die geistig ärmste und unbedeutendste, als ein unendlich Wertvolles; ihre Schätzung ist ganz unabhängig von allen Wertunterschieden und Abständen der Geburt, des Standes, der Bildung, die für das vulgäre Urteil gültig sind. Was diese vertiefte in die Bruderliebe umgesetzte Humanität für die Bewährung der Sittlichkeit und Nächstenliebe bedeutet, welcher Abstand sie besonders trennt von der Selbstgenugsamkeit stoischen Tugendstolzes, der die Leiden gar nicht als Leiden anerkennt, über sie frohlockt als die erwünschte Folie zur Offenbarung der sittlichen Grösse, der das Mitleid nicht zulassen will und im schlimmsten Falle die Uebergewalt des Unglücks als einen göttlichen Wink betrachtet, freiwillig die Bühne des Lebens zu verlassen, soll hier nicht ausgeführt werden. Das ist klar, dass die kosmopolitische Tendenz des Christentums eine werbende Kraft besass, mit der die philosophischen und die in einer Gnosis gipfelnden synkretistischen Religionssysteme nicht konkurrieren konnten. Die Vorrechte, die hier der Gedankenarbeit zugestanden werden, beschränken in der Praxis das Prinzip des Universalismus. Wie die christliche Sprache die Töne findet, die in jeder Menschenbrust wiederklingen, so vermag den christlichen Begriff der Menschenseele und Menschenwürde wirklich jedermann zu verstehen, weil er sich selbst darin wiederfinden kann, jedermann die Bedingungen zu erfüllen, an die der christliche Heilsbesitz geknüpft ist. Die ungeheuren Unterschiede und Spannungen, die eine mit dem reichen Erbe der Vergangenheit belastete Kultur in der Menschheit geschaffen hat, konnten überbrückt scheinen durch diese geistige Neuschöpfung, die, weil sie nicht auf altem Kulturboden gewachsen war, die natürliche Grundlage des menschlichen Wesens mit einer Frische und Unbefangenheit zu offenbaren schien, die alle Abstraktion nicht erreichen konnte. „Während der stoische Kosmopolitismus nur gleichgültig machte gegen die natürlichen Bande und Schranken der Gesellschaft, hat dagegen die christliche Liebe neue Bande geschlungen“[2].

Mehr innere Beziehungen hatte im Grunde der christliche Universalismus zu den orientalischen Kulten mit ihrer Lösung vom nationalen Boden, ihren universalen Tendenzen, ihrem Trieb zur Propaganda, ihrer Nivellierung der sozialen Gegensätze. Trotzdem das Christentum diese Religionen als seine gefährlichsten Konkurrenten bekämpft hat, konnte es gerade in den Kreisen, die sie um sich gesammelt hatten, verwandte Stimmungen, Verständnis, Empfänglichkeit finden.

Das Christentum gibt den Menschen die entscheidende Richtung nicht auf die Welt, sondern auf Gott. Es will den Menschen auf eine höhere geistige Daseinsstufe erheben. Der Gegensatz des natürlichen und des neuen geistlichen Lebens wird in ganzer Schärfe empfunden; denn der Widerstreit in der einzelnen Seele ist im Grunde nur der Einzelfall des Kampfes zwischen den göttlichen Kräften und den Gewalten der Finsternis, der die Welt erfüllt. Das religiös sittliche Leben entwickelt sich nicht in gerader Linie, sondern unter starken Spannungen: Sündenerkenntnis und Verzweifeln an der eigenen Kraft, Busse und Wiedergeburt. Diese Gegensätze sind schon in Jesu Lehre im Keim enthalten; schon die Annahme seiner Botschaft be-

---

[1]) Poseidonios' Psychologie bot mit ihrer Betonung des Willens und des Trieblebens später der christlichen Spekulation Anknüpfungen. [2]) Pfleiderer I S. 292.

deutet einen Bruch mit der Vergangenheit und den Beginn eines neuen Lebens. Aber der Grundton der Predigt und ihre Wirkung ruht auf der jenem Bruche folgenden Zugehörigkeit zum Reiche Gottes und der beseligenden Heilsgewissheit; und der überragende Eindruck des Wesens und der Worte Jesu ist der eines wunderbaren Gleichmasses, einer sicheren Einheit und Harmonie, welche die Welt überwunden und alle Kämpfe und Gegensätze hinter sich gelassen hat, mag diese ruhige und sichere Geschlossenheit der Persönlichkeit mehr ursprünglicher Besitz oder der Gewinn voraufgehender Kämpfe und Erschütterungen gewesen sein. Es ist begreiflich, dass in dem Masse, wie die folgende Entwickelung hinter diesem Ideale zurückblieb, die Stimmung der Kontraste hervortreten und die dualistische Richtung sich verstärken und in der metaphysischen Begründung auf transzendentalem Untergrunde einen immer stärkeren Rückhalt gewinnen musste. Die Messiastheologie der urchristlichen Gemeinde, die gespannte Erwartung der Parusie Christi und des Erscheinens des unsichtbaren Gottesreiches, das damit verbundene starke Einströmen des mythischen Realismus der jüdischen Apokalyptik mit ihrer scharfen Antithese von Diesseits und Jenseits haben die Spannungen und Gegensätze der Welt- und Lebensauffassung stark akzentuiert[1]. Paulus' Theologie, die das Bild des geschichtlichen Jesus durch den himmlischen Christus verdrängt, die entscheidenden Akte in der oberen Welt sich vollziehen lässt und alles in eine höhere Lage transponiert, die starke Abhängigkeit seiner Ethik von der Eschatologie, der sie kräftige Triebfedern verdankt, das sehnsüchtige Verlangen der Befreiung von der Endlichkeit und Vergänglichkeit, in der die weltmüde Stimmung der jüdischen Apokalyptik die ergreifendsten Töne findet, haben in derselben Richtung gewirkt. Der ganze Mensch denkt in Kontrasten und Gegensätzen, die den Weltlauf und das Menschenleben beherrschen.

Der christliche Dualismus mit seinen starken Antithesen widerspricht der echt antiken Sinnesweise, oder sagen wir besser dem antiken Ideale. Im christlichen Bewusstsein Entzweiung und Zwiespalt, Geist und Fleisch, gegenwärtige und zukünftige Welt, Gott und Belial, Weltgeschichte und Menschenschicksal ein beständiger Kampf, der erst mit der Vernichtung der Welt und des Fleisches endet; im antiken das menschliche Wesen, Geist und Sinne, als Ganzes und Einheit gefasst, Harmonie mit der umgebenden Welt, Einklang des Menschlichen und Göttlichen, Neigung, die Grenzen zwischen beiden nicht scharf abzustecken; darauf beruhend das antike Schönheitsgefühl. Die Empfindung für das Gleichmass der Kräfte, für die Einheit und Ganzheit der Persönlichkeit lässt eine Gebrochenheit und Zerrissenheit der inneren Seelenstimmung nicht aufkommen, schliesst Stimmungen wie die der eigenen Ohnmacht, der Schuld und Sündenangst und des getrösteten Sündenschmerzes aus. Noch in der stoischen Philosophie kommt das Selbstbewusstsein und Kraftgefühl des antiken Menschen zum starken Ausdruck. Aus eigener Kraft wird das Vertrauen auf die Verwirklichung des sittlichen Ideales geschöpft; es gilt nur, dem Gesetze der eigenen Natur zu folgen; in dieser Welt liegen die Kräfte und die Aufgaben des sittlichen Lebens beschlossen[2]. Selbst in

[1]) Ich glaube, dass z. B. Loofs (I S. 53) den jüdischen (und auch den altchristlichen) Dualismus unterschätzt. Mit dem Satze „Der Satan ist ein geschaffenes Wesen" ist Bousset nicht widerlegt. Es fragt sich, ob dieser theoretische Satz wirklich eine Bedeutung hatte, dass er dem in der Ethik vorherrschenden Dualismus die Wage hielt. Für das Durchschnittsbewusstsein möchte ich die Frage entschieden verneinen. [2]) Seneca Ep. 31,3 *unum bonum est, quod beatae vitae causa et firmamentum est, sibi fidere* 5 *turpe est etiam nunc deos fatigare. quid*

der Kirche hat die antike Ethik und ihr moralistischer Intellektualismus als Unterströmung sich behauptet. Auch in der Kirche geht von Alters her neben der spezifisch kirchlichen Moral, welche die übernatürlichen Faktoren und ihre Bedeutung für die Gestaltung des sittlich religiösen Lebens betont, eine an die eigene Leistungsfähigkeit des Menschen appellierende Moral einher. Der Pelagianismus mit seinem Zurückgreifen auf die natürliche Sittlichkeit bringt den oft gar nicht empfundenen Gegensatz zum klaren Ausdruck. — Aber in der antiken Entwickelung selbst wird der Rationalismus verdrängt durch Stimmungen, die jenen christlichen verwandt sind. Die Steigerung des religiösen Lebens setzt über die irdische Welt die durch einen weiten Abstand von ihr getrennte obere Geisteswelt, gibt dem inneren Leben einen ausserweltlichen Schwerpunkt und führt alle jene Spannungen ein, die mit der dualistischen Auffassung des menschlichen Wesens gegeben sind. Vor der höheren Wirklichkeit der Geisteswelt verblasst der Wert der sichtbaren Welt. Das Vertrauen auf die eigene Kraft und auf die Leistungsfähigkeit der Vernunft ist erschüttert. Das Streben ist nicht mehr darauf gerichtet, die natürlichen Kräfte des Menschen zu freier sittlicher Selbstbestimmung zu entwickeln, sondern sein ganzes Wesen in eine höhere Daseinsform zu erheben und übernatürlicher Kräfte teilhaft zu machen. Das Gefühl der Schuld und Schwäche, Sehnsucht nach Erlösung und göttlichem Beistand, Verlangen nach Offenbarungen, willige Hingabe an Autoritäten haben wir als vorherrschende Stimmungen des untergehenden Altertums kennen gelernt. Judentum, orientalische Erlösungsreligionen, Philosophie begegnen sich darin. Der Gedanke an einen Erlöser oder Mittler, der helfend eintritt, wo die menschliche Kraft versagt, ist dieser mystischen Richtung, in der das Gefühl des Alterns der Welt, der Gebrochenheit der Persönlichkeit, der Resignation hervortritt, ganz geläufig [1]. Die orientalischen Religionen verbreiten die Gefühle für die menschliche Ohnmacht, Sündhaftigkeit und die ganze Tiefe des Leidens [2]. Diese Stimmungen haben auch die christliche Entwickelung stark beeinflusst, haben in dem Zusammenwirken innerweltlicher und überweltlicher, natürlicher und supranaturaler Motive und Kräfte, in dem Nebeneinander lebensfreudiger und weltflüchtiger Tendenzen die Richtung des Christentums verstärkt, die einseitig die geistige Wirklichkeit über die sichtbare, Gebundenheit über Freiheit, Offenbarung über Vernunft, Autorität über Persönlichkeit stellt. Eine spezifisch religiöse Schätzung, die einen jenseitigen Massstab an alle Gebiete des Lebens und an alle Aufgaben der Kultur anlegt, ihrer selbständigen Bedeutung nicht gerecht wird und sie im letzten Sinne verneint, bildet mit ihrer Disziplinierung des religiösen Lebens in der Welt und in der Kirche ein starkes Gegengewicht gegen die individualistische Strömung.

Das negative Verhältnis der Botschaft Jesu zu der Kulturarbeit der Welt liess eine Fülle von Fragen und Problemen offen, vor die sich das Christentum bei seinem Eintritt in die griechisch-römische Welt gestellt sah. Die dringende Forderung der entscheidenden Wendung zum Reiche Gottes, der gewaltige Ernst, mit dem das Heil der Seele über alle Güter der Welt gesetzt wurde, bewegte sich in der Richtung einer Abwendung von der Wirklichkeit und Lossagung von der Welt. Jene immer mehr das Bewusstsein beschäftigende und beherrschende Bedeutung der jenseitigen Welt und ihr Gegensatz gegen die diesseitige, die Orientierung der Lebensauffassung am

---

votis opus est? fac te ipse felicem. 41. 53, 11. 12. [1]) M. Aurel I 17. IX 40. In Senecas 52. Brief sehen wir die verschiedenen Stimmungen sich kreuzen. Mehr Material bei H. Schmidt. Religionsgesch. Versuche und Vorarbeiten, her. von Dieterich und Wünsch, IV 1 S. 33 ff. [2]) Cumont S. 38 ff., und K. X.

Jenseits und an der Zukunft musste die gegenwärtige Weltordnung, deren Ende so nahe bevorstand, in ihrem Werte herabdrücken, den Sinn von der Gegenwart und den sittlichen Aufgaben des irdischen Lebens ablenken [1]. Jüdische Ausdrucksformen, an die Jesu Predigt sich gebunden hatte, konnten wieder mit ihrem ursprünglichen Inhalte gefüllt und damit dem tiefsten Sinn der Predigt Jesu entfremdet werden. Das Evangelium wurde nach den alten Formen und Kategorien des religiösen Lebens zum neuen Gesetz umgestaltet, die Selbstverleugnung im Sinne prinzipieller Askese, einer an sich Gott wohlgefälligen Leistung gefasst. An Worten Jesu, die weltflüchtig sind und, abgetrennt von der besonderen Situation und Stimmung, nicht gemildert durch Rücksicht auf Gedanken, die in eine andere Richtung deuten, asketische Lebensführung, Weltverachtung und Weltverneinung zu rechtfertigen scheinen, fehlt es nicht. Das Leben Jesu und der Apostel selbst schien das weltabgewandte Ideal der Sittlichkeit zu bestätigen. Schon im II Jahrhundert finden wir überall in den christlichen Gemeinden einen besonders geschätzten Stand der Jungfrauen und Enthaltsamen, die durch Verzicht auf die Ehe, strenge Lebensweise, besonders Enthaltung von Fleisch und Wein das höhere Ideal christlicher Heiligkeit darstellen [2]. In den diesem Jahrhundert schon angehörigen apokryphen Apostelgeschichten reissen die Apostel die Frauen von ihren Männern los und lehren sie, den Ehestand als unrein zu betrachten. Paulus bezeugt (Lietzmann zu Rom 14), dass es in der römischen Gemeinde Christen gab, die sich eine asketische Lebensweise auferlegten. Vielfach ist dann solche Lebensführung mit mancherlei Spekulationen verbunden und theoretisch begründet, in zahlreichen Sekten zum allgemeinen Gesetze erhoben worden. Die Polemik des Kolosserbriefes und der Pastoralbriefe schon richtet sich gegen solche prinzipielle Auffassungen des Christentums. Die Richtung geht in die Urzeit des Christentums zurück und mündet dann, gesteigert durch die Spannung des religiösen Gefühles in den Zeiten der Martyrien und durch die Reaktion gegen die zunehmende Weltförmigkeit der Kirche im Mönchtume und in der kirchlichen Anerkennung eines doppelten christlichen Lebensideales aus. So falsch es meines Erachtens ist, den Zusammenhang dieser asketischen Richtung mit urchristlichen Motiven und ihre stetige im wesentlichen innerchristliche Entwickelung zu verkennen und, statt im Mönchtum den Gipfel dieser allmählich anschwellenden Strömung zu sehen, es aus Uebertragung heidnischer Formen der Askese zu erklären, so beachtenswert ist doch die Tatsache, dass der weltabgewandten und asketischen Strömung innerhalb des Christentums eine heidnische parallel läuft, die sie vielfach beeinflusst und sich mit ihr verbunden hat. Das christliche Enthaltsamkeitsstreben mit seinen tiefen Motiven stiess auf eine dafür empfängliche und darauf vorbereitete Welt.

Im ganzen betrachtet widerspricht christliche Weltverneinung, Verzicht auf den Genuss des Lebens der echt antiken Gefühlsweise und Lebensauffassung, für die Weltfreudigkeit, unbefangene Sinnenlust, das naive Aufgehen des Menschen in der ihn umgebenden Welt charakteristisch sind. Aber an der neuen Lehre, dass Pessimismus die allgemeine griechische Grundstimmung und volkstümliche Auffassung des Lebens gewesen sei, ist doch so viel wahr, dass die Bedeutung einer solchen starken Nebenströmung für das griechische

[1]) Lucius S. 35 ff. Das heilsame Gegengewicht, das der auf den Sieg des Christentums und die Welteroberung vertrauende Optimismus und die kräftige Entfaltung des neuen Gemeinschaftslebens bot, ist nicht zu übersehen. [2]) Knopf S. 410. 439 ff. Lucius S. 37 ff. Keim, Aus dem Urchristentum I S. 204 ff. von Dobschütz, Die urchristlichen Gemeinden S. 181 ff.

Geistesleben nicht zu unterschätzen ist (S. 56. 84 ff.). Und man darf sagen, dass sie in der Spätantike fast die vorherrschende Strömung wird. Schon dem Kynismus und der Stoa sind Leiden und Uebel das Wesentliche am Menschenleben, und in den Meditationen des kaiserlichen Philosophen Marc Aurel ergreift uns aufs tiefste die düstere Resignation [1]. Schon die Tendenz der hellenistischen Philosophien, den Menschen zu isolieren, ihn aus der Welt in sein Inneres zurückzuführen, bereitet die scharfe Antithese und den Konkurrenzkampf einer höheren Geisteswelt und der sichtbaren Welt vor. Poseidonios' Ethik ist schon beherrscht von dem weltflüchtigen Zuge einer auf das Jenseits gerichteten Mystik, die sich zusehends aus dem Orient bereichert. Und als dann der Neuplatonismus die Kräfte des Altertums in einer der Zeitstimmung entsprechenden Synthese vereinigt, spannt er den Gegensatz von Seele und Leib, Geist und Sinnlichkeit, Ideal und Leben aufs äusserste. Die Theodicee und der Preis der Vollkommenheit der Welt darf über die der sichtbaren Welt gegenüber vorherrschende Verneinung nicht hinwegtäuschen. Der Optimismus gilt nicht der Welt als solcher, sondern nur der Tatsache, dass in sie die göttlichen Kräfte hineinragen und in ihr die grösstmögliche Entfaltung finden. Das niedergehende Altertum ist an seinen früheren Idealen irre geworden. Und auch in seiner Lebensauffassung kommt der Geist der Weltverneinung zum Ausdruck. Das asketische Lebensideal ist auf sittlichem Gebiet das Komplement der transzendentalen Weltbetrachtung. Neupythagoreische Askese sahen wir im I Jahrh. v. Chr. wieder lebendig werden, in der stoischen Schule kommt der asketische Rigorismus des Kynismus als das höhere Ideal der Sittlichkeit zur Anerkennung. Besondere Sekten machen für Enthaltung von Fleisch und Wein Propaganda. Seneca hat sich als Jüngling ein Jahr lang der Fleischnahrung enthalten und sich nur durch die Bitten des Vaters von dieser Lebensweise abbringen lassen (ep. 108, 22). Selbst in die Lebensweise weiterer Kreise dringt manches von dieser asketischen Richtung ein, auch wo die strenge Durchführung des Prinzipes unmöglich ist. Seneca erzählt uns, dass es in manchen Palästen der Grossen Armenzimmerchen gab, in die man sich zeitweise zum einfachsten Leben zurückzog (ep. 18, 7. 100, 6). Und diese besonders ins Auge fallenden Erscheinungen sind nur Symptome einer in der philosophischen Literatur aller Schulen weit verbreiteten Forderung grösster Mässigkeit und einfachster Lebensweise. Dazu kommt, dass in den orientalischen Kulten auf Enthaltungen und asketische Uebungen das grösste Gewicht gelegt wurde; schon die augusteischen Dichter bezeugen uns [2], dass mit diesen Kulten auch die strenge Beobachtung der von ihnen für bestimmte Zeiten vorgeschriebenen Enthaltungen besonders in der Frauenwelt Mode war. Die religiösen und rationellen Motive werden vom Neuplatonismus zu einer Theorie der Askese zusammengeschlossen, und Porphyrios' Schrift über Fleischenthaltung gibt einen Einblick in die Lebhaftigkeit der Debatten über die Frage der Askese und die reiche sie betreffende Literatur [3]. Und wenn das Christentum vom Heidentum auf sittlichem Gebiet sich besonders schied durch die strenge Beurteilung der Fleischessünden und der Laxheit heidnischer Moral das scharfe Heilmittel geschlechtlicher Askese gegenüberzustellen geneigt war, so sehen wir doch auch gleichzeitig die sittlich ernste Richtung des Heidentums von reinen Grundsätzen über das Verhältnis der Geschlechter bis zum völligen

[1]) Vgl. auch Dio Chrys. R. XXX § 10 ff. [2]) S. die Erklärer zu Properz II 33 Tibull I 3, 23, um nur wenige Stellen zu nennen. Ueber das Reinheitsstreben in der Mithrasreligion s. Cumont S. 189. 190. [3]) S. die S. 16 zitierte Schrift von Bernays und Lietzmann zu Rom 14. Keim a. a. O. S. 215 ff.

Misstrauen gegen die Sinnlichkeit, zur abschätzigen Beurteilung der Ehe und zur Anerkennung des Keuschheitsideales fortschreiten [1]. Die antike Lebensfreudigkeit ist im Erlöschen. Stimmungen wie die des Paulus, der sich abzuscheiden sehnt und Sterben für Gewinn hält, haben ihren Widerhall auch in der antiken Welt.

Es ist natürlich, dass in der Atmosphäre der antiken Welt die spiritualistischen und transzendentalen Tendenzen des Christentums ein bedenkliches Uebergewicht gewinnen mussten. Schon im II Jahrh. wird der christliche Gott in die abstrakten Formen des platonischen gekleidet und dadurch in eine solche Ferne versetzt, dass das Schwergewicht des religiösen Lebens aus der Welt herausgerückt wird und jetzt auch Motive und Tendenzen, die aus der heidnischen Religiosität stammen, das einfache Wesen der christlichen Frömmigkeit trüben. Die künstliche Steigerung und Erregung des menschlichen Wesens, asketische Uebungen und geistliche Exerzitien als ein Mittel, die Einigung mit der Gottheit in einer übermenschlichen Sphäre herbeizuführen, kommen in Geltung. Das Bedürfnis, die weite Kluft, welche die Gottheit von der Welt trennt, zu überbrücken, ruft die alten polytheistischen Triebe wach und erhält sie lebendig. Die verklärten Märtyrer und die Asketen werden als die Muster der Welt- und Lebensverachtung zum Range christlicher Heroen und Mittler erhoben, die fürbittend für die Frommen bei Gott eintreten und sie an der Gunst, die sie bei Gott geniessen, teilnehmen lassen. Was dem unmittelbaren Verhältnis zu Gott an Innigkeit des Gefühles und Lebendigkeit des Vertrauens verloren geht, wächst dem Verkehr mit diesen Schützern und Helfern zu. Der der eigenen sittlichen Vollkommenheit sich rühmende Tugendstolz äussert sich wieder mit antiker Naivetät und antikem Pathos [2]. Der christliche Gedanke der Gleichheit aller Menschen vor Gott leidet starke Einbusse. Denn über dem Durchschnittsniveau der gewöhnlichen Christen erhebt sich eine überragende geistliche Aristokratie.

3 Paulus

Die innersten Motive und vorherrschenden Stimmungen des Urchristentums, der universale Monotheismus und der Gedanke der Einheit des Menschengeschlechtes, die konsequent religiöse Orientierung der Weltanschauung und Lebensauffassung, die sich immer mehr auf entschiedene Betonung der jenseitigen Welt und der supranaturalen Faktoren, Entwertung der sichtbaren

[1] Heinrici, Beiträge III S. 38. 39. Der christliche Kampf für das Ideal der Jungfräulichkeit wird zum grossen Teil mit Argumenten geführt, die der antiken Geisteswelt, besonders der Mystik des Neuplatonismus entlehnt sind. Aber auch die zum Teil höchst trivialen Gedanken rationalistischer Art, welche die antike Literatur zur Herabsetzung der Ehe geltend gemacht hat, werden seit Clemens nicht verschmäht. Dem Kampfe des Hieronymus gegen Iovinian verdanken wir die Erhaltung der köstlich humorvollen Ehebetrachtungen des Theophrast. Dass der Christ sie aus Seneca abschreibt und mit dieser Waffe kämpft, ist traurig; s. Bock, Leipziger Studien XIX. [2] Oft kehrt jetzt der stoische Gedanke (s. Literaturformen I 2, 4) wieder, dass die Leistungen des Märtyrers oder Asketen das erhabenste Schauspiel für Gott seien (Lucius S. 57 Anm. 11). Die christlichen Heiligen werden mit den Philosophen verglichen (Lucius S. 58. 508 ff.). Lucius hat die geschichtliche Entwickelung mit musterhafter Sorgfalt gezeichnet und gezeigt, wie viele Faktoren und Motive, Bräuche und Missbräuche heidnischer Frömmigkeit in ihr zu neuem Leben erweckt werden.

Welt und der irdischen Lebensaufgaben, asketische Lebensauffassung richtet, erscheinen, im ganzen betrachtet und an dem Geist der besten und kräftigsten Zeiten des Griechentums und Römertums gemessen, als der vollendete Gegensatz des antiken Geisteslebens. Solange man wesentlich aus jenen Zeiten das einheitliche Bild antiker Geisteskultur meinte gewinnen zu können, konnte es scheinen, als wenn das Christentum als eine ganz fremde und anders geartete Macht in die griechisch-römische Welt eingetreten und seine Geschichte nur unter dem Gesichtspunkte des Kampfes und der Ueberwindung der Gegensätze aufzufassen und zu begreifen sei. Die Erforschung der geistigen Strömungen und Stimmungen, die das niedergehende Altertum beherrschen, hat gelehrt, dass diese Zeit, in ihrer konkreten Eigenart erfasst, dem Christentum eine Fülle von Anknüpfungen und Vermittelungen bot, ihm verwandte Stimmungen und Gedanken entgegentrug, dass die Geschichte des Christentums sich vielmehr unter dem Bilde des Zusammenlaufens konvergierender Entwickelungslinien begreifen lässt.

Freilich ist diese Entwickelung nicht so notwendig und selbstverständlich, wie es dem rückwärts blickenden Betrachter, der aus ihrem Ende auch ihre innere Logik begreifen zu können meint, scheinen mag. Jesu Predigt trägt mit ihrer Gebundenheit an jüdische Vorstellungen und ihrer Anerkennung der praktischen Geltung des Gesetzes einerseits, ihrem prinzipiellen Emporstreben aus den nationalen Schranken andererseits ein Doppelantlitz. Sie schloss die Möglichkeit der Rückbildung ins Judentum wie die des Sieges der vorwärts strebenden universalen Tendenzen in sich. Auf der rückwärts gewandten Seite steht die jerusalemische Gemeinde, die Richtung der Zukunft bestimmt Paulus. Die entscheidende Wendung zur Loslösung des Christentums aus den Banden des Judentums ist erst durch äussere Nötigungen herbeigeführt und erst allmählich zur klaren Erkenntnis des christlichen Bewusstseins erhoben worden. Der Scharfblick des Hasses der Feinde hat die Grenze früher und sicherer gezogen als die durch Geburt und Traditionen im Judentum wurzelnde jerusalemische Christenheit. Die pharisäische Verfolgung hat den Gedanken der Unabhängigkeit christlicher Heilsgewissheit und der notwendigen Abtrennung der christlichen Gemeinschaft vom Judentume vorbereitet [1], die Heidenmission hat den Gedanken in seiner ganzen Bedeutung zur Reife gebracht, noch ehe der grosse jüdische Krieg und die Zerstörung Jerusalems auch die Urgemeinde vom Judentum schied. Und doch ist derselbe Mann, der das Christentum vom jüdischen Boden in die heidnische Welt verpflanzt und ihm den Charakter der Weltreligion gesichert hat, nicht nur geborener Jude, sondern auch als Christ mit der einen Seite seines Wesens nur vom Judentum aus zu begreifen. Einerseits hat er die innere Notwendigkeit der Freiheit des Christentums von den Schranken des Gesetzes klar erkannt und hat die Scheidung mit mutiger Konsequenz durchgeführt, hat den neuen christlichen Geistesbesitz wie kein anderer sich innerlich angeeignet, mit ergreifender Gewalt verkündet, aus der einheitlichen Geschlossenheit des christlichen Bewusstseins die Richtlinien und Massstäbe für die Lösung aller sich drängenden Fragen gefunden, die Gemeinden organisiert, alle Gebiete des Lebens mit diesem Geiste durchdrungen. Nach seiner innersten Gesinnung ist er trotz seiner Eigenart der bedeutendste Fortsetzer des Werkes Jesu. Andererseits ist er trotz der prinzipiellen Scheidung vom Gesetze in höherem Masse, als er sich bewusst ist, in jüdischen Anschauungen und Voraussetzungen befangen, ja er hat ganz neue Verbindungen zwischen Christentum und Judentum geknüpft.

---

[1]) Weizsäcker, Das apostolische Zeitalter [2] S. 60 ff.

Je weniger ihm das Bild des geschichtlichen Jesus lebendig war, um so mehr tritt in den Vordergrund die Messiastheologie, deren Ansätze er von der Urgemeinde übernahm, die er aber bereichert durch Fragestellungen, Kategorien, Denkformen, in denen sich das geistige Leben des jüdischen Schriftgelehrten bewegte. Wesentlich von dort her bringt er die Richtung auf die metaphysischen Spekulationen, den Gegensatz der gegenwärtigen und der künftigen Welt, apokalyptische Stimmungen, den künstlichen Schriftbeweis, der überall Typen und Symbole findet, jene bedenkliche Methode, welche die Schriftautorität über das Gewicht innerer Gründe setzt und sich gar nicht bewusst wird, dass in Wahrheit das subjektive Belieben die eigene Erkenntnis als geoffenbarte Wahrheit ausgibt, die Konstruktion der Geschichtsentwickelung nach theologischen Schemata. Dass er trotzdem an dem entscheidenden Punkte die Trennung vom Judentum mit klarem Bewusstsein für die prinzipielle Bedeutung vollziehen und damit dem Christentum seine weltgeschichtliche Bestimmung sichern konnte, hängt mit seinen innersten Erfahrungen zusammen. Die grosse religiöse Wandlung bedeutete für den pharisäischen Christenverfolger einen völligen Bruch mit seiner jüdischen Vergangenheit, und die ihm mit dem neuen Glauben aufgehende Gewissheit seiner Berufung als Heidenapostel und die dann anhebende Ausübung dieses Berufes musste ihn in der Erkenntnis des neuen Glaubens als der universalen und darum über alle nationalen und partikularen Schranken erhabenen Menschheitsreligion bestärken. Freilich den ganzen Menschen kann nicht begreifen, wer die beiden Seiten seines Wesens getrennt betrachtet und mit Ausscheidung des uns Fremdartigen und Abstossenden dem geschichtlichen Paulus nach eigenem Geschmack ein Bild entgegenstellt, wie er hätte sein sollen. Denn ohne seine jüdische Vergangenheit, die ein Atmen in der Religion und eine Erfüllung des ganzen Lebens mit dem Ernste der höchsten Fragen und mit dem Eifer um Gott bedeutete, ist auch der religiöse Genius gar nicht zu verstehen.

Wie es für die Religiosität des Apostels von Bedeutung ist, dass er aus ganz andern Schichten des Judentums als Jesus und sein Kreis hervorgegangen ist, so sind doch auch in seinen persönlichen Lebensverhältnissen schon äussere Bedingungen gegeben, die ihn zum Werke der Heidenmission geschickt machten. Seine Bildung ist freilich wesentlich die jüdisch-theologische, aber die hellenistisch-römische Welt ragt doch von Anfang an in seinen Gesichtskreis hinein[1]. Es will etwas sagen, dass er schon in der Jugend in Tarsos Griechisch gelernt und die Bibel in griechischer Sprache gelesen hat — denn die Sprache schon vermittelt Ideen —, dass er griechisches Leben gesehen hat. Vom Vater hat er die Civität überkommen und wohl von Anbeginn nach weit verbreiteter Sitte einen Doppelnamen geführt. Er fühlt sich als römischer Bürger und weiss seine Rechte als solcher geltend zu machen[2]. Die zufriedene Stimmung, mit der gerade die kleinasiatischen Griechen das Kaiserregiment betrachteten[3], hat er kennen gelernt, jedenfalls dem Weltreiche anders gegenübergestanden als der palästinensische Jude, der die römische Oberherrschaft als eine vorübergehende Episode unwillig zu ertragen gewohnt war, dem deren Vernichtung der Anbruch des Gottesreiches bedeutete. Das römische Reich ist ihm eine positive Grösse und gottgewollte Ordnung, die Achtung, Gehorsam und Unterordnung fordert (Rom 13), ja es ist ihm ein Hemmnis des Antichristes[4]. Er ist sich der Bedeutung ge-

---

[1] Zur Ergänzung s. Literaturformen I 2. [2]) S. über das alles Mommsen, Die Rechtsverhältnisse des Apostels Paulus, Zeitschrift für neutest. Wiss. II S. 81 ff. [3]) Speziell über Tarsos vgl. Clemen, Paulus II S. 64. [4]) II Thess

rade der römischen Christengemeinde bewusst; es zieht ihn besonders nach der Weltstadt, und er weiss das Bedenken, dass sein Auftreten in Rom seinem Grundsatze, nicht auf anderer Leute Grund zu bauen, widersprechen würde, zu unterdrücken (Lietzmann zu Rom 1_{15}). Als nach siebzehnjähriger Arbeit das Abkommen mit den Aposteln in Jerusalem die Freudigkeit und Sicherheit seines Berufsbewusstseins gestärkt und ihm freie Bahn geschaffen hat, da nimmt die Mission immer grössere Dimensionen an und bewegt sich in rascherem Laufe. Das Gefühl der höheren Verpflichtung treibt ihn von Land zu Land, die Zukunftspläne gehen immer mehr ins Weite. Er rechnet mit ganzen Ländern und Provinzen. Die antike Vorstellung der οἰκουμένη, jetzt in der einheitlichen römischen Weltmonarchie repräsentiert, verschlingt sich mit den eschatologischen Erwartungen des Apostels: Der Beruf des Weltapostels treibt ihn in fieberhafter Hast, in der kurzen Spanne der noch übrigen Zeit das Evangelium durch die ganze Erde zu tragen und so die Parusie Christi vorzubereiten[1]. Auch der Gedanke der wesentlichen Einheit des Menschengeschlechtes (S. 132) wird in der Einheit des Weltreiches eine Stütze haben. Was er der Organisation des Reiches an Bedingungen für sein Wirken verdankte, ist dem Apostel gewiss zum Bewusstsein gekommen. Die äusseren Rechtsordnungen, der gesicherte und lebhafte Weltverkehr, das Strassensystem, die relative Einheitlichkeit der Sprache und der Zivilisation sind äussere Momente, ohne welche die raschen Fortschritte der Mission, das Wandern der Prediger, der lebhafte Austausch der Gemeinden, das rasch sich ausbildende Bewusstsein der Einheit der Kirche undenkbar sind.

Doch vor allem müssen wir uns die Frage vorlegen, wie Paulus die heidnische Welt und ihre Kultur beurteilt hat. Dass er der griechischen Weisheit fremd und misstrauisch gegenübersteht und dass er von ihr nur zufällig und oberflächlich berührt ist, haben wir schon bemerkt. Der heidnischen Religion und Sittlichkeit hat er seine Aufmerksamkeit zugewandt, und wenn er auch ihre Entwickelung in ein willkürlich konstruiertes theologisches Schema fasst, so weiss er ihr doch eine positive Seite abzugewinnen[2]. Er übernimmt den stoischen ihm wohl durch das Judentum vermittelten Gedanken einer natürlichen Gotteserkenntnis, die aus den Werken der Schöpfung gewonnen wird. Ebenso schreibt er den Heiden, auch hier von stoischer Theorie berührt, ein natürliches sittliches Gefühl zu, das auf dem göttlichen ins Herz geschriebenen Gesetze beruht. Auf dieser religiös-sittlichen Ausstattung beruht die Verantwortlichkeit des Heiden, wie die des Juden auf der Kenntnis der gottgegebenen Thorah, beruht für beide die Gerechtigkeit des göttlichen Strafgerichtes. Von der Erkenntnis des wahren Gottes haben sich die Heiden abgewandt, und die Verleugnung der ursprünglichen Gottesvorstellung hat zum Dienst der menschen- und tierähnlichen Göttergestalten und zugleich zur Verdrängung der natürlichen Sittlichkeit, ja ihrer Entstellung in den Hang zu unnatürlichen Lastern geführt. Es ist eine stark schematische Zeichnung, die sich im einzelnen in den Formen der jüdischen Apologetik bewegt. Die Schätzungen sind relativ und Schwankungen unterworfen. Bald erscheint die natürliche Gotteserkenntnis und Sittlichkeit als ein ursprünglicher, dann durch Abfall verlorener Besitz, bald wird sie als Bedingung der Verantwortung noch als gegenwärtig und jedermann zugänglich vorausgesetzt[3]. Im Römerbrief ist die natürliche Gotteserkenntnis das Korrelat

2_6 (Neumann, Hippolytus von Rom, Leipzig 1902 S. 4 ff.). — Jedoch missbilligt er I Cor 6 das Rechtsuchen der Christen vor heidnischem Gericht. [1]) Lietzmann zu Rom 15_{19}, Harnack, Mission I S. 63 ff., Weizsäcker S. 193 ff. [2]) Lietzmann zu Rom 1_{14} ff. Exc. zu 2_{14} ff. (I Cor 1_{21}), Weizsäcker S. 95 ff. [3]) Weizsäcker

des Gesetzesbesitzes der Juden, aber Gal 4 8—10 reisst der Eifer der Polemik den Apostel fort, den Götzendienst, der doch erst aus der Verkehrung jener Erkenntnis gefolgt ist, der mosaischen Gesetzesreligion parallel zu stellen und mit ihr unter den gemeinsamen Begriff des Elementendienstes zu fassen. So bewegen sich auch die Vorstellungen vom Wesen der Götzen zwischen der Voraussetzung ihrer Realität, wo es den Kampf gilt, und ihrer Nichtigkeit, wo der Massstab der überragenden Grösse Gottes und des Zieles seiner vollendeten Herrschaft angelegt wird (vgl. S. 123). Die Teilnahme am Opfermahle bringt in die Gemeinschaft der Dämonen und in ihre Gewalt (I Cor 10 20), und doch sind es die stummen Götzen (I Cor 12 2, vgl. 1 Thess 1 9 Act 14 15. 19 26), indem die Identität des Gottes und des Bildes vorausgesetzt wird, übrigens nicht, wie man gemeint hat, durchaus mit Unrecht, da dies nicht die Erfindung bequemer Apologetik und nicht nur grob materialistische Auffassung des Judentums, sondern wirklich die herrschende Volksvorstellung ist[1]. Macht man sich klar, wie es zuletzt von Lietzmann nachgewiesen ist, wie viel traditionelle Stücke Paulus in der Beweisführung des Römerbriefs übernommen hat, wie er sie gepresst hat in ein künstliches Schema, das seiner Konstruktion der jüdischen Entwickelung parallel läuft und sich in den doch recht willkürlich geschiedenen Stufen: Ursprüngliche Anlage zum Monotheismus, Verleugnung desselben und Verkehrung in Idoldienst, analoge Entstellung der natürlichen Moral in alle Unnatur des Lasters, so wird man in das überschwängliche Lob, das man oft dem tiefen Einblick des Paulus in die Genesis und das Wesen des Heidentums gespendet hat, nicht einstimmen — das Lob gälte ja auch zum Teil eigentlich der Stoa — und ihm mehr Ehre erweisen durch die Annahme, dass er in der Praxis der Mission individuellere und einfachere Mittel angewendet hat, als in dieser einem bestimmten Zweck dienenden Konstruktion der Menschengeschichte, deren Harmonie mit der modernen Forschung man jedenfalls nicht mehr preisen darf (S. 55).

Die Areopagrede Act 17 (vgl. 14 15 ff.) bezeichnet Paulus gegenüber einen schon fortgeschrittenen Standpunkt der Apologetik und einen beträchtlich höheren Grad der Annäherung an zeitgenössische Anschauungen. Der Gott, der nicht in Tempeln wohnt, die von Menschenhand errichtet sind, der bedürfnislose, der allen Leben und Odem gibt, der uns so nahe ist, die Wesensverwandtschaft des Menschen mit der Gottheit, in der er lebt und webt, der

S. 635. 636. [1]) Gruppe S. 980 ff., Friedländer III S. 605 ff., Radermacher, Festschrift für Gomperz S. 197 ff., Geffcken S. 197. 211. So hat ja schon die heidnische Polemik die stummen Götzen aus Stein bekämpft, s. S. 87, Geffcken S. XX ff. 51. 196, Bousset S. 350. Schon Celsus hebt die Uebereinstimmung hervor; s. Keim, Celsus' wahres Wort, Zürich 1873 S. 5. 118. Der Kürze wegen verweise ich im folgenden für Celsus auf Keims Rekonstruktionsversuch. Die denselben Gegenstand behandelnde neuere Schrift von Muth ist völlig unzuverlässig und tendenziös. — Neben diesen antiken Bekämpfern der Bilder fehlt es auch an Verteidigern nicht, die Gottheit und Bild unterscheiden und Wert und Notwendigkeit symbolischer und anthropomorpher Götterdarstellung feinsinnig zu schätzen wissen. Dions R. XII § 44 ff. und Maximus' R. VIII (Wilamowitz Lesebuch VII 8) vertreten diesen Standpunkt besonders wirkungsvoll, vgl. Geffcken a. a. O. Wie die christliche Apologetik ihre einseitige Auffassung der antiken Polemik entlehnt, so ist mit der Verbreitung der Bilderverehrung in der Kirche, besonders seit Konstantin, auch die bilderfreundliche Auffassung von Christen adoptiert und die neuplatonische Theorie, die im Bilde den Träger göttlicher Kräfte sieht, rezipiert worden. Der Gegensatz und Kampf der antiken Anschauungen hat sich so in der Kirche fortgesetzt.

Protest gegen die Bilder aus Gold, Silber, Stein, alles das sind Gedanken, die besonders von der Stoa vertreten — in diesen Kreis weist ja auch das Zitat V. 28 —, durch die Predigt der Aufklärung populär und in der folgenden christlichen Apologetik in engerer Anknüpfung an literarische Quellen weiter entwickelt sind[1]. Die Einkleidung der Vorwürfe gegen Paulus in eine an Sokrates' Anklage erinnernde Form und der an die athenische Inschrift anknüpfende Eingang der paulinischen Rede (S. 78) verstärken den Eindruck, dass diese Anschauungen ein tieferes Eingehen auf hellenistische Ideen bezeichnen und auf der Linie liegen, die von Paulus zur späteren Apologetik führt. Die Apostelgeschichte gehört einer Periode an, in der die universale Geltung der neuen Weltreligion nicht mehr ein Problem ist, um das gerungen wird, sondern eine anerkannte Wahrheit, so selbstverständlich, dass sie als alter Besitz der Kirche vorausgesetzt wird, und dass sie ihr Licht auf die Auffassung der Menschheitsgeschichte zurückwirft. Die Tatsache, dass die Bestimmung des Evangeliums für die Völker und für die ganze Welt schon in die Herrenworte der synoptischen Evangelien eindringt, dass sie als natürliche Voraussetzung dem Johannesevangelium zugrunde liegt, beweist, wie rasch sie gemeinchristlicher Besitz geworden ist. Die jüdische Gebundenheit schwindet ganz von selbst, seit die Auseinandersetzung mit dem Judentum zurücktritt, die von ihm drohende Gefahr überwunden ist und das göttliche Strafgericht über Jerusalem die Zukunft des Christentums von der heiligen Stadt gelöst hat. Damit verlieren auch die Gedankenreihen des Paulus, die in seiner jüdischen Vergangenheit wurzeln oder in seiner besonderen Kampfesstellung gegen das Judentum entwickelt sind, ihre Bedeutung oder doch ihren ursprünglichen Sinn. Dass die Logoslehre das Uebergewicht gewinnt über die Messiastheologie, ist nur ein besonders deutliches Zeichen dafür, dass das Christentum sich vom Judentum abgewandt und nach dem Westen gerichtet, dass es seine Bestimmung für und seine Wahlverwandtschaft mit dem Hellenismus erkannt hat. Nur noch die heiligen Schriften erhalten die Verbindung des Christentums mit seiner jüdischen Vergangenheit aufrecht, aber sie bedeuten nicht wie die Verbindung mit der Nation und ihren Traditionen die Gefahr eines Rückfalls ins Judentum und eine Bedrohung des Universalismus; diese Gefahr war durch das Lebenswerk des Paulus für immer abgewehrt. Die Unabhängigkeit des Christentums war trotz dieses ihm mit dem Judentum gemeinsamen Besitzes gesichert. Denn der verschiedene Gebrauch der heiligen Schriften erweiterte die das Christentum vom Judentum trennende Kluft. Und die Freiheit der Auswahl und Exegese der Schrift ermöglichte die Anpassung an den christlichen Besitzstand, der durch den Schriftbeweis mit einer höheren Autorität umkleidet wurde.

4 Staat, Gesellschaft und Kirche

Mommsen, Der Religionsfrevel nach römischem Recht, Hist. Zeitschrift LXIV 1890 S. 389 ff., Römisches Strafrecht, S. 567 ff. — Neumann, Der römische Staat und die allgemeine Kirche, bis auf Diocletian, I Leipzig 1890. — Ders., Hippolytus von Rom in seiner Stellung zu Staat und Welt, 1 Leipzig 1902. — Bigelmair, Die Beteiligung der Christen am öffentlichen Leben in vorkonstantinischer Zeit, Veröffentlichungen aus dem kirchenhistorischen Seminar München Nr. 8, München 1902. — Harnack, Kirche und Staat bis zur Gründung der Staatskirche, Kultur der Gegenwart I 4 S. 129—160. — Knopf, Nachapost. Zeitalter S. 83—147.

[1]) Geffcken a. a. O., S. XXXII. XXXIII, unten S. 152 ff.

Das antike Bewusstsein kennt wesentlich die Religion in der an die Nation gebundenen Form und als Ausdruck des nationalen und patriotischen Empfindens. Der Kaiserkult hatte zunächst dies Band verstärkt und der nationalen Religion eine Stütze und einen neuen Mittelpunkt zu geben gesucht. Und der Staat hatte Mittel, die Anerkennung seiner Religion zur Geltung zu bringen. Der römische Bürger konnte durch die magistratische Religionspolizei zur Erfüllung seiner religiösen Pflichten angehalten, die Teilnahme an fremden nicht repizierten Kulten ihm verwehrt werden. Verboten war an und für sich keine Religion, aber die Ausübung einer jeden war nur gestattet den Angehörigen der Nation, auf deren Boden sie gewachsen war. Die strenge Durchführung dieses Nationalitätsprinzipes widerstrebte aber der Entwickelung des Reiches (S. 9. 92 ff.) und war ein Ding der Unmöglichkeit. In der Praxis war zur Kaiserzeit jeder mit dem nationalen verträgliche und ihn nicht negierende fremde Kult freigegeben. Die Ausübung der väterlichen Sitte war das Minimum, das man auf religiösem Gebiete zu fordern sich beschränkte. Wie man darüber dachte, welchen Glauben man hatte, oder ob man überhaupt die Götter leugnete, war im Grunde ebenso gleichgültig wie das Verhältnis zu andern Göttern und zu andern Kulten. Oinomaos (II Jahrh. n. Chr.) konnte seinen ganzen Hohn über die Orakel des Apollon ergiessen, und Lucian seine Göttersatiren publizieren, ohne darum angefochten zu werden. Die religiöse Handlung, nicht die Gesinnung, war das Entscheidende. Sehr charakteristisch ist, dass auch Epikureer und Skeptiker die Beteiligung an der väterlichen Religion als selbstverständlich voraussetzen [1]. Dem Judentum und dem Christentum erwuchsen die Schwierigkeiten daraus, dass für ihren Monotheismus die Verständigung mit andern Religionen und ihre äusserliche Anerkennung, die den orientalischen Religionen sonst so leicht wurde, ausgeschlossen war.

Aber die Frage, warum das Judentum rechtlich im allgemeinen eine bessere Behandlung und grössere Schonung erfahren hat, seine Gebräuche geachtet sind und ihm gegenüber sogar auf die Forderung des Kaiserkultes verzichtet ist, warum die Bekämpfung der jüdischen Religion als solcher zu den Ausnahmen gehört, ist noch zu beantworten. Zum Teil werden die Vorrechte, welche die Juden schon in den hellenistischen Reichen erlangt hatten, nachgewirkt haben; aber vor allem konnte der Gegensatz gegen das Judentum nicht in so prinzipieller Schärfe wie gegen das Christentum fühlbar werden, weil die jüdische Religion, obgleich mit ihrem Monotheismus darüber hinausstrebend, doch auf nationaler Grundlage gewachsen war und diese Grundlage festhielt. Diese Gebundenheit, die besonderen Riten, namentlich die Beschneidung, bildeten ein starkes Hemmnis der Proselytenmacherei und liessen die jüdische Propaganda nicht als bedrohliche Gefahr erscheinen. Wie der Grundsatz des Festhaltens an den von den Vätern ererbten Gebräuchen bald das Judentum vom Christentum schied, so war er ihm mit der allgemein antiken Anschauung gemeinsam, und nicht ohne Grund betonen Celsus und Julian die Solidarität der Heiden und Juden in der Bekämpfung des Christentums. Diese Bewahrung des väterlichen Erbes ist dem palästinensischen Judentum mit dem hellenistischen gemeinsam und gilt trotz aller Vergeistigung und Verflüchtigung der Religion auch den hellenistischen Juden als Ruhmestitel des Volkes und als Wahrheitsbeweis der Offenbarung [2]. Es ist charakteristisch, dass die römischen Toleranzedikte zu

[1] S. 61 [2]. 63, andere Zeugnisse bei Keim, Rom und das Christentum S. 272. 273. Die Christen empfinden die Beteiligung der Philosophen am Kult als Inkonsequenz. Geffcken S. 32.

[2] Bousset S. 138.

Gunsten der jüdischem Religion sich stets auf dies Prinzip berufen und dass bei Josephus Nikolaos das Recht der Völker, ihre religiösen Gebräuche zu bewahren, als besonderen Vorzug der römischen Herrschaft ansieht[1]. Jüdische und heidnische Polemik macht den Christen die Verleugnung dieses Grundsatzes zum Vorwurf[2]. Die Haltung der christlichen Apologeten diesem Vorwurf gegenüber ist inkonsequent und widerspruchsvoll[3]. Teils ist ihnen das Christentum, wie bei Paulus, die höhere Stufe der Einheit, zu der alle Völker erhoben werden sollen; teils übernehmen sie die antike Voraussetzung, dass zu der Religion das Substrat eines besonderen Volkes gehöre, nennen sich das wahre Israel und nehmen die israelitische Vorgeschichte für sich in Anspruch oder bezeichnen sich als das dritte Volk oder dritte Geschlecht — eine Benennung, die auch vereinzelt im heidnischen Sprachgebrauch begegnet; ja sie meinen auf jenen allgemeinen Grundsatz der Achtung vor der angeborenen Religion die Forderung der Toleranz gründen zu können. Naive Befangenheit in antiken Voraussetzungen und berechnete Taktik, welche die universalistische Tendenz des Christentums verschleiert, haben in verschiedener Weise das Verhalten der einzelnen Zeugen bestimmt.

Mancherlei Gründe haben dem Christentum die abschätzige Beurteilung der heidnischen Gesellschaft zugezogen. Auch auf diese jüdische Sekte — als solche erschien zunächst das Christentum — übertrug sich die Summe des Wiederwillens, die sich gegen das Judentum angesammelt hatte. Die Christen erschienen wie die Juden, weil ihr Monotheismus die Anerkennung fremder Götter ausschloss, als die Atheisten im antiken Sinne des Wortes[4]. Die Forderung, dass auch die Christen dem Genius des Kaisers ihre Ehrfurcht bezeugen, den höchsten Gott auch unter dem Namen des Zeus[5], die Mittelwesen, die ja auch sie anerkannten, auch unter den Götternamen verehren sollten[6], schien im Zeitalter des religiösen Synkretismus so natürlich und so harmlos, dass nur starke Hartnäckigkeit sie nicht erfüllen konnte. Als eine Verfolgung der Religion als solcher und der Zugehörigkeit zu ihr empfand man diese Forderung nicht. Die Absonderung der Christen, ihre Abneigung, vor Gericht zu erscheinen, Aemter zu bekleiden, Militärdienst zu leisten, die in der schwer zu vermeidenden Beteiligung an religiösen Zeremonien und in den Gewissensbedenken gegen den Eid beim kaiserlichen Genius begründet war, ihre Verachtung der heidnischen Vergnügungen und Freuden der Geselligkeit, ihr Misstrauen gegen alle Erwerbsarten, die in irgend einer wenn auch entfernten Beziehung zum Götterdienst standen, überhaupt ihr weltabgewandtes Wesen zog ihnen den Tadel des mangelnden Patriotismus, der Abneigung gegen das Staatswesen[7], ja des *odium generis humani*, der allgemeinen Misanthropie, zu; sie waren schlechte Bürger, fürs Leben und die Gesellschaft unbrauchbar. Ihre Erwartung des nahen Weltendes bestätigte

[1]) Josephus Altertümer XIV § 227 ff. XVI 163 ff. XIX 283—285. 290. 304. 306 Niese. — XVI 36. [2]) Keim, Celsus' wahres Wort S. 18. 34. 66 ff. (wo dieser Unterschied zwischen Juden und Christen hervorgehoben wird). Act 6_{14}. 16_{21}. 21_{21}. 28_{17}. Umgekehrt hat es eine Beurteilung des Judentums durch die Christen gegeben, die es auf eine Linie mit dem Heidentum stellt (S. 152. 153). [3]) Harnack, Mission I S. 206 ff., Geffcken S. 99 ff. 158 ff. [4]) Geffcken S. 169. 186. Bigelmair S. 148 und vor allem Harnack, Texte und Unt. N. F. XIII 4. [5]) Liberale Juden hatten das ja getan (S. 111. 113), und vereinzelte Christen fanden es statthaft: Origenes, Ermunterungsschrift zum Martyrium 46. — Celsus bei Keim S. 10. 70. 124. [6]) Keim S. 37. 114. 120 ff. 131 ff. In einigen gnostischen Kreisen machte man wirklich Konzessionen. [7]) S. den warmherzigen Appell am Schlusse der Schrift des Celsus: Keim S. 137 ff.

den Eindruck und verletzte besonders den an die Ewigkeit des Reiches glaubenden Römerstolz. Freilich hatte ja die philosophische Propaganda Anschauungen verbreitet, die der strengen Sittlichkeit der Christen nahekamen. Aus den von ihr berührten Kreisen vernehmen wir den christlichen verwandte Urteile: Klagen über Ungerechtigkeit der Gerichte, Geringschätzung von Aemtern und Würden, die auch durch das Schwinden des alten Bürgersinnes unter dem Druck des Despotismus bedingt ist, Abscheu vor Schauspielen, Mimen, Zirkusspielen und vor den Ausartungen der religiösen Feste, Verwerfung des religiösen Formenwesens, überhaupt scharfe Kritik der Formen des öffentlichen und privaten Lebens [1]. In Kreisen, wo solche Anschauungen galten, war bei etwas genauerer Bekanntschaft mit der christlichen Lehre die Schroffheit jener verbreiteten Aburteilung bald überwunden, und auch die zunehmende Weltförmigkeit der Kirche hat die heidnischen Urteile etwas gemildert. Aber über eine Schranke kam man besonders schwer hinweg. Die Berührung mit der philosophischen Sittenpredigt weckte auch bei Armen und Unwissenden das stolze Gefühl, Anteil zu haben an der höheren Bildung, an der geistigen Aristokratie (S. 17. 132). Das christliche Bekenntnis stiess herab in eine plebejische Gemeinschaft [2], in der selbst das Bildungsideal nicht galt und die dem barbarischen Aberglauben zugänglich war. Denn die Gemeinden der beiden ersten Jahrhunderte setzten sich sehr überwiegend aus den niederen Gesellschaftsschichten zusammen. Die Anbetung des Gekreuzigten schien für dies Niveau zu passen, der Gegensatz des Auferstehungsglaubens zum Unsterblichkeitsglauben den Abstand des Christentums von griechischer Bildung zu offenbaren [3]. Leichtgläubigkeit und Stolz auf besondere Offenbarung ging hier mit Verachtung von Vernunft und Wissenschaft Hand in Hand [4]; für die Kultur hiess es', haben Christen wie Juden nichts geleistet.

Dem Worte Jesu „Entrichtet dem Kaiser, was des Kaisers ist und Gott was Gottes ist" schreibt man eine zu weitreichende Bedeutung zu, wenn man darin den Grundsatz reiner Scheidung beider Mächte ausgesprochen findet. Der Ton liegt auf der Ausscheidung des Politischen aus der religiösen Sphäre, für die es indifferent ist; auf die Frage nach seiner positiven und selbständigen Bedeutung wird nicht reflektiert. Erst durch die Loslösung des Christentums vom jüdischen Boden und seinen Eintritt in die heidnische Welt wurde die Frage akut und forderte eine prinzipielle Antwort. Entscheidend war die positive Schätzung des Staates durch Paulus (S. 140), die vorherrschend geblieben ist. Die freundliche Beurteilung der Staatsgewalt tritt in den Schriften des Lukas und im vierten Evangelium deutlich hervor. I Petr wird die loyale Haltung selbst in Zeiten der Verfolgung bis zur Pflicht der Fügsamkeit, auch wenn die Obrigkeit Unrecht tut, aufrecht erhalten [5]. Die Sitte, für den Kaiser und für die Obrigkeit im Gottesdienste zu beten, ist für die christlichen Gemeinden früh bezeugt [6]. Mag schon in den staatsfreundlichen Aussagen schriftstellerische Berechnung und apologetische Ten-

[1]) Wendland, Beiträge, besonders S. 38 ff. [2]) Bigelmair S. 206. 207, Keim S. 11. 27. 40 ff. 80 ff. Ebenso anstössig ist dem Celsus, dass die Botschaft gerade an die Sünder ergeht (S. 42 ff.) [3]) Keim S. 20 ff. 29 ff. 65. 89. 101. 111. 130, Geffcken S. 235. [4]) Keim S. 7. 51. 80. 104; Lucian, Leben des Peregrinos Kap. 13. [5]) Vgl. Tit 3_1 Mart. Polyk. 10_2. [6]) I Tim $2_{1.2}$ Polykarp an die Philipper 12_3 I Clem 60_4. 61_1 (Knopf S. 107. 108. 134). Ueber die entsprechende jüdische Sitte s. Schürer I S. 483. II S. 302 ff. III S. 340 ff.; dasselbe Gebet im Isiskult bei Apuleius XI 17; vgl. Cumonts grosses Mithraswerk I S. 281.

denz mitspielen, so hat vollends die spätere Apologetik mit geflissentlicher Absicht die Loyalität betont. Sie hat jene Grundsätze wiederholt, ja sie hat behauptet, dass die Christen die treuesten und besten Untertanen seien, dass durch sie der Gesamtzustand der Menschheit gehoben und der Bestand des Reiches gesichert sei; ja manche Apologeten stellen Christentum und Römerreich als Verbündete hin[1]. Gewiss werden die Grundsätze der Anerkennung des Staates und der Loyalität, wie in der literarischen Vertretung, so auch in der offiziellen Kirchenleitung im Vordergrunde gestanden haben. Aber sie dürfen uns nicht hinwegtäuschen über die Bedeutung der entgegengesetzten, oft latenten aber doch immer wieder elementar hervorbrechenden Unterströmungen, die, vom Judentum übernommen, durch die apokalyptischen Hoffnungen lebendig erhalten und durch die Konflikte mit der Staatsgewalt verschärft wurden. Diese Stimmungen machen die heidnische Beurteilung des Christentums verständlich und sind auch teilweise der Untergrund, von dem sich jene christlichen Mahnungen zur Anerkennung der gottgeordneten Obrigkeit abheben. Wie sehr die sehnsüchtige Erwartung der Ablösung des gegenwärtigen Aion durch den künftigen die irdischen Güter und die ganze Weltordnung entwerteter, ist schon bemerkt worden. Für den Gläubigen hatten sie nur den Wert einer vorübergehenden Episode. Betete man für den Kaiser, so betete man doch auch um das Ende der Welt und damit auch des römischen Weltreiches. Und nun macht die junge Kirche die Erfahrung, dass sie mit der Loslösung vom Judentum auch den Schutz und die Duldung verlor, die der jüdischen Sekte zugute kam, dass einer die nationale Grundlage verlassenden Weltreligion auch eine die Staatsreligion negierende und jede Beteiligung an ihr ausschliessende Propaganda verwehrt, ihr gegenüber die Forderung der göttlichen Verehrung des Kaisers erhoben wurde[2]. Die johanneische Apokalypse gibt die Antwort auf diese Forderung, die für das christliche Gefühl dem Verbot der neuen Religion gleichkam, und die Antwort ist, trotz dem Verzicht auf revolutionären Widerstand, die Kriegserklärung gegen diesen den Cäsarenkult fordernden Staat. Die ganze Summe des leidenschaftlichen Fanatismus, den das Judentum in den Zeiten der Bedrückung gesammelt und in den letzten Jahrzehnten vor der Zerstörung Jerusalems zur höchsten Glut gesteigert hatte, verbindet sich bei dem judenchristlichen Verfasser mit den Eindrücken der Gegenwart. Die Tempelschändung des Antiochos und des Kaisers Gaius hat sich erneuert und die Schreckensgestalt Neros ist in Domitian wieder lebendig geworden. Das römische Reich ist das Werkzeug des Satans, seine Macht stammt vom Drachen, und der Antichrist ist sein Verbündeter. Der Tempel des Augustus und der Roma in Pergamon ist der Thron des Satans, der Kaiserkult der grösste Greuel. Nur die Christen leisten dem gotteslästerlichen Gebote der Anbetung der Kaiserbilder Widerstand, dem alle Völker der Erde sich fügen, und in wildem Jubel erschallt der Triumph über Babylons Fall. Zu so lodernder Glut ist der christliche Fanatismus gegen das Reich nie wieder entflammt. Die apokalyptischen Visionen haben sich in der Kirche fortgesetzt, aber in Zeiten des Friedens wenigstens tritt der Gegensatz gegen das römische Reich zurück. Aber es will doch etwas sagen, dass jene Apokalypse unter die heiligen Schriften der Christen aufgenommen

[1]) Geffcken S. 63. 92. 162. 285. 311. 237 (Gebet), über Irenäus s. Neumann. Hippolyt S. 54 ff. [2]) Es ist eine feine Beobachtung von Neumann, Staat und Kirche S. 13 (vgl. Knopf S. 94. 95), dass der Konflikt des Christentums mit dem Kaisertum nicht zufällig zuerst gerade in Asien, dem Hauptsitze des Cäsarenkults, akut wird.

wurde und die Richtlinien für die Zukunftshoffnungen der Christen gab. Es war ein Glück, dass daneben Röm 13 und II Thess 2₆ (S. 140[1]) in eine andere Richtung wiesen und zu einer mildernden Umdeutung jener scharfen Absage an das Weltreich nötigten. Die Exegese dieser Schriftstücke spiegelt das wechselnde Verhältnis der Kirche zum heidnischen Staate wieder[1].

Die Forderung der Anbetung des Kaiserbildes führte zum Konflikte des Christentums mit dem Staat und war der Punkt, in dem der Kampf mit langen Ruhepausen sich immer wieder erneuerte. In diesem Streitpunkt offenbart sich ein wesentlicher Gegensatz des Christentums gegen die antiken Volksreligionen. Die Weigerung der Kaiseranbetung bedeutet den Protest gegen die Gebundenheit der antiken Religion an Volk und Staat, die Trennung der Religion von der politischen Sphäre, ihre Zurückführung in das Heiligtum der Seele und die Freiheit des Gewissens. Die Leidenschaft, die dieser Kampf auf beiden Seiten entfesselt hat, kann nur ermessen und begreifen, wer sich klar macht, dass der von Jesus schon als natürlich angesehenen Selbständigkeit und die anderen Interessensphären überragenden Bedeutung des religiösen Lebens auf heidnischer Seite die ebenso selbstverständliche Voraussetzung der engsten Verbindung des politischen und religiösen Lebens, der Verpflichtung des Bürgers zur Beteiligung an der staatlichen Religion gegenüberstand. Die strenge Sonderung von der heidnischen Religion und die gleichzeitige Anerkennung des heidnischen Staates, wie sie im Christentum neben einander bestanden, war für das heidnische beide Sphären verbindende Gefühl ein unvereinbarer Widerspruch, die christliche Loyalität erschien darum als Phrase oder als Heuchelei. Der Gegensatz universaler und nationaler Religion war freilich längst vorbereitet und auch ausgesprochen[2], seit die nationalen Religionen sich vielfach von dem ursprünglichen Boden gelöst, die Grenzen des Volkstumes überschritten hatten und in ihrer Zersetzung in jenen Prozess der Ausgleichung, Um- und Neubildung der Religionen eingetreten waren, der dem religiösen Individualismus gegenüber dem Grundsatze *cuius regio, eius religio* sein Recht verschaffen sollte. Im Grunde hatten die aus dem Osten vordringenden Religionen alle Pionierarbeit für das Christentum getan. Aber es ist das Verdienst des Christentums, den Gegensatz in seiner ganzen Schärfe zum klaren Ausdruck gebracht und mit unerbittlicher Strenge und Aufopferung durchgekämpft zu haben.

Die christlichen Forderungen der Duldung der neuen Religion, ja ihrer Anerkennung als staatserhaltender Macht, haben doch ihr inneres Recht, so schwach namentlich ihre juristische Begründung ist und so wenig im Streite der Parteien die eigentlich entscheidenden Gründe zu voller Klarheit entwickelt werden konnten. Der Kampf zwischen Staat und Kirche war kein innerlich notwendiger und mit der fortschreitenden Entwickelung beider Mächte war er immer weniger geboten. Der Bund zwischen Staat und Kirche, den Konstantin geschlossen hat, beweist es, weil er kein aus willkürlicher Laune hervorgegangener Akt, sondern das natürliche Ergebnis und die Anerkennung des voraufgehenden Geschichtsprozesses war. Die gegen das Christentum gerichteten Repressionen gründeten sich auf die Voraussetzung, dass die Religion an die Nation gebunden, Ausdruck der Staatseinheit und Angelegenheit des öffentlichen Lebens sei. Diese Voraussetzung war rechtlich begründet, der Kampf gegen jede die Staatsreligion negierende Propaganda war die natürliche Notwehr des nationalen Gefühles. Aber diese Voraussetzung war durch die Macht der Tatsachen überholt und nichtig ge-

[1]) Neumann, Hippolytus. [2]) Ed. Meyer, Gesch. des Altertums III 1, S. 167 ff., Bousset S. 60 ff.

worden. Die gegen das Christentum angewandten Massregeln sind nur ein Glied in der Kette der Akte, die das in Wahrheit untergrabene Nationalgefühl zu künstlichem Leben erwecken wollen, und die Zufälligkeit und Inkonsequenz des Vorgehens, seine Abhängigkeit von den gelegentlichen Ausbrüchen der christenfeindlichen Volksstimmung, der rasche Wechsel, in dem seit Diokletian von dem konsequenten Kampfe gegen die immer bedrohlicher die Welt umspannende Organisation der Kirche zur Duldung übergegangen wird, verrät das Gefühl der Unsicherheit und des Zweifels an dem Recht und der Wirksamkeit des Verfahrens. Die Ausdehnung des Reiches und die Mischung der Völker, die Hellenisierung Roms und das stetige Vordringen des Orients, die Ausbreitung des Bürgerrechts und sein Aufgehen in die Reichsangehörigkeit hatten dem Staate seinen nationalen Charakter genommen und eine Mischkultur geschaffen, in der das echt Römische gar nicht mehr überwog. Die Reichsorganisation Diokletians brachte dies Ergebnis einer dreihundertjährigen Entwickelung politisch zum klaren Ausdruck; aber die Religionsfrage wurde durch den unglücklichen Versuch seiner reaktionären die Kirche gewaltsam unterdrückenden Politik nur dringender. Die nationale Religion, schon in republikanischer Zeit das Produkt vieler Rezeptionen des Fremden und Kompromisse, hatte eine analoge Entwickelung durchgemacht, die deren völlige Zersetzung immer klarer offenbarte und eine religiöse Neuordnung forderte. „Das Christentum hat den römischen Glauben nicht zerstört, sondern ersetzt" (Mommsen, Hist. Z. S. 418). Der Staat, der selbst den politischen Partikularismus vernichtet hatte, durfte seine Augen nicht vor der Tatsache verschliessen, dass die Invasion der orientalischen Religionen dasselbe Werk auf religiösem Gebiete vollbracht hatte. Der Kaiserkult hatte eine neue Grundlage der Religionseinheit bilden sollen; aber er selbst war schon ein fremdes, orientalisch-hellenistisches Element. Rom war als der Mittelpunkt des Weltreiches die kosmopolitische Metropole aller Götter und Kulte geworden. Der Staatskult war zu leeren Formalitäten herabgesunken, und die tiefere Entwickelung des Innenlebens hatte die Religion längst zu einer Sache freier Wahl und individueller Selbstbestimmung gemacht. Die Vermischung der Völker hatte zur Ausgleichung der Religionen geführt. Die Ueberzeugung, dass allen Volksreligionen in letzter Linie eine wahre Religion zugrunde liege, hatte sich seit Alexander verbreitet, zur Abstraktion von den Besonderheiten und zur Reduktion auf einfachere Gebilde, ja auf eine gemeinsame Grundlage geführt. Die philosophische Reflexion und Theologie hatte diesen Prozess der Ausgleichung, Vereinfachung und Vergeistigung der Religionen gefördert und die monotheistischen Tendenzen verstärkt. Wie die Einheit des Weltreiches dem Gedanken des einheitlichen Menschengeschlechtes Halt und Stütze gab, so schien sie als Korrelat die Einheit der Reichsreligion zu fordern. Nicht nur praktische Versuche, wie sie besonders mit dem Sonnenkult gemacht wurden, sondern auch kühne Konstruktionen der Spekulation, wie sie von Varro bis zum Neuplatonismus unternommen wurden, bewegten sich in der Richtung. „Wäre es möglich, politisch-zivilisatorische Fragen ohne Erinnerungen und ohne Leidenschaften zu behandeln, so hätte man es sich eingestehen müssen, dass das römische Reich, wie es war, mit dem Christenglauben sich wohl vertrug und dieser eigentlich nur auf dem religiösen Gebiet zum Ausdruck brachte, was politisch sich bereits vollzogen hatte" (Mommsen S. 419). In der Tat, welche Religion wäre in gleichem Masse berufen gewesen, die Tendenzen der früheren Entwickelungslinien in sich zu verbinden und die religiöse Einigung der Völker herbeizuführen, wie die christliche? Dass sie die monotheistischen Triebe der Zeit befriedigen konnte, beweist die Tatsache, dass sie sich früh mit dem profanen Monotheismus verbündet hat und noch in Konstantins Religion die seltsamste Mischung mit ihm eingegangen ist; sie füllte aber die monotheistischen Formen der Zeit mit einem neuen lebensvollen Inhalt aus dem frischen Quell unmittelbarster religiöser Erfahrung. Sie erschien auf der Höhe ihrer spekulativen Ausbildung als Philosophie, und doch befriedigte sie zugleich in ihren Sakramenten und in den Niederungen des in ihr sich immer breiter etablierenden antiken Volksglaubens alle Bedürfnisse der zeitgenössischen Mystik und Superstition. Sie kam mit dem Schatze ihrer geoffenbarten Schriften dem Autoritätsglauben der Zeit entgegen und bot sichere Garantieen der Gewissheit ihrer Verheissungen. Und vor allem, sie stellte in den schlichten Sätzen des Evangeliums Jesu die Frömmigkeit in einer das natürliche Gefühl gewinnenden Einfachheit und Reinheit dar und entging damit in ihrem Kerne der Gefahr, der alle künstlichen Religionschöpfungen der Zeit erlegen sind, der erdrückenden Belastung mit historischen Traditionen und der alle universalen Tendenzen durchkreuzenden antiquarischen Richtung. Aller Trübungen und Entstellungen ungeachtet, hatte sie mutig die Konsequenzen ihres Universalismus gezogen: Sie hatte die jüdischen Fesseln abgestreift, sie hatte den Kampf mit allen Göttern aufgenommen, sie hatte den Gedanken der einen Menschheit im christlichen Gemeinschaftsleben realisiert, sie hatte eine wirklich universale den Weltkreis umfassende Organisation der Kirche geschaffen, die den verfallenden Staat nach den vergeblichen Versuchen, sie zu unterdrücken, den Bund mit der stärkeren Genossin, der Kirche, zu suchen zwang — eine Organisation, die, durch staatliche Macht ausgestaltet, den Untergang des Staates überlebt und den Ansturm der germanischen Völker ausgehalten hat, die in diese Organisation hineinwuchsen und durch sie mit dem Christentum auch im Reichsgedanken, im geistigen und religiösen Besitz eine Erbschaft antiker Kulturentwickelung übernahmen.

5 Christliche Apologetik

Geffcken, Zwei griechische Apologeten, Leipzig 1907, zeichnet die Grundlinien einer Geschichte der apologetischen Literatur, behandelt ihre heidnischen und jüdischen Vorläufer und gibt eine kritische Ausgabe der Apologieen des Aristides und des Athenagoras mit ausführlichem Kommentar. Seine sorgfältigen Register, die die Uebersicht über die Traditionsmassen erleichtern, gestatten mir in den Zitaten der Quellen und der neueren Literatur sparsam zu sein. — von Dobschütz, Das Kerygma Petri, Texte und Unt. zur Gesch. der altchristlichen Lit. XI 1, Leipzig 1894. Die Fragmente des Kerygma sind auch in Lietzmanns Kleinen Texten Nr. 3 und in Preuschens Antilegomena² S. 88 ff. ediert. — Harnack, Dogmengeschichte I³ S. 455–507, Loofs S. 114 ff., auf die ich besonders für die dogmengeschichtliche Bedeutung der Apologeten verweise. — Ueber die jüdische Apologetik s. Wendland, Jahrb. Suppl. XXII S. 703—715 und Bousset a. a. O. 347 ff.

So paradox es klingt, die Geschichte der christlichen Apologetik ist älter als das Christentum selbst. Denn ihre Genealogie führt zurück einerseits auf die Bekämpfung des Polytheismus durch die Propheten, andererseits auf die mit Xenophanes beginnende, in der athenischen Aufklärung und Philosophie schon einen Höhepunkt erreichende heidnische Kritik der Volksreligionen. Diese Kritik hatte, wie S. 57. 61 ff. gezeigt ist, in hellenistischer Zeit in Epikurs Lehre und besonders in der akademischen Skepsis eine systematische Durchbildung erfahren, die in wirkungsvollen Argumentationsreihen alles, was gegen den Volksglauben sich vorbringen liess, ins Feld führt; sie hatte auch die stoische Umdeutung der Volksreligion stark beeinflusst.

Als das Judentum, besonders in der Diaspora, mit der griechischen Kultur in Berührung kam und sich mit ihr auseinanderzusetzen anfing, begann es auch eine gewisse Wahlverwandtschaft mit der Philosophie auf manchen Gebieten zu entdecken. Die strenge Ethik der Stoa, der monotheistische Zug ihrer Theologie, die auf eine Läuterung der Frömmigkeit gerichtete philosophische Propaganda haben auch bibelgläubige Juden angezogen. Die universalen Gedanken der Propheten und Psalmen flossen jetzt vielfach zusammen mit der verwandten Richtung der philosophischen Aufklärung. Die beiden Ströme der von den Propheten [1] ausgehenden jüdischen und der heidnischen Polemik gegen den Polytheismus fliessen jetzt in ein gemeinsames Bett zusammen. Diese beiden Richtungen, die in Motiven und einzelnen Gedanken sich zum Teil auffallend berühren, verschlingen und kreuzen sich in einer Weise, dass es oft schwierig ist, die Grenzen jüdischer Tradition und des Einflusses heidnischer Religionskritik sicher abzustecken. Die jüdische Apologetik entwickelt sich zu einer systematischen Beurteilung der verschiedenen Formen des Heidentums, zu einem geschlossenen planmässigen Angriff gegen den Polytheismus, der gelegentlich durch die packenden Aphorismen alter Propheten und Weisen und durch konkrete Bilder aus dem religiösen Leben der Heiden belebt wird. Im Buche der Weisheit, dem III Buch der Sibyllinen, bei Philo und Josephus sehen wir eine Kontinuität der apologetischen Tradition in immer festeren Formen sich ausbilden, hellenistische Elemente aber auch in die palästinensische Literatur eindringen. Mit einer Mässigung, die dem Paulus fernliegt, werden verschiedene Stufen des Polytheismus nach ihrem Werte unterschieden, als die oberste der Dienst der Gestirne und der Elemente, dem ja schon die Philosophie eine besondere Weihe gegeben, den aber Karneades bestritten hatte, dann der Dienst der toten Bilder, die von Menschenhand gefertigt sind, endlich, auch dies in wesentlicher Uebereinstimmung mit dem antiken Urteil, der ägyptische Tierdienst als die verwerflichste und niedrigste Form. Wie bei Paulus schwankt die Auffassung der Götter hin und her zwischen ihrer Vorstellung als toter Bilder und ihrer Auffassung als Dämonen, d. h. realer Mächte. Das Recht der allegorischen Erklärung wird von der jüdischen Apologetik, wie vorher von den Epikureern und Skeptikern, der Stoa bestritten, freilich von Philo für das alte Testament als selbstverständlich in Anspruch genommen und zur Abwehr der gegen die biblischen Erzählungen von heidnischer Seite gerichteten Angriffe gebraucht. Die jüdische Kritik an den Mythen und ihren unwürdigen Vorstellungen vom Wesen der Götter wiederholt Gedanken und Belege, in denen sich alle Philosophenschulen ziemlich einig waren. Neben die Polemik tritt der kräftige Hinweis auf die Wahrheit der eigenen Religion und die Propaganda (S. 114).

Die christliche Apologetik hat, trotzdem sie ja mit doppelter Front gegen Juden und Heiden zu kämpfen hatte, doch, soweit sie sich gegen das Heidentum richtet, zum grossen Teil die Traditionen und Formen der jüdischen übernommen, die Kontinuität der Entwickelung fortgesetzt. Wir sehen das Christentum sofort mit seinem Eintritt in die Welt in diese Spuren treten. Wie weit in der Polemik des Paulus, der das Buch der Weisheit gekannt hat, direkter oder durch das Judentum vermittelter hellenistischer Einfluss anzunehmen ist, lässt sich im einzelnen nicht sicher ausmachen (S. 141). Die Areopagrede und das Kerygma des Petrus zeigen dann schon Fortschritte der Annäherung an den Hellenismus. Zur weiteren Bereicherung des von den Juden übernommenen Erbes trug im II Jahrh. der leb-

[1] S. z. B. Ps. 115, Jer. 10, Jes. 40_{19} ff., 41_{7}, 44_{12-20}.

hafte Kontakt mit der Philosophie bei. In fortgesetzten literarischen und mündlichen Debatten erhielt sich, wie z. B. Oinomaos, Sextus und Lucian lehren, die philosophische Polemik gegen den Polytheismus am Leben, und der gebildete Christ brachte schon aus seiner heidnischen Vergangenheit Waffen zur Bekämpfung des Heidentums mit. So wird denn das Erbe der jüdischen Apologetik ergänzt und vervollständigt durch neue Eintragungen aus philosophischen Quellen. Der Kampf heidnischer Aufklärung oder geläuterter Frömmigkeit gegen den Volksglauben wird zum Teil vom Christentum mit nur wenig veränderter Haltung fortgeführt, und die Abhängigkeit mancher Apologeten von der religiösen Aufklärung des Heidentums ist oft grösser, als sie selbst sich bewusst sind oder wahr haben wollen. Quellenuntersuchungen, die auf einen bestimmten Namen auslaufen, sind hier freilich aussichtslos, weil die philosophische Propaganda durch das lebendige Wort wirkt oder sich in Schichten der Literatur bewegt, die uns nur durch einige zufällige erhaltene Vertreter bekannt sind. Wir müssen uns darauf beschränken, die Kontinuität der Gedanken und Formen der christlichen Apologetik festzustellen und den Anteil zu bestimmen, den die einzelnen Philosophenschulen dazu beigesteuert haben. Und selbst die Ermittelung des letzten Ursprunges einzelner Gedanken unterliegt mitunter grossen Schwierigkeiten, da die Kritik der verschiedenen Schulen schon aus der älteren Aufklärung gemeinsame Motive übernommen und der spätere Eklektizismus die Eigenart der Schulen auch auf diesem Gebiete verwischt und vielfach ausgeglichen hatte.

Wir richten zuerst die Aufmerksamkeit auf den festen Traditionsbestand und den Durchschnittstypus der Apologie, wie sie sich in der Polemik gegen den Polytheismus darstellt. Aristides beginnt mit dem stoisch-platonischen Gottesbegriff, der durch eine frühzeitig festgewordene Reihe negativer Attribute bestimmt wird. Die Polemik gegen den Polytheismus ist dreiteilig [1]. Sie richtet sich zuerst in breiter und schematischer Ausführung jedes einzelnen Gliedes gegen die Verehrung der Elemente, der Sonne, des Mondes und der Gestirne, sowie ihrer Abbilder, durch die Chaldäer. Im zweiten Teil, der dem griechischen Glauben gilt, werden Leiden und Laster der Götter erst im allgemeinen aufgezählt, dann die einzelnen Götter behandelt. Der dritte Teil bekämpft den ägyptischen Tierdienst und die unwürdigen Züge des Osirismythos. Dass die Götter den Menschen ein schlechtes sittliches Vorbild geben, wird wiederholt betont. Nach einer etwas konfusen Invektive gegen Dichter und Philosophen wird im zweiten Hauptteil das Verhältnis zum Judentum gezeichnet. Sein Gottesbegriff und seine Menschenliebe findet Anerkennung; aber sein Gottesdienst gilt doch in Wahrheit den Engeln, indem die Juden Sabbathe, Neumonde, Passah, grosses Fasten (des Versöhnungstages), Fasten, Beschneidung, Reinheit der Speisen beobachten. Der Sinn der Ausführung scheint zu sein, dass der rituale Charakter der jüdischen Religion sie dem Heidentum annähere und auch in der ausgebildeten Engellehre ihre Abirrung vom reinen Monotheismus sich offenbare. Die Verbindung beider Momente und die so geschaffene Beziehung des jüdischen Kultes auf die Engel ist willkürlich. Den dritten Hauptteil bildet die Darstellung des neuen christlichen Glaubens und Geisteslebens.

[1] Es liegt dieser Dreiteilung das richtige Bewusstsein zugrunde, dass der Glaube der Chaldäer, als der wichtigsten Repräsentanten des Orients, und der Aegypter für die Zeit eine besondere Bedeutung hat. Die Behandlung der chaldäischen Religion zeigt gute, aber stark getrübte Kunde, u. a. Bekanntschaft mit dem Mythos vom Urmenschen (Geffcken S. 59).

Die Reste des Aristides zeitlich nahe stehenden etwas älteren Kerygma des Petrus zeigen, dass der Apologet im wesentlichen ein fertiges Schema übernommen hat. Beide Schriften operieren mit demselben traditionellen Gedankenmaterial — nur die Figuren werden etwas anders gesetzt — und berühren sich oft wörtlich, ohne dass doch ein Verhältnis der Abhängigkeit wahrscheinlich wäre. Auch in der Predigt des Petrus findet sich jene fast stereotype Formel der göttlichen Attribute (Fr. II von Dobschütz). In der Polemik gegen den Götzendienst (Fr. III) wird dann die griechische und ägyptische Form, Verehrung der aus totem Stoff gefertigten Götzenbilder und Verehrung der Tiere, aufs engste verbunden und seltsamerweise beide den Griechen zugeschrieben. Wir sehen, wie verworren und unklar die Vorstellungen von dem Glauben sind, der bekämpft wird; sie sind dem Autor angeflogen aus Lektüre von Traktaten, die selbst schon eine stark getrübte Tradition wiedergaben oder von ihm nur halb verstanden sind. Es folgt die stark an Aristides anklingende Kritik der Frömmigkeit der Juden (Fr. IV), „die den Engeln und den Erzengeln dienen, dem Monat und dem Monde; und wenn der Mond nicht erschienen, feiern sie nicht ihren ersten Sabbath nach dem Neumond noch Passah noch das (Laubhütten)-Fest noch den grossen Versöhnungstag“. Wir sehen, wie sich der Verfasser die schon von Paulus (Gal. 4 9 vgl. 3 19) behauptete Knechtung der Juden unter die στοιχεῖα vorstellte [1]. Hier wird neben dem Engelkult eine Art Gestirndienst den Juden schuldgegeben, ihr Irrtum und ihre Schuld aber nicht in ihrem Kultus überhaupt, sondern in der zeitlichen Bestimmung der Feste nach der Beobachtung der Gestirne gesucht, offenbar im Anschluss an Gal. 4 9 [2]. Dem heidnischen und jüdischen Kultus wird auch hier das Christentum als die allein wahre Religion gegenübergestellt.

Auch der Brief an Diognet [3], der wohl erst dem III Jahrhundert angehört, zeigt eine ähnliche Anlage. Auch hier eine lange Aufzählung der Stoffe, aus denen die Götter gefertigt werden, mit manchen beliebten Gemeinplätzen z. B. über die Herstellung von Götterbildern und gemeinem Gerät aus gleichem Stoffe, über die Verwahrung der Bilder gegen Diebstahl. Der jüdische Monotheismus wird gebilligt, aber die Art des jüdischen Kultes der heidnischen ähnlich gefunden. Es ist eine Torheit, dem bedürfnislosen Gott Opfer darzubringen [4]. Ebenso wird die ganze jüdische Ritualreligion, die

---

[1]) v. Dobschütz S. 35 ff., der die Gleichstellung der Juden und Heiden mit andern Beispielen belegt, Diels Elementum S. 50 ff. Die radikalere Verurteilung des Judentums (Gal., Kerygma, Arist., Diognetbrief) spielt bei den Gnostikern noch eine grosse Rolle, in der Kirche ist sie früh aufgegeben. In Justins Dialog wirkt sie nirgends nach; hier dreht sich der Streit wesentlich um die rechte Auslegung und Beziehung der Schriftstellen. Justin selbst bezeugt aber noch K. 47 eine strengere Beurteilung des Judaismus, die von ähnlichen Gesichtspunkten bestimmt gewesen sein mag. [2]) Dass es im Grunde ein Widerspruch ist, dass derselbe Paulus, der in seinen Gemeinden die jüdische Woche eingeführt hat, hier den Juden die Beobachtung der Zeiten vorwirft, hebt Schürer, Zeitschr. für neutest. Wiss. VI S. 42 hervor. Ebenso auffallend ist, was Justin Dial. K. 29 über den Sabbath sagt. [3]) Wilamowitz' Lesebuch VIII 3. [4]) Darin stimmt der jüdische Hellenismus (Zeugnisse bei P. Krüger (o. S. 109 [4]) S. 28), die philosophische Aufklärung, das Christentum eigentlich überein; und die Polemik gegen die jüdischen Opfer ist besonders antiquiert in einer Zeit, wo die Juden gar nicht mehr in der Lage waren, ihren Opferkult auszuüben. — Die Akten des Apollonios § 16 ff. (Knopf, Ausgewählte Märtyrerakten S. 39) geben das etwas abgewandelte Schema: Vergötterung des toten Stoffes, der Pflanzen, der Tiere, der Menschen, aber dieselben Gedanken.

Unterscheidung der Speisen, die ängstliche Sabbathbeoachtung, die Wertschätzung der Beschneidung, die Beobachtung der Zeiten als lächerlich bezeichnet. Auf dieser Folie werden dann die Christen als Träger eines neuen geistigen Lebens geschildert, durch das heidnischer Polytheismus und jüdische „Deisidämonie“ überwunden ist.

Damit sind bereits die Grundlinien, auf denen sich diese Literaturgattung bewegt, gezeichnet. Dieselben Motive werden auch sonst wiederholt; sie werden bald kurz angedeutet, bald breiter und freier ausgeführt: Alte dialektische Argumente gegen den Polytheismus, bei Athenagoras z. B. aus guter skeptischer Quelle geschöpft. Aufzählung der Laster, Leidenschaften, Schwächen, Leiden, aller eines Gottes unwürdigen Züge der heidnischen Mythologie [1] und Bestreitung des Rechtes allegorischer Auslegung. Der Nachweis, dass gerade die wegen ihrer tieferen Gotteserkenntnis gesuchten Mysterien die sittlich abstossendsten Göttergeschichten erzählen. Daneben die rationalistische Theorie von den zur Göttlichkeit erhobenen Menschen. Der Gegensatz christlicher Moral und heidnischer Unsittlichkeit wird gezeichnet, oft zum Zwecke des Nachweises, dass die den Christen schuldgegebenen Frevel, mit der christlichen Lehre und dem christlichen Leben unverträglich, gerade auf heidnischem Boden wachsen und durch das Vorbild der heidnischen Götter gerechtfertigt scheinen. Zeigt schon die christliche Sittenpredigt formale und sachliche Berührungen mit der heidnischen Diatribe, so wird geflissentlich die Uebereinstimmung oder Aehnlichkeit der Philosophie mit der christlichen Lehre im Monotheismus, in den Vorstellungen von der Schöpfung, vom Weltbrande, Weltgericht, Unsterblichkeit hervorgehoben. Freilich müssen die Zeugnisse, auf die man sich beruft, oft gepresst oder willkürlich gedeutet werden, um nutzbar zu sein; absichtlich oder unwillkürlich werden sie öfter dem Zwecke konformer gestaltet. Jüdische und christliche Fälschungen bekräftigen die Harmonie mit den griechischen Dichtern und Denkern [2]. Und mit der Berufung auf die Zeugnisse der Philosophen geht ihre stillschweigende Benutzung Hand in Hand. Der christliche Gottesglaube nimmt stoisch-platonische Farben [3] an, in den alttestamentlichen Schöpfungsgedanken wird die stoische Vorsehungslehre und Theodicee [4] eingetragen (der Anfang schon I Clem. 20. 33). Und den-

[1]) Sehr wirkungsvoll werden öfter die Strafgesetze aufgezählt, gegen die die Götter sich vergangen haben; Geffcken S. 80. 273. 286. — Polemik gegen Homer, dem seine Verirrungen vorgerechnet werden, z. B. bei Minucius Felix K. 23, Pseudo-Justin Oratio ad Graecos K. 1. Cohort. K. 2. Die älteren Vorlagen s. Geffcken S. XVIII Helm (o. S. 39) S. 42. [2]) Die enge Verbindung von Philosophen und Dichtern entspricht dem allgemeinen Bewusstsein der Zeit, o. S. 98, Geffcken S. 77. 171. [3]) Stoischer und platonischer Gottesbegriff waren nicht mehr scharf geschieden (Geffcken S. 35 ff. 170), wie vielfach angenommen wird. Immanenz oder Transzendenz sind nicht mehr an die Stoa oder an die Akademie gebunden. Der Stoiker Boethos (Zeller III 1 S. 554. 555), die Schrift Περὶ κόσμου (Capelle Neue Jahrb. XV S. 529), die Betonung der ethisch-religiösen Seite der Gottesidee in der Stoa seit Poseidonios, die zur persönlichen Fassung drängt und den Pantheismus zurücktreten lässt (Seneca, Epiktet), zeigt die Annäherung und den Austausch der Schulen und bedeutet zugleich eine Bereicherung mit Stimmungen, die den christlichen verwandt sind. [4]) Eine gute Uebersicht über die stoische Theodicee gibt jetzt Capelle, Arch. für Gesch. der Philos. XX S. 176 ff. Ihr Einfluss auf die christliche Literatur (Geffcken S. 34. 190) verdient eine gründliche Untersuchung. Ausser den Apologeten sind besonders ergiebig die pseudoklementinischen Schriften. Recogn. B. VIII 10—34 und auch sonst ist noch der Zusammenhang mit Poseido-

noch finden die Apologeten kein klares und widerspruchsloses Verhältnis zur Philosophie. Die Vorstellungen durchlaufen die verschiedensten Nuancen von der Annahme einer Offenbarung des göttlichen Logos in der heidnischen Philosophie bis zu der eines an den heiligen Schriften begangenen Plagiates oder der Verbreitung der entstellten Wahrheit durch die Dämonen; und die widersprechenden Auffassungen durchkreuzen sich öfter bei demselben Autor. Neben freudiger Anerkennung der Denker hämische Freude an ihren Irrtümern und Schwächen, und die Vorstellung, dass ihre Tugenden im Grunde doch nur glänzende Laster sind, dass ihre Lehre und ihr Leben sich widersprechen [1]. Mit boshafter Schadenfreude wird der Anekdotenklatsch, durch den die ausgeartete literarhistorische Forschung der Alexandriner die Biographie entstellt hatte, zur Herabsetzung der Philosophen hervorgeholt. Aus dem bequem bereit liegenden Material der doxographischen Handbücher wird der Widerstreit der seltsamen Leute, die auf die alten Rätselfragen die widersprechendsten Antworten geben und sich gegenseitig totschlagen, wirkungsvoll dargelegt und der Bankerott der antiken Philosophie konstatiert; die gleichzeitige Skepsis z. B. Lucians treibt es ebenso. Und die religiöse Philosophie der Zeit hatte es auch schon gelernt, eine sichere Erkenntnis nur von höherer Offenbarung zu erwarten, wie es die Apologeten tun. Der Beweis für das Alter der christlichen Religion wird nach jüdischem Vorbilde (S. 114) gegeben; er verbindet sich beim Syrer Tatian mit heftiger Invektive gegen griechischen Kulturstolz und mit der Behauptung der Ueberlegenheit der Barbaren [2], von der ja die Griechen sich allmählich auch zu überzeugen anfingen (S. 16). Die Frage der Religionsfreiheit und die nach dem Rechte des Vorgehens gegen die Christen wird erörtert, ohne dass die entscheidenden Punkte mit juristischer Schärfe erfasst würden [3]. Die Angriffe der Heiden erforderten eine Widerlegung und nötigten zum Eingehen besonders auch auf die Stellung zu Staat und Gesellschaft. Die heidnische Polemik hat frühzeitig zu literarischen Niederschlägen geführt, und die Streitschriften gegen das Christentum zeigen einen festen Traditionsbestand und eine Kontinuität, die der Geschichte der Apologien vergleichbar ist [4]. Die scharfe und oft treffende Kritik, die Celsus z. B. an der Anstössigkeit oder Unglaubwürdigkeit biblischer Geschichten übt, führt die Apologetik auf ein neues Gebiet und hat ihr ernstliche Schwierigkeiten bereitet. Auch hier tritt die Gemeinsamkeit der Voraussetzungen beider streitenden Parteien wenigstens darin hervor, dass Origenes den Wortlaut mancher alttestamentlichen Geschichten preisgeben muss und sie nur durch allegorische Deutung zu retten weiss. Der alte Streit um das Recht solcher Deutung erneuert sich (S. 62. 151).

So zeigt uns die apologetische Literatur eine im Grundbestande ziemlich feste, in allen Einzelheiten fluktuierende, allmählich sich mehrende und erweiternde Masse. Jüdische und heidnische Polemik wirken auf das Wachstum dieser Literatur ein. Aber auch die besondere Bildung des einzelnen und das im allgemeinen sich hebende Bildungsniveau führt immer neue Stoffe

---

nios sicher zu beweisen, ebenso in den Schriften des Eusebius.

1) Auch in der Beurteilung der Philosophen bietet das spätere Altertum, besonders Lucian, viele Parallelen: Helm S. 17. 40 ff. 81 ff. 227 ff.

2) Aehnlich ist die Stimmung in den Ὅροι Ἀσκληπιοῦ, Reitzenstein Poimandres S. 349.

3) Gefälschte christenfeindliche Kaiseredikte werden als Waffe gebraucht, s. Geffcken, Nachrichten der Ges. der Wiss. zu Göttingen, Philologisch-hist. Klasse 1904 S. 278 ff. — Ueber Interpolationen des Josephus s. Schwartz, Zeitschr. f. neutest. Wiss. IV S. 59. 60.

4) Geffcken S. 240. 241. 256 ff. 295 ff.

dem alten Bestande zu, der, wie wir z. T. schon sahen, aus mythographischen Handbüchern und den Historikern, aus dem doxographischen[1] und biographischen Zweige der philosophischen Literatur, aus den philosophischen Debatten und Flugschriften der Gegenwart, aus der Kunstgeschichte und den Schriften über Erfindungen (o. S. 111[1]) sich bereichern liess. Einzelne Punkte, wie der Weissagungsbeweis und die Lehren von den Dämonen, von der Auferstehung, vom Gericht finden eine immer eingehendere Erörterung und zum Teil bald auch Behandlung in Spezialschriften. Der erfreulichste Teil der apologetischen Schriften ist stets die Darstellung der neuen Frömmigkeit und des neuen sittlichen Lebens; da bringt fast jeder einzelne wertvolle Zeugnisse, ergreifende Einzelzüge, originelle Wendungen. Aber die Position des Kampfes zwang diesen Männern eine Aufgabe auf, der die meisten von ihnen, besonders die älteren, in keiner Weise gewachsen waren und die keine reine Lösung gestattete. Es galt, das Evangelium in die ihm nicht adäquate Form philosophischer Lehre umzusetzen, seine die Welt negierende Ethik mit einer reich entwickelten Kultur auszugleichen[2]; dabei musste man vor den kaiserlichen Adressaten oder dem gebildeten Publikum, an das man sich wandte, die Ansprüche der höheren Litteraturformen befriedigen, um den Beweis der Bildungsfreundlichkeit des Christentums zu geben: denn darauf hatte man es abgesehen, auch wenn man mit der christlichen Einfalt kokettierte. Die so entstandene Literatur einer Uebergangszeit trägt in der Dürftigkeit ihrer Theologie, deren philosophische Orientierung das Wesen des Christentums nicht zum Ausdruck kommen lässt und sehr wesentliche Anschauungen eliminiert oder neutralisiert, in dem oft hilflosen Ringen mit der Form, in der Unselbständigkeit der Gedankenbewegung und der oft sklavischen Abhängigkeit von der Tradition, die grobe Missverständnisse und Irrtümer, Widersprüche und Inkongruenzen mit sich bringt, in der Häufung des Stoffes und der Argumente, in der tendenziösen Mache den Charakter zwitterhafter Halbheit an sich. Die christliche Literatur wendet sich hier zuerst an ein heidnisches Publikum, aber die ersten Schritte auf dem fremden Boden sind unsicher und schwankend. Die ältesten Apologieen tragen einen papiernen Stil an sich. Sie lehnen sich an fremde Formen und an fremde Gedanken. Darum schleppen sie so viel veraltetes, für die aktuellen Kämpfe der Gegenwart wertloses und unbrauchbares Material mit sich. Darum geben sie im Grunde so wenig aus für das Verständnis der Religiosität ihrer eigenen Zeit, die wir aus ganz andern Quellen uns lebendig machen müssen (K. X). Und doch was hätten diese Apologeten uns von der religiösen Bewegung ihrer Zeit erzählen können, wenn nicht das Bildungsstreben und der Rationalismus ihnen das Prunken mit antiquarischem Materiale und das Ignorieren des Vordringens der orientalischen Religionen, die in der Apologetik erst seit der Mitte des III Jahrh. mehr Beachtung finden, geboten hätte! Die Polemik gegen den Fatalismus bildet ein festes Inventarstück der grösseren Apologieen[3]; aber er ist hier eine philosophische Lehre, die mit dialektischen Argumenten bekämpft wird, die wir besser aus der scharfsinnigen Schrift des Peripatetikers Alexander von Aphrodisias (II Jahrh. n. Chr.) kennen lernen[4]. Welche Gewalt der Schicksalsglaube in der Religiosität der Zeit besass (K. X), lässt uns nur der Syrer Tatian eben ahnen, wenn er von dem ungerechten Regimente der εἱμαρμένη, von der Befreiung der Christen von der tyrannischen Planetenherrschaft redet

[1]) S. Diels, Doxographi graeci, Berlin 1879. [2]) Schwartz, Hermes XXXVIII S. 92. [3]) Geffcken S. 244. 103. [4]) Supplementum Aristotelicum II 2 S. 164 ff., Berlin 1894. Geffcken S. 103. 244.

(K. 8 ff. 29). Aber die Apologetik hat es wesentlich abgesehen auf eine Auseinandersetzung mit der antiken Bildung. Den wahren Ertrag der griechischen Denk- und Kulturarbeit will es dem Christentum als neue reiche Gabe darbringen, ihn annektieren und umprägen und sein besseres Besitzrecht an der Philosophie behaupten, wie es längst an den heiligen Schriften der Juden geltend gemacht war. Die aus dem Osten vordringenden Religionen haben sich mit mancherlei Elementen der westlichen Kultur verschmolzen; aber das Christentum ist weit über sie hinausgegangen, indem es den Anspruch, die philosophische Wahrheit als seinen ursprünglichen Besitz mit Beschlag zu belegen, vom Judentum übernommen und konsequent durchgeführt hat.

Wie im Gedankengehalte ein langsames Steigen des Bildungsniveaus, so zeigt die Apologetik in den literarischen Formen die wachsende Annäherung an die antiken Muster, die sich auf keinem andern Gebiete des christlichen Schrifttums so vollständig verfolgen lässt. Die Entwickelung bewegt sich freilich nicht durchaus in gerader Linie, da die Fähigkeit der Gedankenführung und die formelle Kunst durch die individuelle Bildung stark bedingt ist; an oberflächlichen und in ihrer Bildung zurückgebliebenen Skribenten, die sich ohne jede Selbständigkeit in alten ausgetretenen Geleisen bewegen, hat es keinem Jahrhundert gefehlt. Aber im ganzen ist ein zunehmender Fortschritt von gedankenarmer Abhängigkeit von der Tradition und ungeschickter Entwickelung der Ideen zu freierer Bewegung, individueller Darstellung, Beherrschung der Form zu beobachten. Aristides stellt sich noch ebenso unselbständig und dürftig in den Ideen wie ungeschickt in der Form dar. Die Komposition im Grossen ist ganz schematisch, die Einführungs- und Schlussformeln der einzelnen Glieder sind von ermüdender Monotonie; an ganz unnötigen Wiederholungen fehlt es nicht. Und auch Justin zeigt, obgleich er sich schon mit grösserer Sicherheit und Freiheit auszusprechen weiss, ein starkes Unvermögen, den Stoff übersichtlich zu disponieren, einen Gedanken straff durchzuführen, eine bedenkliche Neigung zu Gedankensprüngen, Entgleisungen und Abschweifungen. Die Formgebung misslingt so oft, weil er den Stoff nicht völlig beherrscht und mit fremdem nicht innerlich verarbeitetem Gedankenmaterial operiert. Darum stechen die Partien, wo er aus eigener Erfahrung und voller Kenntnis von der christlichen Sittlichkeit und dem christlichen Gemeinschaftsleben redet, so vorteilhaft von ihrer Umgebung ab. Und dass der Dialog mit dem Juden Tryphon, dessen reizvolle Einleitung den Einfluss antiker Motive[1] verrät, wenn man von der durch die Sache gebotenen Ueberladung mit Bibelzitaten absieht, eine sehr viel glücklichere Komposition zeigt, liegt doch wesentlich daran, dass er hier sich in einer ihm vertrauteren Gedankenwelt bewegt. An ähnlichen Schwächen, der Unklarheit der jedem Augenblickseinfall nachgebenden Gedankenfolge, der völlig kritiklosen Benutzung trüber Traditionen, dem Prunken mit falsch oder halb verstandener Gelehrsamkeit leidet Tatian, und doch zeigt der Stil, der mit seiner unruhigen Bewegung und seinen zerrissenen kurzen Gliedern, Antithesen und pointierten Wendungen bald an die Diatribe, bald an das Raffinement der sophistischen Rhetorik erinnert, starke schriftstellerische Berechnung und die formale Schulung der zeitgenössischen Rhetorik; er straft die affektierte Verachtung der schönen Form, die er geflissentlich hervorhebt, lügen. Der Brief an Diognet zeigt die ganze Eleganz gefälligster, freilich auch an der Oberfläche der Probleme sich bewegender Rhetorik.

---

[1]) Helm S. 42.

Es hat einen eigenen Reiz zu sehen, wie auf diesem Gebiet der konventionellen Formen und traditionellen Stoffmassen, die vielen, die besser nicht zur Feder gegriffen hätten, die literarische Produktion erleichterten, doch allmählich sich literarische Persönlichkeiten mit individuellerer Haltung erheben. Die übernommenen Stoffmassen werden schärfer gesichtet und innerlich verarbeitet, Unbrauchbares wird beiseite gelegt, bessere Quellen gesucht, die lose aneinandergereihten Gedanken werden zu strafferer Einheit zusammengefasst. Schon Athenagoras bezeichnet einen Fortschritt. Und kann noch Clemens der Fülle der andrängenden Anschauungen nicht Herr werden und seinen Stoff nicht planmässig disponieren, so zeigt er doch die hoffnungsvollsten Ansätze zu einer freieren und reicheren Ausgestaltung der apologetischen Gedanken. Und so erstehen in Origenes und Eusebius[1] Individualitäten, die trotz mancher Schwächen ihrer literarischen Komposition durch das Mass ihres Wissens, die Herrschaft über die Form, die Sicherheit und das starke Bewusstsein ihres religiösen Besitzes den besten Vertretern der zeitgenössischen heidnischen Kultur sich durchaus gewachsen, ja überlegen zeigen.

Die römische Apologetik stellt sich von Anfang an, wenigstens dem schriftstellerischen Vermögen nach, sehr viel erfreulicher dar. Die anmutige Szenerie, das Geschick der dialogischen Einkleidung, die Fähigkeit der Charakterisierung, der in der Apologetik seltene und darum wohltuende Ton der Urbanität, die Eleganz der Stilformen und rhetorische Koncinnität der Glieder[2] lassen in Minucius Felix den in rhetorischer Schule gereiften und an besten Mustern gebildeten Autor erkennen. Die alten Motive erhalten hier individuelle Farbe und originelle Gestalt. Es zeugt von Kunstgefühl, dass auch der Gegner seinen Standpunkt wirkungsvoll und einnehmend entfaltet. Von skeptischen und epikureischen Zweifeln, die meist Ciceros Dialog De natura deorum entlehnt sind, ausgehend, erreicht Cäcilius' Rede die Höhe in der Entwickelung des von echtem Patriotismus eingegebenen Gedankens, dass die grosse Vergangenheit Roms und seine glorreiche Geschichte für die Macht der römischen Religion zeuge und dem guten Bürger die Pflicht auflege, den alten Glauben treu festzuhalten, um dann auf die den Christen vorgeworfenen Frevel und auf ihren Wahnglauben einzugehen. Die Widerlegung führt zuerst Gedanken der stoischen Theologie im Anschluss an Cicero gegen die philosophische Skepsis ins Feld, wirft sich dann mit ganzer Wucht und rücksichtsloser Energie auf den Nachweis, dass Rom nicht durch Frömmigkeit, sondern durch Ungerechtigkeit, Frevel, Bluttat gross geworden sei, um endlich den Widersinn der gegen die Christen gerichteten Verleumdungen aus der Höhe des Bewusstseins christlicher Sittlichkeit aufzuzeigen. Dann der stürmische Tertullian mit dem Raffinement seiner Dialektik, der bedeutenden Fähigkeit, alte Gedanken in prägnante Formen umzusetzen und ihnen eigene Prägung zu geben, mit neuen Wendungen und Pointen immer neue Wirkungen zu erzielen, mit der flackernden Unruhe des alten Diatribenstiles, ein sprachschöpferischer Geist, der aus den Tiefen der Volkssprache neue Kräfte zu schöpfen wusste. Es ist, als wenn die Römer den Kampf mit dem vollen Bewusstsein seiner politischen Tragweite und darum mit

[1]) Zu welcher Herrschaft über die antiken literarischen Formen, Methoden, Kunstmittel Eusebius vorgeschritten ist, zeigt für die Kirchengeschichte Schwartz' Abhandlung über deren Oekonomie in Bd. II seiner Ausgabe. [2]) Norden, De Minucii Felicis aetate et genere dicendi, Greifswald 1897. — Norden und Geffcken treten für die Priorität des Minucius vor Tertullian ein, anders Kroll, Rhein. Mus. LX S. 307 ff.

einer packenden Leidenschaft führten, welche die griechischen Apologeten klein und schwächlich erscheinen lässt. „Drei Namen, wie Tertullian, Laktanz, Augustin wiegen alle hellenischen Apologeten auf, so bedeutend Eusebius, namentlich als Gelehrter bleibt" (Geffcken S. 277).

Es ist nicht leicht, zu einer unbefangenen Beurteilung der Apologeten zu gelangen. Von der Ueberschätzung ist man ja glücklich losgekommen und hat sich meist entwöhnt, ohne Einschränkung von den tiefen Studien und der umfassenden Gelehrsamkeit, von der originalen Philosophie und dem Gedankenreichtum der Apologeten bewundernd zu reden. Eine treue und unverfälschte Wiedergabe des Christenglaubens kann den Männern nicht zugeschrieben werden, die ihn in die Formen der griechischen Philosophie fassen, mit ihren Ideen bereichern und nach ihren Fragstellungen in der Richtung der Metaphysik zu erweitern beginnen; was freilich nicht im geringsten ausschliesst, dass sie sich mit dem Gemeindeglauben eins gewusst haben. Legt man an sie den Massstab des Urchristentums, so bezeichnen sie zweifellos eine Verarmung und Entleerung des spezifisch christlichen Geistes, eine Verkümmerung seiner stärksten Motive, ein Sinken des religiösen Niveaus, „eine Beraubung durch die Philosophie". Freilich kann diese Herabstimmung des christlichen Geisteslebens und die Ermattung seiner ursprünglichen Triebkräfte nach den ersten Zeiten seiner originalen Entfaltung mit ihren tiefen Erregungen und Spannungen und mit der reichen Entwickelung des religiösen Innenlebens fast wie eine Notwendigkeit erscheinen, und dies Nachlassen der Kräfte ist ja überhaupt für das nachapostolische Christentum charakteristisch. In eine neue Welt verpflanzt, andern Lebensverhältnissen und Kulturbedingungen gegenübergestellt, in die Sprache und die Vorstellungswelt der griechisch-römischen Menschheit eingehend, vom religiösen Niveau auf das verstandesmässiger Reflexion übertragen, musste der neue Glaube viel von seinem ursprünglichen Charakter und von seinem originalen Gehalt einbüssen.

Die neuen Aufgaben, die mit der Propaganda des Evangeliums in der heidnischen Welt gegeben waren, fassen die Apologeten, äusserlich betrachtet, im weitesten Sinne. Sie wollen das Facit der antiken Kulturentwickelung ziehen, das gesamte geistige Erbe der Vergangenheit überschauen und entscheiden, was das Christentum sich zu eigen machen, was es ablehnen soll. Dass sie sich das Ziel so hoch zu stecken wagen, hängt damit zusammen, dass sie sich der Schwierigkeiten der Aufgabe und des eigenen Unvermögens nicht bewusst sind. Ihre Sachkenntnis ist zu gering, als dass sie des richterlichen Amtes gerecht walten könnte. Und ihre Stellung zur antiken Kultur ist widerspruchsvoll: Auf der einen Seite treibt sie der Kampfeseifer, die Gegensätze zu suchen und scharf zu accentuieren, die Schatten geflissentlich hervorzukehren, eine dunkle Folie für den strahlenden Glanz des Christentums zu schaffen und auch schlechte Mittel zu dem Zwecke nicht zu verschmähen; auf der andern Seite sind ihnen oft die tiefsten Gegensätze (S. 131 ff.) verhüllt und verschleiert, weil sie das Evangelium schon in Vorstellungsformen und Begriffe der Zeitbildung aufgenommen und damit verschmolzen haben. Sie wollen für den neuen Glauben gegen die alte Welt streiten, und in Wahrheit setzen sie zum Teil den Kampf geistiger Strömungen, die sich schon in der antiken Welt befehdet haben, nur um einige neue Streitpunkte und Kampfmittel bereichert, fort.

Aber um gerecht zu sein, dürfen wir nicht vergessen, dass die Unbefangenheit und Sachlichkeit des Urteils, die der leidenschaftslose Richter aus grösserem zeitlichen Abstande zu finden vermag, von dem in der Hitze des Kampfes und im lebendigen Strome der Entwickelung Begriffenen nicht zu erwarten ist. Und die Schwächen und Einseitigkeiten der älteren Apologetik werden begreiflich, wenn wir sie mit dem Maße der Kultur ihrer Zeit messen. Die Apologeten haben im besten Falle die Durchschnittsbildung ihrer Zeit, und diese Zeit hat keine lebenskräftige Kultur und kein tiefes und reiches Geistesleben mehr (S. 32 ff.). Das einseitige Streben nach formaler Bildung hat den wissenschaftlichen Sinn verkümmern lassen. Man bezieht allgemein sein Wissen aus Kompilationen und dürftigen Kompendien. Man liest die Klassiker zwar, aber man liest sie wesentlich als Stilmuster. Man sucht im Gefühl der eigenen Schwäche und des Epigonentums seine Ideale in der Vergangenheit, man bereichert sich aus ihr mit romantischen Stimmungen, aber man bringt es so doch nur zu einer gemachten und künstlichen Kultur, die sich an der Oberfläche bewegt und des inneren Lebens entbehrt; und es fehlt ganz an dem verfeinerten historischen und psychologischen Sinne, um die Kräfte des früheren geistigen Lebens verstehen und tiefer ergreifen zu können. So wird die nach rückwärts gekehrte, dem Leben abgewandte Betrachtung zu einer drückenden Last für ein Geschlecht, das den stärksten Glauben an die Autorität des Alten hat und überzeugt ist, dass alle geistige Arbeit längst getan, Wissen die Summe früher gefundener Wahrheiten, Bildung Aneignung fremder Gedanken ist. Der Einfluss der Popularphilosophie und auch der Rhetorik ihrer Zeit auf die Apologeten ist schon in einzelnen Punkten hervorgehoben worden; sie sind aber überhaupt nur aus der Bildungssphäre ihres Zeitalters zu begreifen. Aus ihr erklären sich zum guten Teil die Schwächen der älteren Apologeten, die Dürftigkeit ihrer historischen Kenntnisse, die kritiklose Benutzung abgeleiteter Quellen, die archaisierende und antiquarische Richtung, der Eklektizismus, durch dessen trübes Medium sie die Geschichte der Philosophie sehen, der Charakter des Unfreien und Angelernten, des Fragmentarischen und Unausgeglichenen, der ihrer Schriftstellerei anhaftet, die Bücherluft, welche die meisten atmen. Es sind Fehler, die sie mit ihrer Zeit teilen, einer Zeit, die arm ist an geistiger Produktion und an literarischen Individualitäten.

Man muss, um das rechte Augenmass für die Schätzung der Apologeten zu gewinnen, das Ziel ins Auge fassen, das die von ihnen eingeleitete Entwickelung erreicht hat. Sie inaugurieren den weltgeschichtlichen Prozess, in dem das Evangelium unter dem Einflusse der griechischen Philosophie sich umgestaltet zu einer umfassenden philosophischen Weltanschauung, die als festgeschlossenes Ganzes den Kampf mit dem Hellenismus bestehen und ihn überwinden konnte, indem es seine besten Kräfte und Gedanken sich aneignete. Mag man die starke Einbusse spontanen religiösen Lebens, die dieser Prozess für die Individuen bedeutet, bedauern, man muss ihn als eine Notwendigkeit begreifen und den Segen, den er durch die Bewahrung des Erbes antiker Kultur und der Kontinuität des geistigen Lebens gebracht hat, anerkennen. In den schwachen Anfängen der Apologetik schon wird der nicht nur Verkürzung und Verkehrung des Christentums, sondern zugleich die hoffnungsvollen Keime zu einer neuen Entwickelung erkennen, der den Massstab hernimmt von den Höhen, die der Prozess in Origenes und Augustin erreicht. Man mag zweifeln, ob in ihren Systemen heidnische Metaphysik oder das Evangelium überwiegt, aber man wird sie für die Kulturgeschichte der Menschheit so wenig missen mögen, wie ihre Rivalen, die Neuplatoniker. Die Notwendigkeit und den Gewinn dieser Entwickelung kann auch der anerkennen, der unsere Zeit dazu für reif hält, den von jeder Hellenisierung oder Modernisierung befreiten urchristlichen Gedanken und Motiven Verständnis und Empfänglichkeit entgegenzubringen.

X

SYNKRETISMUS UND GNOSTIZISMUS

DE FAYE, Introduction à l'étude du gnosticisme, Bd. XLV. XLVI der Revue de l'histoire des religions (auch besonders erschienen Paris 1903), gibt eine vorzügliche Einführung in die Probleme. PFLEIDERERS Darstellung Bd. II hat ein besonderes Verdienst durch die Berücksichtigung der apokryphen Apostelgeschichten. — ANZ, Zur Frage nach dem Ursprung des Gnostizismus, Texte und Unt., her. von Gebhardt und Harnack, XV 4, hat in der Lehre von der Himmelfahrt den Mittelpunkt vieler Systeme erkannt und ihre Grundformen dargelegt. — BOUSSET, Die Himmelsreise der Seele, Archiv für Religionswiss. IV S. 136 169. 229—273. — Eine bequeme Uebersicht über das ganze Material gibt HILGENFELD, Die Ketzergeschichte des Urchristentums, Leipzig 1884.

So reich im einzelnen der Ertrag der neueren Arbeiten über den Gnostizismus ist, so lassen doch auf diesem Gebiete die religionsgeschichtlichen Forschungen in noch grösserem Masse als die das Quellenverhältnis der antihäretischen Schriften behandelnden Untersuchungen leicht das Gefühl aufkommen, als wenn die Hypothesen sich gegenseitig widerlegten und aufhöben, als wenn trotz aller Bemühungen ein sicherer Ertrag der Erkenntnis in den prinzipiellen Fragen überhaupt nicht zu verzeichnen wäre. Durch zwei Einseitigkeiten, die zu überwinden erst der Anfang gemacht ist, haben die neueren religionsgeschichtlichen Forschungen diesen ungünstigen Eindruck selbst verschuldet. Unter der Nachwirkung der Tatsache, dass die kirchliche Polemik eine Fülle religiöser Gebilde als gleichartig zusammengefasst, alle willkürlich mit dem Namen Gnosis belegt und mit wachsender Leidenschaft als Entstellungen christlicher Lehre, als antichristlich und antikirchlich bekämpft hat, war man daran gewöhnt worden, alle diese mannigfaltigen Erscheinungen als eine im letzten Grunde einheitliche Grösse anzusehen. Man fragte nach dem Ursprunge der ganzen Bewegung, und man meinte einen gemeinsamen Ausgangspunkt finden zu können. Die Frage nach der Entstehung der Gnosis wurde sehr verschieden beantwortet: Orphismus, babylonische Religion, Parsismus, Buddhismus, ägyptische Religion, gnostisches Judentum oder Philonismus erschienen in buntem Wechsel als der Zauberstab, mit dem man alle Türen meinte öffnen zu können. Andere glaubten an der Hand der traditionellen Successionsreihen, die doch zum Teil ebenso willkürlich konstruiert sind wie oft die antiken διαδοχαί der Philosophenschulen, die wahren Grundlinien der geschichtlichen Entwicklung begreifen zu können. Dann haben für Hippolyt wenigstens Salmon-Stähelin versucht, das tiefer liegende religionsgeschichtliche Problem in ein rein literarhistorisches zu verwandeln. Sie meinten, von dem richtigen Eindruck der weitgehenden Verwandtschaft mancher in Hippolyts Elenchos behandelter Systeme in Grundgedanken, Motivierung, Exemplifizierung ausgehend, die Einheit auf die literarische Mache eines Fälschers zurückführen zu können, welcher der vielköpfigen Hydra der Gnosis noch einige neue Häupter hinzugefügt, mit den Produkten seiner Phantasie Hippolyt düpiert und ihm ein willkommenes Mittel gegeben hätte, die Häresien vollends zu diskreditieren.

Das allen diesen Versuchen zugrunde liegende Gefühl einer gewissen Einheit und eines inneren Zusammenhanges der diese sehr komplexen Bildungen beherrschenden Grundmotive war nicht unberechtigt, so bedenklich die Art war, wie vielfach die Differenzen übersehen und die verschiedenartigen Erscheinungen unter einheitliche Formeln gezwungen wurden. Dass man den geschichtlichen Grund der Gleichartigkeit nicht finden konnte, lag an einer zweiten Einseitigkeit, an der Isolierung dieses Forschungsgebietes von der allgemeinen hellenistisch-römischen Religionsgeschichte. Den Einfluss des heidnischen Synkretismus auf die Gnosis verkannte man nicht; aber die Vorstellungen, die man von ihm mitbrachte, waren noch so vage, dass sie die Forschung nicht ernstlich fördern konnten.

Der „Gnostizismus" ist nach seinen heidnischen Elementen eine Teilerscheinung des mit Alexander und für die orientalischen Religionen schon früher beginnenden religionsgeschichtlichen Prozesses, dessen Wesen man mit den Schlagwörtern bezeichnen kann: Entwurzelung und nationale Entschränkung der Religionen, Austausch und Annäherung, Hellenisierung des Orientalischen, Vergeistigung durch spekulative Umdeutungen, Vertiefung durch die Bedürfnisse des besonders in den orientalischen Kulten gepflegten religiösen Individualismus. Das Gemeinsame der „gnostischen"[1] Religionsbildungen ist, dass das Christentum in die vom Osten mächtig vordringenden Tendenzen der Ausgleichung und Verschmelzung der Religionen hineingezogen wird. Dass der Einfluss, den das Christentum ausübt, und der Anteil, den es beisteuert, in den einzelnen Erscheinungen, die man unter dem Namen Gnosis umfasst, ein sehr verschiedener ist, dass er alle Stufen von zentraler Beherrschung bis zur peripherischen Stellung und zufälligem Accidens durchläuft, wird später an Beispielen gezeigt werden. Das gnostische Quellenmaterial hat auch für den Religionshistoriker des Hellenismus exemplarische Bedeutung, weil er hier für drei Jahrhunderte die treibenden Kräfte der allgemeinen religiösen Bewegung in den Niederungen der volkstümlichen Propaganda wie auf den Höhen der Spekulation, in der Unmittelbarkeit ihrer Wirkungen und in dem Reichtum ihrer Produktionen an Originalquellen studieren und in einer Art beobachten kann, wie es sonst nur die religiösen Papyri[2] ermöglichen, nicht die überwiegend die Höhenlagen darstellende Literatur.

Die den Gnostizismus beherrschenden Tendenzen und Hauptströmungen offenbaren sich schon in der früheren hellenistisch-römischen Entwicklung. Für die ägyptische Religion haben wir verhältnismässig reiches Material[3], um den Prozess der hellenisierenden Umbildung, Sublimierung, spekulativen Vergeistigung übersehen zu können, von Manetho und Hekataios, Apion und Chairemon Bruchstücke oder reichliche Exzerpte, dann Plutarchs theologische Schriften und Horapollos Werk; wir hören von manchen Schriften, die bestätigen, wie lebhaft das Interesse an der ägyptischen Religion, wie mannigfach die Versuche waren, eine Annäherung an die griechische auf philosophischer Grundlage herbeizuführen. Diese Literatur ist zum Teil eine Begleiterscheinung der Propaganda der Kulte, und wir beobachten von Plutarch bis zu den Neuplatonikern, wie die Schätzung auch der für den gebildeten

---

[1]) Man mag den engeren Begriff Gnosis aus praktischen Rücksichten festhalten, wenn man sich nur bewusst ist, dass man nach der Verwandtschaft der Methoden und Ziele mit gleichem Rechte von heidnischer Gnosis z. B. in chaldäischen Orakeln und hermetischen, plutarchischen und neuplatonischen Schriften reden darf. [2]) Nur sie gewähren sonst, abgesehen von gelegentlichen Zeugnissen der Schriftsteller, einen Einblick in die reiche volkstümliche und darum schnell vergängliche Literatur auf diesem Gebiete. Denn ausser den Massen der zufällig erhaltenen ägyptischen Papyri hat uns die literarische Tradition ja fast nur Schriften erhalten, die der Stil geadelt zu haben schien. — Ueber Gnostisches in den Papyri s. Dieterich, Jahrb. Suppl. XVI S. 764 ff. und Abraxas. [3]) Vgl. Otto a. a. O. II S. 215 ff., o. S. 15. 68 ff. und besonders Reitzensteins Poimandres.

Geschmack überwundenen und absurden Religionsformen, Gebräuche, Symbole zusehends wächst. Wir wissen, dass auch ägyptische Priester an dieser hellenisierenden Umgestaltung ihrer Religion nicht unbeteiligt gewesen sind, die sie ja schon vor der hellenistischen Zeit durch theologische Spekulationen vorbereitet und erleichtert hatten. Die spekulative Zersetzung der Religionen ist der Boden und die Voraussetzung für die durch Steigerung des religiösen -Lebens veranlassten Neubildungen der christlichen Zeit.

Auch die phrygische Religion und die des Mithras ist in hellenistischen Schriften behandelt worden. Für die syrische Religion haben wir die Schrift eines zwar ungläubigen, aber doch scharfen Beobachters (Lucian De dea Syria). Die orientalischen Religionen treten uns bei ihrer Propaganda im römischen Reich in stark umgewandelter Gestalt entgegen, und zu dieser Umbildung haben Anpassung an verwandte Kulte, Uebernahme griechischer Formen, theologische Spekulation mitgewirkt. Die Götter gewinnen eine weitere kosmische Deutung und einen universalen Zug. Die angesehensten und in ihrer Propaganda siegreichsten Götter absorbieren stamm- oder wesensverwandte Gestalten oder ordnen sie sich als Begleiter unter[1]; Mischgestalten werden durch Kombination geschaffen, kosmologische und theologische Spekulationen heften sich an die Kulte und bilden die Religion zu einer Art Weltanschauung um. Die ägyptische Religion zeigt sich besonders bildsam und fähig, Vehikel aller möglichen philosophischen Ideen zu werden. Die vom Osten vordringende Astrologie, von Anfang an schon Produkt des orientalischen Synkretismus, tritt zugleich als Religion und als Weltanschauung auf und passt sich die heterogensten Elemente an. Aber selbst die syrischen Baale treten uns bei ihrem Vordringen nach dem Westen in ganz neuer Geltung als Sonnengötter entgegen; auch hier wird der theologischen Arbeit die Erweiterung ihres einst sehr beschränkten Bereiches zu umfassender kosmischer Bedeutung zu verdanken sein[2].

Das Christentum hat sich am frühesten und intensivsten in Syrien, Kleinasien, Aegypten verbreitet, den Ländern, die durch ihren besonderen Wohlstand und ihre hohe Blüte in den ersten Jahrhunderten der Kaiserzeit in hervorragendem Masse die materielle Kultur und den Bildungsstand des Reiches bestimmt haben. An fremdartigen Einflüssen auf das Christentum[3] und mannigfachen Ausprägungen desselben hat es schon auf diesem Boden nicht gefehlt, wie wir Einwirkungen der Art S. 107 sogar auf versprengten Posten des Judentums kennen gelernt haben. Die bedenkliche Spaltung und Mannigfaltigkeit der Gemeinschaften, die sich christlich nannten, ist durch die straffe Kirchenorganisation erst seit dem II Jahrh. allmählich beseitigt worden. Im phrygischen Montanismus sehen wir die Erscheinungen der ekstatischen Religion, die in diesem Lande epidemisch waren, in christlicher Form wieder lebendig werden. Der christliche Charakter der Aberkiosinschrift lässt m. E. sich nicht bestreiten, aber das Christentum der Grosskirche ist es nicht, zu dem die Gemeinde des hierapolitanischen Bischofs sich bekannt hat.

Das Christentum dringt auf denselben Wegen und in denselben Jahrhunderten nach dem Westen vor, in denen die orientalischen Religionen ihre grossen Eroberungen machen. Auch diese bedienen sich der κοινή als des Organes ihrer Propaganda[4]. Auch sie sind in einem Hellenisierungsprozesse

---

[1]) Beispiele bei Cumont S. 75 ff. [2]) Cumont S. 145 ff., vgl. Lidzbarski, Balsamem, Ephemeris für semitische Epigraphik I S. 243 ff., und über die Mischung der Kulte in Syrien überhaupt Schürer II S. 21 ff. [3]) Ueber Kleinasien s. Harnack, Mission II S. 155 ff. [4]) Aber sie mischen, um sich den Nimbus des Heiligen und Unverstandenen zu geben, Wörter der ursprünglichen Kultsprache

begriffen, wie ihn ähnlich das Christentum durchzumachen gehabt hat. Sie sind beherrscht von verwandten Motiven: Streben nach Reinheit und Erlösung, rigoroser Askese, Seligkeitshoffnung, Verlangen nach neuen Offenbarungen und Mysterien. Kein Wunder, dass diese Kulte vielfach geneigt waren, mit der neuen Religion als einem mächtigen Bundesgenossen sich zu vereinen, wie sie sich mit einander vielfach verschmolzen, und sie in den Strudel der allgemeinen Religionsmischung zu ziehen. Liess sich nicht auch der Stoff der christlichen Religion durch typologische und symbolistische Betrachtung den allgemeinen Ideen der Erlösungsreligionen dienstbar machen? Liess sich nicht Jesu Leben so gut wie das des Osiris, des Attis, des Mithras als eins der Bilder des leidenden, sterbenden, wieder auflebenden Gottes darstellen, ein typisches Vorbild des qualvollen Leidens und Ringens, das sich Menschenlos und Menschenschicksal nennt, eine Versicherung zugleich des Glaubens an die Seligkeit der Erlösung? Wie lockend und rührend erklingt selbst Celsus' und Porphyrios' Ruf an die Christen, in ihr Lager überzugehen; sie wussten nicht, dass ihre sarkastische Kritik der heiligen Schriften jede Verständigung ausschloss. Am Manichäismus haben wir ein sicheres Beispiel aus späterer Zeit, wie eine orientalische Religion bei ihren Vorstössen nach dem Westen nicht nur andere synkretistische und gnostische Bildungen absorbierte, sondern auch sich zum Zwecke der Propaganda zusehends christianisierte [2].

Der Anstoss zu den gnostischen Bildungen ist ausgegangen von der religiösen Invasion des orientalisch-hellenistischen Synkretismus. Wie die Sektiererei sich stets mit Vorliebe einen religiös fruchtbaren Boden zur Bestellung wählt, so hat jene Bewegung sich mit besonderer Macht auf die christlichen Gemeinden gestürzt [3]. Schicksale und Geschichte der orientalischen und der gnostischen Kulte laufen vielfach parallel und bezeugen den engen Zusammenhang beider Erscheinungen: In beiden dieselbe unendliche Verzweigung des Konventikelwesens, dieselbe Triebkraft zu immer neuen Bildungen, dieselbe Vorliebe für religiös dramatische Schaustellungen. In beiden dieselbe starke Spannung der Kontraste, die wir auch im kirchlichen Christentum sich verstärken sahen: Das dualistische Weltbild, Geist und Sinnlichkeit, rigorose Askese und lasziver Libertinismus oft aus einer Wurzel hervorspriessend. In beiden die Unterwerfung des religiösen Stoffes unter Ideen, die spekulative Auflösung des Historischen. Die Abhängigkeit von den Zeitströmungen lässt in beiden Kreisen den Platonismus eine wachsende Macht gewinnen, lässt aber zugleich — was nur ein scheinbarer Widerspruch ist; denn der Platonismus selbst macht die gleiche Entwicklung durch — antiquierte und absurde Gebräuche, rohe Zeremonien, grotesken

ein (Dieterich, Mithrasliturgie S. 39, Helm S. 25). Auch dafür fehlt es nicht an urchristlichen Parallelen, z. B. Abba, Maran Atha. [1]) In den Zauberpapyri, den chaldäischen Orakeln, bei Numenius und Porphyrius beobachten wir auch Aufnahme jüdischer Elemente. [2]) Ueber die Möglichkeit, dass auch die Apostel des Mithras gelegentlich Anleihen beim Christentum gemacht haben, s. Harnack, Mission II S. 273. Auch Dieterich, Mithrasliturgie S. 68[2] weist sie nicht ab. Er selbst bemerkt S. 59[1], dass in dem von ihm behandelten Text S. 4, 4 die Bildung des Menschen ὑπὸ βραχίονος ἐντίμου καὶ δεξιᾶς ans Alte Testament anklingt 4, 20 ὑπὸ κράτους μεγαλοδυνάμου καὶ δεξιᾶς χειρός und 8, 18 κλεῖθρα τοῦ οὐρανοῦ vgl. die Parallelen in Hatch-Redpath, Konkordanz zur LXX S. 784. 767 (anderes in Cumonts grossem Mithraswerk I S. 41[1]). Die Kindheitsgeschichte des Mithras ist vielleicht nach der Jesu gestaltet: Cumont a. a. O. I S. 311. [3]) Vgl. Harnack, Mission II S. 263.

Aberglauben und Beschwörung, Moder und Schutt alter Vergangenheit in immer breiteren Massen aufkommen. Auf beiden Seiten Religionen, die sich in mehreren Stockwerken erheben, wie sich auch schliesslich das kirchliche Christentum, nur in edleren Formen, darstellt; den Gebildeten reicht man die feinere Speise der Spekulation, dem Pöbel das tägliche Brot des Aberglaubens. Beide nach dem Westen und vor allem nach Rom stürmisch vordrängenden Bewegungen erlangen im III Jahrh. die weiteste Verbreitung und Verzweigung. Die Kirche bezwingt zuerst den in ihre Mauern eingedrungenen Feind und gewinnt dann den Sieg über ihre orientalischen Konkurrenten.

Die Erscheinungsformen des Gnostizismus sind ebenso mannigfaltig wie die des religiösen Lebens der Zeit überhaupt. Ist die Bewegung von aussen in die Christenheit hineingetragen, so sind doch die Mischungsverhältnisse, in denen Christliches und Heidnisches sich verbunden haben, sehr verschieden. Wir haben Gebilde, in denen das Christliche nur wie ein zufälliger Einschlag erscheint und vielleicht wirklich eine spätere Zutat ist. Wir haben andere Formen, wo die christlichen Motive, Stimmungen, Gedanken überwiegen, der heidnische Einfluss sich nur in der Formensprache und in Uebernahme unwesentlicher Elemente verrät. Dort mag der Heide einige christliche Reiser auf heidnischen Stamm gepfropft haben; hier mag ein kirchlicher Christ, der sich durch die Reize einer orientalischen Mysterienlehre hatte fangen lassen, sein Christentum mit einigen fremden Elementen versetzt haben. Es überwiegen in unseren kirchlichen Quellen begreiflicherweise die Systeme, in denen die christliche Lehre als der innere Kern erscheint, um den sich die heidnischen Schalen angesetzt haben. Die Tatsache, dass die Ketzerbestreiter ihr Interesse wesentlich auf die christlichen oder christlich infizierten Konventikel richteten, verschleiert uns wahrscheinlich die Erkenntnis, wie viele rein oder überwiegend heidnische Konventikel der Art es gegeben hat. Die Grenzen der „gnostischen“ Gemeinden nach der Richtung der orientalischen Kultvereine sind gewiss ebenso fliessend und unbestimmt gewesen wie die nach der Grosskirche hin. Um die ganze Gefahr, mit welcher der Gnostizismus die Kirche bedrohte, zu begreifen, muss man sich nicht nur die Tatsache vergegenwärtigen, dass die Kirche erst im Kampfe mit dieser flutenden Bewegung erstarkt ist und ihre straffe Organisation, den Kanon, das Bekenntnis geschaffen und als sichere Grenzmarken ihres Bestandes festgestellt hat; man muss sich auch klar machen, welchen starken Rückhalt, welche Quellen beständiger Erneuerung die gnostische Bewegung an der orientalischen Propaganda hatte, der sie ihre Entstehung verdankt.

Die Forschung ist noch weit entfernt, auf diesem Gebiete die letzten Früchte der Erkenntnis pflücken zu können. Zunächst ist sogar Verzicht auf das letzte und höchste Ziel geboten und vor allem die dringende Aufgabe der sorgfältigen Analyse der einzelnen Gebilde in ihre besonderen Elemente in Angriff zu nehmen. Berufen zu solcher Arbeit ist nur, wer die religiöse und philosophische Entwicklung der hellenistischen Zeit übersieht und die älteren Quellen der orientalischen Religionen zu benutzen weiss. Hier möchte ich nur an der Analyse einzelner gnostischer Gebilde und der Geschichte einiger Ideenkomplexe das Bild der ganzen Entwickelung, wie ich es in grossen Zügen zu zeichnen gewagt habe, zu bestätigen suchen und vor allem den weitgehenden Parallelismus und engen Zusammenhang rein heidnischer und „gnostischer“ Religionsbildungen erläutern.

Die Lehre vom Aufstieg der Seele zum Himmel ist besonders geeignet, um den Synkretismus, wie er sich in den verschiedensten Mischungen der Völkervorstellungen, religiöser und philosophischer Traditionen darstellt, anschaulich zu machen. Weit verbreitet ist in dieser Zeit die Lehre, dass die Seele vom Himmel niedersteigend die Eigenschaften der Planetensphären, durch die sie hindurchgeht, annimmt, um schliesslich ins leibliche Dasein einzugehen. Nach dem Tode hat sie die Himmelsreise in umgekehrter Richtung zurückzulegen, um auf den einzelnen Stationen die Bedingungen des irdischen Daseins abzulegen und gereinigt in ihre ursprüngliche Heimat, in das Reich des Lichtes zurückzukehren. Der Kreis dieser Vorstellungen weist nach dem Orient, besonders auf den Einfluss babylonischer Astralreligion, die dem Westen längst auf mancherlei Wegen vermittelt war, auf griechischem Sprachgebiet mit den verwandten Vorstellungen anderer Völker und philosophischen Ideen vielfach verschmolzen[1], in der Verbindung mit dem Parsismus auch durch die Mithrasreligion verbreitet war[2]. Das orientalische Bild der Seelenreise ist so schon in vorchristlicher Zeit in griechisches Glauben und Denken übergegangen. Poseidonios, der in seiner Theologie östliche Einflüsse, besonders von der Astrologie erfahren hat, scheint diese orientalischen Vorstellungen gekannt und mit den platonischen Lehren von den Schicksalen der Seele verbunden zu haben[3]. Für die nachchristliche Zeit sind dann die Zeugnisse sehr zahlreich. In den chaldäischen

[1]) S. Dieterich, Mithrasliturgie S. 180 ff. Helm S. 102. [2]) Cumont S. 152. 192. 292 ff. 309 (auch Archiv für Religionswiss. IX S. 328 ff.). [3]) Ich glaube mit Cumont, dass Berührungen der von Poseidonios abhängigen Autoren mit sicher vom Orient beeinflussten, besonders jüdischen (s. Bousset) Quellen nötigen, dem Pos. solche Mittelstellung zuzuschreiben. Von der Annahme orientalischer Beeinflussung des Pos. aus modifiziert sich dann auch Dieterichs Auffassung des Weltbildes der Mithrasliturgie. — Poseidonios starker Einfluss hat dann den Aufbau der späteren Systeme bestimmt. Gewisse Grundlinien des metaphysischen Gebäudes kehren seit Poseidonios in den wichtigsten Systemen konstant wieder: Die Stufenfolge der Sphären und Elemente vom reinsten Aether, dem Sitz des höchsten Gottes, herab bis zur Erde; die entsprechende Rangfolge der Geister (Gestirngeister, Heroen, Dämonen, Engel), die in wachsender Entfernung vom höchsten Gott bis zur irdischen Welt herabreichen; Fall, Läuterung, Erhebung zum Lichtreich als die Stadien der Seelengeschichte (mit der Betrachtung des Abstieges der Seele als Materialisierung, der Materie und des Fleisches als etwas Unreinem, der Seele ursprünglich Fremden ist die asketische Ethik gegeben); die Abhängigkeit der Seele von guten und bösen Geistern. Wir finden diesen Grundriss wie bei Poseidonios so auch bei Philo (S. 117), bei Neuplatonikern wie bei Origenes (Harnack, Dogmengeschichte I³ S. 587) und Eusebius (s. z. B. Tricennatsrede c. 1. 2 p. 196 ff. Heikel, Theophanie I 36 p. 54 Gressmann), bei Proklos und Synesios (vgl. die Parallelen, die Wilamowitz, Sitzungsber. der Akad. zu Berlin 1907 S. 272 ff. zieht), aber auch ähnlich in den chaldäischen Orakeln und bei Hermes (S. 89 Parthey). — Wie christlich muss dem, der den Ursprung der christlichen Vorstellungen nicht kennt, Senecas Trostschrift an Marcia c. 25 klingen: Die sterblichen Reste ihres Sohnes, die im Grabe ruhen, sind ihm im Grunde so fremd wie das Kleid dem Leibe. Er selbst ist der Erde entflohen und hat, in der Luft gereinigt (*expurgatur*, über den heidnischen Ursprung des Purgatorium s. Norden zur Aeneis S. 25 ff.), sich zum Lichtreich erhoben. Dort weilt er unter den Seligen, in der Gemeinschaft mit den ihm voraufgegangenen Lieben und blickt von der oberen Welt auf die Seinen herab. Vgl. Rohdes Psyche II S. 320, o. S. 84. Der Einfluss des Poseidonios auf die Stelle des Seneca ist nachgewiesen. Die christlichen Theologen haben Mühe gehabt, so vergeistigten Vorstellungen gegenüber den Auferstehungsglauben plausibel zu machen, und die sublimeren griechischen Formen haben auch in der Kirche neben den gröberen jüdischen sich behauptet.

Orakeln (S. 99) ist die Menschenseele ein Teil des göttlichen νοῦς, beim Abstiege vom Aether wird sie mit der Leiblichkeit umkleidet, in die Knechtschaft des Körpers verstrickt. Davon befreit erstrebt sie die Rückkehr zur Gottheit, die gute Dämonen (oder Engel) zu fördern, böse zu hindern suchen[1]. Im späteren griechischen Volksglauben werden diese bösen Geister τελῶναι (Zöllner) oder τελώνια genannt, wohl weil sie dem Menschen den Weg versperren und ihm einen Tribut abfordern[2]. Die Mischung orientalischer und griechischer Anschauungen erschwert auf diesem Gebiete oft die Aufgabe, sicher den Ursprung der einzelnen Vorstellungen oder ihrer Elemente zu bestimmen, und es war vorschnell, wenn Anz in seiner sehr verdienstlichen Arbeit meinte, dass mit der Zurückführung des Kernes dieses Vorstellungskreises auf die babylonische Religion diese auch als der eigentliche Ausgangspunkt der gnostischen Bewegung erwiesen sei.

Betrachten wir nun die Ausgestaltung, welche die Himmelswanderung der Seele in den synkretistischen Religionsgebilden gefunden hat. Celsus berichtet uns von Mysterien des Mithras, in denen Planetensphären und Fixsternhimmel als κλῖμαξ ἑπτάπυλος[3] mit einem Tore darüber dargestellt seien und vom Durchgang der Seele durch sie gehandelt werde. Nach babylonischer Tradition waren hier den Planeten verschiedene Farben zugeteilt. Der Durchgang durch die Tore war unzweifelhaft so ausgemalt, dass die Seele an jedem die dem Planeten entsprechende Eigenschaft beim Abstiege annahm und beim Aufstiege ablegte[4].

Wir wissen, dass der Neuplatonismus auch die Mithrasreligion als Illustration seiner Lehre benutzt hat, und begreifen es, dass Porphyrios das Bild der Himmelsreise der Seele in mehreren Anklängen als bekannt voraussetzt. Er redet vom Durchgang durch die sieben Sphären als Eingang ins Leben und lässt die Seele auf diesem Wege die körperlichen Eigen-

[1]) Kroll, De oraculis Chaldaicis S. 50 ff. Ihre Verwandtschaft mit dem Gnostizismus hebt Kroll S. 68 ff. und Rhein. Mus. L S. 639 hervor. [2]) Kroll, Rhein. Mus. L S. 637. 638, andere Beispiele in den Thomasakten p. 257, 11. 281, 10 Bonnet. Die Bezeichnung wird nicht aus dem Volkshass, der die Zöllner zu bösen Geistern macht, sondern daraus zu erklären sein, dass die Astralgeister, den Zöllnern gleich, den Weg sperren und ihren Tribut fordern. So ist auch in einem babylonischen Texte vom „Vogt der leidvollen Strasse" die Rede (Anz S. 86). Ueber den Kampf guter und böser Geister um die Seele vgl. Norden zur Aeneis S. 7[3]. [3]) Vgl. Reitzenstein, Poimandres S. 9. 10, zum Ganzen Anz S. 79 ff. [4]) Darum hebt Celsus bei Origenes Gegen Cels. VI 22 (s. Cumonts grosses Mithraswerk II S. 30. 31 und die Erklärung I S. 38. 117 ff.) zum Teil die Charaktereigenschaften der einzelnen Planeten hervor. Er berührt sich dabei mit einem Scholion des Servius zu Vergils Aeneis VI 714, das mit andern aus platonisierender Vergilexegese stammt; vgl. besonders die Charakterisierung des Kronos durch βραδυτής (wie z. B. Catal. cod. astrol. II p. 161, 3. V 2 p. 36, 34), des Hermes als χρηματιστής, des launenhaften Ares mit den Worten: *cum descendunt animae, trahunt secum torporem Saturni, Martis iracundiam, Mercurii lucri cupiditatem.* Die lateinische Schilderung des Seelenabstieges und die andern von Lobeck im Aglaophamus S. 933 ff. und von Bousset, Archiv für Religionswiss. IV 166 ff. gesammelten Parallelen gestatten, mit ziemlicher Sicherheit die Himmelsreise jener Mithrasmysterien zu rekonstruieren. Planetendarstellungen sind in den Mithräen häufig. Cumont weist darauf hin, dass in Ostia zu Füssen der Planetenfiguren sieben halbkreisförmige Tore in den Boden gezeichnet sind, und vergleicht die ἑπταπόρος βαθμίς der chaldäischen Orakel. — Zu den Planetenfarben ist jetzt auch Vettius Valens im Catal. cod. astrol. V 2 p. 36. 37 zu vergleichen.

schaften wie Gewänder sich anlegen, die wieder abzustreifen das letzte Ziel der menschlichen Entwicklung ist. Er weiss von Theologen, die Sonne und Mond als Seelentore bezeichnen, die Sonne für den Aufstieg, den Mond für den Abstieg[1].

Weiter berichtet Celsus von einer christlichen Lehre, die das Bild des Jenseits, zum Teil durch Figuren veranschaulicht, darstellte und den Aufstieg der Seele zum Himmel behandelte. Origenes hat darin die Lehre der Ophiten erkannt und sich zum Zwecke der Widerlegung des Celsus eine Schrift der Sekte zu verschaffen gewusst, die sich aber nicht völlig mit der Vorlage des Celsus deckte. Nach Celsus' Angabe waren die sieben Archonten in Tiergestalt als Löwe, Stier, Drache, Adler, Bär, Hund, Esel[2] dargestellt (Orig. VI 30). Da Celsus offenbar mit gutem Grunde jene Mithrasmysterien und diese gnostische Lehre vergleicht, dürfen wir wohl die tierischen Darstellungen, welche die astrale Bedeutung der Geister verdrängt haben, auf Einwirkung der Mithrasreligion zurückführen, die freilich nur den ersten Anstoss gegeben haben wird zu Anschauungen, die dann wohl auch vom ägyptischen Tierdienst beeinflusst sind. Wissen wir doch, dass einzelne Grade der Mysten des Mithras Tiernamen trugen und dass es gerade sieben Grade waren. Die Ehrentitel Löwe und Rabe werden oft bezeugt; und wenn Porphyrios in den Mithrasmysterien eine Einteilung der Gläubigen in Klassen von Löwen, Hyänen, Raben, Adlern, Geiern kennt[3], so werden wir wohl in der Organisation der Vereine auch für diesen Punkt manche Variationen annehmen dürfen. Die Vermutung einer analogen Bezeichnung der

[1]) Porphyrios bei Stobäus, Eklogen II p. 171, 1 Wachsmuth: τοῦ ⟨δὲ⟩ πρώτου βίου ἡ διέξοδος (dasselbe Wort bei Celsus) διὰ τῶν ἑπτὰ σφαιρῶν γιγνομένη. De abstinentia I 31 p. 109, 14 Nauck² wird das Ausziehen der δερμάτινοι χιτῶνες, d. h. die neuplatonische Ertötung der Sinnlichkeit, gefordert. Der biblische Ausdruck (Gen 3_{21}) wird von Gnostikern und Neuplatonikern in dieser symbolischen Bedeutung gebraucht: Bernays (o. S. 16[1]) S. 143. 144, Cumont, Les religions orient. S. 309 (vgl. Krolls und Diehls Register zu Proclus In remp. und In Timaeum, χιτών und περίβλημα, Hermes Trismegistos p. 55, 5. 10. 78. 79 Parthey, [Clemens] Homilieen VIII 23). Die Herleitung der Körperlichkeit von den Gestirnen findet sich auch in Porphyrios' Sententiae ed. Mommert p. 14. — Die Seelentore: De antro nympharum 29 p. 76, 23 (vgl. 6) Nauck. — In der „Mithrasliturgie" (S. 10 Dieterich) werden zuerst die sieben unsterblichen Planetengötter beschworen, dann aber ein sehr viel grösserer Apparat aufgeboten. Ich glaube mit Cumont (Revue de l'instruction publique en Belgique XLVII S. 1—10), dass der von Dieterich behandelte Text von Anfang an gewesen ist, wofür er sich gibt, eine als Offenbarung des Mithras eingeführte Anweisung der Mittel, durch die der Myste sich allmählich durch die Himmelsregionen bis zum höchsten Gott erheben kann, nicht eine Liturgie. Auch hier haben wir eine Mischbildung, in der die mit ägyptischen Elementen durchsetzte Mithrasreligion doch wohl eine etwas grössere Rolle spielt, als Cumont annimmt. Seine Einreihung in die hermetische Literatur scheint mir zu übersehen, wie sehr die Grundlinien aller dieser Religionsbücher oft übereinstimmen. [2]) Vgl. Wünsch, Die sethianischen Verfluchungstafeln S. 86 ff., ein Archon mit Eselsgesicht auch in den Koptisch-gnostischen Schriften, her. von Schmidt I p. 334, andere tierköpfige ebenda p. 207 und in dem von Bonwetsch, Gött. Nachr. 1896 edierten slavisch erhaltenen Baruchbuch. Aegyptische Analogieen bei Cumont, Revue S. 3[4], Dieterich S. 71. 72. Ezechiel kennt vier Dämonen mit Köpfen, die Apoc in Gestalt von Mensch, Löwe, Stier, Adler: s. Gunkel a. a. O. S. 44 ff. [3]) Die Zeugnisse bei Cumont I S. 314 ff. II S. 42. 535, vgl. Dieterich, Bonner Jahrbücher, Heft 108 S. 37.

Archonten und der Grade der Mysten wird dadurch wahrscheinlich, dass nach Celsus' Bericht (VI 33) die gnostische Lehre die Menschen zu der Gestalt der Archonten zurückkehren liess, so dass sie Löwen, Stiere, Drachen, Adler, Bären oder Hunde werden. Während Celsus nur den Doppelnamen des letzten Archonten, mit einer Abweichung von Origenes, angibt, weiss dieser alle sieben Namen aus seiner Quelle aufzuführen — ein Mehr, das wohl schon diese Quelle von der des Celsus unterschied: Μιχαήλ, Σουριήλ, Ῥαφαήλ, Γαβριήλ, Θαυθαβαώθ, Ἐραταώθ, Θαρθαραώθ (Celsus Θαφαβαώθ) oder Ὀνοήλ. Also die vier in der Zauberliteratur öfter benutzten jüdischen Engelnamen neben drei noch nicht sicher gedeuteten. Celsus (VII 40) weiss, dass die Christen Beschwörungen gegen jene tiergestaltigen Geister und gegen die göttlichen Türhüter lernen und dass sie Mühe haben, die Namen der θυρωροί sich einzuprägen. Auf der Kenntnis der rechten Namen beruht ja die Wirkung des Zaubers; der Myste der „Mithrasliturgie" rühmt sich z. B., die Namen zu wissen, „die noch nie in deutlicher Sprache ausgesprochen wurden von einer menschlichen Zunge oder menschlichem Laut oder menschlicher Stimme, die ewig lebenden und hochgeehrten Namen" (S. 8. 10 Dieterich)[1]. Solche für die Auffahrt der Seele bestimmten Beschwörungen teilt Origenes VI 31 mit. Sie richten sich an Ἰαλδαβαώθ, Ἰάω, Σαβαώθ, Ἀδωναῖος, Ἀσταφαῖος, Αἰλωαῖος, Ὡραῖος. Ob es dieselben Namen und Formeln sind, die Celsus las, ist wieder zweifelhaft[2]. Origenes setzt diese Kräfte mit den vorher genannten tiergestaltigen Archonten gleich; ob das eine dem Celsus noch unbekannte spätere Ausgestaltung der Dichtung ist, lässt sich nicht entscheiden. Sekundäre Mischbildungen sind beide Archontenlisten, Zahl und Zeitfolge der Schichten bestimmen zu wollen müssen wir meist in dem verworrenen und verwirrenden Chaos dieses Synkretismus verzichten. Ein Rudiment der ursprünglich astralen Bedeutung, die sonst nur in der Benennung ἄρχοντες nachklingt, hat sich sogar gerade in der zweiten Liste, die Ἰαδαλβώθ mit Φαίνων, d. h. Saturn, gleichsetzt[3], erhalten, obgleich hier der Wortlaut der Beschwörungsformeln auf eine weit ausgesponnene religiöse Phantastik deutet. Dass, trotzdem es sich um den Aufstieg der Seele handelt, die Richtung von oben nach unten verfolgt wird, stellt die Quelle des Origenes unter die abgeleiteten unverstandene Elemente sinnlos übernehmenden gnostischen Gebilde[4]. Aber die Grundlinien zeigen noch deut-

[1]) Aehnlich Koptisch-gnostische Schriften, her. von Schmidt I p. 295. 296. 310, vgl. Anz S. 21 ff. [2]) Wenn VII 40 in dem Zitat aus Celsus καὶ τὰ δαιμόνια ῥήματα τὰ πρὸς τὸν λέοντα . . . . καὶ τοὺς ἄλλους [καὶ τοὺς] θεσπεσίους θυρωροὺς richtig überliefert wäre, hätte Celsus Archonten und Pförtner geschieden, Origenes wäre also anders berichtet, wenn er bald darauf und VI 31 die Identität voraussetzt. Aber vielleicht tue ich recht, καὶ τοὺς an zweiter Stelle einzuklammern. Die Phantastik der Formeln VI 31 wird etwas aufgehellt durch das, was Celsus VI 34 berichtet. [3]) Anz S. 12. 13. [4]) Die Umkehrung der Ordnung möchte Anz daraus erklären, dass hier ursprünglich der Abstieg des Erlösers, nicht der Aufstieg der Seelen, geschildert war. Mir scheint der Gebrauch derselben Formeln für den Abstieg des Erlösers unwahrscheinlich und auch im einzelnen unpassend. Aber woher stammt denn die in dem Texte der Formeln vorhandene, nur nicht ganz streng durchgeführte Zählung der Geister als 7. (6.) 5. u. s. w. (nicht 1. 2. 3.)? Warum hat der, welcher die richtige, dem Aufstieg entsprechende Zählung einführte, nicht die Formeln selbst in die rechte Ordnung gebracht? Folgende Lösung des Rätsels scheint mir wahrscheinlich: Da wir wissen, dass das Diagramm wie unsere koptischen Texte Figuren enthielt, werden diese Formeln in eine Zeichnung der Tore eingetragen gewesen sein, auf der das 7. Tor oben auf der Seite stand, um

lich das ursprüngliche Weltbild, wie es den Vorstellungen von der Himmelfahrt der Seele zugrunde liegt: Von einer Sphäre zur andern erhebt sie sich. An jeder Station tritt ihr den Weg sperrend der Archon des Planeten gegenüber. Die Kenntnis des Wesens der Mächte und ihrer wirkungsvollen Namen, die Aufweisung bestimmter Symbole verscheuchen den Archon. so dass die Seele eine Station nach der andern „frei passieren" kann; mit dem letzten Tore hat sie „den Zaun der Bosheit" überwunden, hat Teil am Lichte des Sohnes und des Vaters. Gute Engel. die der Seele auf ihrem Wege Beistand leisten, und böse, die den Archonten zur Seite stehen, scheinen das Drama weiter belebt zu haben (Orig. VI 27. vgl. o. S. 167[2]).

Der Grundriss dieser Lehre ist heidnisch, wie sie auch Celsus in einem Mithraskonventikel in rein heidnischer Gestalt vorgefunden. Porphyrios und andere Heiden sie gekannt haben. Durch Umformungen, Erweiterungen. Eintragungen konnte diese Lehre mit dem Stoffe christlicher und anderer Religionen bereichert werden. Die Vergleichung der verwandten Bildungen und die auf eine voraufgehende Geschichte und einen längeren Bildungsprozess weisende Ablagerung der Schichten in den einzelnen Gebilden haben uns den Fluss der Entwickelung und die fortschreitende Verwilderung der Traditionen, die nur das Grundmotiv unverändert lassen, kennen gelehrt. Andere wilde Sprösslinge derselben Wurzel. die hier nicht besprochen werden sollen[1], zeigen wieder neue Formationen. Neben die sieben Archonten konnten andere Geisterreihen treten; die feindlichen Mächte, Nachstellungen und Kämpfe. welche die Seele zu bestehen hat, die sie errettenden Beschwörungen konnten immer länger gedehnt, die Geschichte der Seelenreise immer bunter ausgemalt werden. Mithrasliturgie und Pistis Sophia bieten wieder. um ein heidnisches und ein gnostisches Beispiel zu wählen. Beispiele der Aufbietung eines viel reicheren Apparates. Bei Justin nehmen zwölf Engel den Platz der sieben Archonten ein. d. h. der Zodiakalkreis ist an die Stelle der Planetensphären getreten[2]. Endlich konnte die Spekulation die konkreten Gestalten durch abstrakte Begriffe verdrängen und so die Gebilde in eine höhere Lage transponieren. Als Beispiel führt Anz S. 17 die Barbelognostiker an. die neben den Proarchon die hypostasierten Begriffe αὐθάδεια, κακία, ζῆλος, φθόνος, ἐρινύς, ἐπιθυμία stellten. Sie haben offenbar die Laster, welche die Seele beim Abstiege in den Planetensphären annimmt (S. 166 f.), an Stelle der Archonten gesetzt.

Für das Uebergewicht der Ethik über den mythologischen Apparat sei noch die Lehre des Poimandres vom Aufstieg der Seele erwähnt, zugleich ein weiteres vortreffliches Beispiel rein heidnischer Parallelbildungen zu gnostischen Lehren[3]: Nach der Auflösung des Leibes steigt der Mensch nach oben und übergibt der ersten Zone τὴν αὐξητικὴν ἐνέργειαν καὶ τὴν μειωτικήν, verliert in den weiteren Zonen einzelne Laster und Leidenschaften. Befreit von den Bedingungen des körperlichen Seins geht die Seele in ihrer wahren Natur in die Ogdoas ein[1]. preist dort mit den Seelen. die sich über ihr

die ἄνοδος anschaulich zu machen. Sie wurden dann in falscher Ordnung abgeschrieben. Dem Origenes den Irrtum zuzuschreiben, trage ich wegen seiner sorgfältigen Uebergangsformen (εἶθ' ἑξῆς) einiges Bedenken.

[1]) Anz S. 16 ff.; Preuschen, Die apokryphen gnostischen Adamschriften, Giessen 1900 S. 60 ff.

[2]) Anz S. 19, vgl. Reitzenstein S. 231.

[3]) I § 24—26 p. 14 Parthey: Reitzenstein, Poimandres S. 52 ff. 336, Zielinski. Archiv für Religionswiss. VIII S. 329 ff.

[1]) Auch die Ogdoas begegnet, wie in andern gnostischen Systemen und Zauberpapyri, bei den Barbelognostikern. — Aehnlich sagt die Seele bei Orig. VI 31. offenbar beim Durchgange durch die Ogdoas ἔνθεν εἰλικρινὴς πέμπομαι, φωτὸς ἤδη

Erscheinen freuen, den Vater. Sie hört weiter jenseits der Ogdoas die Kräfte Gott preisen[1], steigt mit den andern zum Vater auf, in den sie alle, selbst zu Kräften geworden, eingehen. „Das ist das schöne Ziel für die, welche die Gnosis haben, vergottet zu werden."

Verzweiflung über die niederdrückende Gewalt und den unerbittlichen Zwang der Sternenmächte, wie sie durch orientalischen Astralkult und Astrologie verbreitet wurden, hat die Sehnsucht nach Erlösung und Erhebung über die Gewalt der himmlischen Kräfte hervorgerufen (S. 81). Die Stimmungen, gegen welche die Reaktion sich erhoben hat, treten uns jetzt beim Astrologen Valens (II Jahrh. n. Chr.) in ihrer ganzen die Kräfte des Menschen lähmenden Gewalt gegenüber[2]: Menschliche Freiheit ist eitler Wahn, des Schicksals Gesetze schlagen jeden in Ketten. Eine Beute und ein Spielball in den Händen der göttlichen Kräfte, besonders der bösen, die das Uebergewicht über die guten haben, wird der Mensch in die Leiblichkeit und Schuld, in die beständigen Irrungen des Lebens verstrickt und zur Strafe von den Geistern gequält und gepeinigt. Religiosität und Moral dieser Weltanschauung erschöpft sich in dem Rate, willenlos sich den Launen des Schicksals zu fügen, Trost und Hoffnung aufzugeben, als Soldat und Sklave der εἱμαρμένη ihr Kommando zu befolgen[3]. Gegen diese trostlose Lebensauffassung erheben sich die von uns betrachteten Formen einer magischen Religiosität. Die Grundlagen jener astrologischen Weltanschauung werden dabei im Grunde gar nicht angefochten; der Ausweg aus dem hoffnungslosen Kreise der Notwendigkeit wird gefunden, indem der Mensch in einen Bund tritt mit höheren Mächten, mit deren Hilfe er die Gewalt der niederen brechen und im irdischen Dasein schon in der Ekstase, nach dem Tode durch die Himmelfahrt die Erlösung von der Knechtschaft der Archonten finden kann. Er geht ins Reich des höchsten Gottes ein und erhebt sich über die niedere Welt, die dem drückenden Zwange der Planetengötter unterworfen ist. Arnobius (II 62) redet spöttisch von denen, die sich rühmen, sie seien als Gotteskinder den Gesetzen des Schicksals enthoben und der Rückkehr zu ihrer himmlischen Heimat sicher, und von Magiern, die im Besitze von Beschwörungen sein wollen, durch welche die Mächte gezwungen würden, der gen Himmel fahrenden Seele den Weg freizugeben (vgl. II 13 und S. 169). So wird auch der Myste der „Mithrasliturgie" befreit von der bitteren, unerbittlichen Not und vom Schicksalszwange[4]. Der Sinnenlust ergeben war der Held des Romanes des Apuleius der Macht des blinden Schicksals verfallen, das alle seine Launen an ihm ausliess, bis die gnädige Göttin Isis ihn erlöst und zur Freiheit berufen hat. „Mag nun das Schicksal gehen und seine Raserei und Grausamkeit gegen andere kehren. Denn über die, welche unsere Göttin in ihren Dienst genommen hat, hat ein feindliches Schicksal keine Gewalt". Und die Summe der erbaulichen Geschichte des Lucius verkündet der Isispriester mit den Worten: „In sich gehen mögen die Gottlosen und ihren Irrtum erkennen. Hier steht Lucius von all seinen früheren Leiden befreit und triumphiert voll Freude über die Fürsorge der

μέρος υἱοῦ καὶ πατρός. Dasselbe Ziel in der Mithrasliturgie S. 4, 7 ff. 14, 31. [1]) S. Kroll, De oraculis Chaldaicis S. 54. Dieterich, Abraxas S. 33. [2]) Catal. codicum astrol. V 2 p. 29, 2. 19. 30, 10. 33, 19. 35, 18. 37, 20. Ueber den Einfluss der Astrologie auf die Gnosis vgl. Geffcken, Sitzungsber. der Akad. zu Berlin 1899 S. 704. 705. [3]) Dieselbe Stimmung bei Seneca Epist. 77. 12 Nat. quaest. II 35. 36, vgl. Helm S. 121, Boll, Jahrb. Suppl. XXI S. 146. 150. [Clemens] Homilieen XIV 3 = Recogn. VIII 2. [4]) Vgl. auch Hermes Trismegistos p. 102 ff., die chaldäischen Orakel S. 59 Kroll und Rohdes Psyche II S. 387.

grossen Isis über sein Schicksal"[1].

Auch die Kirche hat sich mit dem astrologischen Fatalismus auseinandergesetzt. Eine reiche Literatur bezeugt, welche Kraft ihre Theologen an seine Widerlegung gesetzt haben[2]. Und doch hat nicht nur der astrologische Glaube unter den Christen eine wachsende Macht gewonnen, auch die Kirche hat sich seinem Eindringen nicht zu widersetzen vermocht: Die Planetenwoche ist rezipiert, die Planetengötter sind in die sieben jüdisch-christlichen Erzengel umgesetzt, das astrologische Weltbild ist von den Theologen nur wenig ins Christliche umgebildet worden. Auch Christus wird als der Erlöser aus den Banden des Schicksals gepriesen; die Gläubigen sind der Schicksalsgewalt entrissen und unter seine Fürsorge gestellt[3]. Der Schicksalsglaube der astrologischen Religion ist auch schon der Hintergrund, von dem sich im Kontraste der Christusglaube des Epheserbriefes abhebt[4]: Es gilt zu ringen mit den oberen Mächten und Weltherrschern. Auch hier erscheint der über die ganze Geisterwelt erhabene Christus als die den niederen Geistern überlegene Kraft, und das letzte Ziel für den Gläubigen ist, auch einst siegreich in die obere Welt einzugehen.

Die Geschichte der Menschenseele, ihres himmlischen Ursprunges, ihrer irdischen Leiden, ihrer Rückkehr zur oberen Einheit wird nicht nur in Bildern dargestellt, die Gestirnreligion und Weltbild des Orients zur Voraussetzung haben. Der heterogenste Stoff kann zur Illustration dieses Vorstellungskreises verwertet werden. Die mancherlei Schichten, die in dem von Hippolyt benutzten Naassenerbuch über einander gelagert sind, geben lehrreiches Zeugniss für die Fähigkeit des religiösen Synkretismus, immer neuen Stoff an sich zu ziehen und seinen Ideen dienstbar zu machen. In die eigentlich wirksamen, tiefsten Motive naassenischer Frömmigkeit führt am besten der von Hippolyt am Schluss[5] mitgeteilte naassenische Hymnus: Die Seele ist dem Gesetze des mittleren Reiches, das zwischen Geist und Materie steht, unterworfen. Bald strebt sie empor zum Lichte, bald jammert sie im Elende und weiss irrend keinen Ausweg aus dem Labyrinthe der Leiden, dem bitteren Chaos zu finden. Da bittet Jesus den Vater, mitleidig auf die

¹) Metam. XI 15, vgl. über die religiösen Anschauungen des Apuleius Zinzow, Psyche und Eros, Halle 1881 S. 113 f.

²) Boll S. 182 ff.; Schürer, Zeitschrift für neutest. Wiss. VI S. 44 ff.

³) S. z. B. Clemens und Tatian, o. S. 81. 156. Tatian c. 9 εἱμαρμένης ἀνώτεροι. Hermes S. 104, 14 εἱμαρμένης ὑπεράνω εἶναι. Schmidt, Texte und Unt. VIII S. 471, Reitzenstein S. 78. 103. 107.

⁴) Besonders in Betracht kommen 1_{10} ff. (zu V. $_{21}$ ὄνομα vgl. S. 160). 3_{10}. 6_{12} (κοσμοκράτορες ist stehende Bezeichnung der Planeten). 2_{2} ἄρχων τῆς ἐξουσίας τοῦ ἀέρος (Reitzenstein, Poimandres S. 49²). 2_{3} werden Begierden des Fleisches und Gedanken ähnlich selbständig gedacht wie in dem oben behandelten Vorstellungskreise. 3_{18} τί τὸ πλάτος καὶ μῆκος καὶ ὕψος καὶ βάθος hat Reitzenstein S. 25 in andern Religionsbildungen der Zeit nachgewiesen. Vettius Valens bietet andere auffällige Parallelen. Auch das Bild der *militia Christi* kann hier wie bei andern Autoren von der Antithese zu dem auch in orientalischen Religionen üblichen Bilde (Cumont S. XIII ff.) beeinflusst sein.

⁵) Philos. V 10, zuletzt behandelt von Swoboda, Wiener Studien XXVII 299 ff., der die in ähnlichem anapästischen Masse gefassten Verse vergleicht, die Grenfell-Hunt, Fayum towns and their papyri S. 82—87 ediert haben. Aber dass wir hier die Fortsetzung des Hymnus hätten, ist eine unwahrscheinliche Vermutung. Denn 1) ist es ganz unsicher, dass der Papyrus eine Höllenfahrt Christi enthält. Es kann z. B. eine Hadesfahrt der Seele und diese ein Teil der Auffahrt der Seele sein, die die von den Geistern vollzogenen Höllenstrafen beobachtet (o. S. 85, griechischer Baruch c. 4). 2) fordert der Hymnus, wie oben gezeigt ist, eine andere Fortsetzung als die Höllenfahrt.

Arme, die seinem Hauche entsprungen ist, zu blicken. Mit den (den Durchgang ermöglichenden) σφραγῖδες[1] will er hinabsteigen, alle Aeonen durchwandern, alle Mysterien und Gestalten offenbaren, die Geheimnisse des heiligen Weges als Gnosis kundtun. — Als Komplement fordert die Dichtung den Aufstieg der Seele, der wohl, etwa nach der Offenbarung der Gnosis, auch in der Fortsetzung der Dichtung geschildert war. Die naassenische Phantasie hat sich hier sicher in der Richtung der oben geschilderten Himmelfahrten mit ihrem reichen Geisterapparate bewegt. Diesen Teil der Lehre oder der Dichtung wegzuschneiden hat der von Hippolyt benutzte Theologe allen Grund gehabt; denn er bewegt sich in der Richtung spekulativer Mythendeutung, für die er ein einfacheres Weltbild mit 3—4 Stockwerken zugrunde legt[2]. Die üppig wuchernde Phantasie dieses Theologen ist von einem etwa aus Hadrians Zeit stammenden Liedchen angeregt[3], das u. a. Attis, Adonis, Osiris, Korybas, Papas gleichsetzt. Das hat ihm den Anlass gegeben, diese und andere Mythen in einer den Text des Gedichtes erklärenden, mit Gelehrsamkeit prunkenden Rede als Illustration der Schicksale der Menschenseele erbaulich zu behandeln[4]. Ich greife nur einige Proben heraus, um eine Vorstellung von dieser phantastischen, barocke Formen für abstrakte Ideen suchenden Theologie zu geben: Die Liebe der Aphrodite, Persephone, Selene zu Adonis[5] und Endymion stellt das Trachten aller Teile der Welt nach Beseelung, die der Göttermutter zu Attis die Erhebung der Seele in das höchste Himmelsreich dar. Osiris und Hermes, mit dem aufwärts gerichteten Phallos gebildet, bedeuten das Emporstreben der Seele zur oberen Welt und zur Vereinigung mit dem idealen Urmenschen. Allegorische Homererklärung nach Art des Porphyrios deutet Hermes Psychopompos, etymologische Spielerei in der Weise der Stoa Korybas und andere Gestalten im Sinne dieser Theologie. Vor allem aber verweilt der Redner mit besonderer Liebe bei der Deutung der Darstellungen, Attribute, Namen, mythischen Geschichte des Attis. Hier kann nur die Grundrichtung seiner Spekulationen angedeutet werden: Die Entmannung des Geliebten durch die Göttermutter bedeutet die Zurückführung der männlichen Kraft der Seele in die obere Welt. νέκυς nennen Attis die Phryger, wenn er im Kerker des Leibes begraben ist, Gott, wenn er sich wieder in sein ursprüngliches Wesen gewandelt hat, ἄκαρπος den ins Fleisch und seine Begierden eingegangenen, πολύκαρπος den erhöhten, πάπας (von παύειν) den alle ungeordnete und regellose Bewegung zur Ruhe bringenden, an den aus allen Weltregionen der Ruf ergeht: παῦε, παῦε τὴν ἀσυμφωνίαν τοῦ κόσμου[6]. So stellen seine Schicksale die der Menschenseele typisch dar, Geburt und Grab, Fall und Erhöhung.

Wir sehen in diesem Falle deutlich, wie aus dem religiösen Erlebnis, das der Hymnus ergreifend darstellt und das die Mysterien den Gläubigen nahe brachten, eine immer weitere Kreise ziehende komplizierte Theologie herauswächst, die, weit entfernt auf den guten Geschmack abschreckend zu wirken, den Religionsübungen des Konventikels in den Augen der Gebildeten einen tieferen Sinn und eine spekulative Bedeutung geben will. Ich habe diese Theologie dargestellt, ohne ihre christlichen Elemente zu erwähnen. Von den Grundgedanken geht durch diese Ausscheidung nichts ver-

[1]) S. Koptisch-gnostische Schriften, her. von Schmidt S. 321. [2]) Bousset, Archiv S. 235. [3]) Behandelt von Wilamowitz, Hermes XXXVII S. 329, Reitzenstein, Poimandres S. 98. [4]) Zu benutzen ist jetzt Ausgabe und Erklärung Reitzensteins S. 83 ff. [5]) Adonis begegnet auch in der Pistis Sophia c. 146. [6]) Dieselben Gedanken in christlicher Theologie bei [Clemens] Homilien XVII 9. 10.

loren, da das christliche Material nur eine Exempel- und Illustrationsreihe neben vielen andern ist. Reitzensteins scharfsinnige Analyse, die es ausschaltet, hat so viel dargetan, dass es oft störende Zutat und späterer Einschlag ist. Freilich ist in diesem Falle, wie in der Apokalypse oder in der hermetischen Literatur, die Absonderung der Schichten nicht ein Problem, das eine rein literarhistorische Lösung gestattet. Das Scheidewasser scharfer Logik versagt leicht in den trüben Massen religiöser Phantastik. Dass aber in der Tat rein ethnische Bildungen zugrunde liegen, die nah vom christlichen Firniss nicht überzogen waren, beweist die Existenz einer noch verwandten Attistheologie in Kaiser Julians V Rede auf die Göttermutter. Sie war mir schon vor Jahren der Ausgangspunkt einer Analyse, die mich zu ähnlichen Ergebnissen geführt hat, wie sie Reitzenstein von anderen Gesichtspunkten aus gewonnen hat. Ich glaube nachweisen zu können, dass Julian hier wie in der R. IV (S. 97) Jamblich benutzt hat, Jamblich und der Naassenertext auf ältere stoisch-platonische Umsetzung des Mythos zurückgehen. Es genügt für meinen Zweck, auch hier einige Grundgedanken hervorzuheben, die zeigen, wie weit die heidnische Predigt der gnostischen parallel läuft: Attis ist die vom νοῦς ausgehende Kraft, die alle λόγοι und αἰτίαι in sich schliesst und in die Materie einführt. Ueberschreitet er gegen die Weisung der Göttermutter die Milchstrasse (= τὸν Γάλλον ποταμόν), die Grenze der oberen und der unteren Welt, so geht er ein in die Höhle und gesellt sich der Nymphe, d. h. er verbindet sich mit der ὕλη und verfällt der γένεσις. Da greift die Göttermutter aus der oberen Welt ein; durch die Entmannung, d. h. die Beseitigung der ἀπειρία, erhebt sie ihn in das Himmelreich. Was der Gott erlebt hat, ist nicht ein einmaliges Ereignis, sondern beständig ist Attis Gefährte der Mutter, beständig quillt er über von Schöpferkraft, wird er in seinem masslosen Trachten beschränkt und von der Erde wieder auf seinen himmlischen Thron erhoben. Und was er gelebt und gelitten, ist allgemeines Erlebnis und Schicksal. Uns allen gilt die Mahnung, vom Niederen uns ab- und dem Höheren uns zuzuwenden. Und nach des Gottes Entmannung ruft die Trompete nicht ihn allein, sondern uns alle nach oben, die wir himmlischen Ursprung und irdischen Fall mit ihm teilen. Auch uns heissen die Götter herausschneiden die Masslosigkeit, aufsteigen zum Begrenzten, Einheitlichen, Einen, als Erlöste mit Attis das Freudenfest feiern. — Es wäre leicht, diese Gedankenreihen, die in mannigfachen Variationen wiederholt werden, ins Christliche zu transponieren oder christliche Parallelen dafür zusammenzustellen [1].

In dem in letzter Zeit viel behandelten [2] Hymnus der Thomasakten wird die Lehre von der Erlösung in eine die ganze Pracht orientalischer Erzählungskunst entfaltende Novelle gekleidet: Aus dem östlichen Reiche wird der Königssohn als kleines Kind von den Eltern nach dem Westen geschickt. Das Prachtgewand und der Purpurrock wird ihm ausgezogen. Nach Aegyp-

[1]) Dieterich S. 176 ff. Das Wesentliche ist, dass in verschiedenen orientalischen Kulten Aufleben, Erhebung, Errettung des Gottes dem Mysten das gleiche Schicksal verbürgt. [2]) Preuschen, Zwei gnostische Hymnen, 1904. Reitzenstein, Hellenistische Wundererzählungen S. 103 ff. Burkitt, Urchristentum im Orient, deutsch von Preuschen, Tübingen 1907 S. 134 ff. Apuleius Erzählung von Amor und Psyche mit ihrer merkwürdigen Verbindung von Märchenmotiven, Jenseitsbildern, spekulativ-allegorischen Elementen bedarf jetzt auch auf Grund der Analogieen der Thomasakten einer neuen Analyse. Das Problem ist behandelt z. B. von Zinzow (o. S. 172 [1]), Heinrici, Preuss. Jahrb. XC 1897 S. 390 ff.; vgl. Friedländer I S. 535 ff. — Auch in IV Esra 9, 10 hat Gunkel allegorisierte Novelle vermutet.

ten soll er ziehen, die von einer Schlange bewachte Perle im Meere zu gewinnen. Und er zieht durch Maišan, Babylonien, Sardûk[1] nach Aegypten. Trotz der Warnung vor den Aegyptern kostet er unvorsichtig von ihrer Speise[2], dient ihrem Könige, vergisst seine Herkunft, vergisst die Perle. Da kommt aus der Heimat ein Schreiben, das ihm die seiner unwürdige Knechtschaft vorhält, ihn erinnert, dass er ein Königssohn ist, erinnert an die Perle, an sein Prunkkleid und seinen Purpurrock. Da kommt der Königssohn zu sich, gedenkt seiner Herkunft und Freiheit, schläfert die Schlange ein und gewinnt die Perle. Sein schmutziges Gewand lässt er in Aegypten. Nach langer Wanderung empfängt er an der Grenze der Heimat sein Prunkgewand[3], das er vergessen hatte und das ihm nun wie ein Spiegelbild seiner selbst erscheint. Damit bekleidet steigt er auf zu den Toren der Begrüssung und Anbetung und betet an den Glanz des Vaters.

Der allegorische Charakter der Erzählung ist nicht zu verkennen. Nöldeke[4] fasst ihn in folgende Worte: „Wir haben hier das alte gnostische Lied von der Seele, die, von himmlischem Ursprung, auf die Erde gesandt wird und hier ihren Ursprung und ihre Aufgabe vergisst, bis sie durch höhere Offenbarung erweckt wird, ihren Auftrag vollzieht und nun nach oben zurückkehrt, wo sie das himmlische Kleid, ihr ideales Ebenbild, wiederfindet und in die Nähe der höchsten Himmelsmächte gelangt“. Der Kreis dieser Vorstellungen liegt sicher zugrunde, wenn auch Preuschen und Reitzenstein[5] mit Recht aus schärferer Exegese den Schluss gezogen haben, dass der Verfasser der Akten sich unter dem Königssohn nicht die Menschenseele, sondern Christus vorgestellt habe, der durch die Aeonen hinabgeht, sich entäussert, den in die Materie gesenkten Lichtfunken befreit, zum Himmel aufsteigt; denn das Motiv vom Sterben und Wiederaufleben des Gottes dankt ja seine religiöse Wirksamkeit der vorbildlichen Bedeutung für das allgemeine Menschenschicksal. An deutlichen christlichen Beziehungen fehlt es in dem Stücke überhaupt — ein Beweis, dass, wenn ein Christ, etwa Bardesanes, es konzipiert hat, schon dieser in den ihm vertrauten allgemeinen Bildern orientalischer Erlösungsreligion auch den Kern der christlichen Erlösungslehre umschlossen fand, wie später der Redaktor der Thomasakten. Reitzenstein hat neuerdings in Frage gestellt, ob aus der uns erhaltenen syrischen Fassung mit Recht auf syrischen Ursprung der Dichtung geschlossen werden dürfe, und die Dichtung auf eine ägyptisch-hellenistische Sage zurückführen wollen[6]. Reitzensteins Vergleich mit dem verwandten Mythus eines demotischen Papyrus und die von ihm angeführten ägyptischen Parallelen sind sehr beachtenswert. Er meint nun S. 129, dass der Syrer mit der Freude nachbarlichen Hasses gerade Aegypten zum Land der Unreinheit und der Unholde gemacht habe. Aber solche spätere Umgestaltung scheint mir darum unwahrscheinlich, weil die allegorische Deutung Aegyptens als der Leiblichkeit, Sinnlichkeit, Sündhaftigkeit sehr verbreitet und schon sehr früh bezeugt ist[7].

An ägyptischen Glauben finden wir gnostische Spekulationen angeknüpft

---

1) Gemeint sind die drei Himmelsregionen: Preuschen S. 52. 2) Tertullian De anima 23: *Apelles sollicitatus refert animas terrenis escis de supercaelestibus sedibus.* 3) Aehnlich Pistis Sophia c. 7 ff. Die Vorstellung siderischer Gewänder, welche die Seele wechselt, die bildliche Bezeichnung der Leiblichkeit als Kleid ist uns schon begegnet. Hier hat auch Paulus' Vorstellung vom himmlischen und verklärten Leibe ihren Ursprung, vgl. Bousset S. 233. 234. 4) Zeitschrift der deutsch. morgenländ. Ges. XXV S. 677. 5) Vgl. auch Usener, Theol. Abh. für Weizsäcker S. 211. 6) Etwas anders begründet Dieterich, Bonner Jahrb. Heft 108 S. 30 die Annahme ägyptischen Ursprungs. 7) Belege aus Philo, Origenes, den Gnostikern

in einer der spätesten hermetischen Schriften, die aber von sehr viel älteren Vorbildern abhängig ist, der Κόρη κόσμου, von der Stobäus uns grosse Stücke erhalten hat[1]: Der oberste Gott bildet aus einer genau beschriebenen chemischen Mischung viele Myriaden Seelen, weist ihnen bestimmte Bezirke im Himmel an und bedroht sie mit Fesselung und Züchtigung, wenn sie ihr Bereich überschreiten. Aus einer neuen Mischung niederer Elemente bildet er dann Menschen und heisst jene vollkommeneren Seelen an dem Reste der Mischung ihre schaffende Tätigkeit entfalten. So entstehen die Tiere. Stolz auf ihre Leistungen werden die Seelen übermütig, überschreiten ihre Grenzen und halten ihre Beschränkung auf eine Stätte für Tod. Um seine Drohung wahr zu machen, beschliesst der Götterkönig Menschen zu bilden[2], damit im Menschenleibe die Seelen gestraft werden. Die Planetengötter steuern ihre Gaben bei. Hermes bildet das Menschengeschlecht, die Seelen werden in die Menschenleiber gebannt. Da erkennen sie ihre Verdammung und stöhnen vor Kummer. Ergreifend wird ihr mannigfacher Jammer über den Wandel geschildert[3]. Inbrünstig ertönt ihr Flehen nach Erlösung, und der Gott antwortet ihnen, dass, wenn ihre Verfehlungen nur gering sind, sie die Verbindung mit dem Fleische verlassen und in den Himmel eingehen, in anderm Falle der Wanderung in Tierleiber werden unterworfen werden. Die Theorie der Seelenwanderung wird dann ausführlich entwickelt[4]; dass dabei Adler, Löwen, Drachen, Delphine erwähnt werden, erinnert an die Ophiten (o. S. 168). Momos übt dann Kritik an dem Werke des Hermes: Ein kühnes Unterfangen ist es, den Menschen zu schaffen mit seiner sinnlichen Ausstattung und mit seinem Drange, die Mysterien der Natur zu enthüllen, in ihre Tiefen einzu-

und anderen bei Siegfried, Philo von Alexandria, s. Register S. 405, Pistis Sophia c. 18 und den Naassenerbericht (in Reitzensteins Poimandres S. 90[1]).

[1]) Ich zitiere nach Wachsmuths Stobäus I p. 389 ff. Reitzenstein, Poimandres (s. Register S. 377), hat zuerst die Richtung für das Verständnis der Schrift gewiesen. Vgl. Zielinski, Archiv für Religionswiss. VII S. 359 ff.

[2]) Ueber die Doublette der Menschenschöpfung s. Zielinski S. 366.

[3]) 395, 19 ἄθλια πάσχομεν .... ἀπὸ μεγάλων τε καὶ λαμπρῶν εἰς ἄτιμα καὶ ταπεινὰ οὕτως ἐγκαθειρχθησόμεθα σκηνώματα u. s. w. Das ist ganz die Stimmung des Naassenerhymnus, z. B. V. 7 ποτὲ δ' εἰς ἐλεειν' ἐκριπτομένη κλαίει (V. 7), aber auch des Seufzens der Kreatur bei Paulus, der, wie wir sehen, auch den Ausdruck σκήνωμα aus der religiösen Begriffswelt seiner Zeit entlehnt hat. Stob. 396, 18 ἀφ' ὧν εἰς οἷα κατέβημεν nach Empedokles Fr. 119. 120 Diels, denn auch der alte Strom griechischer Mystik hat eingewirkt. Platonische Floskeln z. B. 397, 12 ff. 398, 10 ff., stoische Theodicee wirkt 386, 3 ff. ein, 400 der stoische Preis der menschlichen Vernunft, 406 die stoische Kulturentwickelung in den Farben des Poseidonios. — Mit dem Naassenerbericht finden sich mancherlei Berührungen: Hippolyt 136, 17. 21 Duncker (= S. 84 Reitzenstein) Knechtung und Züchtigung durch Eingehen in den Leib. 144, 60 D. (= 88 R.) Zitat jenes Verses des Empedokles. 164, 83 (= 96 R.) und Stob. 385, 22 W. wird die Erkenntnis der oberen Welt mit den grossen, die der niederen mit den kleinen Mysterien verglichen. 146, 87. 148, 3 D. (= 89 R.) τρίζειν von den Seelen (Stobäus 395, 12). 170, 81 D. wie Stob. 410, 9 ff. das oben S. 67 ff. besprochene Bild der in den Luftregionen von der Seele angezogenen Gewänder. — Schwerlich zufällig ist die Berührung von Stob. 403, 21 ff. mit Vergils Aeneis VI 620 und Umgebung.

[4]) Sehr lehrreich ist es, die Stufenfolge der Menschenklassen p. 398 mit ihrem Vorbilde, dem platonischen Phädrus p. 249 d zu vergleichen. Der König hat in der Kore die erste Stelle (S. 97. 178), und das superstitiöse und theurgische Gesindel macht sich unglaublich breit. Die Seelenwanderung findet sich z. B. auch bei Basilides, vgl. Schmidt, Texte und Unt. VIII S. 418.

dringen. Wechselnde Begierden und täuschende Hoffnungen, Furcht und Kummer sollen ihn bedrängen und hemmen, Fieber ihn niederdrücken. Hermes billigt den Vorschlag und schafft die alles Irdische unter ihre unabänderlichen Gesetze zwingende und knechtende Adrasteia. Noch fehlte überall die rechte Gnosis (402, 27 W.). Die erst eben eingekerkerten Seelen fügen sich nicht willig in ihr Schicksal, ihres ursprünglichen Adels sich bewusst lehnen sie sich auf, stiften Krieg, Gewalttat, Frevel. Anklagend erscheinen die Elemente vor dem höchsten Gott und beschweren sich über die Entweihung[1]. Die Erde begehrt mit allem, was sie trägt, die Gottheit zu fassen oder doch wenigstens eine heilige Emanation. Und Gott sendet Osiris und Isis den Menschen als Helfer, die Sittlichkeit und Kultur verbreiten. — Zur Anklage der Elemente können wir wieder eine christianisierte Fassung eines Abschnittes der clementinischen Homilien (VIII 17) vergleichen, der auch sonst merkwürdige Parallelen zur hermetischen Schrift bietet. In einem zweiten Stücke (Stob. p. 407 ff.) wird die Genesis der königlichen Seelen, ihre Verwandtschaft mit den Göttern, ihre Erhabenheit über die andern Seelenklassen geschildert, sehr charakteristisch für die Stütze, die der Herrscherkult in allen orientalischen Religionssystemen fand. Die Verschiedenheit der seelischen Charaktere und menschlichen Eigenschaften wird teils von den sie hinab geleitenden und in den Leib einschliessenden Engeln und Dämonen, teils von den Oertern ihres Ursprungs, teils von den Elementen, teils von den Teilen oder Gliedern der als menschlicher Organismus dargestellten Erde[2] hergeleitet.

Meine knappe Zusammenfassung konnte nur einige der auch den Gnostizismus beherrschenden Motive und Gedanken hervortreten lassen: Emanationen, Hypostasierung von Begriffen zu göttlichen Gestalten, das ganze Drama der Seelengeschichte, Materialisierung der seelischen Funktionen und Herleitung von oberen Mächten, die niederdrückende Gewalt der Schicksalsmächte und als ihr Komplement das inbrünstige Verlangen nach Erlösung, die Erlösung der Einzel-Seele nur ein Glied des kosmischen Erlösungsprozesses. Der Zweck meiner Behandlung der Gnosis war, jene die hellenistische römische Welt sich erobernden Strömungen einer neuen religiösen Kultur als die Macht zu erweisen, von der auch die Propaganda der Gnostiker ihren Ausgang genommen und die entscheidende Richtung empfangen hat. Die ganze Fülle der Erscheinungen konnte und wollte ich nicht entfernt erschöpfen. Auf die Konsequenzen meiner Auffassung dieser ganzen Entwicklung auch für das Urchristentum muss ich noch hindeuten. Lange ehe die Wellen der orientalischen Propaganda nach Rom schlugen, hat der orientalische Synkretismus in seiner Verbindung mit hellenistischer Spekulation auf den Osten, besonders auf Syrien, Aegypten, Kleinasien stetig eingewirkt. Von den treibenden religiösen Kräften dieser Bewegung können wir uns eine klare Vorstellung nur aus den späteren synkretistischen Religionsbüchern bilden, die ja aber auch meist auf frühere Stadien einer ihnen vorausliegenden Entwickelung deutlich hinweisen. Die früheren Spuren der Wirksamkeit dieser orienta-

[1]) Vgl. Diels, Elementum S. 47. Höfischer Stil und Zeremoniell ist nachgebildet, so 403, 19 χρηματίζειν 405, 23 ἐντυχία. Vgl. auch 399, 17 ὦ Ἑρμῆ, θεῶν ὑπομνηματογράφε. 395, 4 μεγαλόδοξος vgl. S. 76[3]. [2]) P. 410 wird die Frage, ob der Seele schon das Geschlecht anhaftet, erörtert, auf die, wie Tertullian De anima 36 lehrt, die Gnostiker verschiedene Antworten gaben. οὔτε εἰσὶν ἄρρενες οὔτε θήλειαι. „Und jene himmlischen Gestalten, sie fragen nicht nach Mann und Weib, und keine Kleider, keine Falten umgeben den verklärten Leib." Vgl. Wilamowitz, Gött. gel. Anzeigen 1904 S. 664, Preuschens Antilegomena² S. 2. 12. 84.

lischen Einflüsse beginnen wir jetzt sicherer zu erkennen. Poseidonios, von dem die religiöse Literatur der folgenden Zeiten in hohem Masse abhängig ist, hat mancherlei orientalische Vorstellungen und Stimmungen vermittelt. Ohne die Einwirkungen, die Philo von ihm und von der religiösen Bewegung des Orients empfangen hat, ist seine Weltanschauung nicht verständlich. Dass die hieratische Sprache der Apokalypse und des Johannesevangeliums von dieser heidnischen Mystik berührt zu sein scheint, wird in Teil III ausgeführt werden. Und ähnlich steht es auch mit Paulus, dessen Religiosität einen starken Einschlag von diesen Motiven, die ihn beständig berühren mussten, empfangen hat. Die starken Kontraste seiner Frömmigkeit, die gefährliche Spannung von Geist und Fleisch und die Tendenz zur Askese, die Neigung zur Hypostasierung oder Materialisierung der geistigen Funktionen und religiösen Vorgänge, Mysterien- und Offenbarungsbegriff, das Bild der in Stockwerken über einander gelagerten Welt, das Erlebnis der eigenen Auffahrt, die realistische Vorstellung der oberen Geisterklassen, der Knechtung des Menschen unter ihre Gewalt, des Kampfes gegen diese Gewalten, die Sehnsucht nach einer Erlösung, die sich auch bei ihm zu kosmischer Bedeutung erweitert und steigert — alles das sind Bilder, Gedanken, Stimmungen, für welche die Religiosität der rein heidnischen Mystik eine Fülle von Analogien[1] bietet, die sich nur in einem Buche erschöpfen liessen. Das Christentum als Erlösungsreligion werden wir erst auf diesem Untergrunde recht verstehen lernen müssen. Für diese Periode gilt wirklich die Parole *ex oriente lux*, mit der jetzt so starker Missbrauch getrieben wird: aber es ist schwer für uns, die wir uns nur auf dieser Erde heimisch fühlen, deren Auge ganz verdunkelt und deren Seele mit undurchdringlichen Hüllen überkleidet ist, in die fremden Regionen dieses Lichtes uns zu erheben. Und wir meinen auch, in ihnen Jesus nicht zu finden, dessen Bild sich von diesem Dunstkreise so klar abzuheben scheint. Aber vor ihrer Hellenisierung hat Jesu Lehre einen Prozess der Orientalisierung durchgemacht, für den Paulus von entscheidender Bedeutung ist. Mit jüdischer Theologie und dem neuen christlichen Geistesleben verschmilzt sich bei Paulus die Mystik der orientalischen Erlösungsreligionen und bereichert ihn nicht nur mit einzelnen Stimmungen und Vorstellungen, die accidentiell sind, sondern bestimmt die Haltung seiner zentralen Christusmystik, um die sich jene Gedanken und Motive gruppieren. Das ist nicht vorzustellen als Prozess mechanischer Uebertragung und Entlehnung, sondern nach der Analogie der Hellenisierung des Christentums als eine unbewusste und unwillkürliche Umbildung auf dem Boden eines von der Atmosphäre jener orientalischen Religionen stark erfassten Bewusstseins. Dass eine direkte Berührung mit dieser Atmosphäre stattgefunden hat[2], dass aber auch diese Vorstellungen durch das Medium des Judentums und paulinischer Gemeinden, die unter ihrem Einfluss standen, auf Paulus gewirkt haben, scheint mir gleich wahrscheinlich. Was uns an der paulinischen Religiosität fremdartig und paradox erscheint, stammt oft gerade aus dieser Atmosphäre und konnte in seiner Zeit seine Wirkung nicht verfehlen. Man mag die Fassung des Gunkelschen Satzes (S. 88) „das Urchristentum des Paulus und des Johannes ist eine synkretistische Religion“ beanstanden, weil

[1]) Erst nachträglich sehe ich, dass Gunkels bewunderungswürdiges Feingefühl a. a. O. S. 86 ff. diesen orientalischen Einschlag weniger bewiesen als divinatorisch geahnt hat, dass Bousset S. 144. 145. 234 schon ähnliche Schlüsse gezogen hat. S. besonders Dieterich. [2]) Auf die Spuren der Mithrasreligion in Tarsos (Cumonts Mithraswerk I S. 240. II S. 189. 438) sei nur als auf eine Möglichkeit der Vermittelung hingewiesen. Vgl. Pfleiderer I S. 44 ff.

sie die starke Einheitlichkeit der religiösen Grundstimmung nicht zum Ausdruck bringt. Der Gedanke selbst, dass orientalische Gnosis auf die besondere Religiosität des Paulus gewirkt hat und dass dieser Faktor den unleugbaren Abstand zwischen dem Christentum des Paulus und dem Evangelium Jesu erklären hilft, ist m. E. unanfechtbar, und man muss von Religion seltsame Vorstellungen haben, wenn man in der Erkenntnis, dass das Evangelium im Apostel neues und individuell bestimmtes religiöses Leben entzündet hat, eine Gefahr und nicht einen neuen Beweis für die erstaunliche Produktionskraft und das intensive Leben des Urchristentums sieht.

Diese Einwirkung auf Paulus allein könnte mahnen, Wirkung und Wert der orientalischen Religiosität nicht zu gering einzuschätzen. Die Stimmungen und Motive sind das eigentlich Wesentliche und dauernd Wertvolle; sie überraschen und ergreifen uns immer wieder, wenn oft der trostlose Ballast des mythischen und rituellen Apparates unsern äussersten Widerwillen erregt hat[1]. Poseidonios und Philon, die Gnosis und der Neuplatonismus, Origenes und Augustin zeigen alle mehr oder weniger einen Einschlag dieser orientalischen Religiosität, und schon die Namen erwecken die Perspektive in weite Fernwirkungen. Die Verfeinerung der Psyche und die Individualisierung des innersten Seelenlebens, die das Christentum der modernen Menschheit als dauernden Besitz vermittelt hat, hat sich zunächst vollzogen durch eine Vertiefung und Steigerung des religiösen Lebens, auf die neben dem Evangelium der orientalische Synkretismus direkt wie durch jüdische und christliche Vermittelung eingewirkt hat.

Eine alte, reiche Kulturwelt im Sterben und in der Agonie, im Sehnen nach einer Neuschöpfung und Wiedergeburt, in einer nicht zum Ziele kommenden Unruhe des Gottsuchens — so stellt sich uns das niedergehende Heidentum dar. Dass das Christentum in diese gährende Welt neue und hohe Ideale gestellt hat, dass es aber auch aus ihr die hoffnungsvollen und lebensfähigen Keime, sittliche und religiöse Kräfte an sich gezogen hat, hat ihm den Sieg gegeben. Darum kann man sagen: Die Betrachtung der hellenistisch-römischen Kultur unter dem Gesichtspunkte ihres Verhältnisses zum Christentum ist unter andern möglichen diejenige. die den letzten Ertrag der ganzen Entwickelung, mit welchen Empfindungen man sie auch begleiten mag, am besten zum Ausdruck bringt.

[1]) Wer das für Illusion hält, lese z. B. Gunkels Nachdichtungen im Aprilheft der Deutschen Rundschau 1907.

BILDERANHANG

von HANS LIETZMANN

Die im folgenden gegebene Auswahl von Bildern soll einem analogen Zwecke dienen wie die Inschriftenbeilagen: aus dem reichen Material, das dem philologischen Fachmann zur Hand zu sein pflegt oder jederzeit bequem erreichbar ist, sollen dem nicht in so glücklicher Lage befindlichen Leser wenigstens einige wenige Proben geboten werden, die zur Illustration der vorn im Text gegebenen Darstellung dienen können. Von manchem, das bisher nur kurz berührt worden ist, werden die Abbildungen mit einigen Worten der Erläuterung versehen, eine klare Anschauung schaffen, die gerade in religionsgeschichtlichen Dingen von besonders hohem Wert ist. — Herr Geheimrat LOESCHCKE-Bonn hat die grosse Freundlichkeit gehabt, alle bei der Erklärung der Bilder in Betracht kommenden Fragen mit mir durchzusprechen, ihm verdanke ich's *si quid boni inerit*.

TAFEL I: Auf der Höhe der Velia, welche die Niederung des römischen Forums von dem Colosseumsplatze trennt, erhebt sich über der Triumphalstrasse der *sacra via* noch heute der Bogen des Titus[1], das Denkmal der im Jahre 70 erfolgten Zerstörung des jüdischen Nationalstaates und seines Heiligtums, des Tempels zu Jerusalem. Das auf der Nordseite im Innern des Bogens unterhalb der Kassettendecke der Wölbung angebrachte Relief zeigt die Krönung des auf der Quadriga fahrenden siegreichen Titus durch die Victoria, die entsprechende Stelle der Südseite bildet die wichtigste Szene aus dem Triumphzug ab: wir erblicken rechts den Titusbogen selbst, den der Feldherr mit seinem glänzenden Gefolge bereits passiert hat. Nun nahen sich die Hauptstücke der Beute, auf den Schultern der lorbeergeschmückten, nur mit leichter Tunika bekleideten Soldaten ruhend, dazwischen schreiten gesenkten Hauptes gefangene Juden. Vor jeder Gruppe wird auf hoher Stange eine Tafel getragen, welche dem zuschauenden Volke die Bedeutung des folgenden Schaustückes meldet. Zuerst kommt der Tisch für die Schaubrote (Ex 25 23—30), auf dessen Platte ein Opfergefäss steht; über die Stege, welche seine Beine paarweise verbinden, sind im Kreuz die zwei silbernen Posaunen gelegt (Num 10 1—10), deren Schall das Opfer zu begleiten pflegte. Es folgt der siebenarmige Leuchter (Ex 25 31—40) aus getriebenem Golde, der gleich dem Schaubrottisch im Vorraum des Allerheiligsten seinen Platz

[1]) A. Philippi, röm. Triumphalreliefe (= Abh. d. sächs. Ges. d. Wiss. phil. hist. Cl. VI) S. 252.

hatte. Eine neue Tafel dahinter kündet ein weiteres Beutestück an, das auf dem Relief keinen Platz mehr gefunden hat.

TAFEL II bietet zwei Darstellungen, die nach hellenistischen Vorbildern geschaffen und für zwei hellenistische Kulturzentren besonders charakteristisch sind. Die Schutzgöttin von Antiochia (Vatikan) ist keine andere als die Göttermutter Kybele selbst: das Diadem der Mauerkrone macht sie kenntlich (vgl. Taf. VI 2). Ihre Wohnung sind die Berghöhen des Silpios, die sich hinter Antiochia erheben: darum erblicken wir sie hier auf einem Felsen sitzend. Während die Rechte ein Aehrenbündel erhebt, schweift ihr Auge hinaus in die weite Ebene, die sie mit diesen Früchten des Feldes reich zu segnen gedenkt. Ihren Fuss setzt sie dem unwillig sich aufbäumenden Orontes auf die Schulter, dessen wilde Fluten Stadt und Land so oft mit Verwüstung bedrohen. In lässiger Ruhe hat sich der Vater Nil (Vatikan) behaglich gelagert, ein Riese von mächtigem aber nicht plumpem Körperbau. das ernste Antlitz umrahmt von Bart und Haupthaar, dessen reiche Fülle sich in gewellte Strähnen gliedert, leise vom Wind bewegten Wogen vergleichbar. Aber um den gewaltigen Mann tummelt sich das fröhliche Leben eines echt alexandrinischen Idylls. Sechzehn der kleinen „Putten", welche die hellenistische Kunst geschaffen hat und die seitdem bis zum heutigen Tage zu den unentbehrlichen Requisiten der bildenden Kunst wie der Poesie gehören, umspielen den Vater: die heiligen Tiere, Krokodil und Ichneumon, müssen mittun, auf die Getreide spendende Rechte klettern zwei Bürschchen, und eins greift dem Alten in die Locken und winkt dem Bruder, ihm nachzusteigen. Am höchsten ist das Kerlchen geklettert, das sich stolz oben im Füllhorn umblickt, während seine Kameraden über das Ende des Hornes und den Rücken des träumenden Sphinx lustig hinabrutschen. Selten ist eine so nüchterne Tatsache wie die, dass der Nil alljährlich sechzehn Ellen steigt, so anmutig ausgedrückt worden.

TAFEL III gibt zwei Proben hellenistischer Porträtkunst. Zunächst den schlicht behandelten Kopf des Poseidonios nach einem Neapeler Marmor, dessen klare, ruhige Züge um des S. 84 ff. gesagten willen für uns von ganz besonderem Interesse sind. Das zweite Bild gibt einen Broncekopf des Neapeler Museums wieder, den man früher für Seneca oder Callimachus hielt. Es ist neben dem allbekannten blinden Homer das beste Beispiel für die Meisterschaft, mit der die hellenistische Kunst nach Lysipp ihr enormes Können in der Wiedergabe des Porträts in den Dienst der Aufgabe stellte, *non traditos vultus*, Idealköpfe der Vergangenheit darzustellen. In wirren Strähnen fällt das Haupthaar in die gefurchte Stirn. Die Augen blicken herb, scharf zeichnen sich die Backenknochen ab und eine tief eingerissene Linie zieht sich von den Mundwinkeln zu den Nasenflügeln; ein kurzer ungepflegter Bart umgibt den halbgeöffneten Mund, aus dem ein Wort des Spottes zu klingen scheint. Mit besonderer Sorgfalt ist die Muskulatur des langen hageren Halses gearbeitet. Der Kopf war darauf berechnet, halb von unten gesehen zu werden (also anders wie unsere und alle andern veröffentlichten Abbildungen) und stellt vielleicht, wie die Barttracht lehrt, einen Dichter der alten Zeit, etwa einen Jambographen wie Archilochos oder Hipponax[1] dar.

[1]) So Loeschcke und bei Gelegenheit der Erklärung einer Marmorreplik des Kopfes Furtwängler Sammlung Somzée 1897. S. 36. Taf. 26.

KAISERKULT

TAFEL IV: S. 93 ist erwähnt worden, dass Commodus sich als Herakles verehren liess. Im Konservatorenpalast auf dem Capitol zu Rom[1] befindet sich eine Darstellung von ihm im Kostüm dieses Heros. Der Löwenrachen dient ihm als Helm, die Rechte führt die Keule, die Linke hält die goldenen Äpfel der Hesperiden. Rechts und links von der Büste waren wie Wappenhalter zwei Seekentauren angebracht, wohl um die Seegewalt des Kaisers zu dokumentieren. Direkt unter der Büste spielt ein halbmondförmiger Amazonenschild auf den Beinamen des Commodus „Amazonius" an, darunter bildet ein Himmelsglobus (mit Horoskop?) das Fundament des Aufbaus. Zwei knieende Frauengestalten, gekreuzte Füllhörner mit den Händen stützend, scheinen Personifikationen gehorsamer Provinzen zu sein.

Aus den zahlreichen Darstellungen der Apotheose von Kaisern heben wir die des Antoninus und der Faustina heraus, die sich an der Basis der Antoninsäule befand und jetzt im Giardino della Pigna des Vatikans steht[2]. Links unten ruht ein Jüngling, dessen Linke einen Obelisken umfasst: die Personifikation des *Campus Martius* (auf dem Augustus einen Obelisken hatte errichten lassen), des Ortes an welchem der Scheiterhaufen des entschlafenen Kaisers lohte. Ein Genius mit mächtigen Fittichen schwingt sich von dort gen Himmel empor und trägt auf seinem Rücken das göttliche Herrscherpaar den *di superi* entgegen. Zwei Adler, wie sie stets aus den Scheiterhaufen der toten Kaiser als Träger der königlichen Seele emporzusteigen pflegten[3], begleiten den Flug. In der linken Hand trägt der Genius einen von einer Schlange umringelten Himmelsglobus, der das Horoskop der Konsekrationsstunde angibt und somit zum Zeugnis für die S. 76 f. 170 ff. behandelte Bedeutung der Astrologie dienen mag. Die rechte untere Hälfte des Bildes füllt die dea Roma aus, die ihren linken Arm auf den Schild mit dem Wappen Roms, der säugenden Wölfin, stützt: zu ihren Füssen sind Kriegstrophäen ausgebreitet.

TAFEL V 1) Das erste Bild gibt einen *Laribus Augusti* (S. 90) geweihten Altar wieder, den ein *magister vici* namens Roscius gewidmet hat[4]. Die Reliefdarstellung zeigt uns die Darbringung des altrömischen Opfers der *Suovetaurilia*. Mit Binden, die um die Mitte des Leibes gewunden sind, geschmückt werden ein Stier und ein Schwein zum Altar geführt, das dritte Tier, das Schaf, hat in dem engen Raum keinen Platz mehr gefunden. Im Hintergrunde links steht mit einem Kranz auf dem Haupte der Opferdiener mit den Geräten, am Altar treffen beim Schall der Flöte die *pontifices* die Vorbereitungen zur heiligen Handlung.

KLEINASIATISCHE GOTTHEITEN

TAFEL V 2) Im Jahre 204 v. Chr. wurde auf Geheiss der sibyllinischen Bücher der heilige Meteorstein der Idaeischen Magna Mater von Pessinus nach Rom überführt und erhielt auf dem palatinischen Hügel ein Heiligtum angewiesen, dessen Grundfesten heute noch stehen. Als das Schiff

---

[1]) Helbig, Führer durch die Sammlungen Roms I[1] n. 553. [2]) Vgl. Petersen bei Amelung, Skulpturen des Vatikanischen Museums, Bd. I S. 887 ff. Taf. 116. [3]) Marquardt, Röm. Staatsverwaltung III[2] S. 275. 467 1. [4]) Vgl. Corp. Inscr. Lat. VI 30957.

Salvia bei der Einfahrt in den Tiber stecken blieb, zog Claudia Quinta es allein aus der Untiefe heraus *precata propalam, ut ita demum se sequeretur, si sibi pudicitia constaret* und bewies durch dies göttliche Wunderzeichen die Unrichtigkeit des gegen sie erhobenen Klatsches [1]. Das in Rom (Vatikan) erhaltene Relief [2] stellt die Szene mit der künstlerisch wirkungsvollen Variante dar, dass statt des heiligen Steines die Göttin selbst auf dem Verdeck des Schiffes thront.

Zugleich mit dem hl. Stein gelangt auch das phrygische Kultpersonal der Göttermutter, die verschnittenen *Galli*, nach Rom und geniesst dort für sich und seine dem Römer höchst fremdartigen Gebräuche obrigkeitlichen Schutz. In der Kaiserzeit begegnet uns mehrfach als das Haupt dieses Kultes der Archigallus, der sogar römischer Bürger ist.

TAFEL VI 1) zeigt das im kapitolinischen Museum zu Rom befindliche Relief eines solchen Archigallus in vollem Ornat [3]. Er ist bekleidet mit einer Aermeltunika und einem Mantel. Um den Hals ringelt sich ein schlangengestaltiges Halsband. Den Kopf deckt ein Schleier, auf den ein mit drei Schildern geschmücktes Diadem gedrückt ist. Die Medaillons enthalten in der Mitte ein Bild des idäischen Zeus, zu beiden Seiten den mit der phrygischen Mütze bedeckten Attis. In das Haar sind Wollbinden geflochten, welche lang auf die Brust herabfallen. In der linken Hand trägt der Priester eine Schale mit Früchten, darunter den der Kybele heiligen Pinienzapfen; darüber erblicken wir eine an beiden Enden mit dem Zeuskopf verzierte Geissel, deren drei lange Lederriemen mit Knochen- oder Bleistücken reich besetzt sind. Die rechte Hand hebt einen Granatapfel und drei grüne Zweige empor. Darüber hängt ein Paar *cymbala*, dem auf der andern Seite eine Handpauke entspricht: darunter sind eine gewöhnliche gerade und die gekrümmte phrygische Flöte gekreuzt, unter diesen die geheimnisvolle *cista*. Am 24 März, dem *dies sanguinis*, vereinigten die Flöten ihren Schall mit dem Klang der Becken und Tambourins zu sinnbetörender Wirkung, im wilden Tanze drehten sich heulend die *Galli* und unter den Schlägen der Geissel troff vom Rücken das Blut, bis in höchster Ekstase die Priester mit scharfen Dolchen ihre Arme zerfleischten, die von der Gegenwart ihrer Gottheit berauschten Jünger das blutige Opfer der Selbstentmannung vollzogen [4].

2) Einen heute zerstörten Kybelealtar hat Zoëga Bassirilievi tav. 13. 14 veröffentlicht. Er trägt die Inschrift *M(atris) D(eum) M(agnae) I(daeae) et Attinis* und *L(ucius) Cornelius Scipio Orfitus v(ir) c(larissimus) augur taurobolium sive criobolium fecit die IIII kal(endas) Mart(ias) Tusco et Anullino cos(ulibu)s* (= CIL VI 505 Hepding Attis S. 88).

Der genannte hohe Beamte und Stifter des Altars ist also am 26 Februar 295 n. Chr. durch Besprengung mit dem Blut eines geopferten Stieres und Widders eingeweiht, „wiedergeboren“ worden (vgl. S. 174). Beide Opfertiere sind denn auch mit den breiten Leibgurten und den um die Hörner geschlungenen Wollbinden auf der Rückseite des Altars zu beiden Seiten der heiligen Pinie dargestellt. Diese selbst ist mit Glocken, einer Hand-

[1]) Sueton Tiberius 2 u. ö. Vgl. Wissowa, Relig. u. Kultus d. Römer S. 263. [2]) Vgl. CIL VI 492 Bloch im Philologus LII 581 ff. Helbig Führer I [1] n. 433. [3]) Helbig, Führer I [1] n. 422 ([2] n. 433) Wissowa, Religion u. Kultus d. Römer S. 265. Marquardt, Staatsaltertümer III [2] S. 368 f. [4]) Die lebendige Schilderung einer solchen im Kult der 'dea Syria', die mit der Kybele vereinigt erscheint, sich abspielenden Szene verdanken wir Apuleius Metam. VIII 27. Näheres bei Hepding, Attis S. 160 ff. Cumont, rélig. orient. p. 69 f.

pauke, einer Rohrflöte, einem Korbe und einer *cista* behängt. Vögel sitzen in seinen Zweigen, unter ihnen ein Hahn. Im Attis-Kybelekult spielt die Pinie eine grosse Rolle: unter ihr hat sich einst Attis entmannt, sie gilt aber auch als Symbol des Gottes selbst und wird am 22 März in feierlicher Prozession in das Kybeleheiligtum getragen [1]. Auf der Vorderseite des Altars sehen wir Attis selbst in geschlitzten Hosen, mit der phrygischen Mütze bedeckt, in der Linken ein Tambourin haltend lauschend hinter der Pinie stehen: neben ihm im Boden steckt sein Stab, das *pedum*. Von links fährt mit ihrem Löwengespann Kybele heran, um das Versteck des Geliebten ausfindig zu machen, welches ihr bald das Krähen des in den Pinienzweigen sitzenden Hahnes kenntlich machen wird: das Haupt schmückt die Mauerkrone, über der ein Schleier herabwallt, die Linke stützt sich auf ein Tambourin, die Rechte hält einen Lorbeerzweig.

Ueber die Sabaziosmysterien (vgl. S. 77. 107 [3]) belehrt uns ein Bilderzyklus der im Bereich der Prateextatkatakombe befindlichen Vincentiusgruft in Rom, den Garrucci [2] veröffentlicht hat. An der Wand über dem Arkosolgrabe, dessen Wölbung und Lünette die Bilder schmücken, steht die Inschrift *Vi[ncenti hoc o[stium?] quetes* [3] *quot vides; plures me antecesserunt, omnes expecto: manduca, bibe et beni at* [4] *me: cum vibes, bene fac, hoc tecum feres* [5]. Dann folgen die Verse

Numinis antistes Sabazis Vincentius hic e[st
Q]ui sacra sancta deum [6] *mente pia co[lui[t.*

Sabazios ist eine dem Dionysos verwandte phrygische Gottheit [7], die auf ihrem Weg nach Westen mit den verschiedensten anderen göttlichen Wesen Verbindungen eingegangen ist. So hat die Namensähnlichkeit sie auch zu einem Doppelgänger des jüdischen Ἰαοὺ Σαβαώθ gemacht und einen jüdisch-synkretistischen Kult ähnlich dem des Ὕψιστος hervorgebracht, dem möglicherweise unsre Vincentiusbilder angehören [8]. Die ersten drei Bilder sind dem Gedächtnis der Gattin des Priesters Vibia gewidmet: wie einst die Proserpina, so hat auch sie der Unterweltsgott geraubt, Hermes der Seelengeleiter führt das Viergespann dem wie ein Brunnenloch geformten Eingang der Unterwelt zu. So stellt das erste Bild die *abreptio Vibies et discensio (= discessio)* dar. Auf dem zweiten Bild erblicken wir den Thron des Herrschers im Totenreich *Dispater* und seiner Gattin *Aera cura*

Abbildung 1.

[1]) Wissowa, Rel. u. Kultus 266. Cumont, rél. orientales 69 ff. [2]) Storia dell' art. cristiana VI p. 171 ff. tav. 493. 494, wonach unsere Abbildungen. Neu veröffentlicht von Wilpert, Die Malereien der Katakomben Roms Taf. 132. 133. Erklärung bei E. Maass, Orpheus S. 207 ff. Zur Inschrift vgl. Buecheler, Carmina epigraphica n. 1317. CIL VI 142. [3]) Für *quietis?* [4]) = *veni ad* wie nachher *vibes = vives.* [5]) Vgl. Apoc 14 13. [6]) *deùm-deorum.* [7]) Näheres bei Gruppe Mythologie II 1532 ff. [8]) Vgl. Cumont in Comptes rendues de l'Academie des Inscriptions 1906 p. 63 ff. und rel. orient 79 f.

(= Ἥρα κούρα?). Von rechts erscheint, geführt vom *Mercuris nuntius*, Vibia, hinter ihr schreitet als Fürsprecherin beim Totengericht Alcestis, die typische Mustergattin, um zu bezeugen, dass die Verstorbene ihr gleich gewesen sei. Auf der andern Seite des Thrones stehen die drei Schicksalsgöttinnen[1], die *Fata divina*. Das Gericht befindet die Vibia für würdig der ewigen Seligkeit: auf dem Lünettenbilde (3) ist links die *Inductio Vibies* dargestellt: der *angelus bonus* führt sie durch das himmlische Tor in die blumigen Auen des Paradieses, auf denen wir bereits zwei Selige mit Knöchelspiel oder Blumenpflücken beschäftigt erblicken. Im Hintergrunde sitzen die durch Richterspruch der unerbittlich strengen Götter, die euphemistisch „die Guten“ genannt werden, für untadelig befundenen *bonorum iudicio iudicati* beim himmlischen Mahle unter den Bäumen des Gartens, mit Kränzen geschmückt in festlichen Kleidern, Vibia unter ihnen. Ans

Abbildung 2.

Abbildung 3.

Ende dieses seiner verstorbenen Gattin gewidmeten Cyklus hat sich der überlebende Vincentius selbst gestellt: beim Kultmahle der *septe(m) pii sacerdotes* des Sabazius erblicken wir den Vincentius, gleich zwei anderen Kollegen mit einer hohen phrygischen Mütze geschmückt: die Zugehörigkeit

[1] Ihren Bart verdankt die Mittelste nur dem Zeichner Garruccis. Die Abbildung bei Wilpert zeigt deutlich ein bartloses Gesicht.

zu dem geweihten Kollegium verbürgt auch ihm den Zutritt zum Orte der Seligkeit.

TAFEL VII 1) Um ihrer Bedeutung für das Neue Testament (Act 19 23—41) willen sei hier auch die Artemis von Ephesus nach einem Neapeler Exemplar abgebildet[1]. Kopf, Hände und Füsse des Originals waren aus Ebenholz geschnitzt, daher sind sie in vielen der erhaltenen Kopien schwarz gefärbt. Die Göttin trägt die Mauerkrone auf dem Haupte, hinter dem sich die volle Mondscheibe rundet. Zu beiden Seiten des Kopfes wie auf dem oberen Teile des den Unterleib eng umspannenden

Abbildung 4.

Gewandes befinden sich geflügelte Stiere und Widder, wie sie die babylonische Kunst geschaffen hat und die Phantasie des Apokalyptikers (Apoc 4 7) erblickt. Auf beiden Armen kriechen schmeichelnd Löwen zu ihrer Herrin empor, deren unzählige Brüste unter dem ägisartigen, mit Reliefarbeit verzierten, Halskragen hervorquellen. Die Biene am unteren Saum des Kleides erinnert daran, dass die Priesterinnen der ephesinischen Artemis μέλισσαι hiessen.

Isis

TAFEL VII 2) Im Laufe des 1 Jahrhunderts vor Christus hat sich trotz wiederholter Abwehrmassregeln des Staates der Isiskult, der schon weite Gebiete des Ostens erobert hatte, auch in Rom heimisch zu machen gewusst. Auf dieser Wanderung durch die östlichen Mittelmeergebiete ist viel von der spezifisch ägyptischen Eigenart der Form verloren gegangen und eine Assimilation an das griechische eingetreten. Die Abbildung 2 gibt die für die hellenistisch-römische Zeit typische Darstellung der Isis, wie sie in zahlreichen Repliken sich findet[2], nach einem Exemplar des Neapeler Museums wieder. Ueber die Tunika ist der mit Fransen besetzte Mantel geschlungen und seine Enden sind auf der Brust zum „Isisknoten" geschürzt. Das gewellte Haar deckt ein Schleier, die Stirn überragt das Symbol der Göttin, die Mondscheibe und die Lotosblüte. Die rechte Hand hält die metallene Klapper, das Sistrum, empor, während die linke einen mit Nilwasser gefüllten Henkelkrug hält.

Das folgende Relief (3) aus dem vatikanischen Museum stellt eine Isisprozession dar. Voran schreitet die an der Stirn mit dem Symbol ihrer Göttin geschmückte Priesterin, um deren linke Hand sich die heilige Uräusschlange windet: in der rechten trägt sie ein Gefäss. Hinter ihr folgt der „Hierogrammateus" mit Sperberfedern an der Mütze, aus der heiligen Rolle

[1]) Zahlreiche Repliken bei S. Reinach, Répert. de la Statuaire I 298 ff. II 321 f. III 98. Dazu vgl. Roscher, Lexikon I 588 ff. Die Statuen stammen sämtlich aus römischer Zeit. Wichtig die Münze Archäol. Zeitung 41 S. 284 Fig. 1.
[2]) S. Reinach, Répertoire de la Statuaire I 87. 611 ff. II 420 ff. 809 f. III 124 f.

Gebete rezitierend. Dann kommt eine in Tücher gehüllte Gestalt, die einen grossen Krug mit dem zur Reinigungszeremonie dienenden Nilwasser auf beiden Armen trägt. Die den Beschluss bildende Dienerin schwingt in der Rechten das klirrende Sistrum und trägt in der Linken eine mit eigentümlichen Ansätzen am Stiel versehene Schöpfkelle.

TAFEL VIII: 1) Wie auf dem vorigen Relief die führende Priesterin als Kopfschmuck das Symbol der Göttin trug, so zeigt uns der in 1 wiedergegebene athenische Grabstein [1] eine Isispriesterin im vollständigen Kostüm ihrer Herrin. Soterion, der Eigentümer des Grabes, wie uns die Inschrift belehrt, hat sich selbst in feierlicher Positur, die Testamentsrolle in der herabhängenden Linken, an der Seite seiner Gattin, welche Priesterin der Isis war, auf dem Grabsteine darstellen lassen.

Mithra

Von den zahlreichen Monumenten des Mithraskultes, die F. Cumont [2] gesammelt hat, ist hier eins der grössten, die auf beiden Seiten mit Reliefs bedeckte Platte eines Mithraeum zu Heddernheim wiedergegeben (TAFEL IX und X: Cumont nr. 251). Den Mittelpunkt der Vorderseite nimmt die auf den meisten Platten wiederkehrende Stiertötung in Anspruch. Die Darstellung steht unter dem bestimmenden Einfluss eines seit den Perserkriegen in der griechischen Kunst verbreiteten Motivs, das zunächst in verschiedenen Darstellungen des Herakles seinen Ausdruck findet, der die Hirschkuh von Keryneia am Geweih packt und das sich sträubende Tier mit dem Knie zu Boden drückt. TAFEL VIII 2 gibt eine Bronzegruppe dieses Typs in Palermo wieder, die auf eine Komposition des Lysipp zurückgeht. In der Schule des Phidias war dies Motiv bereits auf Nike übertragen: an der Balustrade des Tempels der Athena Nike war die Göttin in dieser Haltung eine Kuh opfernd dargestellt [3]. In hellenistischer Zeit wurde dies letzte Motiv noch weiter durch Menaechmus (III Jh.) umgestaltet [4] und ist in dieser Form oft wiederholt [5]. Ein Beispiel aus dem vatikanischen Museum bietet das Relief TAFEL IX 2.

Nach dem Vorbild des Menaechmus ist dann wohl im ersten Jahrhundert der Kaiserzeit die uns vorliegende Mithrasgruppe entworfen worden (vgl. S. 79).

Was nun den Inhalt der Darstellung anlangt, so ist es nur durch ausgiebige Kombination von Nachrichten und Darstellungen möglich gewesen, den Sinn dieses Gewirrs von Figuren zu enträtseln [6]. Ueber dem flatternden Mantel erblicken wir einen Raben, der dem Mithra vom Sonnengott den Auftrag gebracht hat, den Urstier, das erste Geschöpf des Ahura Mazda zum Heile der Welt zu töten. Darauf hat Mithra das Tier verfolgt und in einer Höhle zu Boden geworfen: während die Linke in die Nüstern des von dem Knie des Helden niedergedrückten Stieres greift, bohrt die Rechte ihm den tödlichen Dolch in den Hals. Zwei Gefährten, Cautes und Cautopates,

---

[1]) Vgl. v. Sybel, Skulpturen zu Athen nr. 530. [2]) Textes et Monuments relatifs aux mystères de Mithra 1895—99. Weitere Nachweise bei Cumonts rél. orient. 299 ff. [3]) Archäol. Anzeiger VI 122 Fig. 17 d. Vgl. Kekule, Die Balustrade der Athena Nike. [4]) Plinius nat. hist. 36, 80 *vitulus genu premitur.* [5]) Vgl. z. B. S. Reinach, Répertoire de la statuaire I 113. 190. 350. [6]) Cumont Textes et Mon. I 304 ff. und bei Roscher, Lexikon d. griech. u. röm. Mythologie s. v. „Mithras". Vgl. auch Cumont, Die Mysterien des Mithra, deutsch von Gehrich.

stehen Fackeln tragend ihrem Meister zur Seite. Aber schon nahen die feindlichen Abgesandten des Ahriman: Während ein Skorpion die Hoden des Stieres zerfleischt um seinen Samen zu vergiften, schlürft die Schlange das in den Krater fliessende Blut, auch der Löwe lauert darauf, sein Teil zu erhalten. Doch Mithras treuer Hund, der vorher schon die Beute aufgespürt hatte, bewacht die aus dem todwunden Tier entschwebende Seele und geleitet sie zum Himmel, aus dem Leichnam entstehen trotz Ahrimans Bemühungen die heilsamen Pflanzen, vor allen Weinstock und Getreide: wie denn schon in der Darstellung aus dem emporgeworfenen Schwanzende drei Aehren herauswachsen; aus seinem durch den Mond geläuterten Samen die Tiere, die wir auf der Rückseite der Platte (X) fröhlich über die Grotte springen sehen, in der an der Leiche des toten Stieres Helios dem Mithra eine Weintraube reicht. Auf der oberen Leiste der Vorderseite erblicken wir links den zu Berg fahrenden Helios, welcher den Mithra an seiner Seite den Wagen besteigen heisst, rechts die zu Tal fahrende Nacht. Darunter links eine Episode aus einem früheren Stierabenteuer; Mithra schleift das erbeutete Tier an den Hinterfüssen mit sich. Daneben setzt er dem Helios die Strahlenkrone auf und reicht dann einem Knieenden (Helios?) die Hand. Die runde Wölbung der Opfergrotte schmücken die Bilder des Tierkreises, ein Zeichen des auch in die Mithrareligion eingedrungenen Einflusses der babylonischen Astrologie: muss doch die Seele des Frommen von Mithra geleitet sieben Himmel durchschreiten, um von allen πάθη gereinigt die höchste Seligkeit zu erlangen (S. 167 ff.). In dem Zwickel rechts sehen wir, wie Mithra zur Zeit einer von Ahriman gesendeten Dürre durch einen Pfeilschuss Wasser aus dem Felsen lockt, das die davor knieenden Menschen gierig trinken. In dem Viereck rechts daneben (unter dem Kopf) ist die Geburt des Mithra dargestellt; mit halbem Leibe ragt er aus dem „mütterlichen Felsen" heraus. Darunter schreitet er nackt, nur mit der phrygischen Mütze bekleidet, auf einen Feigenbaum zu, um sich vor dem Sturmwind mit dem abgehauenen Laub zu decken. Die übrigen Darstellungen sind uns nicht verständlich. Medaillons mit den vier Jahreszeiten schmücken die Ecken.

Ein Heiligtum des Mithras (Mithraeum) zeigt TAFEL XI 1, und zwar das jetzt von Wasser angefüllte und unzugänglich gewordene unter S. Clemente in Rom (natürlich ist es kein Zufall, dass sich über dem heidnischen Kultort eine christliche Kirche erhoben hat). Die Form dieser Heiligtümer ist im ganzen Gebiet des römischen Reiches wesentlich gleich. Weil in der Legende des Gottes die Höhle eine so bedeutsame Rolle spielt, hat man entweder Felsgrotten gewählt oder dem Versammlungsort durch Wölbung der Decke den Charakter des *antrum* = σπήλαιον gegeben. Durch einen Vorraum betritt man das Heiligtum: die Eingangswand ist frei, an den drei andern Wänden befinden sich die etwas abgeschrägten Podien, auf denen die Gläubigen Platz nahmen. Da der Raum zum Liegen zu schmal ist, wird man gekniet haben. An der Hinterwand befand sich das Relief des Stiertöters von den Altären des *Sol* und der *Luna* flankiert: man sieht deutlich die Stelle, aus der es herausgebrochen ist, davor war zwischen den Podien der Opferplatz. Die Mithraeen sind alle klein und fassen höchstens 100 Personen: so liegt der Schluss nahe, dass nur die höheren Grade der „Eingeweihten" *Leo, Perses, Heliodromus, Pater* nicht aber die niederen Rangstufen des *Corax Cryphius Miles* zu den Mysterien der Crypta Zutritt hatten (vgl. S. 168).

Jupiter Dolichenus

Jupiter Dolichenus, dem die TAFEL XII reproduzierte Bronzeplatte in Gestalt einer Pfeilspitze geweiht ist, gehört zu den aus dem Orient durch die Soldaten nach dem Westen verpflanzten syrischen Baalim. Seine Heimat ist die Stadt Doliche in der zwischen dem Oberlauf des Euphrat und dem Taurusgebirge gelegenen Landschaft Commagene. Von hier aus ist er durch die syrischen Truppen nach Italien und weiter in die Donau- und Rheinlande, ja bis nach Brittanien verbreitet worden und hat sich besonders um 200 grosser Gunst beim hohen und niederen Militär erfreut. Vom Kult und Wesen dieses Kriegsgottes wissen wir nicht mehr, als das Wenige was uns die bildlichen Darstellungen lehren[1]. Unsere Platte zeigt ihn, wie üblich, auf einem Stier stehend, mit der phrygischen Mütze auf dem bärtigen Haupte, in der hoch erhobenen Rechten eine Doppelaxt, in der linken den Blitz. An dem quer über die Brust geschnallten Bandelier hängt das Schwert, die Beine sind nach orientalischer Weise mit Hosen bekleidet. Sowohl die Doppelaxt wie die Rosette auf der Stirn des Stieres machen übrigens einen Zusammenhang dieser jungen Winkelreligion mit der 1500 Jahre älteren kretisch-mykenischen Kultur wahrscheinlich. Besonders lehrreich ist nun aber die Darstellung für den Synkretismus der mittleren Kaiserzeit: auf den syrischen Gott schwebt die Nike mit Kranz und Palme zu. Ueber ihm erblicken wir die Büste des strahlengekrönten Helios, unter ihm eine seltsame Gruppe: in der Mitte eine Gottheit, welche das Sistrum der Isis, die Mauerkrone der Kybele, und die Fackel der Demeter-(Artemis-Hekate?) tragend auf einem Esel steht: offenbar das weibliche Komplement zum männlichen Baal. Rechts und links von ihr zwei Genien mit halbem Leibe aus rätselhaften Gewinden (Felsen?) herauswachsend, die auf ihren Häuptern die Büsten der Luna und des Sol, in ihren Händen Fackeln in Form von *fulmina* tragen.

Abbildung 5.

Pantheos

Ein besonders schönes Beispiel des Ineinandergehens der verschiedenen Einzelgottheiten zeigt die folgende Darstellung der Fortuna Panthea[2] nach einer Berliner Bronze. Als man sich daran gewöhnt hatte, verschie-

[1] Vgl. Cumont Art. „Dolichenus“ in Pauly-Wissowa Real-Enzykl. V 1276 ff.

[2]) Vgl. C. Friedrichs Kleinere Kunst u. Industrie im Altertum (1871) Nr. 1988. Roscher, Lexikon I 2 S. 1534.

dene Götter mit einander zu identifizieren, trieb die Entwickelung unaufhaltsam dem weiteren Ziele zu, alle Götter als verschiedene Offenbarungsformen eines einzigen allumfassenden „Pantheos"[1] zu betrachten. Jeder Kult pflegte natürlich den von ihm speziell verehrten Gott als diesen „Allgott" zu betrachten, so dass wir Jupiter, Serapis, Aphrodite, Isis, Silvanus u. a. m. mit diesem Beinamen bezeichnet finden. Die zahlreichen figürlichen Darstellungen liefern den Kommentar dazu. So erblicken wir hier die am Füllhorn kenntliche Fortuna, deren Haupt ausser einem Diadem das Symbol der Isis zugleich mit dem Halbmond der Artemis schmückt. Am Rücken sind die Flügel der Nike, über die Brust ist das Hirschfell (νέβρις) der Artemis oder einer Bakchantin geschlungen, während sie über den Rücken den Köcher der Artemis geworfen hat. Die rechte führt das Steuerruder der Tyche, um den Arm schlingt sich die heilige Schlange des Asklepios, und aus dem Füllhorn schaut das Knaben gleich gebildete Dioskurenpaar.

[1] Vgl. Usener, Götternamen S. 345 f.

Berichtigungen:

S. 29 § 3 Zeile 5 „echt" zu streichen.
S. 44 Anm. 2 gehört zu Z. 21.
S. 50 im Titel lies 3 statt 4.
S. 67[1] „Heraklit" zuzufügen.
Nicht störende Versehen sind übergangen worden.

TAFELN

Wendland, Hellenistisch-römische Kultur

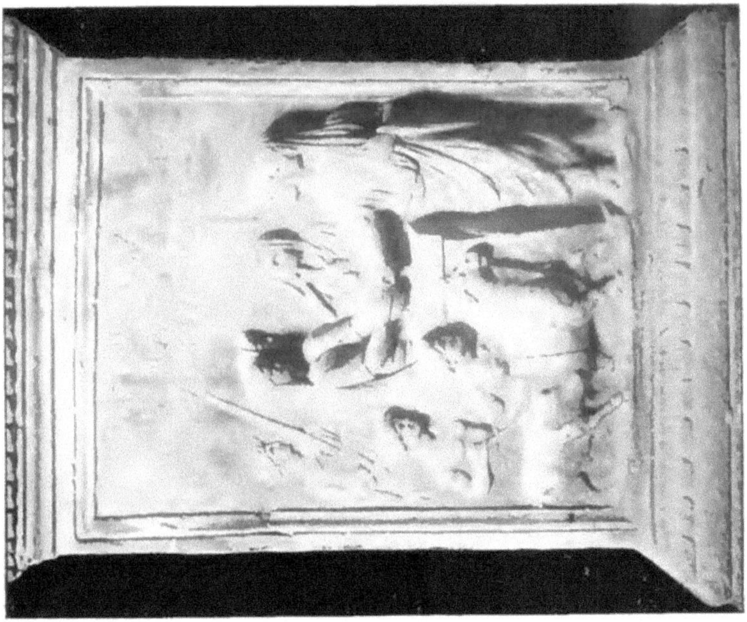

MATRI·DEVM·ET·NAVI SALVIAE
SALVIA E VOTO SVSCEPTO
CLAVDIA SYNTHYCHE
D· D

EX DONO DVCIS SFORTIAE SFORTIAE

M·D·M·I· ET· ATTINIS
L·CORNELIVS·SCIPIO ORFITVS
V·C·AVGVR· TAVROBOLIVM
SIVE·CRIOBOLIVM·FECIT·
DIE·IIII·KAL·MART
TVSCO·ET·ANVLLINO·COSS

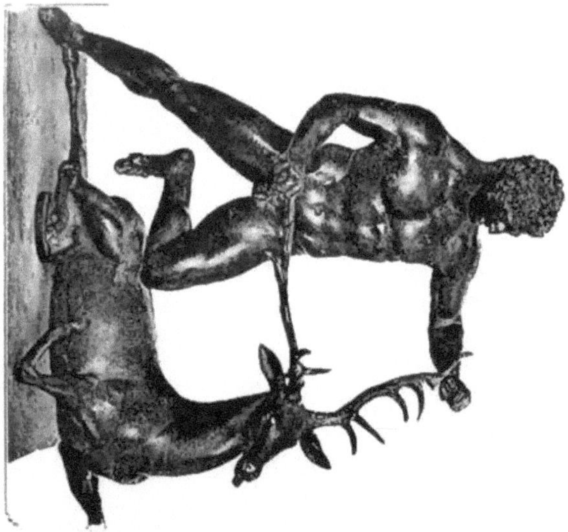

MVNIFICENTIA · PII · SEXTI · P · M ·

X

Wendland Hellenistisch-römische Kultur.